금융소비자보호

개정판

금융 전문가가 제시하는 소비자보호 사례와 이론

금융 소비자보호

조남희 지음

Financial Consumer Protection

연암사

머리말

**금융소비자보호 문제 개선은
금융관계자 중심으로 시행하는 것이 어느 방법보다 효과적이다**

최근 들어 금융소비자의 보호의식이 과거 어느 때보다 높아졌다. 금융소비자의 의식은 물론, 금융사들도 조직이나 응대면에서 눈에 띄게 달라진 것을 체감하고 있다. 2008년 금융위기 이후, 전세계적으로 금융소비자보호의 문제가 크게 대두되면서 국내에서도 법, 제도, 관행이 소비자관점으로 변화되어 최근 2021년 3월 25일부터 금융소비자보호법, 일명 금소법이 시행되었다. 금융소비자보호법의 제정 이유는 금융상품판매업자 등의 영업행위 준수사항, 금융분쟁조정시의 금융소비자 보호관련 제도 등, 허술했던 부분을 법으로 규정함으로써 금융소비자보호를 위한 정책을 일관되게 추진할 수 있는 제도적 기반을 마련하기 위한 것이다. 하지만 급변하는 시장환경과 금융상품의 복잡화, 다양화,

융합화는 새로운 소비자문제를 발생시킬 것이다. 아무리 좋은 제도라 하더라도 현장에서 자리 잡는 데도 일정기간은 필요할 것이다. 금융소비자 문제는 금융사와 소비자간의 상호 이해와 신뢰의 기반이 확고할 때 대부분의 문제가 자연히 해결되리라 생각한다. 하지만, 모든 소비자가 금융지식이나 이해도가 다르기 때문에 금융정보와 상품을 판단하는 능력을 기대만큼 빠르게 변화시킬 수는 없을 것이다. 마찬가지로 수천 개의 금융사와 직원들이 법, 제도, 관행을 이해하고 실천하는 것 또한 쉽지 않은 문제이다.

금융소비자 문제를 현장에서 매일 체험하는 저자 입장에서는 늘 '어떻게 하는 것이 보다 빨리 이러한 소비자문제를 개선할 수 있을까?' 하는 고민을 하게 된다. 그러면서 느끼는 것은 무엇보다 금융소비자보호 문제는 금융인들의 변화가 우선이라는 것을 알게 되었다. 다시 말해, 금융소비자보호와 관련하여 소비자 스스로 수준을 갖춰 피해를 당하지 않게 하는 것은 기대만큼 빠르게 진전되리라 보이지 않는다. 그보다는 금융인 스스로 소비자보호 의식을 제고시켜 변화한다면 보다 빨리 시장에서의 소비자보호 문제가 개선될 것이라고 보게 되었다. 금융회사와 금융인들은 금융 지식을 가장 많이 알고 있는 관계자들이기 때문이다. 그런 점에서 소비자보호 교육을 금융관계자 중심으로 시행하는 것이 어느 방법보다 효과적이라고 판단하게 되었다.

이러한 이유에서 금융소비자보호 관련 책을 발간하게 되었다. 이 책은 금융소비자 정의와 보호이유, 금융소비자 감독정책과 방향, 금융소비자보호법(안)의 이해와 적용, 금융사의 금융상품 영업규제 및 이해, 금융사고 예방과 소비자보호, 최근 모바일 금융시대의 문제와 대응 등으로 구성되어 있다.

금융소비자보호의 기본부터 세부사항, 입법(안)까지 살펴봄으로써 금융사와 금융인들의 금융소비자보호 인식 및 대처를 올바르게 갖추는 데 초점을 맞추고자 하였다.

그동안 금융회사와 직원들이 금융소비자들의 문제 제기에 대해 다소 소극적, 수동적, 방어적으로 대응하면서 금융소비자 문제를 가급적 회피하려는 경향으로 대응해 왔던 것도 부인할 수 없을 것이다. 이제는 이러한 소극적 태도나 일시적 대처로 대응하기는 어려운 상황이고, 조직 전체가 제대로 알고, 대응하고, 경험을 공유하고, 교육하며 전사적 차원의 응대체계를 갖춰야 하고 조직 전체가 이에 대한 인식의 전환과 학습 등을 통해 소비자 입장의 금융상품 제시능력을 갖춰야 할 시점이다. 이런 점에서 본 서는 매우 유익하다 할 것이다. 어떤 하나의 사례를 통해 대응능력을 향상시키는 것도 중요하지만, 여러 금융업권별 사례를 통해 자신의 업무분야에서 나타날 수 있는 문제를 예상하고 대처할 수 있는 사고능력을 갖추도록 했으며, 다양한 권역별 사례를 포함시키려고 노력했다. 향후에도 이러한 점을 더욱 보완하여 실천적 측면에서 활용도를 높이도록 노력할 것이다.

이 책은 금융사태의 경험을 통해 '금융소비자보호'를 보다 전문적이고 한 단계 앞선 실행 방안이 필요하다는 현실 인식 아래 발간된 것이다. 앞으로 더욱 발전시켜 명실상부한 금융소비자 교육 도서로 자리매김하고, 금융소비자보호를 위한 지침서가 되리라 기대한다.

끝으로 『금융소비자보호』 출판을 위해 많은 정보를 제공해 주시고 조언해 주신 금융감독원, 금융관련 협회들과 각 금융사 담당자분들께 감사드린다. 아울러 이 책을 출간해 주신 연암사와 바쁜 일정에도 출판 작업을 지원해 주신 문충희 이사님, 오세헌 국장, 이은지 팀장, 정혜민 님께 또한 감사드린다.

조 남 희

차례

제 1 장
금융소비자란
누구인가?

소비자를 보호하기 위해서는
금융회사와 금융소비자간의 정보의 격차 문제를 해결해야 한다.
금융회사와 종사자는 금융정보를 많이 갖고 있는 반면,
금융소비자는 정보 수집력이 낮을 뿐만 아니라,
정보 이해도 측면에서 금융회사와 큰 격차를 두고 있기 때문에
금융상품 가입 후 문제가 발생하는 것이다.

1. 금융소비자 정의

'금융소비자' 란 금융상품에 관한 계약의 체결 또는 계약 체결의 권유를 하거나 청약을 받는 것(이하 '금융상품계약체결 등' 이라 한다)에 관한 금융상품판매업자의 거래상대방 또는 금융상품자문업자의 자문업무의 상대방인 전문금융소비자 또는 일반금융소비자를 말한다.

'전문금융소비자' 란 금융상품에 관한 전문성 또는 소유자산규모 등에 비추어 금융상품 계약에 따른 위험감수능력이 있는 금융소비자이고 이외의 금융소비자를 일반금융소비자로 본다.

한국	영국	호주	일본
금융이용자 또는 '일반투자자' 용어 사용	FSA 규제대상이 되는 업무를 수행하는 자가 제공하는 서비스를 현재 이용하고 있거나 과거에 이용했거나, 혹은 향후에 이용할 계획 등이 있는 자를 총칭하는 용어로 '소비자(consumer)' 라는 용어 사용	'고객 (client)' 으로 통일	2000년 '금융상품의 판매 등에 관한 법률'에서 '고객'으로 표현

※출처: 안수현, "우리나라 금융소비자보호제도의 개선방안", 2009.11월

금융소비자를 협의의 개념으로 보면, 금융소비자보호의 대상으로서의 금융소비자는 전문금융소비자와 구분하여 일반금융소비자를 말한다. 일반금융소비자는 금융회사에 비하여 정보, 자원, 협상력에서 열위에 있고 따라서 불공정하고 불완전한 거래에 노출될 수 있는 소비자를 말한다.

• 자본시장법을 주로 적용받는 증권사 등은 금융소비자라는 용어 대신에 일반투자자와 전문투자자라는 용어를 사용하고 있다.

자본시장법에서 '전문투자자' 란 금융투자상품에 관한 전문성 구비 여부, 소유자산규모 등에 비추어 투자에 따른 위험감수능력이 있는 투자자로서 국가, 한국은행, 대통령령으로 정하는 금융기관, 주권상장법인(다만, 금융투자업자와 장외파생상품 거래를 하는 경우에는 전문투자자와 같은 대우를 받겠다는 의사를 금융투자업자에게 서면으로 통지하는 경우에 한한다), 그 밖에 대통령령으로

정하는 자가 전문투자자에 해당되며, 전문투자자가 아닌 모든 투자자를 일반투자자로 구분하고 있다.

한편, 금융소비자를 포함한 일반적인 소비자에 대해서는 소비자기본법 등 관련 법령에서 규정하고 있다.

〈 법률상의 (금융)소비자 〉

구분	'소비자' 기술 용어
금융위원회의 설치 등에 관한 법률(안)	예금자 및 투자자 등 금융수요자
은행법	예금자, 은행이용자
자본시장과 금융투자업에 관한 법률	투자자, 일반 · 전문투자자
보험업법	보험계약자 등
상호저축은행법	거래자, 금융이용자
여신전문금융업법	신용카드회원 등, 소비자
전자금융거래법	이용자
소비자기본법, 독점규제 및 공정거래에 관한 법률	소비자
약관의 규제에 관한 법률	소비자, 고객
표시 · 광고의 공정화에 관한 법률	소비자
대부업의 등록 및 금융이용자 보호에 관한 법률	금융이용자
주식회사의 외부감사에 관한 법률	이해관계인
신용정보의 이용 및 보호에 관한 법률	신용정보 주체

2. 금융소비자보호 필요성

금융소비자보호는 금융소비자가 금융기관에 비하여 열위에 있는 불균형한 상황에 놓여 있다는 인식에 기반하고 있고, 다음과 같은 사항들이 불균형의 원인으로 지적되고 있다.

- 금융거래에서 소비자가 금융기관에 비하여 협상력이 열위에 있다.
- 금융소비자가 상대적으로 정보 면에서 열위에 있다(정보의 비대칭성)-
  금융상품은 소비자가 구입 이전에 정확한 정보를 입수하기 어렵고,
  정보획득 의도가 있더라도 정보획득이 어렵고, 관련 비용이 많이 소
  요된다.
- 상품구조가 복잡한 각종 금융상품을 정확히 이해하고 평가하는 것은
  대다수 금융소비자들에게 있어 현실적으로 매우 어려운 작업이다.
  또한 상품의 효과를 단기간에 파악하기 어렵기 때문에 부작용으로
  인한 비용을 상당기간 경과 후 인지하게 되며, 수반되는 비용이 매우
  크다.
- 금융산업 겸업화와 글로벌화가 진행되고 자본시장이 발달하면서 금
  융상품이 복잡해지고 다양해짐에 따라 금융소비자들이 상품에 내재
  된 위험과 보상수준을 이해하기 어려워진다.
- 교차판매가 성행하고 금융기관 간 판매경쟁이 심화되면서, 끼워팔기
  등의 폐해 발생, 교섭력 불균형의 확대, 불완전판매 등이 증가한다.

금융소비자를 보호해야 하는 이유는 크게 3가지로 요약할 수 있는
데, 정보의 비대칭성, 복잡한 상품구조 및 불완전판매 증가가 그것이다.

정보의 비대칭성	복잡한 상품구조	불완전판매 증가
• 정확한 정보의 획득이 어려움 • 정보수집 관련 비용이 많이 소요됨	• 상품내용을 쉽게 파악하기 어려운 융합, 공학화 • 상품구조를 정확히 이해하기 복잡한 구조	• 금융사 간 판매경쟁 심화 • 교차판매, 끼워팔기, 수익 위주 영업 전략

금융소비자를 보호해야 하는 이유를 감독부문에서 찾는다면 크게 두 가지로 볼 수 있다.

첫째, 상품 인증·검증의 미비이다. 금융상품의 융합화 추세에서 금융소비자들을 고려한 인증이 부족하고 법적·도덕적·윤리적 관점의 검토가 부족한 데서 기인한다고 볼 수 있다.

둘째, 시장 검증의 허술한 관리가 원인이다. 판매의 불완전성, 대출의 약탈적 진행 및 적합성의 원칙 결여, 금융거래 계약서의 불충분한 설명과 이해 부족, 핵심 비교공시, 상품안내 미비 등 지속적인 시장 감시와 이에 대한 감독 당국의 인식 부족이 불완전 판매 등의 원인이 되고 있기도 하다.

3. 금융소비자보호 영역

금융소비자의 보호 영역을 세 가지 영역으로 구분해 볼 수 있는데, 사전적 보호단계, 제조-정산 단계, 사후적 보호단계가 그것이다.

첫째, 사전적 보호단계는 상품을 기획하는 단계에서 상품기획자들이 소비자보호를 고려하여 상품의 설계를 해야 하는 것을 말한다. 다시 말해 신상품의 기획, 마케팅 기획 등에서 소비자보호 목적의 개념을 가미한 상품 제조의 철학이 정립되고 그에 따른 계획과 실천이 수반되어야 한다.

둘째, 제조-정산단계는 금융상품이 만들어지고 난 뒤, 감독당국의 승인과정에서 소비자보호의 모니터링이 되어야 하고 판매 시 소비자 관점에서 피해가 없는지 철저히 검토되어야 하며, 소비자의 상품 해지, 만기 수령 시 불리한 요소가 없는지도 검토되어야 하는 것을 말한다.

셋째, 사후적 보호단계는 금융소비자가 가입상품의 계산을 완료했지만 불만이 있거나 과거에 이용한 금융사에 대한 이의가 있을 경우 등에 대한 보호조치가 거래 이후에도 지속적으로 수행되는 것을 말한다.

4. 금융소비자보호 체계

금융소비자보호를 통해 확보할 소비자의 권리는 일반적 소비자의 8대 권리와 상이하지 않겠지만 금융소비자가 현재의 금융환경 여건하에서 알 권리나 교육을 받을 권리, 그리고 피해를 보상받을 권리 등 일부 권리가 특히 강조될 필요가 있다.

- 소비자권리는 사회·경제적 제도 내에서 소비자가 향유할 수 있는 기본권리로 국제소비자연맹(IOCU)이 선언한 내용이다. 소비자의 권리는 소비자운동과 소비자행정의 목표로 이용되고 있으며, 우리나라 소비자기본법은 소비자의 8대 권리를 명문화하고 있어 소비자의 권리 침해가 있을 경우에는 소송 등을 통해 적극적인 권리로서 주장할 근거가 되고 있다.
- 소비자의 8가지 권리: ①안전할 권리 ②알 권리 ③선택할 권리 ④의견을 반영할 권리 ⑤피해를 보상받을 권리 ⑥교육을 받을 권리 ⑦단체를 조직·활동할 권리 ⑧안전하고 쾌적한 소비생활 환경에서 소비할 권리

금융소비자보호 체계를 당국의 개입시점을 기준으로 본다면 크게 사전적 그리고 사후적 보호로 구분할 수 있다. 정보의 제공이나 금융회사의 영업행위에 대한 사전적 규제, 분쟁조정과 관련한 사후적 개입, 그리고 시점에 크게 구속 받지 않고 상시 추진되어야 할 사항으로 금융

교육 등이 있다.

사전적 소비자보호 규제에는 정보비대칭성 완화를 위한 규제들과 상품 및 판매행위에 대한 직접적 규제 등이 포함될 수 있다.

금융소비자를 보호하기 위해서는 금융회사와 금융소비자 간의 정보의 격차 문제를 해결해야 한다. 금융회사와 종사자는 금융정보를 많이 갖고 있는 반면, 금융소비자는 정보 수집력이 낮을 뿐만 아니라, 정보 이해도 측면에서 금융회사와 큰 격차를 두고 있기 때문에 금융상품 가입 후 문제가 발생하는 것이다. 이것이 '정보의 차' 또는 '정보의 비대칭성'이며, 이 부분이 해결되거나 완화될수록 문제가 적어진다.

- 정보비대칭성 완화를 위한 규제의 핵심은 금융상품, 금융회사의 운영, 금융회사 종사자 등이 금융소비자에게 정보 제공, 공시를 확대하는 것이 중요하다.
  - 광고에 대한 세부 규율의 정비
  - 금융기관, 종사자 정보 제공, 그리고 금융거래 관련 사건 및 민원·분쟁 등과 관련한 정보 공시 확대
  - 약관 관련 규율의 정비
  - 공시 및 정보 제공을 통한 투명성 강화(수수료 정보의 공시, 비교공시의 강화 등)
  - 또한 규제의 영역은 아니나, 금융기관의 자율적 소비자보호 강화를 위해 관련된 내부통제기준
- 상품 및 판매행위와 관련해서는 관련 규제의 정비와 감독의 실효성 제고가 핵심적 사안으로 제기될 수 있다.

- 금융상품 판매채널의 정비 및 관련 세부 행위규제의 정비
- 불완전 판매 방지를 위한 점검과 제재 강화
- 불건전영업행위에 대한 규제 및 감독 강화
- 보수 및 수수료 체계의 정비
- 금융소비자 정보의 보호

사후적 금융소비자보호는 크게 사법제도 영역에서의 소비자보호와 민원 및 대안적 분쟁해결 영역의 보호로 구분할 수 있다.

- 민원 및 분쟁해결의 시간적 순으로는 금융회사 내부의 민원처리 및 분쟁조정 기능, 제3자(협회, 금융당국 혹은 제3의 기관)에 의한 대안적 분쟁해결로 사법적 분쟁해결과 구분해 볼 수 있다.

금융소비자 문제 발생 자체를 억제하는 기능으로서의 금융소비자 역량 강화는 사전적 금융소비자보호의 성격이 강하나 통상은 별도의 체계로 구분하고 있다.

- 금융소비자 역량 강화는 정보(information), 지도(instruction) 및 조언 (advice)으로 구성된다.
  - 정보의 경우 사전적 정보불균형 해소책에서 상당부분이 포괄됨
  - 지도 혹은 교육은 금융소비자보호를 위한 핵심영역으로 간주되고 있는 추세
  - 2008년 금융위기 이후 조언 혹은 자문서비스의 활성화 및 이와 관련한 정부의 역할에 대한 논의가 활발히 진행

• 금융교육은 또한 학교 내 교육과 학교 외 (사회)교육으로 크게 분류해 볼 수 있다.

그 밖에 금융소비자보호 규제 위반에 대한 제재 강화 등의 영역이 있으나, 이는 크게 사전적 금융소비자보호와 연계하여 논의될 필요가 있다.

5. 주요 선진국 금융소비자보호 기구

가. 미국

미국은 금융당국의 금융규제보다는 법률체계에 의거한 금융소비자 보호체계가 발전되어 왔다. 사전적인 규제보다는 소비자와 관련한 보호법률을 제정하고, 이러한 법률의 준수여부를 감시하는 감독이 보다 강조되었다. 그러나 금융감독당국이나 법률이 분산된 형태로 형성되어 있기 때문에 일부 영역에서의 소비자에 대한 보호가 적절히 수행되지 못했다는 비판을 받고 있는 상황이다. 오바마 정부 시절 통합된 감독당국과 법률의 설립을 지향점으로 금융소비자보호체계의 개선을 도모하여 상당부분 개혁을 이루어냈다.

• **법률 체계**: 오바마 행정부의 금융개혁법률
  글로벌 금융위기에서 나타난 문제점들을 해결하기 위해 금융산업,

금융시장, 금융감독 등을 전반적으로 개혁하는 내용의 금융개혁법이 제출되어 2010년 6월 29일과 7월 15일 각각 하원과 상원을 통과한 뒤, 7월 21일 오바마 대통령이 서명하여 발효되었다.

- 이 법안은 미국 상원의 크리스토퍼 도드 금융주택위원장과 하원의 바니 프랭크 금융 서비스 위원장이 공동으로 입안한 것으로서 '도 드-프랭크법'으로 칭하였다. 도드-프랭크법은 '감독시스템 개편' '금융회사 규제개선' '금융시장 투명성 강화' '소비자보호' 등의 내용을 포함하고 있다.

특히, 금융소비자보호를 강화하기 위하여 독립적인 소비자금융보호국(Consumer Financial Protection Bureau, CFPB) 설치를 주요내용으로 하고 있다.

⟨ 도드-프랭크법 주요 내용 ⟩

금융개혁 사항	주요 내용
소비자보호 대책강화	− FRB(연방준비제도 이사회) 산하 소비자보호국(CFRB) 신설 − 현재 분산되어 있는 소비자보호기능 통합 − 신용평가사 무료 보고서 제공 − 직불카드 수수료 규제 − 신용 양호한 주택보호자 저금리 대출지원

- CFPB는 기존에 연방준비이사회(이하 '연준'), 연방예금보험공사 등에 산재되어 있던 소비자보호 기능을 통합

- 해당 기구는 소비자보호를 위한 규정의 제정, 금융상품이나 서비스에 대한 모니터링, 소비자에 대한 금융교육 등을 담당
- 소비자는 금융회사로부터 자신의 신용점수 및 신용점수의 산출 근거를 보고받을 수 있으며, 민원이 생기는 경우 CFPB에서 처리

〈 소비자금융보호국(CFPB) 신설의 주요 내용 〉

항목	주요 내용
위상	연방준비제도이사회 산하에 설치
독립성 보장조치	운용비용은 연준지원형태로 재정운용 독립성 보장 담당직무와 관련된 감독정책이나 법 집행에 있어 독립권 행사 보장
인력구성	연준 소비자담당부서, 연방거래위원회, 통화감독청 등 연방감독당국으로 충원 가능
규제내용	국장 · 대통령 지명 및 상원 인준, 임기 5년
적용대상	소비자대출, 당좌계정, 신용카드 업무를 제공하고 있는 은행, 모기지 대출/관리/중개/감정/결제회사, 초단기 대출회사, 수표할인회사, 학자금대출회사, 신용상담회사, 채무추심업자, 신용조사기관
업무	소비자들을 대상으로 금융상품과 서비스를 제공하는 다양한 금융회사에 대한 감독 및 규제 실시

나. 영국

통합된 법률과 금융감독 기구를 통하여 금융소비자보호를 실행하고 있다.

- **법률 체계**: 통합 법령인 금융서비스 및 시장법(Financial Services and Markets Act, 이하 FSMA, 2000)은 금융감독청(FSA)로 하여금 법의 실행을

위한 각종 규정 등을 제정할 권한 부여
- FSA는 금융소비자보호를 위한 규정으로서, 소매 소비자를 대상으로 한 영업행위 준칙이나 피해구제 규정 등을 제정하여 법적 실행 장치를 수립
- **감독 체계**: 통합된 금융감독청(FSA)이 통합적으로 건전성 관리와 함께 소비자보호를 위한 감독을 동시에 실행
- 소비자보호의 정책 수립 및 교육, 민원 상담 업무를 동시에 수행. 다만, 민원상담 및 분쟁조정은 산하의 독립적인 조직인 FOS를 통하여 실행
- 정보 위원회를 설치하여 소비자들이 적절한 정보를 제공받고 있는지 여부를 감시, 파산 금융기관으로 인해 피해받은 금융소비자에 대한 보상제도 마련

다. 캐나다

연방금융감독원(OSFI)이 은행과 보험의 감독을 통합하고 감독하고 있으나, 이와 별도로 독립된 금융소비자보호원(FCAC)을 2001년 설립하여 소비자보호와 교육을 전담토록 하고 있어 금융소비자보호를 위한 독립적인 단일기구가 존재하는 것으로 볼 수 있다.

- **법률 체계**: 별도의 법안은 존재하지 않고, 기존의 금융업법에 소비자보호 관련 규정을 포함하는 방식으로 법률 체계 구성
- **감독 체계**: 금융소비자보호원(FCAC)이 은행과 보험 분야에 대한 금융소비자보호를 전담, 단 증권 부문은 협회에 의한 자율규제를 통해서

금융회사의 행위를 통제

- 건전성 규제는 OSFI가 은행과 보험을 감독하고 증권부문에 대해서는 주정부가 관할하는 형태
- FCAC는 소비자보호와 소비자 교육이라는 두 가지 명시적인 목적 하에, 금융소비자 교육, 금융정보 제공, 금융소비자보호 관련 법규 준수 여부 등을 시행하는 역할을 수행
- 금융민원의 처리는 FCAC에서 실행하지 않고 별도의 옴부즈만 제도를 통하여 실행

라. 호주

건전성 감독과 영업행위 감독을 분리하는 Twin-Peak형(쌍봉형) 감독 체계를 갖고 있으며, 금융소비자보호는 증권투자위원회(ASIC)에서 담당 하고 있다.

- 두 기관 중 하나인 금융감독원(APRA)에서 예금, 보험기관에 대한 건전성감독 업무를 담당하고 있는 반면, 증권투자위원회(ASIC)에서 자본시장의 공정거래 질서 유지 및 금융소비자보호 관련 감독 업무를 수행
- **법률 체계:** 금융관련 통합 법안인 FSRA(Financial Services Reform Act)가 2002년 제정되어 금융소비자보호를 강화하고 있다.
  - FRSA는 공시체제를 강화하여 금융상품의 판매부터 소멸까지 금융소비자가 구입한 상품을 다른 상품과 비교 가능하도록 하는 등 금융소비자보호 강화를 위한 규정을 두고 있다.

〈 국가별 금융감독체계 비교 〉

국가	금융규제&감독기구		금융소비자보호기구	민원&분쟁 처리기구
미국	종전	은행: FRS*, OCC* 증권: SEC* 보험: 주보험 감독청	권역별 감독기구 기능: 정책수립, 분쟁 조정 등	권역별 감독기구 외의 NASD*, AAA*, BBB*, JAMS* 등 정부 조직, 자율규제, 사단법인 중재: 구속력 O 조정: 구속력 없음
	오바마 개혁안	신설: FSOC*(총괄) NBS*(은행), ONI*(은행) 유지&기능조정: FRS*, SEC*, CFTC*, FDIS*	CFPB* 기능: 정책수립, 정보 제공, 기준설정 및 준수 감시 등	권역별 감독기구 외의 NASD*, AAA*, BBB*, JAMS* 등 정부 조직, 자율규제, 사단법인 중재: 구속력 O 조정: 구속력 없음
캐나다	은행&보험: OSFI* 증권 주정부 또는 증권위원회		FCAC* 기능: 정책수립, 교육, 정보 제공, 법규 준수 감시 등	OBSI* 등 5개의 독립기구 사단법인, 구속력 존재
영국	FSA*		FSA* 기능: 정책수립, 교육, 정보 제공 등	FOS*(독립적), FSA*산하 공적민간기구, 평면적 구속력
호주	건전성 감독: ARRA* 행위 규제: ASIC*		ASIC* 기능: 정책수립, 민원상담, 교육, 정보 제공 등	FOS* 등 6개의 독립기구 사단법인, 평면적 구속력
한국	금융위, 감독원		금감원 기능: 정책수립, 정보 제공, 교육, 민원상담, 분쟁조정	금감원(금융분쟁조정위원회) 공정민간기업기구, 구속력 없음

※출처: 국회입법조사처, 금융소비자보호의 현황과 정책방향, 11쪽

주) 1) FRS(연방준비제도): Federal Reserve Act, OCC(통화감독청) 2) SEC(증권거래위원회): Securities Exchange Act 3) FSOC(금융안정감시위원회) 4) NBS(전국은행감독청): National Bank Supervisor 5) ONI(연방보험감독청): Office of National Insurance 6) CFTC(상품거래위원회): Commodity Futures Trading Commission 7) FDIS(연방예금보험공사) 8) CFPB(금융소비자보호국): Consumer Financial Protection Bureau 9) OSFI(연방금융감독원): Office of the Siperintendent of Financial Institutions Act 10) FCAC(금융소비자보호원): Financial Consumer Agency of Canada Act 11) OBSI(금융서비스와 투자 분쟁 위원회): Ombudsman for Banking Services and Investments 12) FOS(금융분쟁서비스): Financial Ombudsman Service 13) APRA(건전성 감독청): Australian Prudential Regulation Authority Act 14) ASIC(증권투자위원회):Australian Securities and Investments Commission 15) NASD : National Association of Securities Dealers 16)JAMS(미국국제조정중재기구)

- **감독 체계**: ASIC가 FSRA에 의거 금융소비자보호 업무를 통합하여 수행
  - ASIC를 통합된 기관으로 설립한 목적은 금융상품 또는 금융기관들이 일관적이지 않은 방식으로 규제받는 것을 제거하고, 비일관적인 법규로 인하여 소비자들의 혼란이 가중되는 것을 방지하기 위함
  - ASIC는 2008년 금융교육재단의 금융교육 기능까지 정부로부터 이관 받아 그 역할을 강화하고 있는 추세

6. 우리나라 금융소비자보호 기구

우리나라는 금융회사별 금융산업규제법(예: 은행은 은행법, 보험사는 보험업법, 증권사는 자본시장법 등)을 통해 금융회사 진입규제, 영업행위 규제, 건전성 규제, 지배구조 규제 등의 금융사 감독관리방식을 통해 금융소비자를 보호하고 있다.

금융소비자보호를 전담하는 기구를 여러 기관에서 설치, 운영하고 있는데, 금융감독원, 금융위원회, 한국소비자원, 공정거래위원회, 예금보험공사, 한국거래소 등이 있다. 금융소비자보호를 위한 공적인 역할에서는 금융감독원이 기본적으로 금융분야를 주 담당하고, 한국소비자원, 공정거래위원회, 예금보험공사 등의 기관은 제한적으로 수행하고 있다고 할 수 있다.

〈 금융소비자보호 주요 행정 기구 〉

공적기구(행정형)	기능
금융감독원	– 금융소비자보호제도 수립 운영 – 금융상담 및 민원처리제도 운영 – 소비자교육, 정보제공 등 – 금융분쟁조정위원회 운영
금융위원회	– 금융소비자보호 정책 및 제도에 관한 기획, 총괄 – 금융소비자 분쟁조정 등 금융소비자에 관한 사항 – 금융교육에 관한 사항 등
한국소비자원	– 소비상담 및 분쟁조정(원칙적으로 금융분쟁은 한국소비자원 관할이 아니므로 제한적인 처리만 가능함) – 소비자보호 관련 연구 – 상품시험검사 및 소비자교육 등
공정거래위원회	– 자유롭고 공정한 경쟁의 촉진과 소비자 권익의 제고(공정거래법 위반 행위를 시정하는 시장경제 파수꾼) – 대–중소기업간, 생산–소비자간 힘의 불균형을 바로 잡는 균형추 역할

예금보험공사	– 금융기관이 파산 등으로 예금을 지급할 수 없는 경우 예금의 지급을
	  보장함으로써 예금자를 보호하고 금융제도의 안정성을 유지함
	※ 예금보험제도: 예금보험제도는 금융기관으로부터 보험료를 납부 받
	  아 예금보험기금을 조성해 두었다가 금융기관의 경영이 부실하거나
	  파산해 고객들의 예금을 돌려줄 수 없게 되면 예금을 대신 지급하는
	  제도

국민권익위원회	– 국민신문고 제도를 운영(범정부 국민소통창구)
	– 행정기관의 위법·부당하거나 소극적인 처분 및 불합리한 행정제도로
	  인해 국민의 권리를 침해하거나 불편 또는 부담을 주는 사항의 해결
	  요구들을 청구하는 제도

대부업 분쟁조정 위원회(지자체)	– 대부업체의 대부행위와 관련하여 발생한 분쟁 처리
자율기구(민간형)	기능

한국거래소	– 금융투자회사와 관련한 금융분쟁을 처리하는 투자자 보호 기능을 수
	  행(자본시장과 금융투자업에 관한 법률에 의거함)
	– 한국거래소는 코스닥시장, 파생상품시장에서의 매매거래와 관련하여
	  발생한 권리의무 또는 이해관계에 관한 분쟁의 자율 조정업무를 담당
	  하고 있음(시장감시위원회)

⊙

자율기구(민간형)	기능
금융투자협회	– 금융투자협회는 증권회사, 선물회사, 자산운용회사, 신탁회사, 투자자문·일임회사(금융위원회에 등록된 업체), 은행, 보험사의 주식, 파생결합증권, 수익증권, 장내파생상품, 장외파생상품, 수익증권, 금전신탁계약, 부동산신탁계약, 투자자문·일임계약, 변액보험 등과 관한 조정업무를 위해 분쟁조정위원회를 설치·운영하고 있으며, 양 당사자가 조정안 수락 시 민법상 화해와 같은 효력을 갖게 됨

감독당국은 금융소비자보호를 위한 각종 규제를 하고 있는데, 사전적 규제로는 광고규제, 약관규제, 공시규제가 있고, 사후적 규제로는 민원, 분쟁조정, 소송 지원 등이 있다.

금융소비자의 금융능력 향상을 위한 금융교육을 여러 기관에서 실시하고 있는데, 그 밖에도 각종 유관기관, 금융회사도 금융교육에 관심이 높다.

7. 금융소비자보호 추세

앞에서 살펴본 것처럼 이러한 노력에도 불구하고, 금융소비자보호 영역에는 취약한 부분이 여전히 존재한다는 것이다. 이러한 취약점이 결국 크고 작은 각종 금융사고의 원인이 되었다. 이에 따라 금융규제의 개혁에 있어서도 건전성 규제의 강화와 함께, 금융소비자보호 규제 강화를 위한 추가 방안들이 함께 논의되고 모색되고 있다.

그동안 금융상품이 공급자 중심의 규제에서 시대적인 상황 변화에 따라 점차 금융소비자 중심의 규제로 전환되는 추세이다. 이러한 추세는 최근의 금융상품이 다양화·복잡화·융합화로 인해 금융상품에 대한 이해가 어려워짐에 따라 소비자 피해가 우려되어 이를 해소하기 위한 노력으로 금융소비자중심의 규제로 자연스럽게 전환되는 현상이라고 할 수 있다.

우리나라의 경우 기존의 금융 규제 및 감독 시스템에 있어서 금융소비자보호는 건전성 감독에 밀려서 상대적으로 소홀히 취급되어 왔지만 최근 들어 크게 달라졌다.

금융상품에 대한 판매행위 규제 강화와 금융소비자 권리 구제 강화를 내용으로 하는 금융소비자보호에 관한 법률(이하 '금소법')제정이 추진되었고, 제정안이 최초 발의된 지 약 8년 만인 2020년 3월 국회 본회의를 통과하여 2021년 3월 중 시행되었다. 2020.3.5일 국회를 통과한 금융소비자보호에 관한 법률 공포안(이하, 금소법(금융소비자보호법)이 2020.3.17일 국무회의 의결을 통해 1년이 경과되는 2021년 3월 중에 시행되었지만 '금융상품자문업' 및 '금융회사 소비자보호운동 내부통제기준' 관련 규정은 공포일로부터 1년 6개월 후 시행한다.

금융소비자보호법에서는 적합성·적정성 확인 및 설명의무 준수, 불공정영업행위·부당권유행위 및 허위·과장광고금지의 6대 판매원칙이 모든 금융상품에 확대적용됨으로써 소비자피해 방지를 위한 공백을 없애고, 조정이탈금지제도를 마련하여 금융소비자가 신청한 분쟁조정과정에서 금융회사가 제소로 조정을 회피하지 못하도록 소비자피해구제를 강화하였으며, 소비자의 자료요구권을 보장하여 분쟁조정 및 소송 등의 목적으로 금융회사에 자료열람을 요구할 경우, 금융회사가 이를 수용하도록 법제화하였다. 또한 소비자 권익보호를 위해 소비자가 금융상품 구매 후 일정기간 내에 청약철회를 요청할 경우 별도의 행사요건 없이 철회가 가능하게 함으로써 소비자의 선택권을 확대하였다.

'금융소비자보호' 란 말이 지금처럼 흔하게 회자되었던 때는 일찍이 없었다. 금융규제의 1차적 목적이 금융소비자보호에 있다는 것은 금융소비자의 관점에서 금융시장에서의 불균형을 시정한다는 것으로 받아들여진다. 금융소비자가 금융회사와의 관계에서 공정성의 이슈가 새롭게 주목받기 시작한 것은 분명 새로운 추세임을 부인할 수 없게 되었다.

금융상품의 공학화 및 글로벌화가 진행되고 자본시장 발달로 각종 파생상품을 비롯한 금융상품이 복잡·다양화되면서 금융소비자와 금융회사 간 정보의 비대칭성(asymmetric information)이 점차 심화되고, 이로 인해 금융회사에 비해 전문성과 교섭력이 열위에 있는 금융소비자의 피해가 다양하게 나타날 것으로 보인다. 이에 금융소비자보호에 관한 정책을 일관되게 강화·추진되는 제도의 도입은 증가할 것으로 보이며 지금도 금융소비자보호에 관한 기본 법안이 다수 발의되어 있는 상황이다.

금융소비자보호가 강화될수록 금융회사가 부담해야 할 비용은 단기적으로 상승할 수밖에 없을 것이다. 그러나 금융회사 간 경쟁이 심화되는 상황에서, 결국 고객은 자신이 얼마나 보호받을 것으로 예상되는가에 따라 상품을 결정하게 될 것이다. 사회 전반의 금융소비자보호 수준이 높아지면, 금융회사와 상품에 대한 소비자들의 신뢰가 상승하여 이에 대한 수요가 증가하게 되고, 궁극적으로 금융산업의 경쟁력 강화와 금융시장의 안정성 제고에도 기여하게 될 것이다.

특히 2020년 3월 '금융소비자보호에 관한 법률'이 제정되어 2021년 3월 시행되었지만 개정안은 당초 금융소비자보호에 관한 법률 논의 과정에서 제외된 징벌적 손해배상제도, 손해배상의 입증책임 전환, 손해액 추정제도 등을 추가하여 시행 전인 금융소비자보호법을 보완하려 했지만 징벌적 손해배상과 집단소송법이 발의되면서 금소법에서 규정하지 않아도 이런 제도가 전 분야에 적용될 것으로 전망된다. 뿐만 아니라 어떠한 형태든 금융소비자보호 관련 규제의 강화가 이뤄질 것으로 예상되므로 금융회사들도 금융소비자와의 관계에 있어 각 부문별로 본질적인 변화를 모색하고 실천하는 노력이 중요하다.

Financial **C**onsumer **P**rotection

제 2 장
금융소비자보호의
국내외 동향

1. 국내외 금융소비자보호 인식의 변화

2. 주요 선진국 동향

금융소비자보호가 소비자를 보호하는 관점도 있지만,

소비자보호를 통해 금융산업을 발전시킬 수 있으므로

금융소비자보호와 함께 금융산업의 관치 탈피 등

금융산업의 자율성 제고를 통한 금융산업의 경쟁력 확보도 중요하다.

1. 국내외 금융소비자보호 인식의 변화

가. 국내 동향

2008년 금융위기를 전후하여 금융소비자 문제가 대규모 형태로 발생하여 사회적, 정치적으로 크게 문제가 되었다면, 지금은 개별적(개인별·기업별 특정상품)차원에서 많이 발생하고 있어 과거보다 정교한 제도 도입의 필요성이 높아지고 있다. 이와 함께, 금융소비자보호에 대한 인식은 과거와 달리 크게 변화하는 추세이고, 현재는 금융소비자보호에 소홀한 금융회사는 시장에서 도태된다는 인식이 확산되고 있다.

금융소비자보호를 강화해야 한다는 조짐에 대하여 2008년 금융위기 이후 추세를 살펴보면 다음과 같이 요약해 볼 수 있다.

- 금융당국의 제도 개혁, 개선 가속
- 금융소비자원과 같은 소비자단체의 목소리가 커짐
- 금융상품 설명 의무 및 적합성·적절성 등 판매행위 요구
- 금융회사의 소비자 활동 강화 및 제재 강화
- 금융회사의 책임 강조 및 비도덕적 행위 비판 증가

〈 금융소비자에 대한 인식 전환 〉

구분	과거	현재
금융소비자 인식	단순한 거래 상대방	상생의 파트너
금융소비자보호 개념	마지못해 하는 불만 처리	소비자 신뢰라는 무형자본에 대한 투자
금융회사 선택기준	고도성장기: 고수익률 제공	− 외환위기 이후: 재무건전성 − 현재: 소비자보호

금융소비자보호를 강화하기 위해서 현재의 금융소비자보호 방향을 새로운 방법으로 접근해야 할 필요성이 대두되고 있으며 향후 세 가지 관점에서 금융소비자보호 정책을 재정립하고 추진해야 할 필요가 있다.

1) 금융당국 중심의 소비자보호체계를 시장과 소비자 중심의 금융소비자보호 시스템이 작동되도록 정책과 제도를 변화시켜야 한다.
2) 불명확한 법적 제도의 규정을 전반적으로 검토하여, 제재나 보상 규정 등을 구체적으로 명시하여 금융소비자보호를 위한 원칙이 잘 지켜지도록 해야 한다.

3) 현재 추진되고 있는 '금융소비자보호에 관한 법률'(안)을 시장전문가나 금융소비자보호 전문가의 견해 구성으로 재검토하여 실질적인 금융소비자를 위한 법안이 되도록 할 필요가 있다.

금융소비자보호가 소비자를 보호하는 관점도 있지만, 소비자보호를 통해 금융산업을 발전시킬 수 있으므로 금융소비자보호와 함께 금융산업의 관치 탈피 등 금융산업의 자율성 제고를 통한 금융산업의 경쟁력 확보도 중요하다.

요즘 가장 큰 화두의 하나가 4차 산업에 대한 논의라 할 수 있다. 4차 (혁명)산업은 피할 수 없는 대세이고, 이미 시작되어 진행되고 있다. 4차 (혁명)산업의 핵심 분야의 하나가 블록체인과 핀테크이다. 특히, 핀테크는 현재 금융분야에서 어떻게 소비자의 선택을 받을 것인가를 고민하고 시장의 평가를 받아야 할 시간이라 할 수 있다. 물론 최종적인 평가는 아니지만, 금융사가 지속적인 개선을 통해 중단없이 소비자에게 제공해야 할 새로운 금융서비스이다. 다만, 기대만큼 진행되지 못하고 있다는 것은 아쉬운 점이다. 이는 기존 방식에 틀을 깨는 혁신적 사고 인식의 부족, 기존 규제의 틀과 관치금융의 영향 등으로 논의만큼 크게 진전되지 않고 있다.

핀테크는 새로운 (혁명)산업의 핵심 분야의 하나이고 금융혁신 방향에 큰 영향을 주는 요인이 될 것이다. 핀테크는 금융산업의 경쟁력을 확보하는 중요한 분야이기 때문에 이를 국가 경쟁력으로 선점해야 할 과제이기도 하다. 금융업계와 금융당국의 역할이 매우 중요하다고 할 수 있다. 이런 관점에서 보면, 금융 핀테크는 국내의 후진적 금융산업의 경쟁력을 새롭게 갖출 수 있는 기회로 활용하려는 전략이 필요하다. 당연히 국가적 차원에서도 정교한 플랜이 요구되는 시점이다. 다만 국가적인 정교한 플랜이 요구된다고 해서 정부 주도로 가자는 것은 결코 아니다. 민간 주도로 경쟁력을 확보해야 하는 것은 말할 것도 없다.

앞으로 핀테크의 발전이 이루어지게 되면 될수록 소비자문제도 분명 과거와는 다른 차원으로 나타날 것으로 예상 된다. 예를 들어 현재의 소비자문제가 1차원이었다면, 4차 산업혁명시대는 산업간, 기술간 융합화로 인해 소비자문제가 과거와 전혀 다른 차원의 문제로 다가오게 될 것이다. 이런 점에서 소비자문제도 융합적 차원으로 새롭게 인식해야 할 상황이다. 기술의 융합과 복합화로 인해 발생하는 새로운 소비자문제를 '테크노–컨슈머리즘'(Techno-Consumerism)이라고 정의할 수 있을 것이다. 이러한 새로운 시각으로 소비자의 문제를 새롭게 접근해야 할 시점임에 틀림이 없다.

테크노–컨슈머리즘은 기술과 정보의 융합이라는 4차 산업혁명 과정에서 필연적으로 나타나는 융합적 신제품이나 서비스로 인해 나타나는 문제, 개인의 정보 및 행동이 모두 정보화되고 개인의 유무형의 행동이 예측 불가능하게 수집되고, 과도하게 활용되는 상황에서 소비자의 권익을 보호하기 위한 것이라 할 수 있다. 다시 말해, 소비자의 모든 것이 무차별적으로 노출 및 활용당하는 상황에서 자신의 정보에 대한 권리를 갖는 것이 테크노-컨슈머리즘이라고 할 수 있다.

새로운 금융혁신의 도구의 하나로 부상된 핀테크가 금융소비자보호라는 과제와 대립만, 서로 상충되는 문제로만 볼 것인가? 대립된다고, 상충된다고 보아 시장의 불완전판매 방지를 위해 도입에 신중한 입장 고수는 바람직하다고 할 수 없다. 이는 소비자의 인식 부족이나, 피해를 방지하기 위해서 규제관점에서만 볼 것이 아니라 새로운 차원에서 접근하고 해결하려는 인식이 필요하다는 얘기다. 지금까지 핀테크를 지나치게 금융의 관점에서만 보다 보니 시야가 좁아져 판단한 것도 문제다. 핀테크가 기술에서 출발한 금융서비스라면 금융측면의 소비자문제뿐만 아니라 기술측면에서의 소비자문제도 보다 큰 시각에서 살펴보아야 한다. 소비자문제를 금융측면의 문제만 보니 한계가 있었던 것이고 기술적 관점에서의 소비자문제도 제대로 알아야 할 시점이다.

우리는 오늘 동네 호프집에서 맥주 한 잔 하는 정도의 일상 기초행동까지 모두 데이터화되고 있다. 이 데이터가 마케팅으로 활용되고 있는 것이 바로 지금 일어나고 있다. 여기에 그치지 않고, 개인이 기억하고 행동하고 관계를 가진 모든 것을 당사자는 인식하지 못하는 상태에서 기업의 소유로 넘어가고 있는 것이 현실이다. 이 순간에도 기업은 소비자의 모든 행위를 마이닝(채굴)하고 이를 보관하며, ERP 등을 활용하여 이익을 확보하려는 노력을 하고 있다.

하지만, 이에 대한 대책은 아무 것도 없는 것이 현실이라 할 수 있다. 기술융합에 의한 4차 산업의 출현이나 어쩔 수 없이 수용해야 하는 문화에서 기술융합과 인간의 가치를 연동하는 철학이 적용되도록 하는 테크노-컨슈머리즘의 정립도 중요하다.

4차혁명시대를 맞이하여 기술의 융합과 복합화로 인해 발생하는 새로운 소비자문제를 해결하기 위해 정부와 소비자단체, 전문가들로 구성된 중립적이고 합리적이고 신뢰받는 조정기구를 통한 테크노 컨슈머리즘(Techno-Consumerism)에 대응하기 위한 대책 준비가 필요해지고 있다.

나. 해외 동향

금융선진국들도 글로벌 금융위기 이후 금융소비자보호를 강화하기 위하여 정책적 노력을 기울이고 있고, 해당 금융회사들도 다양한 변화를 모색하고 있다. 금융소비자보호 인식에 대한 국제적인 변화 추세를 살펴보면, 최초의 글로벌 금융위기를 계기로 새롭게 금융사의 위험과 금융소비자 문제를 새롭게 인식하고 규제와 감독 측면에서 건전성과 금융소비자보호 균형에 대한 시각을 새롭게 하면서 금융선진국들은 한결같이 대출과 관련한 금융소비자보호 강화를 통해 약탈적 대출을 방지하기 위해 연방차원에서 규제를 입안한다든지, 책임 대출, 책임 차입를 강조한 금융소비자보호법 개정 등을 통해 공정대출개념을 확산시키고, 신용등급의 차이를 사유로 하여 과도한 이자율 부과, 약탈적인 대출 행위나, 정보의 비대칭, 적합성 있는 영업행위 및 비차별적 대출 행위에 대한 규제를 강화하고 있다.

2008년 글로벌 금융위기 이후 전 세계적으로 금융소비자보호 문제가 크게 대두되면서 OECD 회의, 2011년 10월 서울에서 개최된 G20 정상회의에서 주요 의제로 논의되기도 했다. 아래에 제시된 G20 회의 금융소비자보호 10원칙은 OECD가 제안한 '금융소비자보호에 관한 10대 원칙'을 채택한 것이다. 국내적으로는 대선에서 금융소비자보호의 필요성과 기구를 주요 정책의 하나로 제시하는 등 금융소비자보호라는 화두가 큰 이슈의 하나가 된 바 있다.

〈 금융소비자보호 인식의 국제적 주요 변화 추세 〉

• 최초의 금융위기 계기
• 규제와 감독 측면에서 건전성과 금융소비자보호 균형
• 선진국(미국, EU, 영국, 호주) 대출과 관련한 금융소비자보호 강화
• 약탈적 대출 방지를 연방 차원의 규제 책임 대출, 책임 차입을 강조하는 금융소비자보호법 발효
• 공정대출 개념확산, 신용등급을 초과한 이자율 부과, 약탈적 대출(부채의 늪), 정보의 대칭, 적합성, 비차별적 대출

금융소비자보호를 강화하고자 하는 움직임은 금융상품의 복잡화로 인해 발생한 금융소비자의 피해가 매우 크다는 인식과 금융소비자보호가 금융시장의 체계적 위험을 방지하는 데 기여할 것이라는 판단에 기반하고 있다고 볼 수 있다.

1	• 법, 규제, 감독체계 마련(Legal, Regulatory and Supervisory Framework)
2	• 감독기구 역할 강화(Role of Oversight Bodies)
3	• 공평하고 공정한 금융소비자 대우(Equitable and Fair Treatment of Consumer)
4	• 공시와 투명성 강화(Disdosure and Tranparency)
5	• 금융교육과 인식 제고(Fianacial Education and Awareness)
6	• 금융회사의 책임영업행위 강화(Responsible Business Conduct)
7	• 금융소비자 자산의 보호 강화(Consumer Assets against Fraud and Misuse)
8	• 금융소비자 개인정보 보호 강화(Protection of Consumer Data and Privacy)
9	• 민원처리 및 시정 절차 접근성 제고(Complaints Handling and Redress)
10	• 경쟁환경 조성(Competition)

2. 주요 선진국 동향

미국, 영국, 호주, 캐나다, 일본 등 주요국은 국가별로 약간의 차이는 있으나 사전적 금융소비자보호를 위해 모기지, 신용카드 등 소비자금융 부문을 중심으로 영업행위 감독을 강화하고, 국가적 차원에서 금융역량 강화를 위한 전략을 정비하는 등 금융소비자의 금융역량을 제고하는 데 노력하고 있다.

또한 사후적으로 금융소비자보호를 위해 민원처리제도를 개선하고 민원처리기구의 편면적 구속력 적용 한도금액을 인상하는 등 소비자피해 구제 강화도 적극 추진하고 있다. 글로벌 금융위기의 진원지인 미국과 영국에서는 감독 실패에 대한 책임을 물어 감독체계 개편이 진행되었다.

가. 미국

1) 영업행위 감독 강화

모기지 대출업자가 가입자의 상환능력을 충분히 파악하도록 규정화하고 과도한 중도상환수수료를 부과하지 못하도록 금지하는 한편, 고금리 모기지와 관련하여 상환금액이 과도하게 점증하는 구조의 상품설계를 금지하고 무책임한 대출에 대한 벌칙을 강화(2010년 7월)하였다.

신용카드 부문에서는 금리 등 거래조건 변경 시 사전 고지 의무를 강화(2009년 7월)하였고, 신용카드사의 일방적인 금리 · 수수료 인상 금지 등 불공정한 거래관행을 개선(2010년 1월)하였다. 또한, 소비자 부담을 가중시키는 각종 수수료 부과를 금지(2010년 6월)하였고, 카드 가맹점 수수료의 합리적인 조정을 추진하고 있다.

소액대부업에 대해서는 주 별로 영업금지 또는 금리상한 설정이 추진되고 있고 재무부, 연방예금 보험공사(FDIC)는 대체상품 개발을 유도하고 있다.

2) 금융역량 강화

'금융역량 및 교육위원회'가 '금융역량전략2011'을 마련하고 소비자단체 등 이해관계자의 의견 수렴을 거쳐 이행하고 있다. '개인 및 가계의 재무적 안녕 유지'를 비전으로 제시하였으며, '개인 및 가계가 잘 알고 재무결정을 할 수 있도록 정책·교육·관행·연구·조율 부문에 대해 전략적 방향 설정'하는 것을 미션으로 삼고 있다.

〈 미국의 금융감독체계 개편 〉

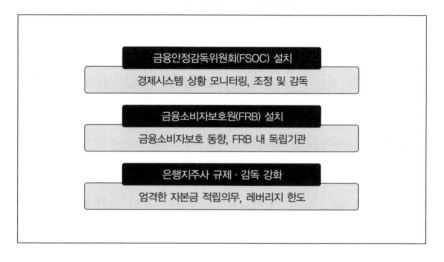

금융안정감독위원회(FSOC) 설치
경제시스템 상황 모니터링, 조정 및 감독

금융소비자보호원(FRB) 설치
금융소비자보호 동향, FRB 내 독립기관

은행지주사 규제·감독 강화
엄격한 자본금 적립의무, 레버리지 한도

3) 소비자피해구제 강화

자본시장 자율규제기관인 FINRA는 중재신청인에게 중재판정부의 채널을 3인 전원 비업계 인사로 선택할 수 있는 권한을 부여할 방침이며, SEC는 투자자 보호를 강화하기 위하여 투자자문위원회와 투자자변호국을 설치하고 옴부즈만 제도를 도입하였다.

4) 금융소비자보호 감독체계 조정

미국은 복잡·다기한 감독체계를 유지하다가 감독 중복과 감독 사각지대가 발생하여 금융위기 시 적절한 대응에 실패하였다. 특히 연준은 감독당국으로서 금융회사의 방만한 서브프라임 모기지 영업행위를 차단하지 못한 책임이 있으며, 대형 은행지주회사 부실화를 제어하지 못했다는 비판을 받았다. 이에 따라 위기 이후 금융감독체계의 개편이 급물살을 타고 금융소비자보호를 위한 감독기능의 편제조정이 이루어졌다.

미국이 추진한 금융개혁법안은 2010년 7월 상·하원을 모두 통과하여 오바마 대통령의 서명을 거쳐 2010년 7월 22일 공식 발효되었다.

원래 하원에서는 별도의 금융소비자보호청(Agency)을 설립하고자 추진하였으나, 상원을 통과하고 대통령의 최종서명을 받은 조정된 안에서는 연준 내에 금융소비자보호국(CFPB; Consumer Financial Protection Bureau)을 신설하는 것으로 귀결되었다.

- 기존 FRB, OCC, FDIC 등의 소비자보호기능을 통합
 : 금융소비자보호 규정의 제정 및 개정, 대형 금융회사(자산 100억 달러 이상인 은행과 신협 등)에 대한 검사와 제재 등을 담당

- 신용카드, 주택담보대출 등에 있어서의 불공정 관행 및 시장지배적 남용 행위 차단 등을 통해 금융소비자보호를 강화

나. 영국

1) 영업행위 감독 강화

모기지 대출건에 대해 적합성 테스트를 실시하고 차주의 소득을 검증하도록 하는 한편, 연체수수료가 과도하게 부과되지 않도록 합리적인 연체수수료 산출방안을 마련하도록 했다. 예금수취 및 연관업무에 대한 FSA의 영업행위 규정을 개정하여 대고객 일상업무관련 기준을 보다 구체화하였다.

2) 금융역량 강화

'금융역량 제고를 위한 국가전략' 발표(2003년 11월) 이래 금융역량 강화 전략을 지속적으로 보완·수정해 왔으며, 최근에는 선제적이고 예방적 접근을 위하여 개별 금융소비자에 대한 맞춤형 자문 서비스의 전국 확대 실시를 추진 중이다.

3) 소비자피해구제 강화

FSA(금융서비스법, Financial Service Act 2010)는 금융소비자들이 개별금융회사의 민원처리 현황 등을 보다 쉽게 비교할 수 있도록 개별 금융회사가 접수·처리한 민원의 회사별 데이터를 최초로 공개(2010년 9월)하였다.

통합민원처리기구인 FOS가 접수·처리한 민원도 2009년부터 반기별로 금융회사별로 통계를 공개하고 있다. 또한, 민원담당 고위임원을 선임토록 하고 민원의 근본적인 분석 등에 대한 지침 마련(2011년)을 추진하였고, FOS의 편법적 구속력이 인정되는 조정금액 상한을 15만 파운드로 상향 조정하였다.

〈 영국의 금융감독체계 개편 〉

4) 금융서비스시장법(FSMA)과 금융서비스법(FSA)

금융서비스시장법(FSMA, Financial Services and Market Act)은 모든 형태의 금융·보험기관을 감독할 수 있는 단일하고 통일성 있는 법체계를 구축하여 금융산업간 형평성을 도모하기 위해 2000년에 제정되었다. 이

법에 의해 금융감독청(FSA)이 설치되었다. FSA는 단일한 법적 조사권한 및 집행권한을 행사할 수 있고, 징계권한은 행정적 제재, 징벌적 제재, 민사적 제재로 매우 광범위하다.

금융서비스시장법은 2010년 4월 금융감독청의 권한과 역할을 확대하는 내용의 '금융서비스법(FSA, Financial Services Act 2010)'으로 개정되었다. 동 법에 의해 2013년 4월부터 FSA는 건전성 감독원(PRA, Prudential Regulation Authority)과 금융규제원(FCA, Financial Conduct Authority)으로 분리되었으며, FCA는 FSA를 이어 독립적으로 존속하게 된다.

금융서비스시장법 체제 하에서 금융소비자 교육을 위해 규제 대상 금융기관으로부터 재정적 지원을 받는 독립적인 금융교육단체를 신설·운영하도록 했고, 대부분의 금융소비자들이 금융옴부즈맨 서비스를 통해 기업들에게 금융소비자보상계획(금융소비자들에게 손해를 끼쳤을 경우 적절한 보상의무를 부담)을 마련할 것을 요구하는 규정을 두었다.

다. 호주

1) 영업행위 감독 강화

주 정부의 소비자 신용규제 권한을 연방정부로 이관하기로 결정(2008년 11월)하고, 소비자 신용부문의 개혁을 위한 종합방안을 단계적으로 추진해 왔다. 책임성 있는 대출행위요건, 소비자 신용기관에 대한 ASIC의 포괄적인 인허가 및 제재권한 강화 등 통합, 강화된 영업행위 기준과 제재·조치 근거 등을 마련(2009년 12월)하였고, 중소기업대출, 역모기지, 소액단기대출, 소비자리스, 신용카드 등의 부문에서 소비자보호를 위한 규제개선 방안을 지속적으로 추진해 오고 있다.

호주는 금융회사의 건전성을 감독하는 기구와 금융소비자보호를 담당하는 기구(ASIC, Austra-lian Securities and Investment Commission)를 따로 운영하고 있다. ASIC는 모든 금융 상품과 금융 서비스에 대해 일관된 원칙을 마련하고, 금융 관련 부당행위나 불공정 거래에 대한 감독 업무를 담당하고 있다. 또한 ASIC는 민원 상담, 소비자 교육 등 금융소비자보호를 위한 업무도 전담하고 있다.

2) 소비자피해구제 강화

FOS, COSL 등 민원처리기구의 처리대상 민원의 상한(보상요구금액 기준)을 28만 달러에서 50만 달러로 상향 조정하여 민원처리기구에 대한 접근성을 제고하였다.

라. 일본

1) 영업행위 감독 강화

대금업자에 대한 출자법상 최고금리를 연29.2%에서 20%로 인하했고, 대금업자로부터 차입 가능한 금액을 연간 수입의 1/3이내로 제한하였으며, 대금업자에 대해 법령 준수의 조언 및 지도를 행하는 국가자격을 득한 '대금업무 취급 주임자' 배치를 의무화하였다.

2) 소비자피해구제 강화

금융상품거래법 및 각 금융업법을 개정(2009년 6월)하여 금융부문 재판 외 분쟁해결제도를 입법상의 제도로 정비하고, 2010년 10월부터 지정분쟁해결기관과 기본계약을 체결하도록 하였다.

금융상품거래법 등에서 금융회사에 대해 지정분쟁해결기관의 결정에 대한 존중의무를 부과하고, 금융회사가 계약상 의무를 이행하지 않을 경우 지정분쟁해결기관은 이를 공시할 수 있도록 했다.

2009년 6월 금융상품거래법, 은행법, 보험업법 등 금융관렵법의 개정으로 금융분야에서의 재판 외 분쟁해결제도(금융ADR, Alternative Dispute Resolution)로서 지정분쟁해결기관제도(금융 상품 거래법 5장의 5)가 도입되었다.

2010년 10월부터는 금융회사에 대하여 적어도 하나의 지정분쟁해결기관과의 계약체결의무를 부여하고, 지정분쟁해결기관은 고충처리·분쟁해결절차를 실시하는 기관으로서 업종별로 주무대신이 지정하도록 하고 있다. 금융회사는 지정분쟁해결기관과의 ①고충처리, 분쟁해결절차의 승낙 ②사정설명, 자료제출 ③절차실시자의 해결안의 존중과 같은 내용을 포함한 계약체결을 의무화하고, 금융회사는 절차실시기본계약의 상대방인 지정분쟁해결기관의 명칭 등을 공표하도록 하고 있다.

지정분쟁해결기관과의 계약체결의무와 그 결정에 대한 존중의무 등을 통해 실제로는 금융업자에 대한 편면적 구속력(분쟁조정 발생 시 조정기관의 조정결정에 대해 투자자(소비자)는 소제기가 가능하지만 금융회사는 수용해야 하는 제도를 의미)이 인정되는 것과 동일한 효력을 갖도록 했다.

Financial **C**onsumer **P**rotection

제 3 장
금융업권별 금융소비자
주요 불만요인

금융소비자들이 금융회사와 금융상품을 거래하는 과정에서 발생하는 불만은
금융회사 측면의 잘못, 금융소비자 측면의 잘못과 함께
법규 · 제도의 미비와 부실한 감독측면에서 기인하는 것으로
구분하여 볼 수 있다.

1. 최근 금융업권별 소비자 불만

최근에 금융업권에서 발생한 대형 사건 중에서 금융소비자들의 불만을 야기할 만한 몇 가지 사례를 들어 보면 다음과 같다.

- 가계부채 2000조 돌파에 따른 정부의 대출규제 강화로 인한 대출 어려움
- 특혜대출 등 대출금리 적용의 불합리성에 대한 불만
- 금융사들의 대출이자 적용이 형평성이 없다는 것과, 적절한 시장금리 적용이 되지 않는 것을 이유로 이의를 제기하면서 부당 이자 지급에 대한 이자 환급을 요구하는 사례 급증
- 보험사기 특별법으로 금융회사의 보험사기방지 전담기구를 의무화하는 동시에, 보험사에게 고의 또는 중과실이 없는 경우, 보험사는 계약자에게 손해배상의 책임을 지지 않기 때문에, 이로 인한 선량한

보험 가입자의 피해가능성 증가 예상

- 보험료 인상, 애매한 약관으로 보험료 미지급, 보험 대상 차량의 연식이 지나치게 오래됐다거나, 가입 신청자의 주거지가 사고가 많이 나는 지역이라는 이유로 가입을 기피한 사례
- 자동차보험 보상 관련 불만(보험금 과소산정, 보상범위 제한, 과실비율 다툼)
- 불완전 판매(파생결합상품, 사모펀드 등)로 인한 대규모 소비자 피해 발생

2. 금융업권별 민원발생 현황

금융소비자의 불만은 통상적으로 금융민원을 통해 표출된다. 금융민원은 금융소비자가 불만을 인터넷과 내방, 우편 등으로 해당 금융회사 및 금융감독원 등에 정식 접수하게 된다. 그러나 유감스럽게도 각 금융회사에 접수된 민원의 규모나 내역은 외부(금융소비자)에 공개적으로 발표된 적이 없어 알 수 없다. 따라서 금융감독원에 접수된 민원 내역을 통해서 살펴보고자 한다.

가. 연도별 금융민원 발생현황

2017년 73,657건, 2018년 83,097건, 2019년 82,209건이 발생하였다.

최근 민원 전체건수는 2019년 대비 2020년 9.9%(+8,125건)로 대폭 증가하였으며, 은행(+20.6%) 및 비은행(+3.9%), 보험(+4.1%) 권역 민원이 증가

하고, 특히 금융투자(+74.5%) 권역 민원이 크게 증가하였다.

금융감독원에 민원이 제기되면 1차적으로 담당자 및 담당부서에서 대부분 처리되지만, 금융거래의 일방이 신청하거나 기존의 방법으로 해결하기 어려운 경우에는 금융분쟁조정위원회에 부의되어 심의되기도 한다.

금융분쟁은 2015년을 기점으로 다시 증가하는 추세에 있고, 분쟁의 내용도 갈수록 복잡해져 법률적 판단이 요구되고 있다. 또한 이에 비례하여 분쟁조정위원회에 회부되는 건수도 점증하고 있다. 금융분쟁처리 건수를 금융권역별로 살펴보면, 보험이 가장 많고, 그 다음은 은행·비은행이 차지하고 있다.

나. 2020년 금감원 금융민원 접수 현황

2020년 금융민원 접수건수는 총 90,334건으로 전년 대비 9.9%(+8,125건) 증가한 가운데 은행(+20,089건, 20.6%↑), 비은행(+644건, 6.4%↑), 생보(+832건, 4.1%↑), 손보(+1,278건, 4.1%↑), 금융투자(+3,282건, 74.5%↑) 등 전 권역에서 증가했다. 최근 사모펀드 관련한 민원과 파생상품거래 관련 민원 증가로 금투업계 민원이 크게 증가하고 있음을 보여주고 있다.

• 권역별 현황

민원비중은 보험이 53,294건(59.0%)으로 가장 많고, 비은행(18.9%), 은행(13.5%), 금융투자(8.5%) 순으로 나타났다.

〈 금융민원 접수별 현황 〉

(단위: 건)

년도	보험	은행·비은행	금융투자	계	전년대비증감률
2010	40,334	27,760	4,075	72,169	−6.10%
2011	40,801	39,998	3,932	84,731	17.40%
2012	39,005	35,425	2,702	77,132	−9.00%
2013	39,345	34,465	4,198	78,008	10.1%
2014	44,054	30,817	3,760	78,631	0.8%
2015	46,816	23,558	2,720	73,094	7.00%
2016	48,573	24,517	3,147	76,237	4.3%
2017	47,742	25,740	2,875	76,357	0.2%
2018	51,323	27,948	3,826	83,097	8.8%
2019	51,184	26,617	4,408	82,209	−1.1%
2020	53,294	29,350	7,690	90,334	9.9%

〈 권역별·분기별 민원발생 추이 〉

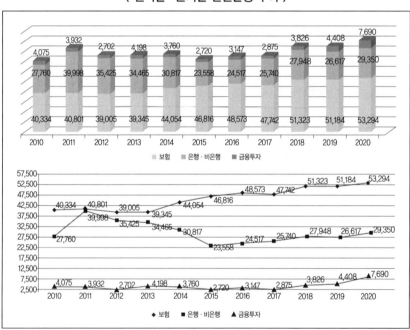

※ 출처: 금감원 보도자료

64

년도	금융권역별 민원 처리건수			총계
	은행·비은행	금융투자	보험	
2010	4,281	861	20,966	26,108
2011	5,132	642	22,215	27,989
2012	11,632	601	26,682	38,915
2013	7,562	1,473	20,315	29,350
2014	3,739	18,877	21,575	44,191
2015	2,070	985	20,090	23,145
2016	3,002	719	21,505	25,226
2017	1,829	524	22,852	25,205
2018	1,960	544	25,614	28,118
2019	2,076	1,009	26,537	29,622

※ 출처: 금융감독원

- 은행

(전년 대비 증가) 19년 대비 대출신규·만기연장, 대출금리 등 대출거래 및 사모펀드, 전자금융사기 관련 민원이 주요 발생 원인이다.

- 비은행

(전년 대비 증가) 20년 중 신용카드사 민원이 35.7%(6,103건)로 가장 높고, 대부업자(18.9%, 3,226건), 신용정보회사(14.2%, 2,433건), 신협(9.4%, 1,612건), 상호저축은행(7.5%, 1,283건)이 그 뒤를 이었다. 부당채권추심 관련 민원이 크게 증가함에 따라 대부업 민원이 전년대비 13.6% 증가하였다.

- 생명보험

(전년 대비 증가) 21,170건으로 전년대비 4.1%(832건) 증가하였다. 민

원유형은 '보험모집'(52.6%), '보험금 산정 및 지급'(17.5%), '면·부책 결정'(11.5%) 등이다. 대부분의 민원유형이 감소하였으나, 보험 모집 유형 관련 민원은 전년대비 19.1%(1,783건) 증가하였다.

- 손해보험

(전년 대비 증가) 32,124건으로 전년대비 4.1%(1,278건)이 증가하였고, 민원유형은 '보험금 산정 및 지급'(44.2%), '계약의 성립 및 해지'(9.8%), '보험모집'(7.0%) 등이다. 실손보험 민원이 증가하면서 보험금 산정 및 지급, 면부책 결정 유형의 민원이 증가하였다.

- 금융투자

(전년 대비 증가) 7,690건으로 전년대비 74.5%(3,282건)으로 대폭 증가 하였다. 증권회사, 투자자문회사, 자산운용회사, 부동산신탁회사, 선물회사의 민원이 모두 증가하였고 사모펀드, 레버리지 WTI원 유선물 등 관련으로 펀드 및 파생상품 분야의 민원이 크게 증가하 였다.

• 민원 유형별 발생순위

- 은행은 여신 ▶ 예적금 ▶ 방카슈랑스 · 펀드 순
- 비은행은 신용카드 ▶ 대부업자 ▶ 신용정보사 순
- 생명보험은 보험 모집 ▶ 보험금 산정 및 지급 ▶ 면 · 부책 결정 순
- 손해보험은 보험금 산정 및 지급 ▶ 계약의 성립 및 해지 ▶ 면 · 부책 결정 순
- 금융투자는 수익증권 ▶ 내부통제/전산장애 ▶ 주식매매 순

〈 2020 금융민원 및 상담 주요 통계 〉

(단위 : 건, %)

구 분	'18년	'19년(a)	'20년(b)	증 감(b-a)	증감률(b-a)/a
금융민원(분쟁민원)	83,097(28,118)	82,209(29,622)	90,334(32,130)	8,125(2,508)	9.9 (8.5)
은행	9,447	10,148	12,237	2,089	20.6
비은행	18,501	16,469	17,113	644	3.9
보험	51,323	51,184	53,294	2,110	4.1
금융투자	3,826	4,408	7,690	3,282	74.5
금융상담	368,191	324,381	250,284	△74,097	△22.8
불법사금융신고	125,087	115,622	128,538	12,916	11.2
금융자문 서비스	9,816	8,690	10,069	1,379	15.9
상속인조회	187,518	198,892	209,630	10,738	5.4
합계	773,709	729,794	688,855	△40,939	△5.6

※ 출처: 금융감독원

• **발생건수 기준 상위 10대 민원 유형**

보험금 산정 및 지급이 17,901건으로 가장 많았고, 보험모집이 13,380건, 면책·부책결정 4,811건으로 그 뒤를 잇고 있다.

순위	민원유형	권역	민원건수	전년동기 대비증감	증감률
①	보험금산정 및 지급	보험	17,901	628	3.6%
②	보험모집	보험	13,380	1,650	14.1%
③	면책·부책 결정	보험	4,811	591	14.0%
④	여신	은행	4,619	1,836	66.0%
⑤	계약의 성립 및 해지	보험	3,881	107	2.8%
⑥	고지 및 통지의무위반	보험	1,678	62	3.8%
⑦	예적금	은행	1,434	147	11.4%
⑧	수익증권	증권	1,218	1,103	959.1%
⑨	내부통제/전산장애	증권	1,099	394	55.9%
⑩	방카슈랑스, 펀드	은행	954	248	35.1%

※ 출처 : 금감원 보도자료

3. 금융소비자 불만 발생 원인

금융소비자들이 금융회사와 금융상품을 거래하는 과정에서 발생하는 불만은 금융회사 측면의 잘못, 금융소비자 측면의 잘못과 함께 법규·제도의 미비와 부실한 감독측면에서 기인하는 것으로 구분하여 볼 수 있다.

가. 금융회사 측면
- 복잡한 금융상품 개발·판매
- 정보 제공 미비
- 이익(수수료) 중시 판매성향
- 무리한 영업목표 설정 및 과당경쟁(성과지향주의와 내부견제장치 미비)
- 영업조직과 위험관리부서의 성과보상체계의 왜곡
- 과대 광고

나. 금융소비자 측면
- 상품 및 금융사 관련정보 부족에 따른 합리적 판단 결여
- 금융회사 제공 정보에 대한 무관심
- 묻지마 가입과 최소한의 책임 미 이행
- 금융회사에 대한 막연한 신뢰

다. 법규·제도와 감독측면
- 금융소비자보호장치의 결여

－ 정보 제공 의무, 상품 설명 의무, 공시 의무
  • 법규와 현장의 괴리
  • 민원처리 결과에 대한 감독 소홀
  • 분쟁조정제도의 실효성 저하
  • 법규 위반 시 제재조치 미흡

4. 금융소비자 업권별 불만 실태

　금융소비자들의 업권별 불만사항들을 조사한 금융위 주관의 금융관행 개선을 위한 실태조사결과를 살펴보면, 종합적으로 가장 많은 불만사항이 '설명 불충분'으로 나타났고, 다음으로 '가입 권유', '서비스 축소' 등이 많은 비율을 차지했다.

가. 은행 업권

구분	불만사항	비율
상품설명	금리, 원금 손실 위험 등 상품 설명 불충분	25.8%
직원교육	부담스러운 상품 가입 권유	12.8%
상품설명	각종 수수료 설명 불충분	6.8%
상품설명	중도해지 시 발생비용 등에 대한 안내 불충분	4.6%
직원교육	대출 관련 서류 준비에 대한 설명 미흡	4.5%
상품설명	대출 절차 지연	4.3%
직원교육	고객의 성향을 고려하지 않은 상품 권유	4.0%
상품개발	상품자체에 대한 불만	4.0%

나. 보험 업권

• 손해보험

구분	불만사항	비율
상품설명(판매)	상품설명이 불충분하여 예기치 못한 손해를 입음	20.8%
상품개발	약관 용어와 문장의 뜻을 이해하기 어려움	7.2%
보험금 청구	보험금 지급 심사 까다로움	6.6%
보험금 청구	보험금/해약환급금 과소 지급	5.9%
홍보(광고)	광고의 문구에 현혹되어 상품을 가입하였으나 사실과 다름	4.0%
기타	갱신 관련 불만	3.4%

• 생명보험

구분	불만사항	비율
상품설명(판매)	상품설명이 불충분하여 예기치 못한 손해를 입음	30.7%
직원교육	부담스러운 보험 가입 권유	14.6%
상품개발	약관 용어와 문장의 뜻을 이해하기 어려움	10.1%
보험금 청구	해약환급금 과소지급	7.1%
기타	연체 안내 부재	4.3%
상품 개발	상품 자체에 대한 불만	3.7%

다. 증권 · 자산운용 업권

구분	불만사항	비율
상품설명(판매)	주요 정보의 설명 누락	35.7%
상품개발	약관의 용어와 문장의 뜻을 이해하기 어려움	11.3%
상품설명(판매)	부적합한 투자권유	8.5%
직원교육	직원의 상품이해도가 낮아 정보 제공 미흡	7.5%
상품출시 · 운영	광고의 문구에 현혹되어 상품을 가입하였으나 사실과 다름	5.0%
상품설명(판매)	손실발생시 원금보전을 미끼로 투자권유	4.0%
HTS	HTS 주문체결 장애	3.2%

라. 카드 업권

구분	불만사항	비율
상품설명(판매)	카드상품 서비스 설명 불충분	13.1%
상품설명(판매)	연회비 설명 불충분	10.8%
기타	서비스 축소	10.5%
직원교육	직원이 불필요한 상품 권유	8.2%
상품개발	수수료나 이율이 너무 비쌈	6.8%
채권추심	부당한 채권 추심	5.8%

※ 출처: 금융관행개선을 위한 실태조사(2014)

5. 금융소비자 불만 해결 방법

가. 설명부족으로 대변되는 불완전판매 해소 대책 필요

앞에서 살펴본 바와 같이 금융소비자 불만 및 분쟁의 영역은 주로 설명부족의 문제에서 출발하는 것이므로 이들 사안과 관련된 금융소비자보호가 우선적이고 절대적으로 필요하다.

금융상품의 주요 내용 설명이 부족했다거나, 이를 잘못 이해한 금융소비자는 향후 민원을 제기할 가능성이 많고, 이로 인해 금융소비자에게 미치는 피해의 정도는 매우 크다. 금융소비자 피해와 불만이 지속 발생하고 있고, 유사한 형태의 피해 사례가 계속 발생되므로 이에 대한 금융소비자보호 대책을 사전적으로 준비할 필요가 있다.

나. 금융소비자 중심의 상품개발 및 소비자 교육

금융상품이 점점 복잡해지면서 불완전 판매가 증가하고 이에 비례하여 금융소비자의 피해도 증가하고 있다. 은행과 증권사의 펀드 및 투자상품에 대한 판매가 증가하면서 이에 따른 금융소비자 민원이 확대되고 있는 것이 대표적인 사례이다.

금융상품이 아무리 선진적으로 발전되더라도 소비자가 이해하기 어렵고 난해한 상품이라면 소비자의 이의제기는 증가할 수밖에 없을 것이다. 금융소비자들의 불만 중 일부가 어렵고 복잡한 금융상품의 증가로 인한 정보비대칭에서 비롯되는 것인 만큼, 금융소비자의 피해를 방지하려면 금융상품의 가입 당사자인 소비자들의 눈높이에 맞게 알기 쉬운 내용으로 개발 · 판매되어야 할 것이고, 금융회사와 직원들의 노력이 요구되는 상황이다.

아울러 금융상품은 계속해서 발전하고 진화하는 것이므로 이에 맞게 소비자 교육도 병행되어야 한다. 금융회사 상품은 계속 진화하고 있는데 정작 이를 이용하는 소비자가 모른다면 결국은 금융소비자 불만으로 표출될 수밖에 없다. 금융소비자 교육이 거의 없다시피한 우리나라의 현실을 인식하고 이에 대한 장기적인 해결책을 금융업계와 감독당국이 머리를 맞대고 숙의해야 할 상황이다.

다. 판매, 모집 시 사용되는 고객정보의 사전 규제

금융소비자들의 불만 중 상당부분은 금융상품의 판매 및 모집 단계에서의 금융소비자들에게 잘못된 정보를 제공하는 것에서 발생되는 경우가 많다.

금융소비자들은 정보가 부족하기 때문에 금융서비스 공급자(금융회사)가 제시하는 정보와 상품을 그대로 믿고 금융거래 여부를 결정할 수밖에 없으므로, 이때 금융회사가 작성하여 제공하는 정보의 내용이 매우 중요하다.

분쟁조정이나 법원의 판결을 보면, 금융소비자가 금융상품 가입 시 계약서나 설명서를 읽었다는 것을 서명했을 경우에는 어떤 경우에도 금융소비자가 책임을 감수하는 것으로 판결하고 있다. 그러나 금융소비자들이 서명을 했다고 하더라도 금융거래 계약서를 충분히 알지 못한 채 가입하는 것이 현실이므로, 이와 같이 불충분한 이해로 인한 금융상품의 판매의 개선을 위해서는 판매직원들의 역할이 중요하다.

라. 효율적인 민원관리시스템 구축

금융상품이 상품기획·개발 과정에서 사전에 금융소비자보호체계를 구축할 수 있도록 금융소비자 의견을 반영하여 상품기획 및 개발에 활용하는 것도 중요하지만, 상품과 관련된 민원에 대한 지속적인 모니터링 역시 중요하다.

금융소비자 참여제도(외부전문가, 고객참여제도 등)를 활용하여 제도개선이 필요한 사안은 즉시 관련부서에 통보하여 적시에 반영될 수 있는 피드백 시스템을 구축·운영하여야 한다.

다양한 민원접수 채널을 운영하고 접수된 민원을 One-Stop으로 처리할 수 있는 시스템을 구축하여 민원처리 시 접수사실 및 조사현황 등을 정기적으로 금융소비자에게 고지하고, 민원처리 결과를 법규, 사실관계 조사결과 등 명시적인 근거와 함께 이해하기 쉬운 용어를 사용하여 금융소비자에게 통지해야 할 필요가 있다.

마. 피해구제 기간 단축 및 비용 문제 해소

금융소비자의 권한을 제약하거나 금융회사로부터 수령이 시급한 경우, 보상금 등의 경우 분쟁해결이 이루어지더라도 그 해결 기간이 길거나 그 해결 비용이 과다하게 지출되는 사례가 종종 발생한다.

특히, 금융감독원의 민원 및 분쟁조정은 해결 기간을 확정할 수 없는 경우가 많고 현실적으로 해결에 많은 시일을 기다려야 하므로 금융소비자 민원이 적기에 해결되지 못할 가능성이 높다.

또한 금융감독원 민원만으로 해결이 어려워 법원에 소송을 제기하는 경우도 발생하므로 이 경우 금융분쟁 해결에 상당한 기간과 비용이 필요하게 된다.

제 4 장
금융당국의 소비자보호 정책을 파악하라

금융시장은 금융회사간 경쟁이 격화되면서 전 금융권역별로

전반적 리스크가 높아지고 불건전 영업행위가 증가할 위험도 있기 때문에

금융소비자 측면의 대책도 중요한 시점이다.

또한 금융환경 변화에 따라 예기치 못한 금융소비자의 피해가 발생하지 않도록

예방노력을 강화할 필요가 있다는 점에서

금융당국의 역할은 보다 중요해지고 있다.

1. 금융감독원의 소비자보호 정책

최근 전세계적으로 금융소비자를 보호하는 방향으로 금융 정책의 패러다임이 변화하는 추세이다(영국·일본 등 주요국은 업권 통합법 성격의 금융소비자 보호 법체계 마련, 미국·영국 등은 별도의 금융소비자보호기구를 설치). 하지만 우리나라는 그 간의 제도개선에도 불구하고 키코사태, 저축은행 후순위채 피해, 동양증권 사태, DLF(DLS사태), 라임펀드 사태 등 소비자보호규제가 업권별로 상이하고 소비자보호 제도가 관련 개별법에 산재되어 있기 때문에 체계적인 소비자보호가 이루어지지 못하고 있다. 그로 인해 불완전판매와 같은 소비자피해 사례가 계속해서 발생하고 있으며, 아직까지 금융소비자보호 요구에 효과적으로 대응하기에는 미흡한 것이 현실이다.

정부는 이러한 국내외적 소비자보호 요구에 따라 보다 종합적인 금융소비자보호 체계 구축을 위해 '금융소비자보호에 관한 법률'(이하 '금소법')제정 노력을 지속하였고, 제정안이 최초 발의된 지 약 8년만인 2020. 3월 5일 국회 본회의를 통과하여 2020. 3. 17. 의결되었다. 그리고 국회에서 통과된 금융소비자보호법은 2017. 5월 제출한 정부안을 포함한 11개 법안을 논의하여 합의를 이룬 내용으로 의결되어 2021년 3월 25일 시행되었다.

민원 내지 분쟁 업무에 충실하려면 감독, 검사업무에 비판적인 입장을 취하여야 하기 때문에, 하나의 기관이 동일 금융사의 자본건전성 감독과 건전성 감독과는 반대적 위치에 있는 소비자보호를 동시에 처리할 경우 이들 모두에 충실하기 어려운 문제가 존재하기 마련이다. 이러한 문제는 검사를 담당하는 금감원이 제재 결정까지 담당함에 따라 검사업무 수행자의 재량 확대와 금감원의 권한 비대화를 초래하는 원인이 되기도 하였다.

이러한 비판과 책임문제로 인해 2011년 9월 금융감독 혁신TF에서 논의된 '금융감독 혁신방안'에서 금융감독체계 개편을 수용하여 2012년 5월 금융감독원은 내부 준독립기구인 '금융소비자보호처'를 원장 직속으로 설치하였다.

금감원은 감독목적별 통합 체계로 권역·기관 감독체계를 강화한다는 차원에서 금융회사의 건전성·영업행위 감독을 균형 있게 수행하고 금융시스템 안정과 소비자보호 목적을 동시에 달성하기 위해 감독목적별 통합체계를 구축했다. 은행·중소서민금융부원장과 자본시장·회계부원장, 기획·보험부원장이 각각 전 권역의 건전성과 영업행위 감독·검사를 동일 기능·동일 규제 원칙에 따라 통합하고 있다.

금융감독원은 여러 금융권역에 걸쳐 모집 및 판매되고 있는 고위험 금융상품에 대한 감독을 강화하기 위해 금융소비자보호처를 소비자 피해예방(사전적) 및 권익보호(사후적)로 나누어 확대하고 각 부문별 전담 부원장보를 운영하고 있다. 각각의 부원장보가 전담함으로써 책임경영체제를 확립하겠다는 것이다.

〈 금융소비자보호처 조직도 〉

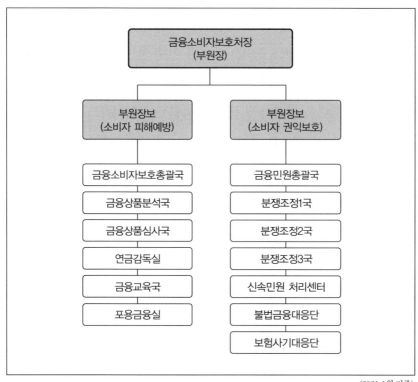

(2021.1월 기준)

금감원은 민원·분쟁의 큰 비중을 차지하는 보험권역의 민원감축을 위해 보험 부문의 감독·검사부서를 소보처에 배치하였던 것을 금융회사 건전성 감독에 집중할 수 있도록 기획·보험부문으로 이동하였다.

금융상품분석실을 통해 소비자보호실태평가, 미스터리 쇼핑 등 현장점검 기능을 보강하고, 기존의 민원·분쟁조사실 기능을 금융민원총괄국에서 수행하게 하여 민원관련한 제도·분석·조사기능에 집중할 수 있도록 하였으며, 실손의료비, 사모펀드 등 급증하는 분쟁에 대응하기 위해 분쟁조정 전담부서를 추가 신설하였다.

가. 금융소비자보호처

금융소비자보호처(이하 '금소처')는 설치 이후 소비자보호 업무를 건전성 업무와 대등한 관계에서 '견제와 균형'에 따라 수행하고 있다. 또한 외부의 소비자보호 전문가와 금감원 임원들이 참석하는 '소비자보호심의위원회'를 설치하여, 금감원의 감독·검사업무를 소비자의 관점에서 심의한다. 심의 결과 필요하다고 판단되면 검사실시 및 검사결과 보고를 요구함으로써, 금감원의 감독·검사 패러다임을 소비자보호 중심으로 전환하였다. 실무적으로는 금소처의 부서장들과 감독·검사부서의 부서장들이 같이 참석하는 '소비자보호실무협의회'를 개최하여 소비자보호 관련 주요 이슈들을 논의하고 제도개선 등을 통해 소비자의 불편사항들이 바로 시정되도록 운영하고 있다.

금융감독원은 원칙과 기본에 충실한 금융소비자보호 중심의 금융감독을 구현하기 위해 조직 개편방향을 수립하였다. 금감원은 금융취약계층을 지원하고 혁신금융서비스 활성화를 적극 추진하고자 조직개편을 진행하였는데, 건전성 감독과 영업행위 감독을 균형있게 수행하여 금융시스템 안정과 금융소비자보호 목적을 동시에 달성, 민원·분쟁처리 등 신속한 피해구제와 영업행위 감독·검사 기능 확대를 통한 사전적·적극적 소비자보호 강화, 부서·팀의 통·폐합을 통해 조직 운영과정에서 제기된 기능 중첩 등 비효율적 요소 제거, 금융환경 변화, 신규 감독수요에 대응하기 위해, 금융감독연구센터를 거시건전성감독국으로 재편하고 서민·중소기업지원실을 포용금융실로 재편하였으며, 혁신·모험기업지원을 위해 자본시장감독국에 투자금융팀을 신설하는 등 기능 조직을 정비하였다.

금감원은 그 동안 금융상품의 구조화, 복잡화, 위험관리기법 발달 등으로 금융회사와 소비자 간 정보 비대칭이 확대되고 소비자에게 위험이 전가된다는 점, 금융업권간 겸업 확대와 IT와 결합한 다양한 금융서비스 출현 등 금융의 융·복합화가 진전되었다는 점, P2P·소액결제 등 플랫폼 기반 금융거래가 확대, 금융그룹의 복합화 등 금융채널·제도가 빠른 속도로 변화되고 있다는 점과 같은 금융환경 변화를 인식하고, 이에 수반되는 소비자 피해를 적극 방지하고, 새로운 금융감독수요에 효과적·체계적으로 대처하기 위해서는 기존의 칸막이 방식의 권역별 조직운영 방식이 감독사각지대 발생 등 여러 한계점을 지니고 있다고 판단하고 조직개편안을 마련하였다.

소비자보호 관점에서 업무를 수행할 필요가 있다는 관점과 함께 건전성·영업행위 감독을 균형감 있게 추진하고, 여러 권역에 해당하는 금융 이슈에 효과적으로 대응하기 위해 업권 전반을 포괄하는 기능조직을 확충하고자 현행 권역별 조직에 매트릭스 방식으로 감독목적별 통합 체계를 보강, 모든 감독·검사부서와 금융소비자보호처 등 조직 전체 차원의 종합적 금융소비자보호 기능을 대폭 강화, 부서·팀 단위의 기능 중첩 해소 등 조직 운영 효율화, 감독수요 확대 등에 대응하여 거시건전성 감독국, 감사인 감리실 등 기능조직을 재편·신설하는 등의 방안을 마련하였다. 또한 금융의 디지털화, 금융혁신 지원에 대응하기 위해 핀테크혁신실을 디지털금융감독국으로 재편하고 디지털금융검사국을 두어 IT금융업자, 마이데이터 사업자 등에 대한 검사전담부서로 운영하는 등 디지털금융의 감독·검사체제를 확립하였다.

감독목적별 통합체계를 추가하여 권역별 조직구조의 단점을 보완하기 위해서 권역별 조직을 유지하면서, 건전성과 영업행위 감독을 총괄하는 감독목적별 체계를 매트리스 형태로 보강하였다. 건전성 감독·검사 기능은 소관업무 중 건전성 감독 비중이 큰 은행·중소서민금융 담당 부원장이 총괄하며, 영업행위 감독·검사 기능은 영업행위 감독 비중이 큰 자본시장·회계담당 부원장이 총괄하도록 했다. 또한 건전성·영업행위 부원장의 업무를 보좌하는 팀 단위조직(건전성 총괄조정팀, 영업행위 총괄조정팀)을 부원장 직속으로 설치하여 권한을 강화하였다. 기존 금소처 안에 편제되어 있던 보험감독·검사 부문은 보험회사 건전성 감독에 집중할 수 있도록 기획 · 보험 부문으로 이동하였다.

전체 차원의 종합적 · 적극적 금융소비자보호체계 구축을 위해, 각 권역 감독 · 검사 부서에 영업행위 감독 · 검사 기능을 확대하여 사전적 · 적극적 소비자보호가 가능하도록 하였다. 대부분 민원이 영업행위로 인해 발생되는 점을 고려하여 권역별 감독 · 검사부서에서 소비자권익 제고를 위한 영업행위 감독 · 검사를 수행하도록 했다. 한편 금융소비자보호법 시행 등 최근의 금융소비자보호 강화추세에 부응하기 위하여 금융소비자보호처를 대폭 확충했다. 금융소비자보호처를 소비자 피해예방의 사전적 기능과 소비자 권익보호의 사후적 기능으로 확대, 재편하고 부문별로 전담 부원장보를 두도록 했다.

소비자 피해예방의 사전적 기능을 담당하는 조직에는 금융소비자보호관련 총괄 · 조정, 금융상품 약관 심사 및 금소법 · 개별 업법상 금융상품 판매와 관련한 사전적 감독기능을 담당토록 하고, 금융상품 설계, 모집, 판매 등 단계별 모니터링 및 미스터리 쇼핑 업무, 연금감독 및 포용금융 지원 업무를 이관하여 금융소비자의 경제적 자생력 강화를 지원할 수 있게 하였다.

소비자권익보호의 사후적 기능을 담당하는 조직에는 주요 민원과 분쟁에 대한 현장조사 및 합동검사 기능을 신설하고, 신속민원처리센터를 신설하여 원스톱 민원처리 기능을 강화하였다. 또한, 불법사금융, 보험사기, 보이스피싱 등으로 인한 금융소비자의 피해 발생에 적극 대응할 수 있도록 조직을 정비하였다. 분쟁조정 전담부서를 추가 신설하여 사모펀드, 실손보험 등과 관련하여 급증하는 분쟁민원에 대응하도록 했다.

또한 신 민원·분쟁처리시스템을 도입하고, 상속인조회서비스도 확대하는 등 민원·상담 인프라를 개선했고, 이를 통해 처리기간 및 보유 건수를 단축하여 신속하고 공정한 민원·분쟁처리를 보였다.

금융회사 소비자보호 수준을 종합적으로 평가하는 '소비자보호실태 평가 제도'를 도입하여 자율적인 소비자보호 문화 확산을 유도하고 있다. 또한 민원 조사·검사 과정 등에서 발견된 불합리한 관행·제도에 대해서 금감원 내에 업무 환류 협의체(민원·감독·검사부서 참여)인 소비자보호실무협의회에서 논의를 거쳐 신속한 개선을 추진하고 있다.

또한 금소처 출범('12.5.16.) 이후 '금감원의 통합 콜센터(국번없이 1332번)'에서 이루어진 금융상담과 인터넷·서면 등으로 접수된 금융민원 중에서 소비자보호 및 민원예방에 필요한 사례들을 발굴하여 '소비자보호실무협의회' 심의 등을 거쳐 감독·검사부서에 전달하여 업무에 활용토록 하는 등 적극적으로 소비자 민원을 해결하고 있다.

〈 소비자보호와 감독·검사조직간 상호관계 〉

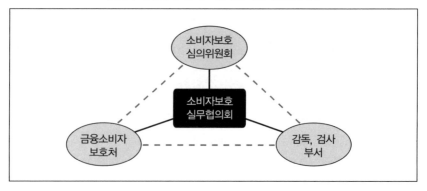

1) 금융소비자보호처 개선 사례

사례 1

민원인은 자녀의 음주운전 중 자기차량사고에 대해 보험금을 청구하였으나, 보험가입 당시 설명 듣지 못한 약관규정을 근거로 보험회사가 보험금 지급을 거절하는 것은 부당하다며 민원을 제기함.

- 보험회사는 음주운전으로 인한 자기차량손해를 보상하지 않는다는 약관조항은 설명대상이 아님을 주장했고,
- 처리결과 '기명피보험자와 같이 살거나 생계를 같이 하는 친족'의 음주운전으로 인한 자기차량손해가 약관상 면책된다는 내용은 중요한 사항으로 보험회사의 설명의무가 면제된다고 보기 어려우므로 보험금을 지급하도록 권고하였음.

사례 2

민원인은 보험 만기 직전 간암 진단을 받고 만기 직후 암수술(간이식술) 및 입원치료를 받고 보험금을 청구했으나, 보험사가 만기 이후 발생한 수술 및 입원이라는 이유로 관련 보험금을 지급하지 않고 있다며 민원을 제기함.

- 보험사는 민원인의 보험기간이 이미 종료되었으므로 만기 이후의 수술 및 입원 관련 보험금을 지급할 수 없다고 주장하였고,
- 처리결과 보험기간 중 암진단을 받고 보험기간 종료 후 입원치료 및 수술을 받은 경우, 이러한 과정은 일련의 사고(단일한 사고)로 보아야 할 것이므로 해당 약관의 내용(연속된 만기 이후 입원급 여금 지급) 등에 따라 보험금을 지급하도록 조정하였음.

사례 3

민원인은 중소기업 대표이사로 재직하던 당시 회사 법인카드 채무를 연대보증하였는데, 카드사가 대표이사직에서 물러난 이후 발생한 채무에 대해 보증책임을 묻는 것은 부당하다며 민원을 제기함.

- 판례(대법원89다카1381)에 따르면, 유사사례에서 보증인에게 보증계약해지권을 인정하고 있고,
- 민원인이 퇴사 당시 보증인 변경을 신청(본인이 퇴직하게 되었으니 신임 대표이사로 보증인을 교체해 달라고 요청)한 정황이 있는 등 해지권을 행사한 것으로 볼 수 있으므로 퇴사 후 발생한 채무에 대한 보증책임을 면책하도록 조정하였음.

사례 4

민원인은 사망한 부친의 상속예금에 대해 은행이 상속인 전원의 서명을 받아 해지처리를 하여야 함에도 불구하고, 본인의 서명을 받지 않고 나머지 공동상속인에게 예금을 분할하여 지급한 것은 부당하다며 민원을 제기함.

- 은행에서 민원인을 제외한 공동상속인들의 지급요청으로 상속 예금 지급 관련 서류를 청구, 확인 후 분할지급한 점,
- 민원인의 법정상속분은 법원에 공탁한 점, 은행 내부 업무지침만으로 상속예금지급청구권의 행사를 저지할 수 없다는 법원판례 등으로 비추어 볼 때 은행의 업무처리에 문제가 없다고 판단하였음.

사례 5

민원인은 고위험상품인 DLS(기초자산: 금, 은, 원유)에 가입 후 원유가격 하락으로 손실이 발생하였으나, 증권사 직원이 해외에 거주하고 있는 민

원인의 투자성향도 파악하지 않은 채 고위험상품을 권유하여 가입시킨 것이므로 증권사측에 대해 책임을 물어달라는 민원을 제기함.

- 증권사 직원이 고객의 투자성향을 파악하지 않고 고위험상품을 권유한 것은 적합성 원칙에 위배 된다고 볼 수 있으므로 손해액의 일부를 배상하도록 권고하였음.

나. 소비자보호 심의위원회 설치 · 운영

1) 심의위원회 설치배경 및 위상

금감원은 '금융소비자보호 기능 강화방안'의 일환으로 금감원 내의 명실상부한 소비자보호업무에 대한 최고심의기구로서 '소비자보호심의위원회'를 설치하였다.

2) 심의위원회의 기능

자동차보험 표준약관 전면 개정과 같이 금융소비자보호와 직결되는 중요한 감독제도 개선사항의 경우 반드시 소비자보호심의위원회의 심의를 거치도록 하는 한편, 소비자보호심의위원회가 검사가 필요하다고 판단하는 사안의 경우 관련 검사국에 검사를 요청하고, 검사국에서는 검사 실시 후 그 결과를 소비자보호심의위원회에 보고토록 하여 소비자보호 부문이 사실상 검사업무를 수행하는 것과 동일한 효과를 가지게 함으로써 소비자보호 중심의 감독 및 검사문화를 정착시키고 본부 부서와 소비자보호부문과의 시너지 효과를 극대화하는 역할을 하고 있다.

3) 위원의 구성

소비자보호심의위원회 위원은 학계, 언론계, 소비자단체, 법조계 등 소비자보호 업무에 대한 학식과 경험을 갖춘 외부 민간위원 5인과 금소처장을 비롯한 금감원 임원 5인 동수로 구성하되, 위원회 운영의 독립성과 공정성을 확보하기 위해 위원장은 외부 민간위원 중에 선임한다.

외부위원	학계(2), 언론계(1), 소비자단체(1), 법조계(1)
내부위원	금소처장, 기획경영 · 은행 · 보험 · 금투담당 부원장보

4) 심의위원회의 운영

위원회의 회의는 정례회의와 임시회의로 구분하고, 정례회의는 분기 1회 지정된 날짜에 개최하되, 임시회의는 원장, 위원장 또는 3인 이상의 위원의 요청이 있을 경우 개최한다. 의안은 소비자보호 실무협의회의 사전 협의를 거친 후 상정하고 의결이 필요한 경우 재적위원 과반수의 출석과 과반수의 찬성으로 의결한다.

다. 실무협의회 설치

금융감독원은 2012년 9월부터 소비자보호 업무에 대한 소비자보호심의위원회와 이를 보좌하는 실무 성격의 기구인 소비자보호실무협의회를 운영하고 있다. 소비자보호실무협의회는 '12.9월부터 매주 소비자보호총괄국장과 감독총괄국장이 공동의장이 되어 열리며 내용은 심의위원회 상정 안건의 사전 협의, 상담 및 민원에서 도출된 제도개선 및 검사연계 필요사항 협의를 하는 등 금소처와 감독·검사부서간 환류 강화의 역할도 하고 있다. 즉, 실무협의회는 소비자보호와 감독·검사 업무간 협력·환류 시스템의 정착과 더불어 소비자의 더 나은 금융생활에 기여하고 있다.

금소처는 민원분쟁처리 개혁 성과를 바탕으로 ①민원분쟁처리 ②현장검사 ③금융교육 ④불법금융대응 등 원스톱보호체계를 확립하여 금융소비자를 보호해 나가고 있다.

2. 최근 민원발생 동향

금융감독원의 2019년도 금융민원 및 상담현황을 살펴보면 20년 중 금융민원 및 상담은 총 688,855건으로 전년(729,794) 대비 5.6% 감소(△40,939건)한 것으로 나타났다. 금융민원은 은행 및 비은행, 보험, 금융투자권역이 모두 증가했고, 특히 금융투자 민원이 큰 폭으로 증가했다.

전체 민원건수는 90,334건으로 전년(82,209건)대비 9.9% 증가하였고, 금융상담은 388,891건으로 전년(448,693건) 대비 13.3% 줄어들어 감소추세를 보였다.

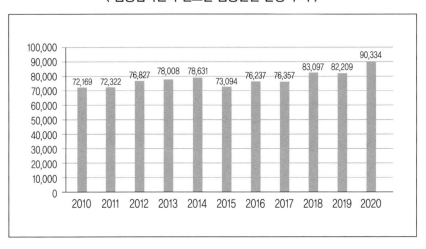

〈 금융감독원의 연도별 금융민원 발생 추이 〉

〈 금융민원 및 상담 유형 〉

(단위 : 건, %)

구분	'18년	'19년(a)	'20년(b)	증 감(b-a)	증감률(b-a)/a
금융민원 (분쟁민원)	83,097 (28,118)	82,209 (29,622)	90,334 (32,130)	8,125 (2,508)	9.9 (8.5)
금융상담	503,094	448,693	388,891	△59,802	△13.3
상속인 조회	187,518	198,892	209,630	10,738	5.4
합계	773,709	729,794	688,855	△40,939	△5.6

※ 출처: 금융소비자원 보도자료

가. 금융민원

금융민원은 2020년 90,334건(일평균 360건)으로 전년(82,209건) 대비 9.9% 증가하였고, 분쟁민원도 증가추세를 보였다. 금융권역별로 보면 보험 민원*이 59.0%(53,294건)로 가장 큰 비중을 차지하며, 비은행 18.9%, 은행 13.5%, 금융투자 8.5% 순이다.

*손해보험 32,124건, 생명보험 21,170건

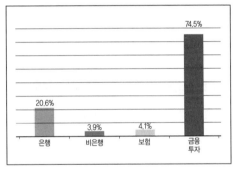

〈 권역별 구성비 〉   〈 권역별 전년동기 대비 증감률 〉

나. 금융상담

금융상담은 2020년 388,891건(일평균 1,557건)으로 전년(448,693건) 대비 13.3% 감소(△59,802건)하였다. 금융권역별로 보면 불법사금융이 33.1%(128,538건)로 가장 큰 비중을 차지하며 은행 · 비은행 상담 17.1%, 보험 16.1%, 금융투자 3.0% 순이었다.

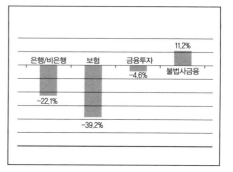

< 권역별 구성비 >

금융투자
3%
(11,657건)

금융자문서비스
2.6%
(10,069건)

보험
16.1%
(62,701건)

불법사금융
33.1%
(128,538건)

은행/비은행
17.1%
(66,633건)

기타
28.1%
(109,293건)

< 권역별 전년동기 대비 증감률 >

은행/비은행 −22.1%
보험 −39.2%
금융투자 −4.6%
불법사금융 11.2%

3. 금융소비자보호 실태평가제도와 지속적인 개선

가. 금융소비자보호 실태평가제도 도입 배경

금융감독원에서는 2002년도부터 '민원발생평가제도'(금감원이 처리한 민원건수를 기초로 금융회사를 1~5등급으로 평가·대외 공표)를 운영해 왔으나, '금융회사 줄세우기' '악성민원 유발' 등 부작용이 발생하고, 민원건수 위주의 평가만으로 금융회사의 소비자보호 수준을 평가하는 데 한계가 있어 제도개선의 필요성이 지속적으로 제기되어 왔다.

이에 따라, 2014년도 민원발생평가제도를 종료하고, 금융회사의 소비자보호 수준을 종합적으로 평가하는 '금융소비자보호 실태평가제도'를 도입해, 금융소비자에게는 거래 금융회사 선택에 필요한 유용한 정보를 제공하고 금융회사에게는 소비자보호에 대한 인식과 시스템 개선의 효과를 얻고자 실태평가제도를 마련했다.

나. 금융소비자보호 실태평가 내용

1) 평가대상 선정기준

금융위원회 설치 등에 관한 법률 및 금융업 관련 법률 등에 따라 금융감독원의 감독·검사를 받는 은행, 카드, 증권회사, 보험회사, 상호저축은행 중 민원건수 및 영업규모(고객수 등)가 해당 금융권역의 1% 이상인 금융회사(증권사는 각 2% 이상, 저축은행은 각 2% 이상 & 총자산 1조원 이상)가 평가대상이 된다. 대형사 및 소비자보호 관련 문제점이 발생한 중·소형사의 경우, 금감원이 서면 점검 및 현장방문을 통해 직접 평가하고, 일반 중·소형사의 경우 자율적으로 평가한 후 금감원은 그 평가 결과의 적정성을 사후 점검한다.

2) 평가 기간

연 1회 실시하는 것이 원칙으로 한다. 단, 민원발생이 많거나 크게 증가하는 등 소비자보호문제가 발생하는 금융회사의 경우에 대해서는 수시 점검 및 평가를 실시한다.

3) 평가 주요 항목

가) 계량 항목: 금융소비자에게 직접적인 영향을 미치는 민원발생건수, 민원처리노력, 소비자대상 소송건수, 영업 지속가능성, 금융사고 5개 항목을 평가

나) 비계량 항목: 금융회사의 소비자보호를 위한 조직과 제도, 상품개발·판매·사후관리 등 전 과정에 걸쳐 소비자보호 체계 및 민원관리 시스템을 구축하고 적정하게 운용하는지 등 5개 항목을 평가하고 있다. 비계량 항목 평가에는 금융소비자보호모범규준에서 기술하고 있는 ① 금융소비자보호 지배구조 ② 금융상품 기획·개발과정 ③ 금융상품 판매과정 ④ 금융상품 판매이후 과정 ⑤금융상품 정보 제공 강화 등의 내용을 포함하고 있다.

〈 금융소비자보호실태평가 평가 부문 〉

구분		평가부문
계량평가 (5개)	1	민원발생건수(민원건수 및 증감률)
	2	민원처리노력(민원처리기간 및 자율조정성립률)
	3	소비자대상 소송건수(소송패소율, 분쟁조정 중 소송제기건수)
	4	영업 지속가능성
	5	금융사고
비계량평가 (5개)	6	소비자보호 지배구조
	7	상품 개발과정의 소비자보호 체계 구축 및 운용
	8	상품 판매과정의 소비자보호 체계 구축 및 운용
	9	소비자보호 정책 참여 및 민원시스템 운영
	10	소비자정보 공시

※ 출처: 금융감독원

4) 등급 평가 방식

기존의 민원발생평가제도(상대평가방식)와는 다른 절대평가방식으로 평가부문별 우수, 양호, 보통, 미흡, 취약 5등급으로 평가하고, 종합·부문등급 모두 5등급으로 평가한다. 등급 산정 기준은 업권별 관련 통계, 비계량평가는 '금융소비자보호 모범규준'을 기초로 설정한다.

계량평가의 경우 부문별·업권별로 과거 시계열 자료, 평균 및 분포 등을 분석하여 등급별 구간을 설정하고, 민원건수 등은 영업규모에 따른 차이를 고려하여 일정 고객수(또는 계약수)* 단위로 환산한 수치를 적용한다.

비계량 평가의 경우 부문별로 모범규준에서 정하고 있는 제도, 시스템 구축여부 및 이행실적에 대한 각종 증빙자료를 근거로 평가하며, 모범규준이 요구하는 이상을 이행한 경우 '우수', 양호한 수준인 경우 '양호', 모범규준을 제대로 이행하고 있으나 부분적으로 부족한 경우 '보통', 모범규준 형식적 이행은 '미흡', 모범규준 미이행인 경우 '취약'으로 평가한다.

다. 평가결과 통보 방식과 공개 방법

1) 평가결과 통보

전년도 평가서를 금융회사에 7월경 통보하여 미흡한 사항 등을 개선할 수 있도록 하고, 평가결과를 이사회, 경영위원회 등에도 보고하도록 하고 있다.

---

*(은행·카드) 고객 10만 명, (생보·손보·금융투자) 계약 10만 건, (저축은행) 고객 1만 명 기준

〈 금융소비자보호 실태평가 평가항목 〉

구분		평가부문	세부 평가기준
계량 평가	1	민원발생건수	− 금감원에 접수된 민원건수 및 증감률 (중·반복, 악성민원 및 자율조정민원 등은 제외)
	2	민원처리노력	− 금감원에 접수된 민원 평균처리기간 (중·반복 및 악성민원 등은 제외)
	3	소송건수	− 소송건수(패소율)와 금감원 분쟁조정 중 금융회사의 소송제기 건수
	4	영업지속가능성	− 금융회사의 재무건전성 지표(BIS비율, RBC비율 등)
	5	금융사고	− 금융회사의 금융사고 건수와 금액
비계량 평가	6	소비자보호 지배구조	− 금융소비자보호 총괄책임자(CCO) 직무의 적정성 − 금융소비자보호 총괄부서 업무 및 권한의 적정성 − 금융소비자보호협의회 운영의 적정성 − 금융소비자보호 관련 규정화 여부 − 금융소비자보호 업무전담자 인력 구성의 적정성 − 금융소비자보호 업무전담자 인사 및 보상의 적정성 − 금융소비자보호 관련 교육의 적정성
	7	상품개발과정의 소비자보호체계 구축 및 운영	− 상품개발 관련 사전협의 프로세스의 적정성 − 상품개발 관련 내부준칙 운영의 적정성 − 금융소비자 의견 반영 프로세스 운영의 적정성
	8	상품판매과정의 소비자보호체계 구축 및 운영	− 상품판매 과정에서 준수해야 할 기준 마련 여부 − 상품판매 프로세스 구축 여부 − 상품판매 프로세스 운영의 적정성 − 고객정보 보호를 위한 제도 및 시스템의 적정성
	9	소비자보호정책참여 및 민원시스템 운영	− 효율적인 민원관리시스템 구축 여부 − 민원업무 관련 규정 및 매뉴얼 마련 여부 − 민원관리시스템 운영의 적정성 − 민원을 통한 제도개선 시스템 구축 여부
	10	소비자정보 공시	− 소비자정보 접근이 용이한지 여부 − 소비자정보 제공이 적정한지 여부

2) 평가결과 공개

각 항목별 등급과 평가내역을 상세히 공개하여, 금융소비자가 거래 금융회사 선택 시 참고할 수 있도록 평가결과를 업권별 협회 및 개별 회사에 통보·공시하고, 각 금융회사가 소비자보호업무의 취약점을 스스로 파악하여 보완할 수 있도록 평가 우수 사례집을 제작·배포하며, 우수회사는 금융회사의 소비자보호 업무개선 노력을 독려하기 위해 표창·수여하고, 문제회사는 현장점검 등을 통해 시정토록 하는 등 사후관리를 강화한다.

라. 금융소비자보호 실태평가 평가 사례

1) 평가 개요

금융감독원은 71개 금융회사를 대상으로 금융소비자보호실태평가를 실시했다. 평가대상의 경우 평가대상 선정기준을 충족하는 71개 금융회사로 다음과 같다.

〈 평가 대상회사(가나다 順) 〉

(2020년 기준)

구분	개수	회사명
은행	16	경남, 광주, 국민, 기업, 농협, 대구, 부산, 수협, 신한, 우리, 전북, 제주, 카카오뱅크, 한국씨티, KEB하나, SC제일
카드	7	롯데, 삼성, 신한, 우리, 하나, 현대, KB국민
생보	18	교보, 농협, 동양, 라이나, 메트라이프, 미래에셋, 삼성, 신한, 오렌지라이프, 푸르덴셜, 푸본현대, 한화, 흥국, ABL, AIA, DB, DGB, KDB
손보	11	농협, 롯데, 메리츠, 삼성, 악사, 에이스, 한화, 흥국, DB, KB
증권	10	대신, 미래에셋, 삼성, 신한금융투자, 유안타, 키움, 하나금융투자, KB, NH투자
저축은행	9	신한, 애큐온, 웰컴, 유진, 페퍼, 한국투자, JT친애, OK, SBI

2) 평가 결과

실태평가 제도 도입 이후 금융회사의 소비자보호 업무에 대한 인식과 노력이 제고되어, 71개 평가대상 중 26개사(36.6%)가 종합등급평가에서 모두 '양호' 이상으로 평가돼 우수한 결과를 보였다.

가) 부문별 평가결과

(1) 계량 부문

평가항목	평가 결과
민원발생건수	대부분 권역이 지난해와 비슷한 수준을 유지한 반면, 생보사·손보사는 민원 증가의 영향으로 다소 악화
민원처리노력	지난해에 이어 전반적으로 평가결과가 우수하며, 全 평가부문 중 양호 등급 비중이 가장 높음
소송건수	대부분 금융회사의 소송관리가 강화됨에 따라 전반적으로 평가결과가 향상
영업지속 가능성	모든 회사가 업권별 최저 자기자본요건을 충족하고 있으며 지난해 보단 다소 개선
금융사고	평가대상기간 중 일부 회사에서 거액 금융사고 발생이 증가함에 따라 지난해에 비해 다소 악화

(2) 비계량 부문

평가항목		평가 결과
소비자보호 지배구조	평가 내용	실태평가 제도 도입 이후 소비자보호 업무에 대한 금융회사 경영진의 관심이 높아짐에 따라 관련 조직과 인력이 확충되어 전반적으로 향상
	보완점	CCO와 소비자보호 업무전담자 성과평가 지표 등의 합리성 제고(재무적 경영성과, 실태평가 결과, 민원발생건수에 연동되지 않는 평가지표 활용 등)와 다양한 소비자보호 업무를 원활히 수행하기 위해서는 지속적인 인력 확충이 필요
상품개발과정의 소비자보호 체계	평가 내용	상품개발부서와 소비자보호부서 간 사전 협의가 상품개발의 필수 과정으로 정착되어가는 등 지난해보다 개선
	보완점	상품개발 관련 전문성을 보유한 소비자보호 업무전담자 확충을 통해 사전협의 실효성을 제고하고, 소비자의 의견을 상품개발에 반영하기 위한 노력을 보다 강화할 필요
상품판매과정의 소비자보호 체계	평가 내용	판매 과정의 소비자보호체계 구축·운영이 민원 예방의 중요한 수단이라는 인식이 예전에 비해 확산됨에 따라 평가결과도 개선
	보완점	해피콜, 미스터리쇼핑 등의 결과를 판매절차 개선에 활용하는 피드백 체계가 다소 미흡하고, 취약계층(고령층, 장애인 등)에 대한 상품판매 절차도 보강 필요
소비자보호 정책참여 및 민원시스템 운영	평가 내용	민원 관련 모니터링이 강화되고, 민원을 통해 제도개선 사항을 발굴하여 소비자 불편을 시정하기 위한 노력도 확대되어 비계량 평가부문 중 가장 좋은 평가결과
	보완점	일부 회사는 체계적인 민원관리시스템을 갖추지 못해 민원 사전예방제도 운영실적이 여전히 미흡하고, 민원예방과 제도개선을 위한 인력도 부족한 실정
소비자정보 공시	평가 내용	소비자에게 유의미한 양질의 정보 제공이 예전에 비해 확대된 것으로 평가
	보완점	취약계층과 외국인의 홈페이지 이용 편의 제고 노력이 다소 부족하고, 상담원 연결 대기시간 단축 등 ARS 서비스도 보다 강화할 필요

〈 2018 · 2019년도 부문별 평가결과 〉

구분		평가부문 회사수 비중	우수		양호		보통		미흡		취약	
			회사수	비중	회사수	비중	회사수	비중	회사수	비중	회사수	비중
18년	계량	1 민원발생건수	3	2.7%	43	12.5%	17	8.5%	5	27.8%	–	–
		2 민원처리노력	19	16.8%	35	10.1%	13	6.5%	1	5.6%	–	–
		3 소비자대상 소송건수	23	20.4%	27	7.8%	17	8.5%	1	5.6%	–	–
		4 영업 지속가능성	33	29.2%	25	7.2%	10	5.0%	–	–	–	–
		5 금융사고	30	26.5%	32	9.3%	0	0.0%	3	16.7%	3	50.0%
	비계량	6 소비자보호 지배구조	–	–	47	13.6%	21	10.4%	–	–	–	–
		7 상품개발과정의 소비자보호체계 구축 및 운용	1	0.9%	30	8.7%	34	16.9%	3	16.7%	–	–
		8 상품판매과정의 소비자보호체계 구축 및 운용	–	–	37	10.7%	28	13.9%	3	16.7%	–	–
		9 소비자보호정책참여 및 민원시스템 운영	1	0.9%	35	10.1%	32	15.9%	–	–	–	–
		10 소비자보호공시	3	2.7%	34	9.9%	29	14.4%	2	11.1%	3	50.0%
19년	계량	1 민원발생건수	4	3.2%	44	14.6%	16	6.5%	6	15.8%	1	50.0%
		2 민원처리노력	16	12.9%	33	11.0%	14	5.7%	8	21.1%	–	–
		3 소비자대상 소송건수	24	19.4%	30	10.0%	17	6.9%	–	–	–	–
		4 영업지속가능성	32	25.8%	29	9.6%	10	4.1%	–	–	–	–
		5 금융사고	38	30.6%	32	10.6%	0	0.0%	–	–	1	50.0%
	비계량	6 소비자보호 지배구조	5	4.0%	29	9.6%	35	14.3%	2	5.3%	–	–
		7 상품개발의 소비자보호체계 구축 및 운용	–	–	22	7.3%	43	17.6%	6	15.8%	–	–
		8 상품판매과정의 소비자보호체계 구축 및 운용	–	–	24	8.0%	35	14.3%	12	31.6%	–	–
		9 소비자보호정책참여 및 민원시스템 운영	–	–	22	7.3%	47	19.2%	2	5.3%	–	–
		10 소비자보호공시	5	4.0%	36	12.0%	28	11.4%	2	5.3%	–	–

〈 실태평가 부문별 양호등급 결과 추이(2018, 19년도) 〉

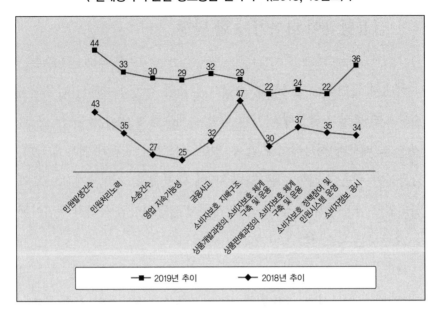

〈 실태평가 부문별 보통등급 결과 추이(2018, 19년도) 〉

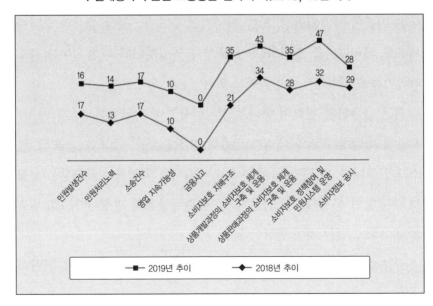

4. 급변하는 금융환경 속에서
금융당국이 나아가야 할 방향

국내외 급변하는 금융환경 속에서 금융의 건전성 유지와 금융소비자보호를 충실히 달성해 나가기 위한 정책수립에 대해 금융당국은 과거 어느 때보다 적극적이라 할 수 있다. 글로벌금융위기 이후 양극화, 금융불안 등을 초래한 기존 자본주의에 대한 반성도 전세계적으로 확산되었고 금융에 대한 신뢰도 하락하면서 금융회사의 사회적 책임이행을 요구하는 목소리가 높아지고 있다.

특히, 서민·취약계층의 금융서비스를 제고하려는 정책을 펴고 있다. KIKO, 펀드사태, 후순위채 사태, 정보유출 사태들이 기존 금융소비자보호 체계가 제대로 작동하지 못함으로써 소비자 피해를 확대하였다는 비판이 제기되면서, 보다 적극적인 수요자·현장 중심의 소비자보호로 패러다임을 전환하고, 금융회사 영업행위에 대한 소비자보호 감독기능을 획기적으로 강화하고 있다.

최근 금융환경 변화의 하나로 전자금융거래가 급증하고 있으나, IT보안에 대한 금융권의 대비가 미흡하여 전산장애·정보유출 등 IT 리스크가 증대되고 금융지식이 부족한 서민계층의 피해와 금융상품의 정보 불균형이 문제되면서 금융사기·불완전판매가 민원이라는 형태로 문제가 되고 있는 것이 현실이다.

금융시장은 금융회사간 경쟁이 격화되면서 전 금융권역별로 전반적

리스크가 높아지고 불건전 영업행위가 증가할 위험도 있기 때문에 금융소비자 측면의 대책도 중요한 시점이다. 또한 금융환경 변화에 따라 예기치 못한 금융소비자의 피해가 발생하지 않도록 예방노력을 강화할 필요가 있다는 점에서 금융당국의 역할은 보다 중요해지고 있다.

〈 금융감독원 조직도 〉

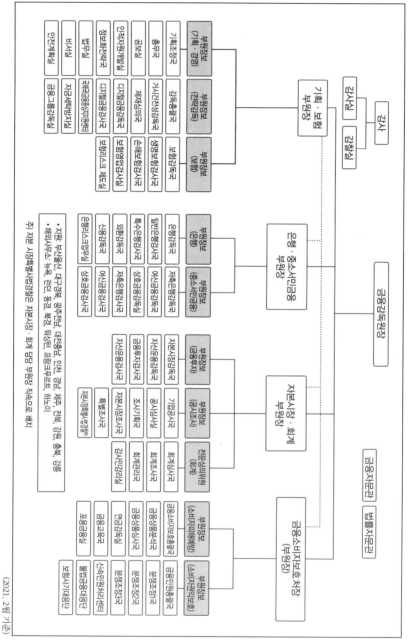

(2021. 2월 기준)

제 5 장
금융소비자보호를 위한
모범규준 이해

금융소비자보호는 금융사와 소비자 사이에 존재하는
정보의 비대칭성을 줄이고 공정하고 합리적인 금융거래를 위하여
균형을 갖게 하는 것이 금융소비자 권익을 보호하는 것이다.
금융상품의 불완전 판매로 인한 피해를 사전에 예방은 물론,
금융소비자 피해가 발생한 경우에는
신속한 사후적인 피해구제를 통해 금융소비자의 불만을 줄이고 없애는 것이
금융소비자보호를 위한 가장 중요한 목적이다.

1. 금융소비자보호 모범규준의 제정과 필요성

가. 제정 목적

이 모범규준은 금융소비자의 권익을 증진하는 한편, 금융소비자의 불만예방 및 발생한 피해의 신속한 사후 구제를 위한 기본지침을 제공함으로써, 금융회사들이 적극 도입·실천하여 궁극적으로 금융소비자 신뢰를 얻고 금융회사의 가치를 제고하여 경쟁력의 향상을 도모하고자 도입되었다.

금융소비자보호는 금융사와 금융소비자 간의 정보와 협상력이 부족한 수요자인 금융소비자의 열세에 있는 지위를 보완하기 위해서 불공정하고 불평등한 제도와 관행을 바로 잡는 것이라고 할 수 있다. 금융소비자보호가 필요한 근본적인 이유는 금융소비자가 금융사에 비하여 협상력이 크게 불균형하기 때문이다. 금융상품은 회사가 표준화된 형태로 금융상품을 만드는 경향이 크기 때문에 금융소비자가 주체적으로 판단, 선택한다기보다는 금융사의 광고나 금융사 직원의 추천에 주로 의존하여 구매를 결정하는 경우가 대부분인 것이 현실이다. 또한 가격이라는 거래조건도 제한되어 있을 뿐만 아니라, 일단 상품가입을 하게 되면 계약으로 성립되어 금융소비자의 일정한 손해를 감수하지 않고서는 해지나 환불, 교환 등에서 불이익을 당한다. 이와 같이 금융거래는 그 거래되는 상품과 계약의 다양성, 복잡성, 전문성 등으로 인하여 금융회사와 금융소비자간에 필연적으로 정보의 비대칭성이 나타나게 되며, 이러한 현상은 두 당사자간에 불균형을 초래하는 가장 직접적인 원인이라 할 수 있다.

따라서 금융소비자보호는 금융사와 소비자 사이에 존재하는 정보의 비대칭성을 줄이고 공정하고 합리적인 금융거래를 위하여 균형을 갖게 하는 것이 금융소비자 권익을 보호하는 것이다. 금융상품의 불완전 판매로 인한 피해를 사전에 예방은 물론, 금융소비자 피해가 발생한 경우에는 신속한 사후적인 피해구제를 통해 금융소비자의 불만을 줄이고 없애는 것이 금융소비자보호를 위한 가장 중요한 목적이다. 하지만 시장의 미성숙, 인식부족 등의 한계로 인해 모범규준의 제정을 통하여 금융회사들이 금융소비자보호를 적극 실천하도록 함으로서 소비자로부터 신뢰를 높이고 대내외적 이미지 개선과 함께 금융회사의 금융경쟁력을 제고시키고자 모범규준을 제정하였다.

나. 필요성

최근 국내외를 막론하고 금융소비자·투자자보호를 강화하는 방향으로 금융의 패러다임이 변화하고 있다. 금융패러다임의 변화는 금융소비자보호를 위한 내부통제의 강화 필요성을 촉구하였고, 이를 반영하여 '06.9월 제정하였다. 이후 '13년도(CCO선임, 금융상품정보 제공 프로세스 구축 등 전반적 개편), '14년도(금융취약계층 보호 등), '16.3월(소비자보호실태평가 등), '17년도(금융회사 보관자료 접근성 강화 등) 금융소비자를 보호하는 방향으로 개정되어 왔고, '20.3월 금융소비자보호에 관한 법률도 본회의를 통과하여 '21.3월 25일 시행되었다.

그러나 금융상품이 다양화되면서 이를 구매하는 금융소비자의 요구가 다양하고 복잡해지고 있다. 금융소비자보호 강화를 위한 금융소비자보호 총괄책임자 및 전담부서 설치, 금융상품 개발·판매 단계의 금융소비자보호 절차 강화 등의 내용으로 금융소비자보호 모범규준의 개정을 통해 금융소비자의 요구·불만 등을 경영개선 활동에 적극 반영하여 상품, 서비스를 개선하고 궁극적으로 금융소비자 불만사항을 근원적으로 해소하여, 금융회사의 신뢰도 및 경쟁력을 제고할 필요성이 있다.

2. 금융소비자보호를 위한 조직 및 제도

가. 금융소비자 중심 경영방침 및 조직구조 마련

금융회사는 금융소비자보호를 위한 경영방침을 정하고, 이를 공식적인 문서로 표명하여야 한다. 경영방침은 구체적으로 다음과 같은 내용을 제시하도록 하고 있다.

① 금융소비자 요구사항을 경영활동 등에 반영
② 금융소비자보호를 위한 구체적인 프로세스 정립
③ 교육훈련 등을 통한 금융소비자보호 역량 및 전문성 강화

이와 관련하여 금융회사는 금융소비자보호 업무가 효과적으로 이루어질 수 있도록 금융소비자보호에 필요한 인적, 물적 자원을 적극 확보하여야 한다고 명시하고 있다.

나. 금융소비자보호 업무전담조직의 설치, 업무 및 보상

1) 금융소비자보호 총괄책임자의 지정

가) 지정 및 자격

금융회사는 업무집행책임자(선임 임원급) 중에서 준법감시인에 준하는 독립적 지위의 금융소비자보호 총괄책임자(CCO: Chief Consumer Officer, 이하 CCO)를 1인 이상 지정하여야 한다. 다만 자산규모, 동일권역내 민원건수 비중, 영위하는 금융업무의 성질상 업무집행책임자로 지정하기에 적합하지 아니한 경우에는 준법감시인으로 하여금 금융소비자보호 총괄책임자(CCO)의 직무를 수행하게 할 수 있다. 금융소비자보호 총괄책

임자는 최근 5년간 금융관계법령을 위반하여 금융위원회 또는 금융감독원의 원장으로부터 문책경고 또는 감봉요구 이상에 해당하는 조치를 받은 사실이 없어야 한다.

나) 직무

금융소비자보호 총괄책임자는 금융소비자보호 총괄부서를 총괄하며, 다음과 같은 업무를 수행 한다.

① 금융소비자보호 관련 제도 기획 및 개선, 기타 필요한 절차 및 기준의 수립
② 금융상품 각 단계별(개발, 판매(광고 사전심의 등),사후관리) 소비자보호체계에 관한 관리 · 감독 및 검토업무
③ 민원접수 및 처리에 관한 관리 · 감독 업무
④ 금융소비자보호 관련 관계부서간 피드백 업무 총괄
⑤ 대 · 내외 금융소비자보호 관련 교육 프로그램 개발 및 운영 업무 총괄
⑥ 민원발생과 연계한 관련 부서 · 직원 평가 기준의 수립 및 평가 총괄
⑦ 제①호내지 제③호의 업무를 수행하는 과정에서 발생할 수 있는 금융소비자 피해 가능성에 대해 종합적으로 점검 · 관리
⑧ 기타 금융소비자의 권익증진을 위해 필요하다고 판단되는 업무

금융소비자보호 총괄책임자는 당해 금융회사의 금융소비자보호 업무를 총괄하면서 금융소비자 권익이 침해 혹은 침해될 현저한 우려가

발생한 경우 지체 없이 대표이사에게 보고하여야 하며, 대표이사는 보고받은 사항을 확인하여 신속히 금융소비자권익 침해 리스크가 해소되는 데 필요한 제반 사항을 수행·지원하는 것을 의무화하고 있다.

다) 인사 및 평가

금융회사는 금융소비자보호 총괄책임자에 대하여 회사의 재무적 경영성과와 연동하지 아니하는 별도의 공정한 업무평가기준 및 급여지급기준을 마련하여 운영하여야 하며, 민원발생 건수 및 민원발생 평가등급 등은 금융소비자보호 총괄책임자의 급여 등 보상에 연계하지 아니하고, 민원발생 및 민원처리과정의 부적정 등의 원인을 직접 제공한 부서 및 담당자의 급여 등 보상에 반영하도록 하고 있다.

금융회사는 금융소비자보호 총괄책임자에 대한 근무평가 시 징계 등 특별한 경우를 제외하고, 타 업무 담당자 등 타 직군 등에 비해 직군 차별, 승진 누락 등 인사평가의 불이익이 발생하지 않도록 하고 있다.

2) 금융소비자보호 총괄부서의 업무 및 권한

가) 설치 및 운영

금융회사는 책임과 권한을 가지고 금융소비자보호 업무를 수행할 금융소비자보호 총괄부서를 최고경영진 직속의 독립전담조직으로 운영한다. 다만, 회사구조상 최고경영진 직속의 전담조직 구성이 어려운 경우 상기 취지를 훼손하지 않고 최대한 독립성을 확보할 수 있는 범위 내에서 신속한 의사결정 구조로 운영한다.

금융회사는 금융소비자보호 업무를 원활하게 수행할 수 있도록 고객수 · 민원건수, 상품개발 · 판매 등 관련 타부서와 사전협의 수요 등을 고려하여 금융소비자보호 총괄부서의 적정 인력을 확보하기 위해 노력한다.

나) 제도 개선

금융소비자보호 총괄부서는 금융소비자보호 및 민원예방 등을 위해 상품판매의 모든 프로세스(개발 · 기획 및 판매 그리고 민원처리과정)상에서 필요하다고 인정되는 제도개선(금융소비자보호 업무와 관련된 부서 간 업무조정 및 역할분담 등을 포함)을 관련 부서에 요구할 수 있도록 하고 있다.

① 업무개선 제도운영 및 방법의 명확화
② 개선(안) 및 결과 내역관리
③ 제도개선 운영성과의 평가
④ 민원분석 및 소비자만족도 분석 결과 등을 토대로 현장 영업프로세스 실태 분석 및 개선안 도출

다) 시스템 개발 · 운영

금융소비자보호 총괄부서는 금융소비자의 권리 존중 · 민원 예방을 위하여 금융소비자보호를 위한 예방프로그램을 개발 · 시행해야 하며,

금융소비자보호와 관련된 임직원교육·평가와 유사 민원 재발방지를 위한 교육 프로그램 및 제도개선 방안을 개발하고 활용해야 한다.

라) 민원 예방

금융소비자보호 총괄부서는 민원발생 및 처리현황, 민원처리 소요시간, 주요 빈발민원에 대한 원인과 대책, 민원평가 결과, 민원관련 경영성과지표(계약유지율, 갱신율 등), 제도개선 실적, 교육훈련 실시 결과 등을 분석하여 민원예방 및 해소방안을 수립하여 정기적으로 경영진에게 보고 해야 한다.

마) 민원처리

금융소비자보호 총괄부서는 발생 민원에 대해 즉각적으로 고객불만 내용을 파악하고 대응해야 하며, 접수된 민원의 신속한 처리를 위해 처리방법, 과정관리 등을 포함한 업무처리 규정을 마련하고 시행해야 한다. 또한 총괄부서는 민원평가를 실시하여 민원발생에 책임이 있는 부서, 업무 프로세스 및 담당자 등을 규명하고 관련 부서에 피드백하여 개선방안을 강구하여야 한다.

바) 교육훈련 실시

금융소비자보호 총괄부서는 전 임직원(모집인 등 판매조직 포함)을 대상으로 민원사례, 상담 화법, 응대요령, 금융소비자보호제도 및 민원예방 등에 대한 교육을 온·오프라인을 통해 정기적으로 실시한다. 또한 총

괄부서는 과거 민원 이력, 금융감독원 검사 및 현장 점검 사례 등을 감
안하여 직원 중(모집인 등 판매조직을 포함한다) 불완전판매 유발 직원을 지
정·관리할 수 있으며, 동 직원에 대해서는 불완전판매 예방 교육을 직
접 실시하거나 관련 부서에 실시를 요청하도록 하고 있다.

사) 금융소비자보호 총괄부서의 권한

금융소비자보호 총괄부서는 소비자보호 관련 내규 위반사실을 발견
하였거나, 중대한 소비자 피해 우려가 있는 경우 또는 민원처리 등을
위해 자료제출 요구, 임직원에 대한 출석요청, 임점조사(필요시 준법지원·
감사부서에 의뢰 가능) 등을 할 수 있으며, 자료제출 등을 요청 받은 자는 이
에 성실히 응한다. 다만, 신속한 조치가 곤란한 경우 그 사유를 서면으
로 작성하여 금융소비자보호 총괄부서에 통보한다. 금융소비자보호 총
괄부서는 금융소비자보호 제도와 관련하여 임직원(판매조직을 포함한다)에
대한 교육 및 특정한 조치가 필요하다고 판단되는 경우 관련 부서에 협
조를 요청할 수 있으며, 협조 요청을 받은 관련 부서는 특별한 사정이
없는 한 이에 협조하도록 하고 있다.

3) 금융소비자보호 업무전담자에 대한 인사 및 보상

가) 인력 구성 및 자격

금융소비자보호 업무전담자는 회사별 특성을 고려하여 민원예방 및

처리, 제도개선, 민원평가, 전산시스템 운영, 금융소비자보호 교육, 홍보, 민원 감사업무 등을 원활히 수행할 수 있는 적정 규모 이상을 선발·운영하여야 한다.

금융소비자보호 업무전담자는 입사 5년 이상 경력자로, 상품개발·지원, 영업·서비스기획, 법무, 시스템, 통계, 감사 등 분야의 2년 이상 근무자 중 직전 2년간 근무평가가 평균 이상인 자로 사내 공모 또는 추천, 파견 등으로 운영하여야 한다.

금융소비자보호 업무전담자는 금융소비자보호 전담부서의 업무특성, 전문성 등을 고려하여 특별한 경우를 제외하고 3년 이상 금융소비자보호 업무를 전담하여야 한다. 다만, 회사의 규모가 일정수준 이하이거나 승진전보 및 금융소비자보호 총괄책임자의 승인시에는 예외로 할 수 있게 하고 있다.

나) 인사 및 평가

금융회사는 금융소비자보호 업무전담자에 대하여 회사의 재무적 경영성과와 연동하지 아니하는 별도의 공정한 업무평가기준 및 급여지급기준을 마련하여 운영하여야 하며, 민원발생건수 및 민원발생평가등급 등은 금융소비자보호 업무전담자의 급여 등 보상에 연계하지 아니하고, 민원 발생 및 민원처리과정의 부적정 등의 원인을 직접 제공한 부서 및 담당자의 급여 등 보상에 반영하도록 하고 있다.

회사는 금융소비자보호 업무 전담자가 소비자보호와 관련된 고객불만사항에 대해 신속히 조치할 수 있도록 충분한 권한을 부여하고, 또한 금융회사는 금융소비자보호 업무 전담자에 대하여 대내·외 소비자보호 관련 교육 참여 기회를 제공하고 금융소비자보호 전문역량 개발을 위한 자격증 취득 기회를 적극 제공하는 등 직무 향상을 위한 제도적 장치를 마련·실시하여야 하며, 금융소비자보호 우수 직원 등에 대한 포상(표창, 해외연수) 제도를 시행해야 한다고 규정하고 있다.

4) 금융소비자보호협의회의 설치 및 운영

회사의 다양한 금융소비자보호 이슈를 금융소비자보호 관계부서간 업무협의의 원활화를 통해 전사적인 시각에서 신속하고 효과적으로 조정할 수 있도록 금융소비자보호협의회를 설치하여 대표이사가 정기적으로 운영하고, 동 협의회의 원활한 운영을 위해 금융소비자보호 총괄부서에서 보좌하고, 운영결과는 이사회에 보고한다. 금융소비자보호협의회는 회사의 금융소비자보호 정책 방향 및 기본계획 등에 관한 사항, 금융소비자보호를 위한 제도개선 사항, 민원분석 결과 금융소비자보호 총괄부서와 상품개발·영업 등 관련 부서간 협의가 필요한 사항, 신상품 출시 관련 소비자영향 분석, 광고 심의결과에 대한 검토, 상품설명서 제·개정안 검토, 회사의 소비자보호실태 점검, 상품판매 후 모니터링 총괄, 중요 민원에 대한 처리방안 협의 등 금융소비자보호 관련 다양한 이슈에 대해 관련 임원 및 부서장이 참여하여 정기적으로 논의하고 회사의 입장을 정립하는 협의체로서 기능한다.

5) 업무단계별 준수사항

가) 금융상품 기획·개발 과정

금융소비자보호 총괄부서는 새로운 금융상품을 개발하는 경우 금융소비자에게 불리한 점은 없는지 등을 진단하기 위한 체크리스트를 마련하여야 하며, 금융관련법규 등에서 정한 바에 따라 금융상품개발과정에서 금융상품 개발부서명 및 개발자의 이름, 연락처를 상품설명 자료에 명기하고, 금융상품 판매자에 대한 충분한 정보를 공유(판매회사/부서/담당직원뿐만 아니라 판매회사가 금융상품 판매를 재위탁한 경우 위탁회사의 직원까지 포함)하여 책임성 강화를 추구한다.

나) 금융소비자보호 채널 구축

금융회사는 금융상품 개발·기획시 초기 단계부터 금융소비자의 불만예방 및 피해의 신속한 구제를 위해 그간에 발생된 민원, 소비자 만족도 등 금융소비자의 의견이 적극 반영될 수 있도록 업무 프로세스를 구축·운영하여야 한다. 금융회사는 금융소비자보호를 강화하기 위해 금융상품의 기획·개발단계에서 외부 전문가의 의견을 반영하거나 고객 참여 제도 등 금융소비자들의 요구를 경영에 반영할 수 있는 채널을 적극 활용하여 소비자 제안에 대한 활용실적 분석 등을 정기적으로 실시한다.

또한 금융회사는 금융소비자 불만 및 불편사항 해결을 위해 금융상품 판매 및 마케팅 전개 이후 금융소비자의 의견이나 요청을 듣는 등 모니터링을 실시하여 이를 금융상품 개발 및 업무개선 등 회사의 경영 활동을 개선시키는 데 활용하고, 민원 감축활동을 수시로 전개해야 하며, 사후 검증 후 제도개선이 필요한 사항은 즉시 관련부서에 통보하여 적시에 반영될 수 있는 피드백 시스템을 구축·운영하여야 한다.

6) 금융상품 판매과정

가) 고령금융소비자

금융회사는 고령금융소비자가 금융상품을 정확히 이해하고 적절한 금융거래를 할 수 있도록 해야 한다. 고령금융소비자는 65세 이상 금융소비자를 원칙으로 하나, 금융회사는 해당 금융업권별 특성 및 소비자의 금융상품 이해정도, 금융거래 경험, 재산 및 소득상황 등을 감안하여 자체적으로 고령금융소비자 분류기준을 마련할 수 있다.

금융회사는 금융상품 기획·개발, 판매과정, 사후관리 등 모든 금융거래 과정에서 고령금융소비자를 보호하고 관련 내부통제를 강화하기 위해 노력하여야 한다. 이를 위해 상품 개발단계에서 고령자 위험요인을 점검하고, 금융상품 판매시 강화된 권유절차 및 상품별 중점관리사항 등을 정하여 운영하여야 한다.

나) 장애인의 금융접근성 제고

금융회사는 장애인의 금융거래 편의성 제고를 위하여 장애유형에 부합하는 맞춤서비스를 제공해야 한다. 금융회사는 일선 창구에서 준수할 장애 유형별 세부 고객응대지침을 마련하고 점포별로 장애인에 대한 응대요령을 숙지한 직원을 배치해야 하도록 하고 있다. 또한 관련 상담 · 거래 · 민원접수 및 안내 등을 위한 인프라를 구축하여 장애인이 모바일 · 인터넷 등 비대면거래를 원활하게 할 수 있도록 전자금융 이용 편의성을 제고해야 한다. 다만, 구체적인 이행 방법은 금융회사가 업권별 영업특성 및 금융회사의 영업규모 등을 감안하여 자체적으로 정할 수 있다.

다) 판매 관련 평가 및 보상체계

금융회사는 금융상품을 판매하는 과정에서 판매담당 직원과 소비자의 이해상충이 발생하지 않도록 판매담당 직원 및 단위조직(이하 '판매담당 직원 등'이라 한다)에 대한 평가 및 보상체계를 설계하여야 한다. 소비자들이 판매담당 직원의 불건전영업행위, 불완전판매 등으로 금융거래를 철회 · 해지하는 경우 금융회사는 판매담당 직원에 이미 제공된 금전적 보상을 환수할 수 있으며, 이를 위해 보상의 일정부분은 상품 및 서비스가 제공되는 기간에 걸쳐 소비자에게 분할 또는 연기하여 제공할 수 있다.

금융소비자보호 총괄책임자는 금융소비자보호협의회 등을 통해 판매담당 직원 등에 대한 성과·보상 체계 설정 부서, 성과평가 부서, 상품개발·영업 관련 부서, 준법감시부서 등과 불완전 판매 등 관련 정보를 수집·공유하고 정기적으로 협의해야 한다. 또한 총괄책임자는 회사에서 특정 금융상품에 대해 설정한 판매목표량이 적정한지, 특정 금융상품에 대한 판매실적 가중치 부여가 적정한지, 부가상품의 판매로 인하여 소비자에게 불완전판매가 이루어졌거나 이루어질 우려가 있는지에 대한 판단을 포함하여, 금융소비자보호 관점에서 판매담당 직원 등에 적용되는 평가 및 보상 구조가 적절히 설계되어 있는지를 정기적으로 검토하여야 한다.

금융소비자보호 총괄책임자는 검토결과를 대표이사에게 보고해야하며, 필요시 판매담당 직원 등에 대한 핵심 평가지표(KPI)조정을 포함한 평가, 보상체계 개선을 건의할 수 있다. 대표이사는 필요시 소비자피해 예방 및 구제를 위한 조치를 취해야 한다.

라) 판매 과정 관리

금융소비자보호 총괄부서는 금융상품 판매 과정에서 불완전판매가 발생하지 않도록 금융상품 판매 및 마케팅 담당 부서를 대상으로 금융소비자보호 관점에서 다음 각 호의 판매프로세스를 구축하고, 이를 매뉴얼화하여야 한다. 금융소비자보호 총괄부서는 구축된 판매프로세스가 원활히 운영될 수 있도록 적정성을 점검하여야 한다.

7) 정보 제공의 확대

가) 금융회사 보관자료에 대한 접근권

금융소비자는 분쟁조정, 소송의 수행 등 권리구제 및 그 준비를 목적으로 금융회사가 기록 및 유지·관리하는 자료의 열람(사본의 제공을 포함한다. 이하 이 조에서 같다)·청취를 요구할 수 있고, 요구를 받은 금융회사는 6일 이내 금융소비자가 해당 자료를 열람·청취할 수 있도록 하여야 한다. 동 기간 내에 열람·청취토록 할 수 없는 정당한 사유가 있을 때에는 금융소비자에게 그 사유를 통지하고, 그 사유가 소멸하면 지체 없이 열람·청취하게 하여야 한다.

다만, 법령에 따라 열람·청취가 금지되거나 제한된 경우, 다른 사람의 생명·신체를 해할 우려가 있거나 다른 사람의 재산과 그 밖의 이익을 부당하게 침해할 우려가 있는 경우, 열람·청취로 인해 해당 금융회사의 영업비밀이 현저히 침해되는 등 열람·청취가 부적절한 경우, 법령 등에서 정한 보관기간 만료로 인해 금융회사가 삭제한 경우, 그 밖에 금융소비자의 권리구제와 관련이 없는 내용으로 해당 금융회사에서 사전에 구체적으로 정한 경우 중 하나에 해당하는 경우에는 금융소비자에게 그 사유를 알리고 열람·청취를 제한하거나 거절할 수 있다.

나) 금융회사 및 금융협회의 소비자정보공시

금융회사는 전자민원신청메뉴, 민원건수, 금융소비자보호 실태평가

결과 등의 소비자정보를 하나의 화면에 집중한 소비자정보 포털을 구축하고, 소비자정보 포털에 게시되는 정보의 적정성 및 접근성을 수시로 점검하는 프로세스를 마련하여 운영하여야 한다. 금융업권별 협회는 금융소비자가 금융회사를 선택하는 데 참고할 수 있는 소비자보호 관련 정보(민원, 소송현황 등)를 비교 공시 등의 방법으로 제공할 수 있다.

3. 금융상품 기획 · 개발 과정의 금융소비자보호

가. 상품기획 · 개발 과정의 금융소비자보호 체계 구축

금융회사는 금융소비자 불만을 조기에 발견하고 신속히 개선하기 위한 내부시스템을 구축하고 신제품 출시나 새로운 제도 시행 시 사전에 검토할 수 있는 절차를 마련하여야 한다.

1) 총괄부서와의 사전협의

신상품 개발 및 마케팅 정책 수립 시 금융소비자보호 총괄부서는 금융소비자보호의 시각에서 사전 점검 후 문제점을 시정할 수 있도록 관련부서와 사전협의 절차를 구축 · 운영한다. 사전협의 절차 운영사항은 사전협의 프로세스 진행이력 및 실적관리와 사전협의 누락 및 재발 방지대책 수립이다.

이때 관련부서는 상품 또는 마케팅 정책에 소비자에게 불리한 사항이 존재한다고 판단될 경우 해당사항을 금융소비자보호 총괄부서와 협의하여야 한다. 금융소비자보호 총괄부서는 신상품 및 마케팅 정책, 약관 등에 금융소비자보호상의 문제가 있다고 판단되는 경우 관련부서에 신상품 출시 및 마케팅 중단, 개선방안 제출 등을 요구할 수 있다. 또한 사전협의 누락 시에는 성과평가 및 민원평가에 반영한다. 사전협의대상 업무는 다음과 같이 규정하고 있다.

① 신상품 / 서비스 개발 · 변경 시 사전협의 운영
② 상품 개발 · 판매중단에 대한 검토
③ 상품 안내장(설명서) / 약관 / 가입청약서(설계서) 등에 대한 검토
④ 판매프로세스 개발 · 변경
⑤ 고객 관련 이벤트, 프로모션, 영업점 성과평과 기준 등 주요 마케팅 정책 수립 및 변경 등
⑥ 기타 소비자보호를 위하여 금융소비자보호 총괄부서가 정하는 사항

2) 상품개발관련 체크리스트 및 자체 내부준칙 운영

금융소비자보호 총괄부서는 새로운 금융상품을 개발 시 금융상품에 소비자에게 불리한 점은 없는지 약관 등을 진단하기 위한 체크리스트를 마련한다. 한편 금융회사는 금융관련법규 등에서 정한 바에 따른 금융상품 개발과정에서 금융소비자의 시각을 반영하기 위한 자체 내부준칙(또는 매뉴얼 등)을 수립하여 운영하여야 한다. 해당 준칙은 다음과 같은 사항을 포함할 수 있다.

① 금융상품 개발자의 이름 · 연락처를 상품설명자료에 명기하는 등 책임성 강화

② 상품 개발부서의 해당 상품 판매자에 대한 충분한 금융상품 정보 공유 책임 강화(판매 회사 / 부서 / 담당직원뿐 아니라 판매사가 금융상품 판매를 재위탁한 경우 위탁회사의 직원까지 포함)

나. 상품기획 · 개발 과정의 금융소비자보호 채널 구축

1) 민원자료 활용 등을 통한 금융소비자 의견 반영

상품 개발 · 기획시 초기 단계에서부터 금융소비자의 불만예방 및 피해의 신속한 구제를 위해 그간에 발생된 민원 등 금융소비자의 의견이 적극 반영될 수 있도록 업무 프로세스를 구축 · 운영하여야 한다.

① 민원의 근본원인을 제거하는 데 도움이 되도록 민원의 체계성, 재발가능성 여부, 경향을 파악하여 상품 기획 및 개발에 활용하여야 한다.

② 금융소비자 요구 반영 여부 등 판매 리스크를 종합적으로 고려하여 보완 후 상품이 출시되어야 한다.

금융소비자보호 총괄부서는 구축된 업무 프로세스가 원활히 운영될 수 있도록 모니터링 및 실적 관리를 하여야 한다.

2) 금융소비자 참여제도(외부전문가, 고객참여제도 등) 활용

금융회사는 금융소비자보호를 강화하기 위해 상품 및 서비스의 기획/개발단계에서 외부 전문가의 의견을 반영하거나 또는 고객참여제도(CS패널, 사이버동호회 등) 등 금융소비자들의 요구를 경영에 반영할 수 있는 채널을 적극 활용하며, 제안건수 대비 활용실적 분석 등을 정기적으로 실시한다.

3) 상품관련 발생민원 모니터링 및 개선

금융회사는 금융소비자보호를 실천하고 금융소비자 불만 및 불편사항 해결을 위하여 상품 판매 및 마케팅 전개 후 금융소비자의 의견이나 요청을 듣는 등 모니터링을 실시하여 이를 상품개발 및 업무개선 등 회사의 경영활동을 개선시키는 데 활용하고, 민원 감축활동을 수시로 전개하여야 한다.

① 모니터링 기준을 마련·운영
② 신상품 또는 서비스 등의 출시 후 금융소비자 만족도 및 민원발생 사항 등의 모니터링 의무화(사후검증시스템)
③ 모니터링 결과 제도개선이 필요한 사안은 즉시 관련부서에 통보하여 적시에 반영될 수 있는 피드백시스템(feed-back system)을 구축·운영

4. 금융상품 판매과정의 금융소비자보호

가. 판매 원칙의 준수

금융회사는 금융소비자를 보호하기 위하여 판매담당 직원이 직무를 수행할 때 준수하여야 할 기본적인 절차와 기준을 정하여야 한다. 각 금융업권별 협회는 공동 내부준칙을 마련할 수 있으며, 각 금융회사는 자율적으로 또는 협회 공동 내부준칙을 바탕으로 자체 내부준칙을 마련할 수 있다. 협회 공동 내부준칙과 금융회사의 자체 내부준칙 모두 다음과 같은 판매 원칙을 준수할 것을 명시한다.

1) 신의성실의 원칙

금융회사는 금융소비자에 대해 금융상품을 판매하는 과정에서 신의성실의 원칙을 준수한다.

① 금융상품 판매종사자의 도입·양성·교육·관리 등에 있어서 법령을 준수하고 건전한 금융거래 질서가 유지될 수 있도록 최선의 노력을 다한다.
② 금융소비자에 대하여 금융상품에 대한 충분한 선택정보를 제공하여 불완전 판매가 발생하지 않도록 최선의 노력을 다한다.
③ 금융상품 판매과정에서 금융소비자에게 피해가 생긴 경우에는 신속한 피해구제를 위해 최선의 노력을 다한다.

2) 적합성 원칙

금융소비자보호 총괄부서는 금융소비자에게 금융상품을 구매·권유할 때 금융소비자의 성향, 재무 상태, 연령 등에 대한 충분한 정보를 파악하여 당해 금융소비자에게 적합하지 아니한 상품을 구매 권유하지 아니하도록 판매준칙을 정한다. 다만, 구체적인 내용은 각 회사의 상황에 맞게 금융소비자보호 총괄부서가 정할 수 있다.

3) 정보보호의 원칙

금융회사는 금융상품 판매와 관련하여 개인정보의 수집 및 활용이 필요할 경우 명확한 동의절차를 밟아서 그 목적에 부합하는 최소한의 정보만 수집·활용하고, 당해 정보를 선량한 관리자의 주의로서 관리하며, 당해 목적 이외에는 사용하지 아니한다. 아울러 금융회사는 수집된 개인정보를 관리하는 개인정보 관리책임자를 운영한다.

4) 권한남용 금지의 원칙

금융회사는 우월적 지위를 남용하거나 금융소비자의 권익을 침해하는 행위를 하지 아니한다. 특히 다음의 행위는 금융회사가 그 권한을 남용한 것으로 본다.

① 금융회사의 대출, 용역 등 서비스 제공과 관련하여 금융소비자의 의사에 반하는 다른 금융상품의 구매를 강요하는 행위
② 금융회사의 대출 등과 관련하여 부당하거나 과다한 담보 및 보증을

요구하는 행위

③ 금융회사 또는 그 임직원에게 부당한 금품, 편익 등의 제공을 요구하는 행위

④ 금융회사 및 금융상품 모집인 등의 실적을 위해 금융소비자에게 가장 유리한 계약 조건의 금융상품을 추천하지 않고 다른 금융상품을 추천하는 행위

5) 설명의무

금융회사는 금융상품을 권유할 때 소비자가 당해 금융상품의 종류 및 성격, 금융소비자에게 불리한 내용(원금손실 가능성, 중도해지시 불이익, 보장이 제한되거나 되지 않는 경우 등) 등을 이해하지 못하거나 오인하지 않도록 충분히 설명하고, 상품설명서에도 관련 정보를 제공해야 한다. 금융회사는 금융소비자의 연령, 이해수준, 재무상태 등을 고려하여 맞춤형 정보 제공을 할 수 있다.

6) 고령층 금융소비자

금융회사는 금융취약계층인 고령소비자가 금융상품을 정확히 이해하고 금융거래를 할 수 있도록 해야 한다. 고령소비자는 65세 이상인 소비자를 지칭하며, 금융회사는 고령자에 대해 상품 관련 유의사항을 구체적으로 설명하고, 복잡하거나 위험한 금융상품(ELS, DLS, ELF 등 파생연계 금융상품, 후순위채권 등)은 권유를 자제하도록 한다. 금융회사는 해당 금융 업권별 특성 및 소비자의 금융상품이해, 금융거래경험, 재산 및 소

득 상황 등을 감안하여 자체적으로 분류기준을 마련할 수 있다.

7) 장애인에 대한 금융접근성 제고

금융회사는 장애유형별로 세부 고객응대지침을 마련하고 점포별로 장애인 전담 직원을 배치하는 등을 통해 장애인 고객의 접근성을 제고해야 한다. 또한 장애인이 모바일·인터넷 등 비대면 금융거래를 원활히 할 수 있도록 전자금융, 핀테크에 대한 이용 편의성의 제고도 이루어져야 한다. 이 내용의 구체적인 이행 방법은 금융회사가 업권별 영업특성 및 영업규모에 따라 자체적으로 정할 수 있도록 했다.

나. 판매 프로세스 관리

금융소비자보호 총괄부서는 금융상품 판매 과정에서 불완전판매가 발생하지 않도록 상품 판매 및 마케팅 담당 부서를 대상으로 금융소비자보호 관점에서 판매프로세스를 구축하고, 이를 매뉴얼화하여야 한다.

1) 상품판매 전 프로세스

- 금융상품 판매자에 대해 상품별 교육훈련 체계를 갖추고, 상품별 판매자격기준을 마련하여 운영한다.
- 판매과정별 SMS문자서비스, e-mail 서비스 등을 활용한 관리프로세스, 피드백시스템(반드시 지켜야 할 사항에 대한 체크리스트 제공 및 이행 여부) 등을 구축·운영하여, 불완전판매 여부에 대한 통제기능을 강화한다.
- 금융상품의 중요내용(금융상품 선택과정에서 금융소비자가 반드시 알아야 할 사

항) 및 금융상품의 중요 위험요인(원금손실, 금리변동 등 금융소비자의 피해유발사항) 등에 대한 금융소비자 확인절차(서명 등)를 마련한다.

2) 상품판매 후 프로세스

- 금융소비자의 구매내용 및 금융상품에 대한 이해의 정확성 등 불완전판매 여부를 확인(모니터링, SMS 문자, e-mail 서비스 등)한다.
- 불완전판매 및 불완전판매 개연성이 높은 상품에 대해서는 당해 금융상품의 유형을 고려하여 재설명 및 청약철회, 손해배상 등의 소비자보호절차를 마련한다.

또한 상품 및 서비스와 관련한 금융소비자의 불만이 빈발하는 경우 금융소비자의 불만내용과 피해에 대한 면밀한 분석을 통하여 금융소비자 불만의 주요 원인을 파악하고 이를 관련부서와 협의하여 개선되도록 하여야 한다. 금융소비자보호 총괄부서는 구축된 판매 프로세스가 원활히 운영될 수 있도록 모니터링 및 실적관리를 하여야 한다고 의무화하고 있다.

5. 금융상품 판매 이후 과정의 금융소비자보호

가. 효율적인 민원관리시스템(VOC 시스템 포함) 구축 등

Voice of customers(고객의 소리)는 금융이용자가 상품, 서비스 등의 구매, 이용과 관련하여 금융회사에 제기하는 불만, 개선사항 등을 의미하는데 '모범규준'은 다음과 같은 의무를 요구하고 있다.

① 금융회사는 독립적이고 공정한 민원처리와 구제절차를 마련하여 운영하여야 하며, 금융소비자가 시의적절하고 효율적이며 저렴한 비용으로 이용할 수 있도록 하여야 한다.

② 금융회사는 금융소비자가 다양한 민원접수 채널(방문, 전화, 서신, FAX, E-mail, 인터넷)을 통해 언제 어디서나 민원을 제기할 수 있도록 하여야 하고, 해당 민원을 One-Stop으로 처리할 수 있는 시스템을 구축하여야 한다.

③ 금융회사는 민원처리시스템을 통하여 민원 처리시 접수사실 및 사실관계 조사현황 등을 정기적으로 금융소비자에게 고지하여야 한다. 또한 민원인의 의견을 회사 경영에 반영하여 민원예방에 노력하여야 한다.

④ 금융회사는 민원처리 결과를 금융소비자가 수긍할 수 있도록 법규, 사실관계 조사결과 등 명시적인 근거를 제시하고 금융소비자가 이해하기 쉬운 용어를 사용하여 가능한 자세히 기재하여야 하며, 민원 처리 후에는 처리결과를 문서, 팩스, 전자우편, 문자메시지, 전화 등의 방법으로 금융소비자에게 통지하여야 한다. 또한 서신, 팩스, 전자우편, 인터넷으로 접수된 민원의 처리결과 통지 시에는 금융감독원으로의 분쟁조정 신청 절차 · 방법을 안내하여야 한다. 다만, 안내 방법 등에 대해서는 금융업권별로 금융협회가 공통 기준을 마련하여 운영할 수 있다.

1) 모니터링 기능

금융회사는 민원의 다발성, 변동추이 등을 모니터링할 수 있어야 하며, 이를 활용하여 조기경보 등을 통하여 민원 예방이 실현될 수 있는 시스템을 구축하여야 한다. 또한 신상품 출시 후 상품별 고객불만 및 민원발생 모니터링을 수행할 수 있어야 한다.

2) 신속성, 투명성 확보

금융회사는 금융소비자의 불만을 다양한 접수채널(방문, 전화, 서신, 팩스, e-mail, 인터넷 등)을 통해 접수하고, 금융소비자불만이 접수되는 즉시 민원 접수사실, 민원처리 담당자 성명, 전화번호 등을 민원인에게 문서, 팩스, e-mail, 문자 메시지, 전화 등의 방법으로 통지하여야 한다.

민원의 접수, 처리 과정은 총괄부서 및 유관부서(영업점 포함)에서 실시간 조회가 가능하도록 운영하여야 하고 금융소비자불만의 처리기한은 접수시간부터 처리결과에 대한 안내시점까지 관리하여야 하며, 상품별 금융소비자 불만의 유형에 따라 구분 · 처리하도록 의무화하고 있다.

3) 전 과정 전산화

금융회사는 민원의 접수단계에서 종결까지 전 과정에 대하여 전산시스템(음성 녹취, 이미지 스캐닝, E-mail, SMS서비스 등)을 개발, 운영함으로써 업무처리의 효율성을 높여야 한다.(단, 민원 건수가 적어 수작업 분석이 가능한 경우에는 제외 가능)

4) 모든 처리결과 Data Base화

민원처리시스템 내에는 유형별, 원인별, 상품별, 부서별, 영업조직별 통계 Data를 제공할 수 있어야 하며, 문제영역에 대해서는 조기대응 및 분석이 가능하여야 한다.

나. 효과적인 민원피드백(feedback) 시스템 구축

1) 민원업무 규정 및 매뉴얼

민원관리 프로세스가 효율적으로 실행되도록 명확한 행동기준을 제시하고 민원을 적극적으로 처리하려는 회사방침과 시행내용을 전달하기 위해 민원사무처리지침 표준안을 반영하여 '민원 업무처리 규정 및 매뉴얼'을 작성, 운영토록 한다. 민원업무 규정, 매뉴얼, 전산시스템 등에는 대고객 응대요령, 민원/분쟁사례 및 판례, 민원사례별 응대요령, 민원예방 체크리스트, 업무자료집 접속방법, 주요업무 Q&A, 본점 업무담당자 문의연락처 등이 포함되어야 한다.

2) 금융소비자보호 총괄부서 주관 하에 제도개선 시스템 구축

금융소비자보호 총괄부서는 민원 관련부서에 실시간으로 민원 접수내용을 제공하고, 제도개선 시스템을 구축하여 소비자불만을 근본적으로 해소하고자 노력해야 한다. 금융소비자보호 총괄책임자(CCO)는 민원(VOC포함)처리 관련 민원유형에 대한 심층분석 결과에 따라 제도개선 사항을 도출하여 일정한 절차에 의거 관련 부서장에게 제도개선 조치를 요청하고, 개선여부를 관리하여야 한다.

제도개선을 요구 받은 관련 부서는 신속하게 개선계획 및 결과를 보고하여야 하며, 금융소비자보호 총괄부서는 그 제도개선 진행사항 및 결과를 관리하여야 한다. 제도개선 요구 미수용건은 사유와 요인을 분석하여 재검증 절차(임원회의 부의, 경영진 별도보고 등)를 통해 미수용 결정이 타당한지 여부를 재검증 받고, 타당하지 않은 경우 제도개선을 요구받은 관련 부서는 지체없이 개선 계획을 마련하고, 사후 결과를 금융소비자보호 총괄책임자(CCO)에게 보고하여야 한다.

3) 평가도구 마련

금융소비자보호 총괄부서는 금융소비자, 내부직원 등 제도개선 사안 발굴을 위한 다양한 접수 채널을 개발하고, 이를 활성화하기 위하여 평가 제도를 구축, 운영한다. 특히, 민원의 발생 또는 예방을 포함하여 각 부서 및 임직원이 업무를 수행함에 있어 소비자보호에 충실하였는지를 조직 및 개인성과평가에 반영하는 평가도구를 마련한다. 금융소비자보호 총괄책임자(CCO)는 평가 도구에 기반한 모니터링 및 실제 평가를 총괄하는 권한을 갖는다.

민원발생 원인분석을 위한 현장 영업프로세스 실태 분석 및 개선방안 마련을 위한 조사방법, 실시주기, 개선안 이행 관리와 신속한 민원처리를 위한 부서별, 유형별 처리기간 관리, 목표설정, 평가, 보고체계 및 피드백 실시 등을 하도록 하고 있다.

금융소비자보호 총괄부서는 효율적인 민원처리 및 제도개선을 위하여 시스템을 개발하고, 국·내외 사례연구, 벤치마킹 등의 개선활동을 지속적으로 전개해야 한다.

4) 민원발생 평가결과 공시

금융회사는 금융소비자가 민원발생평가 등급을 금융회사 선택 시 활용할 수 있도록 경영공시 항목에 반영하며, 금융감독원은 민원발생 평가 결과를 홈페이지에 게시하여야 한다. 금융회사는 자체에서 발생·처리한 민원건수와 금융감독원, 한국소비자원 등에서 이첩된 민원 건수를 유형별로 분류하여 반기별로 경영공시에 반영하고, 각 금융협회도 해당 업권의 금융회사의 경영공시를 홈페이지에 게시하여야 한다.

금융회사는 당해 금융회사의 상품개발·판매행위준칙의 마련 여부 및 운영현황, 민원처리 및 해당 민원의 환류시스템 운영 현황 등 금융소비자보호 체제에 관한 요약정보를 홈페이지 등에 게시하여야 한다.

다. 판매 후 소비자 권익보호 및 휴면 금융재산 등 관리방안 수립

1) 소비자 권익보호

금융회사는 금융상품 판매 이후에도 필요한 상품내용(권리행사, 거래조건 변경 등)에 대해 신의성실의 원칙에 따라 적극 안내하는 등 소비자의 권익 및 재산보호를 위해 노력해야 하며, 소비자의 계약상 권리(보험금 청구권, 금리인하 요구권, 계약조건 변경 등)가 청구된 경우 신속하고 공정하게 처리될 수 있도록 관련 절차와 기준을 마련하여야 한다.

2) 소비자를 위한 관리방안 마련

금융회사는 휴면 및 장기미청구 금융재산 발생예방을 위해 다음과 같은 관리방안을 마련하여야 한다.
- 금융회사는 금융소비자에게 최선의 이익이 될 수 있도록 휴면 및 장기미청구 금융재산 발생예방 및 감축 등을 위해 필요한 절차와 기준을 마련하여야 한다.
- 금융상품의 신규가입 · 유지 단계에서 금융상품 만기시 처리방법(자동재예치 · 자동입금계좌 설정 등) 및 만기통보방법 지정 등에 대해 금융소비자에게 안내하는 한편, 금융소비자가 자신에게 유리한 방법을 선택할 수 있도록 하여야 한다.

6. 금융상품 정보 제공 규정 준수를 통한 금융소비자보호

가. 정보 내용의 적정성

금융회사는 상품안내장, 약관, 광고, 홈페이지 등 금융소비자에게 제공하는 정보는 금융소비자가 알아보기 쉽도록 글자는 크고 읽기 쉽게 제작하고, 전문용어의 사용은 가급적 피하고 일상적인 어휘를 사용하며, 그림, 기호 등 시각적인 요소를 적극 활용하여 금융소비자의 이해도를 제고할 수 있도록 접근성 및 용이성 확보를 위한 운영기준을 마련해야 하는데 다음 내용을 참고하여 작성·제공하도록 하고 있다.

① 금융소비자가 알기 쉽도록 간단·명료하게 작성하여야 한다.
② 객관적인 사실에 근거해서 작성하고, 금융소비자가 오해할 우려가 있는 정보를 작성하여서는 아니 된다.
③ 금융회사 상호간 공정경쟁을 해치거나 사실을 왜곡하는 내용을 포함하여서는 아니 된다.
④ 공시내용에 대한 담당부서, 담당자를 지정하고 표시하여야 한다.

나. 정보의 시의성

금융소비자에 대한 정보 제공은 제공시기 및 내용을 금융소비자의 관점에서 고려하고 정보 제공이 시의적절하게 이루어질 수 있도록 내부지침을 마련하여 운영한다. 금융회사는 공시자료 내용에 변경이 생긴 경우 특별한 사유가 없는 한 지체 없이 자료를 수정함으로써 금융소비자에게 정확한 정보를 제공하여야 한다.

다. 정보제공의 정례화

금융회사는 금리인하요구권, 보험의 보장범위, 금융상품 만기 전·후 안내 등 소비자의 권리에 관한 정보와 계좌의 거래중지, 보험실효,

지점 폐쇄 등 소비자에게 부담이 되는 정보에 대해 해당 정보의 성격에 따라 수시 또는 정기적으로 금융소비자에게 고지하여야 한다. 고지대상 정보의 범위나 방법에 대하여는 금융소비자보호 총괄책임자가 금융소비자보호협의회를 통해 정하여야 하며, 공통되는 사항에 대해서는 금융업권별로 금융협회가 관련 기준을 마련하여 운영할 수 있다.

라. 금융상품 설명의 충실성 확보

금융회사는 민원유발요인을 사전에 점검하여 상품별 주요사항 및 필수 안내사항을 선정하고 이를 상품설명서 등에 반영하여야 하고, 선정된 금융상품 주요 사항 및 필수안내사항에 관한 정보가 상품권유시 제공될 것을 권장하여야 한다. 금융소비자 총괄부서는 금융회사 또는 직원의 금융상품 구매권유시 당해 금융상품 설명의 충실성을 확보하기 위하여 제공되는 정보에 대한 관리를 할 수 있다.

마. 금융소비자보호 실태평가제도

금융회사는 금융감독원이 주관하는 금융소비자보호 실태평가제도를 통해 금융소비자보호 수준을 종합적으로 평가받아야 하며, 금융감독원이 직접 평가를 실시하지 않는 경우에는 금융회사가 자율적으로 평가를 실시하여야 한다. 금융회사는 금융감독원이 평가한 금융소비자보호 실태 항목별 평가결과를 홈페이지에 게시하고 각 금융협회 홈페이지 공시화면에 연동될 수 있도록 구축하여야 하며, 금융협회는 홈페이지에서 금융회사의 항목별 평가결과를 조회할 수 있도록 공시하여야 한다.

바. 금융소비자 중심 경영인증

실태평가를 직접평가하는 회사는 실태평가 결과에 따른 인증을 금융감독원에 신청할 수 있으며, 금융소비자 중심 경영 인증 부여를 신청할 수 있다. 이때 금융소비자 중심 경영 인증의 효력은 2년으로 하며, 다음에 해당하는 경우 인증부여를 철회할 수 있다.

– 소비자보호 관련 법규 위반으로 기관경고 이상의 조치를 받은 경우
– 대규모 민원발생 등 사회적 물의를 일으킨 경우

사. 금융소비자 만족도 평가

금융위원회 및 금융감독원은 금융소비자를 대상으로 금융회사의 소비자보호실태와 정부 등의 금융소비자보호 관련 정책·제도 전반에 대한 인식과 만족도를 평가할 수 있다.

아. 소비자 정보공시

금융회사는 전자민원신청메뉴, 민원건수, 금융소비자보호 실태평가 결과 및 본조의 각항에서 정하는 사항 등의 소비자정보를 하나의 화면에 집중한 소비자정보 포털을 구축하고 소비자정보 포털에 게시되는 정보의 적정성 및 접근성을 수시로 점검하는 프로세스를 운영해야 한

다. 금융회사는 제도개선, 업무프로세스 개선 등을 통해 민원발생 감축 효과가 가시적으로 나타났거나, 모범적인 사례 혹은 혁신 우수사례 등을 홈페이지 등에 공시함으로써 다른 금융회사에서도 소비자보호 업무에 참고할 수 있도록 해야 한다. 또한 최고 경영자의 금융소비자보호에 대한 의지가 포함된 내용(행동강령, 헌장 등)과 금융회사의 금융소비자보호 전략에 대한 내용(행동강령, 헌장 등)을 공시해야 한다.

금융회사는 금융소비자보호체계를 다음을 포함하여 공시해야 한다.

① 투자성 상품 구매시 투자성향 진단 및 적합성 보고서 제공 등 금융회사의 조력을 받을 수 있음을 안내

② 금융상품 판매와 관련한 분쟁 및 소비자 피해 발생 시 분쟁조정 및 피해구제를 받을 수 있는 절차 안내

③ 금융회사의 상품개발 · 판매행위 준칙에 관한 요약정보

④ 금융상품 판매시 업무처리와 관련한 소비자의 불만 및 상품에 대한 불만 등 의견제시 방법 안내

금융회사는 다음의 유익한 정보를 소비자에게 공시해야 한다.

① 금융상품정보(판매 중 및 판매 중단된 상품정보)

② 금융판례 및 분쟁사례

③ 비교공시 사이트 및 금융감독원의 금융소비자 정보포털 등의 소비자에게 유익한 사이트 안내와 링크 등

④ 기타 소비자에게 유익한 정보

금융회사는 자체에서 발생·처리한 민원건수와 금융감독원, 한국소비자원 등에서 이첩된 민원 또는 사실조회를 요청한 민원건수를 주요 금융상품 및 민원의 유형별로 분류하여 분기별로 경영공시에 반영하고, 금융업권별 금융협회도 해당 업권의 금융회사의 경영공시를 홈페이지에 게시해야 하고, 금융업권별 금융협회는 금융소비자가 금융회사를 선택하는 데 참고할 수 있는 소비자보호 관련 정보(민원, 소송현황 등)를 비교 공시 등의 방법을 통해 제공할 수 있다.

자. 결산공시자료 및 상품정보 제공

금융회사는 정기공시 자료 중 결산공시자료 및 상품정보를 금융소비자가 쉽게 열람할 수 있도록 당해 금융회사 홈페이지 초기화면에 배치하고, 금융회사의 본점, 지역본부 및 지점객장의 지정장소에 비치해야 한다.

제 6 장
금융소비자보호법의 이해 I

금융소비자보호법은 금융소비자의 권익 증진과 금융상품판매업 및
자문업의 건전한 육성을 위하여 금융상품판매자 및
자문업자의 영업에 관한 준수사항과 금융소비자 권익 보호를 위한
금융소비자정책 및 분쟁조정절차 등에 관한 사항을 규정함으로써
금융소비자보호의 실효성을 높이려는 목적에서 추진되고 있다.

1. 금융소비자보호법의 목적과 용어의 정의

가. 금융소비자보호법의 목적

금융소비자보호법은 금융소비자의 권익증진과 금융상품판매업 및 자문업의 건전한 시장질서 구축을 위하여 금융상품판매업자 및 자문업자의 영업에 관한 준수사항과 금융소비자 권익보호를 위한 금융소비자 정책 및 분쟁조정절차 등에 관한 사항을 규정함으로써 금융소비자보호의 실효성을 높이고 국민경제 발전에 이바지하기 위한 목적에서 제정되었다.

금융소비자보호에 관한 법률(이하 금소법, 금융소비자보호법으로 지칭)은 제정안이 최초 발의된 지 약 8년만인 2020. 3. 5. 국회 본회의를 통과하여 2020. 3. 17. 의결되었다. 국회에서 통과된 금융소비자보호법은 2017.

5월 제출한 정부안을 포함한 11개 법안을 논의하여 합의를 이룬 내용으로, 의결된 법률은 2021년 3월 25일에 시행되었다.

다만, 금소법은 자본시장과 금융투자업에 관한 법률 제6조제5항제1호에 해당하는 경우에는 적용하지 아니하고 금융소비자보호에 관하여 다른 법률에서 특별히 정한 경우를 제외하고는 이 법에서 정하는 바에 따른다고 규정하고 있다.

나. 용어 정의

1) **금융상품판매업**: 이익을 얻을 목적으로 계속적 또는 반복적인 방법으로 금융상품을 직접 판매하거나 대리 또는 중개하는 업(業)

   가) 금융상품직접판매업: 금융상품 구매 권유, 상품 청약 및 계약 체결 등을 하는 업(業)

   나) 금융상품판매대리 · 중개업: 금융상품 계약체결 등을 대리하거나 중개하는 업(業)

2) **금융상품판매업자**: 금융상품판매업을 영위하는 자로서 금융 관계 법률에 의거, 금융상품 판매업과 관련하여 인 · 허가 또는 등록을 해야 한다.

   가) 금융상품직접판매업자: 금융상품판매업자 중 금융상품직접판매업을 영위하는 자

   나) 금융상품 판매대리 · 중개업자: 금융상품판매업자 중 금융상품 판매대리 · 중개업을 영위하는 자

3) **금융상품자문업**: 이익을 얻을 목적으로 계속적, 반복적인 방법으로

금융상품의 가치 또는 취득과 처분결정에 관한 자문에 응하는 업(業)

4) **금융상품자문업자:** 금융상품자문업을 영위하는 자로서 금융 관계 법률에서 금융상품 자문업과 관련하여 인·허가 또는 등록을 하도록 한 규정한 경우에 법률에 따른 인·허가를 받거나 등록을 한 자

5) **구매권유:** 특정 금융소비자를 상대로 금융상품에 관한 계약의 체결을 권유하는 것

〈 금융업자에 대한 용어 정의 〉

직접판매업자
- 금융소비자에게 직접 금융상품을 판매할 수 있는 자
- 은행, 증권, 보험회사, 저축은행 등

판매대리 중개업자
- 금융상품 판매를 중개하거나 금융회사의 위탁을 받아 판매 대리하는 자
- 보험설계사, 대출 및 카드모집인 등

금융상품 자문업자
- 금융소비자가 본인에게 적합한 상품을 구매할 수 있도록 자문을 제공하는 자
- 투자자문업자

2. 금융소비자와 전문소비자의 구분

가. 금융소비자: 금융상품판매업자(금융상품 계약 체결 또는 계약 체결의 권유를 하거나 청약 관련) 또는 금융상품자문업자의 거래상대방

나. 전문금융소비자: 금융상품에 관한 전문성, 소유자산규모 등에 비추어 금융상품 계약에 따른 위험감수능력이 있는 금융소비자로서, 국가, 한국은행, 대통령령으로 정하는 금융회사, 주권상장법인이 해당된다. 다만, 전문금융소비자 중 대통령령으로 정하는 자가 금융상품 판매업자 등에게 일반금융소비자와 같은 대우를 받겠다는 의사를 서면으로 통지하는 경우 및 정당한 사유가 있는 경우에는 해당 금융소비자를 일반금융소비자로 본다.

다. 일반금융소비자: 전문금융소비자가 아닌 금융소비자. 일반적으로 금융소비자는 전문금융소비자가 아닌 모든 금융소비자(일반금융소비자)를 지칭하는 것으로 이해할 수 있다.

〈 **전문금융소비자와 금융소비자 구분** 〉

전문금융소비자	• 전문 예금자, 전문 대출채무자, 전문 투자자, 전문 보험계약자 • 예시 : 금융회사, 국가, 한국은행, 상장법인 등
☑ (일반)금융소비자	• 전문 예금자, 전문 대출채무자, 전문 투자자, 전문 보험계약자 이외의 자 • 예시 : 개인, 중·소 법인 등

3. 금융회사의 범위

가. 은행법에 따른 은행 및 은행법의 적용을 받는 중소기업은행, 한국
   산업은행, 농협은행, 수협은행, 신용협동조합 중앙회의 신용사업
   부문, 상호저축은행중앙회를 포함

나. 자본시장과 금융투자업에 관한 법률에 따른 투자매매업자, 투자중
   개업자, 투자자문업자, 투자일임업자 및 신탁업자, 투자권유대행인

다. 보험업법에 따른 보험회사(보험업법의 적용을 받는 농협생명보험,
   농협손해보험을 포함)

라. 보험업법에 따른 보험대리점, 보험중개사, 보험설계사

마. 상호저축은행법에 따른 상호저축은행

바. 여신전문금융업법에 따른 여신전문금융회사, 겸영여신업자, 모집
   인, 그 밖에 대통령령으로 정하는 자

4. 금융소비자의 권리와 책무와 국가와 금융상품판매업자 등의 책무

가. 금융소비자의 기본적 권리

- 금융상품판매업자 등의 위법한 영업행위로 인한 재산상 손해로부
  터 보호받을 권리
- 금융상품을 선택하고 소비하는 과정에서 필요한 지식 및 정보를
  제공받을 권리

- 금융소비생활에 영향을 주는 국가 및 지방자치단체의 정책에 대하여 의견을 반영시킬 권리
- 금융상품의 소비로 인하여 입은 피해에 대하여 신속 · 공정한 절차에 따라 적절한 보상을 받을 권리
- 합리적인 금융소비생활을 위하여 필요한 교육을 받을 권리
- 금융소비자 스스로의 권익을 증진하기 위하여 단체를 조직하고 이를 통하여 활동할 수 있는 권리

나. 금융소비자의 책무

금융소비자는 금융상품판매업자 등과 더불어 금융시장을 구성하는 주체임을 인식하여 금융상품을 올바르게 선택하고, 금융소비자의 기본적 권리를 정당하게 행사하여야 한다. 또한 금융소비자는 스스로의 권익을 증진하기 위하여 필요한 지식과 정보를 습득하도록 노력하여야 한다.

다. 금융소비자의 기본적 권리가 실현되도록 하기 위한 국가의 책무

- 금융소비자 권익증진을 위하여 필요한 시책의 수립 및 실시
- 금융소비자보호 관련 법령의 제정 · 개정 및 폐지
- 필요한 행정조직의 정비 및 운영 개선
- 금융소비자의 건전하고 자주적인 조직활동의 지원 · 육성

라. 금융소비자의 기본적 권리가 실현되도록 하기 위한 금융상품판매업자 등의 책무

- 국가의 금융소비자 권익증진 시책에 적극 협력할 책무
- 금융상품을 제공하는 경우에 공정한 금융소비생활 환경을 조성하기 위하여 노력할 책무
- 금융상품으로 인하여 금융소비자에게 재산에 대한 위해가 발생하지 아니하도록 필요한 조치를 강구할 책무
- 금융상품을 제공하는 경우에 금융소비자의 합리적인 선택이나 이익을 침해할 우려가 있는 거래조건이나 거래방법을 사용하지 아니할 책무
- 금융소비자에게 금융상품에 대한 정보를 성실하고 정확하게 제공할 책무
- 금융소비자의 개인정보가 분실·도난·누출·위조·변조 또는 훼손되지 아니하도록 개인정보를 성실하게 취급할 책무

5. 금융상품의 유형, 금융회사 등의 업종구분

가. 금융상품의 유형

금융상품 및 판매업 유형별로 재분류하여 규제의 사각지대를 방지하고자 금융업법상 모든 금융상품 및 서비스를 예금성 상품(예·적금), 투

자성 상품(펀드, 신탁 등), 보장성 상품(보험), 대출성 상품(대출, 카드)으로 분류 체계를 만들었다.

〈 금융상품 유형별 구분 〉

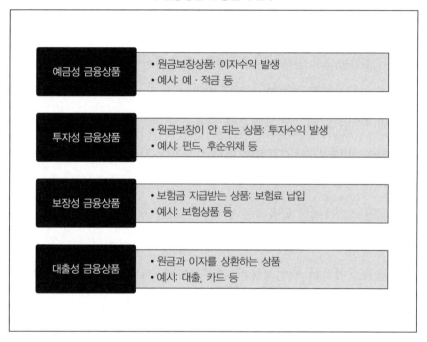

① **보장성 상품:** 보험업법에 따른 보험상품 및 이와 유사한 금융상품

② **투자성 상품:** 자본시장과 금융투자업에 관한 법률에 따른 금융투자상 품 및 이와 유사한 금융상품

③ **예금성 상품:** 은행법 및 상호저축은행법에 따른 예금 및 이와 유사한 금융상품

④ **대출성 상품:** 은행법 및 상호저축은행법에 따른 대출 및 여신전문금

융업법에 따른 신용카드, 시설대여, 연불판매, 할부금융 및 이와 유사한 금융상품

나. 금융회사 등의 업종구분

금융회사 등은 다음 각호에서 정하는 바에 따라 금융상품직접판매업자, 금융상품판매대리 · 중개업자 또는 금융상품자문업자로 구분한다.

① **은행법에 따른 은행:** 금융상품직접판매업자 또는 금융상품판매대리 · 중개업자

② **자본시장과 금융투자업에 관한 법률에 따른 투자매매업자, 투자중개업자, 신탁업자, 종합금융회사:** 금융상품직접판매업자 또는 금융상품판매대리 · 중개업자

③ **자본시장과 금융투자업에 관한 법률에 따른 투자자문업자:** 금융상품자문업자

④ **자본시장과 금융투자업에 관한 법률에 따른 투자일임업자:** 금융상품직접판매업자

⑤ **자본시장과 금융투자업에 관한 법률에 따른 투자권유대행인:** 금융상품판매대리 · 중개업자

⑥ **보험업법에 따른 보험회사:** 금융상품직접판매업자 또는 금융상품판매대리 · 중개업자

⑦ **보험업법에 따른 보험설계사, 보험대리점 및 보험중개사:** 금융상품판매대리 · 중개업자

⑧ **상호저축은행법에 따른 상호저축은행:** 금융상품직접판매업자 또는 금융상품판매대리 · 중개업자

⑨ 여신전문금융업법에 따른 여신전문금융회사 및 같은 법에 따른 겸영여신업

　　자: 금융상품직접판매업자 또는 금융상품판매대리·중개업자

⑩ 여신전문금융업법에 따른 모집인: 금융상품판매대리·중개업자

금융소비자보호에 관하여 다른 법률에서 특별히 정한 경우를 제외하고는 이 법에서 정하는 바에 따른다.

6. 금융소비자보호법(금소법)의 주요 내용

가. 금융소비자에 사전 정보 제공 강화

투자상품 정보에 대한 설명 의무화와 금융상품자문업 금융교육 강화라는 내용을 담고 있다. 금융상품 비교 공시 법제화, 금융판매업자 등의 자료 기록 및 유지·관리 및 일반 금융소비자들도 자문서비스를 쉽게 이용할 수 있도록 하고, 소비자보호 원칙 적용을 규정하고 있다. 또한 독립자문업자의 판매와 자문 겸영 금지 적용, 금융교육협의회 법적 근거 마련, 금융위는 금융교육프로그램을 개발하고 금융소비자의 역량에 대한 조사 의무를 포함하고 있다.

1) 금융상품 간 비교 공시 법제화

소비자 선택권을 보장하고 금융상품 비교 공시 근거를 마련하여 소비자의 합리적인 상품 선택을 지원한다. 금융상품자문업 신설하여 내

실 있는 자문서비스 제공하고 상품 선택시 일반인들도 전문적이고 중립적인 자문서비스를 쉽게 이용할 수 있도록 금융상품 자문업을 신설하였다. 세부 내용으로는 자문업자가 지켜야 할 소비자보호 원칙 등을 규정하고, 판매업자로부터 '독립'된 자문업자의 경우, 판매와 자문 간 겸영 금지 등 일반 자문업자 대비보다 엄격하게 별도 규율하는 것을 계획하고 있다.

2) 금융교육 강화: 소비자 역량 강화

그간 법적 근거 없이 실무차원에서 운영된 금융교육협의회의 법적 근거를 마련하고, 금융위에 금융교육 프로그램 개발 의무, 금융소비자의 금융역량 조사 의무 등 다양한 역할을 규정하였다.

나. 금융상품 판매행위 규제 체계 마련

판매 제한 명령권, 징벌적 과징금이 골자다. 소비자의 현저한 재산 피해가 우려될 경우 구매권유 금지, 계약체결 제한·금지 등 명령제도를 도입하고, 판매원칙 위반 시 금융회사 등에 대해 해당 위반행위로 인한 수입의 50%까지(산정이 어려울 경우 10억 이내) 과징금을 부과하는 것으로 되어 있다.

1) 금융상품 판매행위 규제 강화 및 체계화

개별 금융법상 판매행위 규제를 총망라하여 모든 금융상품의 영업행위 일반원칙으로 3가지를 제시하고 있다.

〈 영업행위 일반원칙 3가지 〉

구분	내용	대상 상품
신의성실의무	금융상품 또는 금융상품자문에 관한 계약의 체결, 권리의 행사 및 의무의 이행을 신의성실의 원칙에 따라 하여야 하고 금융상품판매업자 등은 금융상품판매업 등을 영위할 때 업무의 내용과 절차를 공정히 하여야 하며, 정당한 사유 없이 금융소비자의 이익을 해치면서 자기가 이익을 얻거나 제3자가 이익을 얻도록 해서는 아니된다.	모든 유형 금융상품
차별금지	금융상품 또는 금융상품자문에 관한 계약을 체결하는 경우 정당한 사유 없이 성별·학력·장애·사회적 신분 등을 이유로 계약조건에 관하여 금융소비자를 부당하게 차별해서는 아니 된다.	모든 유형 금융상품
금융상품판매업자 등의 관리책임	금융상품판매업자 등은 임직원 및 금융상품판매대리·중개업자는 업무를 수행할 때 법령을 준수하고 건전한 거래질서를 해치는 일이 없도록 성실히 관리하여야 하고 법인인 금융상품판매업자 등은 관리업무를 이행하기 위하여 그 임직원 및 금융상품판매대리·중개업자가 직무를 수행할 때 준수하여야 할 기준 및 절차(이하 '내부통제기준'이라 한다)를 대통령령으로 정하는 바에 따라 마련해야 한다.	모든 유형 금융상품

아울러 금소법에서는 판매에 관한 6대 영업행위 일반원칙(판매행위 원칙)을 규정하고 있다.

〈 금융상품 유형별 준수사항 6가지 〉

구분	내용	대상 상품
적합성원칙	금융소비자 재산상황 등에 비추어 부적합한 상품의 구매권유 금지	모든 유형(예금성 · 보장성 상품은 일부제외)
적정성원칙	금융소비자가 자발적으로 구매하려는 상품이 해당 소비자의 재산 상황 등에 비추어 적정지 않을 경우 고지의무	대출성 · 투자성 · 보장성 상품 일부
설명의무	금융소비자가 반드시 알아야 할 상품의 주요내용을 설명	모든 유형
불공정영업 행위 금지	소비자의 의사에 반하여 다른 상품 계약 강요, 부당한 담보요구, 부당한 편익요구 등 금지	대출성 상품
부당행위 금지	단정적 판단 또는 허위사실 제공 등 금지	모든 유형
광고규정 준수	금융상품 광고 시 필수포함 / 금지행위 규제	모든 유형

2) 판매 행위 규제

특히 대출성 상품에도 적합성 · 적정성 원칙을 적용하여 대출성 상품의 상품 및 상황방식 선택권 보장 등을 위해 설명대상을 보다 명확하게 규정하고 불공정 영업행위 금지 유형을 확대(특정상환방식 강요 금지 등)하고 있다.

3) 대출모집인에 대한 관리 · 감독 강화

대출모집인을 법(法)상 감독대상(판매대리 · 중개업자)로 규정하여 금융상품판매대리 · 중개업자와 동일한 행위 규율을 적용하는 등 관리 · 감독을 강화한다. 그리고 영업행위 준수사항을 마련하여 적합성 원칙, 설명의무 등 판매행위 규제를 적용하고, 대출모집인의 위법행위로 소비자에 손해 발생시, 위탁한 금융회사에 손해배상책임을 부담하도록 하고 있다.

4) 징벌적 과징금 도입: 금융회사의 규제 준수 노력 강화

과징금을 통해 금융회사가 판매행위규제 위반으로 얻은 부당이득을 환수하는 등 법위반행위를 강력히 제재하고, 판매행위규제 위반(설명의무 위반, 부당권유행위, 불공정영업행위, 광고 규정 등 위반)시 금융회사 등에 대해 해당 위반 행위로 인한 수입의 50%까지 과징금을 부과한다(징벌적 과징금).

5) 판매제한 명령권 도입: 소비자피해 최소화

금융상품관련 소비자의 현저한 재산상 피해가 발생할 우려가 있다고 명백히 인정되는 경우, 해당 금융상품의 계약체결권유 또는 계약체결의 제한·금지를 명령함으로써 판매과정에서 금융상품 관련 소비자피해가 가시화되거나 확대되는 것을 미연에 방지하여 소비자피해를 최소화한다.

다. 금융소비자의 과다한 부담 사전 예방

1) 청약철회권 도입

현재 투자자문, 일부 보험상품에 적용 중인 청약철회권을 보장성·대출성·투자성 상품(자문)으로 확대 적용한다. 일정기간 이내에 소비자가 금융상품의 계약을 철회할 수 있도록 하여 상품별숙려기간 동안

'필요성 재고 및 최적상품 탐색' 기회를 규정하고 있다.

특히 대출성 상품의 경우, 대출금 수령일로부터 14일 이내에 철회 의사표시를 하고 원리금 등을 반환함으로써 계약으로부터 탈퇴를 가능 하게 한다. 대출계약 철회 시 소비자는 중도상환수수료 없이 원리금 등 (부대비용 포함)을 반환할 수 있고, 대출정보도 삭제 가능하다.

2) 위법계약 해지권 도입

금융회사가 판매행위 규제를 위반할 경우 소비자는 해당 계약에 대 해서 일정기간(5년 이내) 안에 해지 요구가 가능하다.

청약철회권	정의	금융상품 계약 후 일정기간 내에 계약을 철회할 수 있는 권리 도입
	보장성상품	보보험증권 수령일로부터 15일과 청약일로부터 30일 중 먼저 도래하는 기간 이내
	투자성상품(자문)	계약서류 제공일 또는 계약체결일로부터 7일 이내
	대출성 상품	계약서류 제공일, 계약체결일 또는 계약에 따른 금전·재화 등 제공일로부터 14일 이내
	※ 청약의 철회에 따른 손해배상 등 청구 불가능 ※ 청약철회의 효력은 철회의사를 표시한 서면을 발송한 때 발생하며, 대출성 상품의 경우 서면발송과 이미 공급받은 금전·이자 등을 반환한 때 효력이 발생함	
위법계약 해지권	정의	판매행위 규제를 위반할 경우 소비자는 해당 계약의 해지 요구 가능

3) 중도상환수수료 부과 제한

중도상환수수료를 대출계약 이후 3년내 상환하거나 일부 불가피한 경우(타 법령 허용시 등)에 대해서 예외적으로 부과 허용하고, 금융회사의 우월적 지위를 이용하여 소비자의 대출 상환을 제약하는 중도상환수수료 부과는 원칙적으로 금지된다.

라. 금융소비자보호 체계 구축

1) 금융소비자 역량 제고를 위한 금융교육협의회 설치근거 마련

금융소비자의 권익보호와 금융상품판매업의 건전한 시장질서 구축을 위하여 금융소비자보호 정책을 수립하고 금융소비자의 권익 증진 및 건전한 금융생활 지원과 금융역량 향상을 위한 금융교육협의회의 설치 근거를 마련하였다.

2) 금융교육에 대한 정책을 심의·의결하는 협의회 설치

금융위에 25인 이내 위원으로 구성하며, 의장은 금융위 부위원장으로 하고, 의원은 금융교육과 관련 있는 관계행정기관의 고위공무원 중 소속 기관의 장이 지명하는 사람과 금융소비자보호 업무를 담당하는 금감원 부원장으로 한다. 금융교육의 종합적 추진·평가·제도개선에 대한 사항을 심의·의결한다.

이번 금소법에서는 2개 위원회를 구성하도록 규정하고 있는데, 과거에 없던 금융교육협의회를 설치하고 관계행정기관의 장의 지명 또는 금융위원장의 위촉으로 구성되도록 하고 있다.

위원회	규모	임기	의장 (위원장)	위원	기능
금융교육 협의회	25인 이내	–	금융위원회 부위원장	금감원 부원장, 관계행정기관 고위공무원	금융교육의 종합적 추진 사항, 금융교 육과 관련한 평가, 제도개선 및 부처 간 협력사항 등
금융분쟁 조정위원회	35인 이내	2년	금감원장이 금감원 부원장중 지명하는 사람	– 판,검사 또는 변호사 – 소비자단체임원 또는 재직 했던 자 – 금융기관·단체에서 15년 이상 근무 경력자 – 금융에 관한 학식과 경험이 있는 자 – 전문의 자격자	금융관련 분쟁의 조정에 관한 심 의·의결

3) 금융위의 금융소비자보호정책 수립 체계화

금융위는 3년마다 금융소비자정책 종합 계획을 수립할 의무를 규정하고 있다.

4) 금감원에 실효성 있는 권한 부여

금감원에 판매행위규제 등과 관련한 검사권과 제재권을 부여하고, 금융회사 소비자보호실태평가 결과 공표 권한도 부여하고 있다.

5) 금융회사의 금융소비자보호 자율노력 강화

건전한 거래질서를 해치는 일이 없도록 소비자 불만 예방과 신속한 사후구제를 위해 업무 수행시 준수하여야 할 기준 및 절차, 즉 '내부통제기준' 마련을 의무화하였다.

마. 금융소비자의 사후 권리구제 강화

1) 소비자 권리구제가 용이하도록 관련 정보 제공 확대

금융회사 보관자료에 대한 소비자의 접근권(사본교부를 포함한 열람권, 청취권 등)을 보장하여 소비자 권리구제를 용이하게 한다. 이와 더불어 금융회사가 금소법에 따라 기록·유지·관리하는 자료에 대해 소비자가 열람·청취 요구 시, 금융회사는 이에 따를 의무가 있다. 금융회사는 자료의 유형에 따라 요구받은 날부터 10일 이내의 범위에서 금융소비자가 해당자료를 열람할 수 있도록 한다.

2) 분쟁조정제도의 실효성 제고

금융위 설치법상의 분쟁조정제도가 금소법으로 이관되었다. 아울러, 분쟁조정과정에서 금융회사가 소제기를 통해 분쟁조정제도를 무력화하지 않도록 보완방안의 세부적인 사항으로는 ① 분쟁조정절차와 소송이 경합하는 경우 법원의 결정에 따라 소송을 중지할 수 있는 소송중지제도를 도입하였고 ② 금융회사는 2천만원 이하 소액사건에 대해 분쟁조정 절차가 개시되면 완료 전까지 소송 제기를 금지한다. 이와 같이 분쟁조정 제도의 무력화를 방지하기 위하여 소송중지제도 및 2천만원 이하 사건, 일반금융소비자 신청 건에 대한 조정 건에 대하여 조정 이탈 금지제도를 규정하고 있다.

3) 소비자의 소송수행 부담 완화

손해배상 소송 시 소비자가 입증해야 하는 요건 중 일부를 금융회사가 입증하도록 하여 소비자 입증부담을 완화하였다. 그리고 대리 · 중개업자에 대한 금융회사의 사용자 책임을 일반원칙으로 규정하여 모집인 등 판매채널의 위법행위에 대해 회사도 배상책임을 물을 수 있게 되었다. 또한, 업무위탁 시 주의의무 외에 금융회사의 손해방지 노력까지 면책요건에 추가하였다. 이제부터는 손해방지 노력을 입증해야 면책이 가능하다. 금융소비자의 손해배상 청구시 금융상품 판매업자들의 고의 · 과실, 손해액 등에 대한 소비자가 입증해야 하는 부담을 완화시켜준 것이라 할 수 있다.(고의과실: 금융상품 판매업자 등이 설명의무를 위반한 경우 한정) 분쟁조정의 실효성을 위해서 소송중지제도나 조정 이탈 금지제도를 도입한 것은 바람직하나, 법원의 인정이 있어야 한다. 다수의 동일 소비자 피해 사건에 대한 법원의 소송이 진행 중일 경우 분쟁조정을 중지할수 있다고 규정하고 있다.

바. 주요 벌칙 사항

금융당국(금융위, 금융감독원)의 권한만 유지하는 기존의 패턴을 그대로 유지하고 있다. 금융판매업 등록에 대해서만 징역 또는 벌금 처벌이 규정되어 있고, 나머지 법 위반에 대해서는 금융당국의 과태료 대상으로만 규정하는 등 금융당국의 권한은 늘어났다.

〈 금소법상 주요 벌칙 사항 〉

벌 칙	해당 행위
5년 이하의 징역 또는 2억 원 이하 벌금(양벌규정)	– 금융판매업 등록없이 판매·영업한 자 – 금융판매업등록을 거짓이나 그 밖의 부정한 방법으로 등록한 경우 – 금융판매업을 등록한 자가 등록을 하지 아니한 자에게 금융상품계약 체결을 위탁한 행위
1억 원 이하의 과태료 부과 행위	– 금융상품판매업자가 업무위탁한 금융상품판매대리·중개업자가 직무를 수행할 때 준수하여야 할 내부통제기준 마련을 아니한 자 – 설명의무나 설명서를 제공하지 않거나 확인받지 않은 자 – 불공정행위를 한 자 – 부당권유를 한 자 – 금융상품 광고 준수사항을 위반한 자 – 금융상품 자문업자의 영업행위 위반 – 금융상품판매업무와 관련된 자료의 기록 및 유지·관리 위반 – 금감원장의 검사를 거부·방해 또는 기피한 자 – 금융상품 계약체결 시 계약서류를 제공하지 아니한 자
3천만 원 이하의 과태료 부과 행위	– 금융소비자에게 면담·질문을 통해 정보파악하고 확인받아 유지·관리하고 지체없이 제공하지 않은 경우 – 금융소비자에게 부적정한 상품을 권유한 행위 – 금융상품판매대리업자·중개업자의 수수료 수취행위 – 금융상품판매대리업자·중개업자의 고지의무 위반행위

※ 상품유형의 판단 기준 및 세부유형은 대통령령으로 정하는 바에 따른다.

시장과 소비자에 대한 권리를 구제받을 수 있는 수단과 권한을 규정하거나, 권한을 이전시켜 주는 등의 권한 이전이나 시장에 의한 해결에 대해서는 여전히 규제적이라는 점에서 관치금융은 여전히 기대만큼 크게 달라졌다고 보기 어렵다.

Financial **C**onsumer **P**rotection

제 7 장
금융소비자보호법의
이해 Ⅱ

금융상품 판매업자 등은 금융상품 판매업 등을 영위할 때
그 업무의 내용과 절차를 공정히 하여야 하며,
정당한 사유 없이 금융소비자의 이익을 해치면서 자신이 이익을 얻거나
제3자가 이익을 얻도록 하여서는 아니 된다.

1. 금융상품 판매 시 기본원칙

가. 영업행위 기본원칙

1) 신의성실 원칙

가) 금융상품 판매업자 등은 금융상품에 관한 계약의 체결, 권리의 행사 및 의무를 신의성실의 원칙에 따라 이행하여야 한다.

나) 금융상품 판매업자 등은 금융상품 판매업 등을 영위할 때 그 업무의 내용과 절차를 공정히 하여야 하며, 정당한 사유 없이 금융소비자의 이익을 해치면서 자신이 이익을 얻거나 제3자가 이익을 얻도록 하여서는 아니 된다.

2) 금융상품 판매업자의 관리책임

가) 금융상품 판매업자 등은 그 업무를 영위할 때 임직원 및 금융상품 계약체결 등의 업무를 위탁한 금융상품 판매대리 · 중개업자가 법령을 준수하고 건전한 거래질서를 해치는 일이 없도록 성실히 관리하여야 한다.

나) 대통령령으로 정하는 금융상품 판매업자 등은 가)에 관한 사항을 대통령령으로 정하는 바에 따라 그 임직원 및 금융상품 계약체결 등의 업무를 위탁한 금융상품 판매대리 · 중개업자가 직무를 수행할 때 준수하여야 할 적절한 기준 및 절차에 반영하여야 한다.

3) 금융상품 직접판매업자의 손해배상책임

가) 금융상품 직접판매업자는 금융상품 계약체결 등의 업무를 위탁한 금융상품 판매대리 · 중개업자(제25조제1항제2호 단서에서 정하는 바에 따라 재위탁받은 금융상품 판매대리 · 중개업자를 포함한다. 이하 이 조에서 같다)가 위탁받은 업무를 영위할 때 금융소비자에게 손해를 발생시킨 경우에는 그 손해를 배상할 책임이 있다. 다만, 금융상품 직접판매업자가 금융상품 계약체결 등의 업무를 위탁할 때 상당한 주의를 하였고 손해를 방지하기 위하여 노력한 경우에는 그러하지 아니한다.

나) 가)에 따른 금융상품직접판매업자의 손해배상책임은 금융상품 판매대리 · 중개업자에 대한 금융상품 직접판매업자의 구상권 행사를 방해하지 아니한다.

나. 금융상품 유형별 영업행위 준수사항

1) 적합성원칙

가) 금융상품 판매업자 등은 금융소비자가 일반금융소비자인지 전문금융소비자인지 확인하여야 한다.

나) 금융상품 판매업자 등은 금융소비자에게 보장성 상품, 투자성 상품의 경우 자본시장과 금융투자업에 관한 법률 제9조제27항에 따른 온라인소액투자중개의 대상이 되는 증권 등의 투자성 상품은 제외되지만, 대출성 상품의 계약체결을 권유하는 경우에는 면담 · 질문 등을 통하여 서명(전자서명법 제2조제2호에 따른 전자서명을 포함한다), 기명날인, 녹취, 그 밖에 방법으로 확인을 받아 이를 유지 · 관리하여야 하며, 확인받은 내용을 일반금융소비자에게 지체 없이 제공해야 한다.

(1) 보장성 상품: 일반금융소비자의 연령, 재산상황(자산 및 소득 수준에 관한 사항을 말한다. 이하 같다), 보장성상품 계약체결의 목적 등

(2) 투자성 상품: 일반금융소비자의 투자목적, 재산상황 및 투자

경험 등

(3) 대출성 상품: 일반금융소비자의 소득 · 재산, 부채상황, 신용 및
변제계획 등

다) 금융상품 판매업자 등은 일반금융소비자의 확인내용, 제공정보
에 비추어 일반금융소비자에게 적합하지 아니하다고 인정되는
구매권유를 하여서는 아니 된다.

2) 적정성 원칙

가) 금융상품 판매업자는 대통령령으로 정하는 보장성 및 투자성
상품에 대하여 일반금융소비자에게 구매권유를 하지 아니하고
금융상품과 관련한 계약을 체결하려는 경우에는 미리 면담 · 질
문 등을 통하여 다음 각 호의 구분에 따른 정보를 파악하여야
한다.

(1) 보장성 상품: 일반금융소비자의 연령, 재산상황, 보장성상품
계약체결의 목적

(2) 투자성 상품: 일반금융소비자의 금융상품 취득 또는 처분 목
적, 재산상황 및 취득 또는 처분 경험

(3) 대출성 상품: 일반금융소비자의 재산상황, 신용 및 변제계획

나) 금융상품 판매업자는 가) 각 호에 따라 확인한 사항에 비추어 해
당 금융상품이 일반금융소비자에게 적정하지 아니하다고 판단

되는 경우에는 대통령령으로 정하는 바에 따라 그 사실을 알리고, 해당 일반금융소비자로부터 서명, 기명날인, 녹취, 그 밖의 방법으로 확인을 받아야 한다.

3) 설명의무의 원칙

가) 금융상품 판매업자 등은 일반금융소비자에게 계약체결을 권유하는 경우 및 일반금융소비자가 설명을 요청하는 경우에는 금융상품에 관한 중요한 사항을 일반금융소비자가 이해할 수 있도록 설명하여야 한다.

   (1) 보장성 상품의 경우 다음 각 목의 사항

      (개) 보장성 상품의 내용

      (내) 보험료(공제료를 포함한다. 이하 같다)

      (대) 보험금(공제금을 포함한다. 이하 같다)

      (래) 위험보장의 범위

      (매) 그 밖에 위험보장 기간 등 보장성 상품에 관한 중요한 사항

   (2) 투자성 상품의 경우 다음 각 목의 사항

      (개) 투자성 상품의 내용

      (내) 투자에 따른 위험

      (대) 대통령령으로 정하는 투자성 상품의 경우 대통령령으로 정하는 기준에 따라 금융상품직접판매업자가 정하는 위험등급

      (래) 그 밖에 금융소비자가 부담해야 하는 수수료 등 투자성 상품

에 관한 중요한 사항 등

(3) 예금성 상품의 경우 다음 각 목의 사항

　㈎ 예금성 상품의 내용

　㈏ 그 밖에 이자율, 수익률 등 예금성 상품에 관한 중요한 사항

(4) 대출성 상품의 경우 다음 각 목의 사항

　㈎ 금리 및 변동 여부, 중도상환수수료(금융소비자가 대출만기일이 도래하기 전 대출금의 전부 또는 일부를 상환하는 경우에 부과하는 수수료를 의미한다. 이하 같다) 부과 여부·기간 및 수수료율 등 대출성 상품의 내용

　㈏ 상환방법에 따른 상환금액·이자율·시기

　㈐ 저당권 등 담보권 설정에 관한 사항, 담보권 실행사유 및 담보권 실행에 따른 담보목적물의 소유권 상실 등 권리변동에 관한 사항

　㈑ 대출원리금, 수수료 등 금융소비자가 대출계약을 체결하는 경우 부담하여야 하는 금액의 총액

　㈒ 그 밖에 대출계약의 해지에 관한 사항 등 대출성 상품에 관한 중요한 사항

(5) 금융상품과 연계 또는 제휴된 금융상품 또는 서비스 등이 있는 경우

　㈎ 연계·제휴서비스 등의 내용

　㈏ 연계·제휴서비스 등의 이행책임에 관한 사항

　㈐ 그 밖에 연계·제휴서비스 등의 제공기간 등 연계·제휴서비스 등에 관한 중요한 사항

(6) 청약 철회의 기한·행사방법·효과에 관한 사항을 반드시 설명해

야 한다.

나) 금융상품판매업자 등은 설명에 필요한 설명서를 일반금융소비자에게 제공하여야 하며, 설명한 내용을 일반금융소비자가 이해하였음을 서명, 기명날인, 녹취 또는 그 밖의 방법으로 확인을 받아야 한다. 다만, 금융소비자보호 및 건전한 거래질서를 해칠 우려가 없는 경우로서 대통령령으로 정하는 경우에는 설명서를 제공하지 아니할 수 있다.

다) 금융상품판매업자 등은 상품에 대한 설명을 할 때, 일반금융소비자의 합리적인 판단 또는 해당 금융상품의 가치에 중대한 영향을 미칠 수 있는 사항을 거짓으로 또는 왜곡(불확실한 사항에 대하여 단정적 판단을 제공하거나 확실하다고 오인하게 할 소지가 있는 내용을 알리는 행위를 말한다)하여 설명하거나 중요한 사항을 빠뜨려서는 아니 된다.

라) 나)에 따른 설명서의 내용, 발급방법 등 세부내용은 대통령령으로 정한다.

4) 불공정영업행위의 금지

금융상품판매업자 등은 대출성 상품 등 대통령령으로 정하는 금융상품과 관련된 계약을 체결할 때 다른 금융상품의 계약 체결을 강요하는 등 금융상품판매업자의 우월적 지위를 이용하여 금융소비자의 의사에 반하는 부당한 금융상품계약의 체결을 요구하거나 금융소비자의 권익을 침해하는 행위를 해서는 안 된다.

5) 부당권유행위 금지

금융상품판매업자 등은 계약체결을 권유하는 다음의 어느 하나에 해당하는 행위를 해서는 안 된다.

가) 불확실한 사항에 대하여 단정적 판단을 제공하거나 확실하다고 오인하게 할 소지가 있는 내용을 알리는 행위

나) 금융상품의 내용을 사실과 다르게 알리는 행위

다) 금융상품의 가치에 중대한 영향을 미치는 사항을 미리 알고 있으면서 이를 금융소비자에게 알리지 아니하는 행위

라) 금융상품 내용의 일부에 대하여 비교대상 및 기준을 밝히지 아니하거나 객관적인 근거 없이 다른 금융상품과 비교하여 해당 금융상품이 우수하거나 유리하다고 알리는 행위

마) 보장성 상품의 경우 다음 어느 하나에 해당하는 행위
  (1) 금융소비자가 보장성 상품계약의 중요한 사항을 금융상품직접판매업자에게 알리는 것을 방해하거나 알리지 아니할 것을 권유하는 행위
  (2) 금융소비자가 보장성 상품 계약의 중요한 사항에 대하여 부실하게 금융상품직접판매업자에게 알릴 것을 권유하는 행위

바) 투자성 상품의 경우 다음 어느 하나에 해당하는 행위

  (1) 금융소비자로부터 계약의 체결권유를 해줄 것을 요청받지 아니하고 방문·전화 등 실시간 대화의 방법을 이용하는 행위

  (2) 계약의 체결권유를 받은 금융소비자가 이를 거부하는 취지의 의사를 표시하였는데도 구매 권유를 계속하는 행위

사) 그 밖에 금융소비자보호 또는 건전한 거래질서를 해칠 우려가 있는 행위로서 대통령령으로 정하는 행위

6) 금융상품 등에 관한 광고 관련 준수사항

가) 금융상품판매업자 등이 아닌 자 및 투자성 상품에 관한 금융상품 판매대리·중개업자 등 금융상품판매업자 등은 금융상품판매업자 등의 업무에 관한 광고 또는 금융상품에 관한 광고를 하여서는 아니 된다. 다만, 한국금융투자협회, 생명보험회사로 구성된 협회, 손해보험회사로 구성된 협회, 상호저축은행중앙회, 여신전문금융업협회, 그 밖에 금융상품판매업자 등이 아닌 자로서 대통령령으로 정하는 자는 금융상품 등에 관한 광고를 할 수 있다.

나) 금융상품판매업자 등(가) 단서에 해당하는 자를 포함한다.)이 금융상품 등에 관한 광고를 하는 경우에는 금융소비자가 금융상품의 내용을 오해하지 아니하도록 명확하고 공정하게 전달하여야 한다.

다) 금융상품판매업자 등이 하는 금융상품 등에 관한 광고에는 다음 내용이 포함되어야 한다.

(1) 금융상품에 관한 계약을 체결하기 전에 금융상품 설명서 및 약관을 읽어 볼 것을 권유하는 내용

(2) 금융상품판매업자 등의 명칭, 금융상품의 내용

(3) 보장성 상품의 경우: 기존에 체결했던 계약을 해지하고 다른 계약을 체결하는 경우에는 계약체결의 거부 또는 보험료 등 금융소비자의 지급비용(이하 이 조에서 '보험료 등'이라 한다)이 인상되거나 보장내용이 변경될 수 있다는 사항

(4) 투자성 상품의 경우 다음 사항

(가) 투자에 따른 위험

(나) 과거 운용실적을 포함하여 광고를 하는 경우에는 그 운용실적이 미래의 수익률을 보장하는 것이 아니라는 사항

(5) 예금성 상품의 경우: 만기지급금 등을 예시하여 광고하는 경우에는 해당 예시된 지급금 등이 미래의 수익을 보장하는 것이 아니라는 사항(만기 시 지급금이 변동하는 예금성 상품으로서 대통령령으로 정하는 금융상품의 경우에 한정한다)

(6) 대출성 상품의 경우: 대출조건

(7) 그 밖에 금융소비자보호를 위하여 대통령령으로 정하는 내용

라) 금융상품판매업자 등이 금융상품 등에 관한 광고를 하는 경우 다음 행위를 해서는 아니 된다.

(1) 보장성 상품의 경우 다음 사항

(가) 보장한도, 보장 제한 조건, 면책사항 또는 감액지급 사항 등

을 빠뜨리거나 충분히 고지하지 아니하여 제한 없이 보장을 받을 수 있는 것으로 오인하게 하는 행위

(가) 보험금이 큰 특정 내용만을 강조하거나 고액 보장 사례 등을 소개하여 보장내용이 큰 것으로 오인하게 하는 행위

(나) 보험료를 일(日) 단위로 표시하거나 보험료의 산출기준을 불충분하게 설명하는 등 보험료 등이 저렴한 것으로 오인하게 하는 행위

(다) 만기 시 자동갱신되는 보장성 상품의 경우 갱신 시 보험료 등이 인상될 수 있음을 금융소비자가 인지할 수 있도록 충분히 고지하지 아니하는 행위

(라) 금리 및 투자실적에 따라 만기환급금이 변동될 수 있는 보장성 상품의 경우 만기환급금이 보장성 상품의 만기일에 확정적으로 지급되는 것으로 오인하게 하는 행위 등 금융소비자 보호를 위하여 대통령령으로 정하는 행위

(2) 투자성 상품의 경우 다음 사항

(가) 손실보전(損失補塡) 또는 이익보장이 되는 것으로 오인하게 하는 행위. 다만, 금융소비자를 오인하게 할 우려가 없는 경우로서 대통령령으로 정하는 경우는 제외한다.

(나) 대통령령으로 정하는 투자성 상품에 대하여 해당 투자성 상품의 특성을 고려하여 대통령령으로 정하는 사항 외의 사항을 광고에 사용하는 행위

(다) 수익률이나 운용실적을 표시하는 경우 수익률이나 운용실적이 좋은 기간의 수익률이나 운용실적만을 표시하는 행위 등 금융소비자보호를 위하여 대통령령으로 정하는 행위

(3) 예금성 상품의 경우 다음 사항

　(개) 이자율의 범위 · 산정방법, 이자의 지급 · 부과 시기 및 부수적 혜택 · 비용을 명확히 표시하지 아니하여 금융소비자가 오인하게 하는 행위

　(내) 수익률이나 운용실적을 표시하는 경우 수익률이나 운용실적이 좋은 기간의 것만을 표시하는 행위 등 금융소비자보호를 위하여 대통령령으로 정하는 행위

(4) 대출성 상품의 경우 다음 사항

　(개) 대출이자율의 범위 · 산정방법, 대출이자의 지급 · 부과 시기 및 부수적 혜택 · 비용을 명확히 표시하지 아니하여 금융소비자가 오인하게 하는 행위

　(내) 대출이자를 일 단위로 표시하여 대출이자가 저렴한 것으로 오인하게 하는 행위 등 금융소비자보호를 위하여 대통령령으로 정하는 행위

마) 금융상품 등에 관한 광고의 경우 표시 · 광고의 공정화에 관한 법률 제4조 제1항에 따른 표시 · 광고사항이 있을 때에는 같은 법에서 정하는 바에 따른다.

바) 협회 등은 금융상품 판매업자 등의 금융상품 등에 관한 광고와 관련하여 대통령령으로 정하는 바에 따라 가)부터 라)까지의 광고 관련 기준을 준수하는지를 확인하고 그 결과에 대한 의견을 해당 금융상품 판매업자 등에게 통보할 수 있다.

사) 나)부터 라)까지의 규정과 관련된 구체적인 내용, 광고의 방법과

절차, 그 밖에 필요한 사항은 대통령령으로 정한다.

7) 계약서류의 제공의무

가) 금융상품직접판매업자 및 금융상품자문업자는 금융소비자와 금융상품 또는 금융상품자문에 관한 계약을 체결하는 경우 금융상품의 유형별로 대통령령으로 정하는 계약서류를 금융소비자에게 지체 없이 제공하여야 한다. 다만, 계약내용 등이 금융소비자 보호를 해칠 우려가 없는 경우로서 대통령령으로 정하는 경우에는 계약서류를 제공하지 아니할 수 있다.

나) 가)에 따른 계약서류의 제공 사실에 관하여 금융소비자와 다툼이 있는 경우에는 금융상품직접판매업자 및 금융상품자문업자가 이를 증명하여야 한다.

다) 가)에 따른 계약서류 제공의 방법 및 절차는 대통령령으로 정한다.

다. 금융상품 판매업자 등의 업종별 영업행위 준수사항

1) 금융상품 판매대리 · 중개업자의 금지행위

가) 판매대리 · 중개업자는 다음 각 호의 어느 하나에 해당하는 행위를 하여서는 아니 된다.

(1) 금융소비자로부터 투자금, 보험료 등 계약의 이행으로서 급부를 받는 행위. 다만, 금융상품 직접판매업자로부터 급부 수령에 관한 업무를 위탁받은 경우로서 대통령령으로 정하는 행위는 제외한다.

(2) 금융상품판매대리 · 중개업자가 대리 · 중개하는 업무를 제3자에게 하게 하거나 그러한 행위에 관하여 수수료 · 보수나 그 밖의 대가를 지급하는 행위. 다만, 금융상품 직접판매업자의 이익과 상충되지 아니하고 금융소비자보호를 해치지 아니하는 경우로서 대통령령으로 정하는 행위는 제외한다.

(3) 그 밖에 금융소비자보호 또는 건전한 거래질서를 해칠 우려가 있는 행위로서 대통령령으로 정하는 행위

나) 금융상품판매대리 · 중개업자는 금융상품판매 대리 · 중개 업무를 수행할 때 금융상품직접판매업자로부터 정해진 수수료 외의 금품, 그 밖의 재산상 이익을 요구하거나 받아서는 아니 된다.

다) 나)의 수수료의 범위, 재산상 이익의 내용에 관한 구체적인 사항은 대통령령으로 정한다.

2) 금융상품판매대리 · 중개업자의 고지의무

가) 금융상품판매대리 · 중개업자는 금융상품판매대리 · 중개 업무를 수행할 때 금융소비자에게 다음의 사항 모두를 미리 알려야

한다.

(1) 금융상품판매대리 · 중개업자가 대리 · 중개하는 금융상품직접 판매업자의 명칭 및 업무 내용

(2) 하나의 금융상품직접판매업자만을 대리하거나 중개하는 금융 상품판매대리 · 중개업자인지 여부

(3) 금융상품직접판매업자로부터 금융상품 계약체결권을 부여받지 아니한 금융상품판매대리 · 중개업자의 경우 자신이 금융상품 계약을 체결할 권한이 없다는 사실

(4) 이 법 제44조와 제45조에 따른 손해배상책임에 관한 사항

(5) 그 밖에 금융소비자보호 또는 건전한 거래질서를 위하여 대통 령령으로 정하는 사항

나) 금융상품판매대리 · 중개업자는 금융상품판매대리 · 중개 업무 를 수행할 때 자신이 금융상품판매대리 · 중개업자라는 사실을 나타내는 표지를 게시하거나 증표를 금융소비자에게 보여주어 야 한다.

다) 나)에 따른 표지 게시 및 증표 제시에 관한 구체적인 사항은 대통 령령으로 정한다.

3) 금융상품자문업자의 선량한 관리자로서의 주의의무 및 금지행위

가) 금융상품자문업자는 금융소비자에 대하여 선량한 관리자의 주 의로 자문에 응하여야 하며, 금융소비자의 이익을 보호하기 위

하여 자문업무를 충실하게 수행하여야 한다.

나) 금융상품자문업자는 자문업무를 수행하는 과정에서 다음의 사항을 금융소비자에게 알려야 하며, 자신이 금융상품자문업자라는 사실을 나타내는 표지를 게시하거나 증표를 금융소비자에게 내보여야 한다.

(1) 이 법 제12조제2항제6호 각 목의 요건을 갖춘 자(이하 이 조에서 '독립금융상품자문업자' 라 한다)인지 여부

(2) 금융상품판매업자로부터 자문과 관련한 재산상 이익을 제공받는 경우 그 재산상 이익의 종류 및 규모. 다만, 경미한 재산상 이익으로서 대통령령으로 정하는 경우는 제외

(3) 금융상품판매업을 겸영하는 경우 자신과 금융상품계약체결 등 업무의 위탁관계에 있는 금융상품판매업자의 명칭 및 위탁 내용

(4) 자문업무를 제공하는 금융상품의 범위

(5) 자문업무의 제공 절차

(6) 그 밖에 금융소비자 권익 보호 또는 건전한 거래질서를 위하여 대통령령으로 정하는 사항

다) 독립금융상품자문업자가 아닌 자는 '독립' 이라는 문자 또는 이와 같은 의미를 가지고 있는 외국어 문자로서 대통령령으로 정하는 문자(이하 '독립문자' 라 한다)를 명칭이나 광고에 사용할 수 없다.

라) 독립금융상품자문업자는 다음의 어느 하나에 해당하는 행위를 해서는 아니 된다.

(1) 금융소비자의 자문에 대한 응답과 관련하여 금융상품판매업자 (임직원을 포함한다)로부터 재산상 이익을 받는 행위. 다만, 금융상품판매업자의 자문에 응하여 그 대가를 받는 경우 등 대통령령으로 정하는 경우는 제외한다.

(2) 그 밖에 금융소비자와의 이해상충이 발생할 수 있는 행위로서 대통령령으로 정하는 행위

4) 자료의 기록 및 유지·관리

가) 금융상품판매업자 등은 금융상품판매업 등의 업무와 관련한 자료로서 대통령령으로 정하는 자료를 기록하여야 하며, 자료의 종류별로 대통령령으로 정하는 기간 동안 유지·관리하여야 한다.

나) 금융상품판매업자 등은 가)에 따라 기록 및 유지·관리하여야 하는 자료가 멸실 또는 위조되거나 변조되지 아니하도록 적절한 대책을 수립·시행하여야 한다.

다) 금융소비자는 이 법 제36조에 따른 분쟁조정 또는 소송의 수행 등 권리구제를 위한 목적으로 가)에 따라 금융상품판매업자 등이 기록 및 유지·관리하는 자료의 열람(사본의 제공 또는 청취를 포함한다. 이하 이 조에서 같다)을 요구할 수 있다.

라) 금융상품판매업자 등은 다)에 따른 열람을 요구받았을 때에는 해

당 자료의 유형에 따라 요구받은 날부터 10일 이내의 범위에서 대통령령으로 정하는 기간 내에 금융소비자가 해당 자료를 열람할 수 있도록 하여야 한다. 이 경우 해당 기간 내에 열람할 수 없는 정당한 사유가 있을 때에는 금융소비자에게 그 사유를 알리고 열람을 연기할 수 있으며, 그 사유가 소멸하면 지체 없이 열람하게 하여야 한다.

마) 금융상품판매업자 등은 다음의 어느 하나에 해당하는 경우에는 금융소비자에게 그 사유를 알리고 열람을 제한하거나 거절할 수 있다.
  (1) 법령에 따라 열람을 제한하거나 거절할 수 있는 경우
  (2) 다른 사람의 생명·신체를 해칠 우려가 있거나 다른 사람의 재산과 그 밖의 이익을 부당하게 침해할 우려가 있는 경우
  (3) 그 밖에 열람으로 인하여 해당 금융회사의 영업비밀(부정경쟁방지 및 영업비밀보호에 관한 법률 제2조제2호에 따른 영업비밀을 말한다)이 현저히 침해되는 등 열람하기 부적절한 경우로서 대통령령으로 정하는 경우

바) 금융상품판매업자 등은 금융소비자가 열람을 요구하는 경우 대통령령으로 정하는 바에 따라 수수료와 우송료(사본의 우송을 청구하는 경우만 해당한다)를 청구할 수 있다.

사) 다)부터 마)까지의 규정에 따른 열람의 요구·제한, 통지 등의 방법 및 절차에 관하여 필요한 사항은 대통령령으로 정한다.

2. 금융소비자보호와 금융교육

가. 금융소비자보호정책 수립

금융위원회는 금융소비자의 권익 보호와 금융상품판매업 등의 건전한 시장질서 구축을 위하여 금융소비자정책을 수립하여야 하고 금융소비자의 권익 증진, 건전한 금융생활 지원 및 금융소비자의 금융역량 향상을 위하여 노력하여야 한다.

나. 금융교육

금융위원회는 금융교육을 통하여 금융소비자가 금융에 관한 높은 이해력을 바탕으로 합리적인 의사결정을 내리고 이를 기반으로 하여 장기적으로 금융복지를 누릴 수 있도록 노력하여야 하며, 예산의 범위에서 이에 필요한 지원을 할 수 있고, 금융환경 변화에 따라 금융소비자의 금융역량 향상을 위한 교육프로그램을 개발하여야 한다. 금융교육과 학교교육 · 평생교육을 연계하여 금융교육의 효과를 높이기 위한 시책을 수립 · 시행하여야 하며, 3년마다 금융소비자의 금융역량에 관한 조사를 하고 그 결과를 금융교육에 관한 정책 수립에 반영하여야 한다. 또한, 금융위원회는 금융교육에 관한 업무를 대통령령으로 정하는 바에 따라 금융감독원장 또는 금융교육 관련 기관 · 단체에 위탁할 수 있다.

다. 금융교육협의회

1) 금융교육에 대한 정책을 심의 · 의결하기 위하여 금융위원회에 금융교육협의회(이하 '협의회'라 한다)를 둔다.

2) 협의회는 다음의 사항을 심의 · 의결한다.
   가) 금융교육의 종합적 추진에 관한 사항
   나) 금융소비자 교육과 관련한 평가, 제도개선 및 부처 간 협력에 관한 사항
   다) 그 밖에 의장이 금융소비자의 금융역량 강화를 위하여 토의에 부치는 사항

3) 협의회는 의장 1명을 포함하여 25명 이내의 위원으로 구성한다.

4) 협의회의 의장은 금융위원회 부위원장이 된다.

5) 협의회의 위원은 다음 각 호의 사람이 된다.
   가) 금융위원회, 공정거래위원회, 기획재정부, 교육부, 행정안전부, 고용노동부 등 금융교육과 관련 있는 대통령령으로 정하는 관계 행정기관의 고위공무원단에 속하는 공무원으로서 소속 기관의 장이 지명하는 사람
   나) 금융소비자보호 업무를 담당하는 금융감독원의 부원장

6) 협의회는 2)에 따른 심의 · 의결을 위하여 필요한 경우 관련 자료

의 제출을 5)의 각 호의 기관에 요구할 수 있다.

7) 1)부터 6)까지에서 규정한 사항 외에 협의회의 구성 및 운영에
필요한 사항은 대통령령으로 정한다.

라. 금융상품의 비교공시

1) 금융위원회는 금융소비자가 금융상품의 주요 내용을 알기 쉽게
비교할 수 있도록 이 법 제3조에 따른 금융상품의 유형별로 금융
상품의 주요 내용을 비교하여 공시할 수 있다.

2) 금융감독원장은 대통령령으로 정하는 금융상품판매업자 등의
금융소비자보호 실태를 평가하고 그 결과를 공표할 수 있다.

3) 대통령령으로 정하는 금융상품판매업자 등은 금융소비자 불만
예방 및 신속한 사후구제를 통하여 금융소비자를 보호하기 위하
여 그 임직원이 직무를 수행할 때 준수하여야 할 기본적인 절차
와 기준(이하 '금융소비자보호기준'이라 한다)을 정하여야 한다.

4) 1)에 따른 비교공시 대상 금융상품의 범위, 내용 및 절차, 2)에
따른 금융소비자보호 실태 내용 및 평가와 공표의 절차, 3)에 따
른 금융소비자보호기준의 내용 및 절차에 관하여 필요한 사항은
대통령령으로 정한다.

3. 금융분쟁조정

가. 기구와 구성

'금융위원회의 설치 등에 관한 법률 제38조 각 호의 기관(이하 '조정대상기관'이라 한다), 금융소비자 및 그 밖의 이해관계인 사이에 발생하는 금융 관련 분쟁의 조정에 관한 사항을 심의·의결하기 위하여 금융감독원에 금융분쟁조정위원회(이하 '조정위원회'라 한다)를 둔다.'라고 하고, 조정위원회는 위원장 1명을 포함한 35명 이내의 위원으로 구성된다. 조정위원회 위원장은 금융감독원장이 그 소속 부원장 중에서 지명하는 사람이 되며, 조정위원회 위원은 그 소속 부원장보에서 지명하는 사람 및 해당하는 사람 중에서 금융감독원장이 위촉하는 것으로 되어 있다.

나. 분쟁조정 신청대상

1) 금융기관, 금융소비자 및 그 밖의 이해관계자는 금융과 관련하여 분쟁이 있을 때에는 금융감독원장에게 분쟁조정을 신청할 수 있다.

2) 금융감독원장은 분쟁조정의 신청을 받았을 때, 관계 당사자에게 그 내용을 통지하고 합의를 권고할 수 있다. 다만, 분쟁조정 신청내용이 다음 각 호의 어느 하나에 해당하는 경우에는 합의를 권고하지 아니하거나 3)에 따라 조정위원회에 회부하지 아니

190

할 수 있다.

가) 신청한 내용이 분쟁조정 대상으로써 적합하지 아니하다고 인정
되는 경우

나) 신청한 내용이 관련 법령 또는 객관적인 증명자료 등에 의하여
합의권고절차 및 조정절차를 진행할 실익이 없는 경우

다) 그 밖에 대통령령으로 정하는 경우

3) 금융감독원장은 분쟁조정의 신청을 받은 날부터 30일 이내에 2)
에 따른 합의가 이루어지지 아니할 때에는 지체 없이 이를 조정위
원회에 회부하여야 한다.

4) 조정위원회는 3)에 따라 조정을 회부 받았을 때에는 60일 이내에
이를 심의하여 조정안을 작성하여야 한다.

5) 금융감독원장은 조정위원회가 조정안을 작성하였을 때에는 신청
인과 관계 당사자에게 이를 제시하고 수락을 권고할 수 있다.

6) 신청인과 관계 당사자가 5)에 따른 조정안을 받은 날부터 20일 이
내에 조정안을 수락하지 아니한 경우에는 조정이 성립되지 아니
한 것으로 본다.

다. 회의소집과 효력, 소송과의 관계

조정위원회의 회의는 조정위원회 위원장과 조정위원회 위원장이 회
의마다 지명하는 6명 이상 10명 이하의 조정위원회 위원으로 구성하

며, 회의는 조정위원회 위원장이 소집한다. 조정위원회는 구성원 과반수의 출석과 출석위원 과반수의 찬성으로 의결한다.

1) 조정의 효력과 시효의 중단

가) 양당사자가 조정안을 수락한 경우, 해당안은 재판상의 화해와 동일한 효력을 갖는다.

나) 분쟁조정의 신청은 시효중단의 효력이 있다. 다만, 이 법 제36조 제2항 단서에 따라 합의권고를 하지 아니하거나 조정위원회에 회부하지 아니할 때에는 그러하지 아니하다.

다) 나)의 단서의 경우에 1개월 이내에 재판상의 청구, 파산절차참가, 압류 또는 가압류, 가처분을 한 때에는 시효는 최초의 분쟁조정의 신청으로 인하여 중단된 것으로 본다.

라) 나)의 본문에 따라 중단된 시효는 다음 각 호의 어느 하나에 해당하는 때부터 새로이 진행한다.
1. 양 당사자가 조정안을 수락한 경우
2. 분쟁조정이 이루어지지 아니하고 조정절차가 종료된 경우

2) 조정과 소송의 관계

가) 조정이 신청된 사건에 대하여 소송이 진행 중일 때에는 수소법

원(受訴法院: 어떤 사건에 대한 판결 절차가 과거에 계속되었거나, 현재 계속되고 있거나 혹은 장차 계속될 법원)은 조정이 있을 때까지 소송절차를 중지할 수 있다.

나) 조정위원회는 가)에 따른 소송절차의 중지가 없는 경우에는 해당 사건의 조정절차를 중지하여야 한다.

다) 조정위원회는 조정이 신청된 사건과 동일한 원인으로 다수인이 관련되는 동종·유사 사건에 대한 소송이 진행 중인 경우에는 조정위원회의 결정으로 조정절차를 중지할 수 있다고 규정하고 있다.

다만, 소액분쟁사건에 관한 특례 규정으로 금융기관은 일반금융소비자가 신청한 사건이거나, 조정을 통하여 주장하는 권리 또는 이익의 가액이 2천만 원의 범위에서 대통령령으로 정하는 금액 이하일 경우 분쟁사건(이하 '소액 분쟁사건'이라 한다)에 대하여 조정절차가 개시된 경우에는 조정안을 제시받기 전에는 소를 제기하지 못한다.

4. 금융상품판매업자 감독 및 처분

가. 감독 및 조치

금융상품 판매업자 등에 대한 감독과 관련하여 금융위원회는 '금융소비자를 보호하고 건전한 거래질서를 유지하기 위하여 금융상품 판매업자 등이 법 또는 이 법에 따른 명령이나 처분을 적절히 준수하는지를 감독하고 금융위원회는 금융소비자의 권익 보호 및 건전한 거래질서 유지를 위하여 필요하다고 인정하는 경우에는 금융상품 판매업자 등의 경영 및 업무개선에 관한 사항, 영업의 질서유지에 관한 사항, 영업방법에 관한 사항, 금융상품에 대하여 투자금 등 금융소비자가 부담하는 급부의 최소 또는 최대한도 설정에 관한 사항, 그 밖에 금융소비자의 권익 보호 또는 건전한 거래질서를 위하여 필요한 사항으로서 대통령령으로 정하는 사항에 관하여 시정·중지 등 필요한 조치를 명할 수 있다' 라고 규정하고 있다.

1) 금융상품판매업자 등에 대한 검사

가) 금융상품판매업자 등은 그 업무와 재산상황에 관하여 금융감독원장의 검사를 받아야 한다.

나) 금융감독원장은 가)에 따른 검사를 할 때 필요하다고 인정하는 경우에는 금융상품판매업자 등에게 업무 또는 재산에 관한 보고, 자료의 제출, 관계인의 출석 및 의견 진술을 요구하거나 금융감독원 소속 직원으로 하여금 금융상품판매업자 등의 사무소나 사업장에 출입하여 업무상황이나 장부·서류·시설 또는 그 밖에 필요한 물건을 검사하게 할 수 있다.

다) 나)에 따라 검사를 하는 사람은 그 권한을 표시하는 증표를 지니고 관계인에게 보여 주어야 한다.

라) 금융감독원장은 가)에 따른 검사를 한 경우에는 그 결과를 금융위원회에 보고하여야 한다. 이 경우 이 법 또는 이 법에 따른 명령이나 처분을 위반한 사실이 있을 때에는 그 처리에 관한 의견서를 첨부하여야 한다.

마) 금융감독원장은 주식회사 등의 외부감사에 관한 법률에 따라 금융상품판매업자 등이 선임한 외부감사인에게 해당 금융상품판매업자 등을 감사한 결과 알게 된 정보, 그 밖에 영업행위와 관련되는 자료의 제출을 사용목적에 필요한 최소한의 범위에서 서면으로 요구할 수 있다.

바) 금융위원회는 검사의 방법·절차 등 검사업무와 관련하여 필요한 사항을 정하여 고시할 수 있다.

2) 금융상품판매업자 등에 대한 처분

가) 금융위원회는 금융상품판매업자 등 중 이 법 제12조에 따른 등록을 한 금융상품판매업자 등이 다음 각 호의 어느 하나에 해당하는 경우에는 제12조에 따른 금융상품판매업 등의 등록을 취소할 수 있다. 다만, (1)에 해당하는 경우에는 그 등록을 취소하

여야 한다.

(1) 거짓이나 그 밖의 부정한 방법으로 제12조의 등록을 한 경우

(2) 이 법 제12조제2항 또는 제3항에서 정한 요건을 유지하지 아니하는 경우. 다만, 일시적으로 등록요건을 유지하지 못한 경우로서 대통령령으로 정하는 경우는 제외한다.

(3) 업무의 정지기간 중에 업무를 한 경우

(4) 금융위원회의 시정명령 또는 중지명령을 받고 금융위원회가 정한 기간 내에 시정하거나 중지하지 아니한 경우

(5) 그 밖에 금융소비자의 이익을 현저히 해칠 우려가 있거나 해당 금융상품판매업 등을 영위하기 곤란하다고 인정되는 경우로서 대통령령으로 정하는 경우

나) 금융위원회는 금융상품판매업자 등이 가) (1)부터 (5)까지의 어느 하나에 해당하거나 이 법 또는 이 법에 따른 명령을 위반하여 건전한 금융상품판매업 등을 영위하지 못할 우려가 있다고 인정되는 경우로서 대통령령으로 정하는 경우에는 대통령령으로 정하는 바에 따라 다음의 어느 하나에 해당하는 조치를 할 수 있다. 다만, (1)의 조치는 금융상품판매업자 등 중 이 법 제12조에 따른 등록을 한 금융상품판매업자 등에 한정한다.

(1) 6개월 이내의 업무의 전부 또는 일부의 정지

(2) 위법행위에 대한 시정명령

(3) 위법행위에 대한 중지명령

(4) 위법행위로 인하여 조치를 받았다는 사실의 공표명령 또는 게시명령

(5) 기관경고

(6) 기관주의

(7) 그 밖에 위법행위를 시정하거나 방지하기 위하여 필요한 조치로서 대통령령으로 정하는 조치

다) 나)에도 불구하고 이 법 제2조제6호가목·다목·마목, 같은 조 제7호라목·마목·바목에 해당하는 금융상품판매업자에 대해서는 다음 각 호에서 정하는 바에 따른다.

(1) 금융위원회는 제2조제6호가목에 해당하는 금융상품판매업자 등에 대해서는 금융감독원장의 건의에 따라 제2항제2호, 제4호 및 제7호의 어느 하나에 해당하는 조치를 하거나 금융감독원장으로 하여금 제2항제3호, 제5호 및 제6호에 해당하는 조치를 하게 할 수 있다.

(2) 금융위원회는 제2조제6호다목·마목, 같은 조 제7호라목·마목·바목에 해당하는 금융상품판매업자 등에 대해서는 금융감독원장의 건의에 따라 제2항제2호부터 제7호까지의 어느 하나에 해당하는 조치를 하거나 금융감독원장으로 하여금 제2항제5호 또는 제6호에 해당하는 조치를 하게 할 수 있다.

3) 금융상품판매업자 등의 임직원에 대한 조치

가) 금융위원회는 법인인 금융상품판매업자 등의 임원이 이 법 또는 이 법에 따른 명령을 위반하여 건전한 금융상품판매업 등을 영위

하지 못할 우려가 있다고 인정되는 경우로서 대통령령으로 정하는 경우에는 다음의 어느 하나에 해당하는 조치를 할 수 있다.

(1) 해임요구

(2) 6개월 이내의 직무정지

(3) 문책경고

(4) 주의적 경고

(5) 주의

나) 금융위원회는 금융상품판매업자 등의 직원이 이 법 또는 이 법에 따른 명령을 위반하여 건전한 금융상품판매업 등을 영위하지 못할 우려가 있다고 인정되는 경우로서 대통령령으로 정하는 경우에는 다음의 어느 하나에 해당하는 조치를 할 것을 그 금융상품판매업자 등에게 요구할 수 있다.

(1) 면직

(2) 6개월 이내의 정직

(3) 감봉

(4) 견책

(5) 주의

다) 가)에도 불구하고 이 법 제2조제6호가목·다목·마목, 같은 조제7호라목·마목·바목에 해당하는 금융상품판매업자 등의 임원에 대해서는 다음 각 호에서 정하는 바에 따른다.

(1) 금융위원회는 제2조제6호가목에 해당하는 금융상품판매업자

등의 임원에 대해서는 금융감독원장의 건의에 따라 제1항제1
호 또는 제2호의 조치를 할 수 있으며, 금융감독원장으로 하여
금 제1항제3호부터 제5호까지의 어느 하나에 해당하는 조치를
하게 할 수 있다.

(2) 금융위원회는 제2조제6호다목·마목, 같은 조 제7호라목·마
목·바목에 해당하는 금융상품판매업자 등의 임원에 대해서는
금융감독원장의 건의에 따라 제1항 각 호의 어느 하나에 해당
하는 조치를 하거나, 금융감독원장으로 하여금 제1항제3호부
터 제5호까지의 어느 하나에 해당하는 조치를 하게 할 수 있다.

라) 나)에도 불구하고 제2조제6호가목·다목·마목, 같은 조 제7호
라목·마목·바목에 해당하는 금융상품판매업자 등의 직원에
대해서는 다음 각 호에서 정하는 바에 따른다.

(1) 금융감독원장은 제2조제6호가목에 해당하는 금융상품판매업
자 등의 직원에 대해서는 제2항 각 호의 어느 하나에 해당하는
조치를 그 금융상품판매업자에게 요구할 수 있다.

(2) 금융위원회는 제2조제6호다목·마목, 같은 조 제7호라목·마
목·바목에 해당하는 금융상품판매업자 등의 직원에 대해서는
제2항 각 호의 어느 하나에 해당하는 조치를 할 것을 금융감독
원장의 건의에 따라 그 금융상품판매업자에게 요구하거나 금융
감독원장으로 하여금 요구하게 할 수 있다.

금융위원회 또는 금융감독원장은 가)부터 라)까지의 규정에 따라 금
융상품판매업자 등의 임직원에 대하여 조치를 하거나 금융상품판매업

자 등에게 조치를 요구하는 경우 그 임직원에 대해서 관리·감독의 책임이 있는 임직원에 대한 조치를 함께하거나 이를 요구할 수 있다. 다만, 관리·감독의 책임이 있는 사람이 그 임직원의 관리·감독에 적절한 주의를 다한 경우에는 조치를 감경하거나 면제할 수 있다.

퇴직한 임직원에 대한 조치내용의 통보도 규정하고 있는데, 금융위원회는 금융상품판매업자 등의 퇴임한 임원 또는 퇴직한 직원이 재임 또는 재직 중이었더라면 제52조에 따른 조치를 받았을 것으로 인정되는 경우에는 그 받았을 것으로 인정되는 조치의 내용을 해당 금융상품판매업자 등의 장에게 통보할 수 있다. 이 경우 통보를 받은 금융상품판매업자 등은 그 내용을 해당 임원 또는 직원에게 통보하여야 한다.

이에 대한 처분 또는 조치(등록의 취소, 해임요구 또는 면직요구는 제외한다)에 불복하는 자는 처분 또는 조치를 고지받은 날부터 30일 이내에 불복 사유를 갖추어 금융위원회에 이의를 신청할 수 있다. 금융위원회는 제1항에 따른 이의신청에 대하여 60일 이내에 결정을 하여야 한다. 다만, 부득이한 사정으로 그 기간 내에 결정을 할 수 없을 경우에는 30일의 범위에서 그 기간을 연장할 수 있다.

나. 과징금

1) 과징금

가) 금융위원회는 금융상품직접판매업자 또는 금융상품자문업자

가 다음의 어느 하나에 해당하는 경우 그 위반행위와 관련된 계약으로 얻은 수입 또는 이에 준하는 금액(이하 이 조에서 '수입 등'이라 한다)의 100분의 50 이내에서 과징금을 부과할 수 있다. 다만, 위반행위를 한 자가 그 위반행위와 관련된 계약으로 얻은 수입 등이 없거나 수입 등의 산정이 곤란한 경우로서 대통령령으로 정하는 경우에는 10억원을 초과하지 아니하는 범위에서 과징금을 부과할 수 있다.

(1) 제19조제1항을 위반하여 중요한 사항을 설명하지 아니하거나 같은 조 제2항을 위반하여 설명서를 제공하지 아니하거나 확인을 받지 아니한 경우

(2) 제20조제1항 각 호의 어느 하나에 해당하는 행위를 한 경우

(3) 제21조 각 호의 어느 하나에 해당하는 행위를 한 경우

(4) 제22조제3항 또는 제4항을 위반하여 금융상품 등에 관한 광고를 한 경우

나) 금융위원회는 금융상품직접판매업자가 금융상품계약체결 등을 대리하거나 중개하게 한 금융상품판매대리·중개업자(이 법 또는 다른 금융 관련 법령에 따라 하나의 금융상품직접판매업자만을 대리하는 금융상품판매대리·중개업자로 한정한다) 또는 금융상품직접판매업자의 소속 임직원이 가)의 어느 하나에 해당하는 행위를 한 경우에는 그 금융상품직접판매업자에 대하여 그 위반행위와 관련된 계약으로 얻은 수입 등의 100분의 50 이내에서 과징금을 부과할 수 있다. 다만,

금융상품직접판매업자가 그 위반행위를 방지하기 위하여 해당 업무에 관하여 적절한 주의와 감독을 게을리하지 아니한 경우에는 그 금액을 감경하거나 면제할 수 있다.

다) 금융위원회는 금융상품판매업자 등에 대하여 이 법 제51조제2항제1호에 따라 업무정지를 명할 수 있는 경우로서 업무정지가 금융소비자 등 이해관계인에게 중대한 영향을 미치거나 공익을 침해할 우려가 있는 경우에는 대통령령으로 정하는 바에 따라 업무정지처분을 갈음하여 업무정지기간 동안 얻을 이익의 범위에서 과징금을 부과할 수 있다.

라) 가)에 따른 위반행위와 관련된 계약으로 얻은 수입 등의 산정에 관한 사항은 금융시장 환경변화로 인한 변동요인, 금융상품 유형별 특성, 금융상품계약체결 등의 방식 및 금융상품판매업자 등의 사업규모 등을 고려하여 대통령령으로 정한다.

2) 과징금의 부과 기준

가) 금융위원회는 과징금을 부과하는 경우에는 대통령령으로 정하는 기준에 따라 다음의 사항을 고려하여야 한다.
(1) 위반행위의 내용 및 정도

(2) 위반행위의 기간 및 위반횟수

(3) 위반행위로 인하여 취득한 이익의 규모

(4) 업무정지기간(제57조제3항에 따라 과징금을 부과하는 경우만 해당한다.)

나) 금융위원회는 이 법을 위반한 법인이 합병을 하는 경우 그 법인
이 한 위반행위는 합병 후 존속하거나 합병으로 신설된 법인이
행한 행위로 보아 과징금을 부과 · 징수할 수 있다.

다) 가)와 나)에서 규정한 사항 외에 과징금의 부과에 필요한 사항은
대통령령으로 정한다.

〈 과징금 제도 도입 〉

가. 과징금 제도

금융상품 판매업자 등의
- 설명의무 위반
- 부당권유
- 구속성 상품계약 체결
- 광고구제 위반 등 영업행위 준수사항 위반의 경우, 해당 위반행위로 인한 수입의 50% 범위 내에서 과징금 부과

나. 손해배상책임 확대

□ 금융상품 판매대리, 중개업자가 금융상품 판매과정에서 위법행위로 금융소비자에게 손해를 발생시킨 경우 금융상품직접판매업자(은행 등)가 손해배상 책임을 부담
□ 관리의무 이행여부에 대해 피해자가 아닌 사용자가 입증 책임

3) 이의신청

가) 이 법 제57조 또는 제58조제2항에 따른 과징금 부과처분에 불복하는 자는 처분을 고지받은 날부터 30일 이내에 불복 사유를 갖추어 금융위원회에 이의를 신청할 수 있다.

나) 금융위원회는 가)에 따른 이의신청에 대하여 60일 이내에 결정을 하여야 한다. 다만, 부득이한 사정으로 그 기간 내에 결정을 할 수 없을 경우에는 30일의 범위에서 그 기간을 연장할 수 있다.

다. 업무의 위탁

1) 금융위원회는 이 법에 따른 업무의 일부를 대통령령으로 정하는 바에 따라 금융감독원장 또는 협회 등에 위탁할 수 있다.

2) 원장은 이 법에 따른 권한 일부를 대통령령으로 정하는 바에 따라 협회 등에 위탁할 수 있다.

3) 1), 2)에 따라 금융위원회 또는 원장의 권한의 일부를 위탁 받아 수행하는 협회 등의 임직원은 형법 제129조부터 제132조까지의 규정을 적용할 때에는 공무원으로 본다.

라. 벌칙

1) 벌칙 조항

다음 각 호의 어느 하나에 해당하는 자는 5년 이하의 징역 또는 2억

원 이하의 벌금에 처한다.

　가) 금융상품 판매업 등의 등록을 하지 아니하고 금융상품 판매업 등을 영위한 자

　나) 거짓이나 그 밖의 부정한 방법으로 등록을 한 자

　다) 등록을 하여야 하는 업무에 관하여 등록을 한 자가 아닌 자에게 금융상품계약체결 등을 위탁한 자

2) 양벌 규정

양벌 규정으로 법인(단체 포함)의 대표자나 법인 또는 개인의 대리인, 사용인, 그 밖의 종업원이 그 법인 또는 개인의 업무에 관하여 1)에 해당하는 위반행위를 하면 그 행위자를 벌하는 외에 그 법인 또는 개인에게도 해당 조문의 벌금형을 과(科)한다. 다만, 법인 또는 개인이 그 위반행위를 방지하기 위하여 해당 업무에 관하여 적절한 주의와 감독을 게을리하지 아니한 경우에는 그러하지 아니한다.

3) 과태료 부과

가) 다음 각 호의 어느 하나에 해당하는 자에게는 1억원 이하의 과태료를 부과한다.

　(1) 제16조제2항을 위반하여 내부통제기준을 마련하지 아니한 자

　(2) 제19조제1항을 위반하여 중요한 사항을 설명하지 아니하거나 같은 조 제2항을 위반하여 설명서를 제공하지 아니하거나 확인

을 받지 아니한 자

(3) 제20조제1항 각 호의 어느 하나에 해당하는 행위를 한 자

(4) 제21조 각 호의 어느 하나에 해당하는 행위를 한 자

(5) 제22조제1항·제3항 또는 제4항을 위반하여 금융상품 등에 관한 광고를 한 자

(6) 금융상품판매대리·중개업자가 금융상품계약체결 등의 업무를 대리하거나 중개하게 한 금융상품판매대리·중개업자가 다음 각 목의 어느 하나에 해당하는 행위를 한 경우에 그 업무를 대리하거나 중개하게 한 금융상품판매대리·중개업자. 다만, 업무를 대리하거나 중개하게 한 금융상품판매대리·중개업자로서 그 위반행위를 방지하기 위하여 해당 업무에 관하여 적절한 주의와 감독을 게을리하지 아니한 자는 제외한다.

　　(가) 제19조제1항을 위반하여 중요한 사항을 설명하지 아니하거나 같은 조 제2항을 위반하여 설명서를 제공하지 아니하거나 확인을 받지 아니한 경우

　　(나) 제20조제1항 각 호의 어느 하나에 해당하는 행위를 한 경우

　　(다) 제21조 각 호의 어느 하나에 해당하는 행위를 한 경우

　　(라) 제22조제3항 또는 제4항을 위반하여 금융상품 등에 관한 광고를 한 경우

(7) 제23조제1항을 위반하여 금융소비자에게 계약서류를 제공하지 아니한 자

(8) 금융상품직접판매업자가 금융상품계약체결 등의 업무를 대리하거나 중개하게 한 금융상품판매대리·중개업자가 제25

조제1항제2호에 해당하는 행위를 한 경우에 그 업무를 대리하거나 중개하게 한 금융상품직접판매업자. 다만, 업무를 대리하거나 중개하게 한 금융상품직접판매업자로서 그 위반행위를 방지하기 위하여 해당 업무에 관하여 적절한 주의와 감독을 게을리하지 아니한 자는 제외한다.

(9) 제27조제3항을 위반하여 같은 항 각 호의 어느 하나에 해당하는 사항을 금융소비자에게 알리지 아니한 자 또는 표지를 게시하지 아니하거나 증표를 내보이지 아니한 자

(10) 제27조제4항을 위반하여 독립문자를 명칭에 사용하거나 광고에 사용한 자

(11) 제27조제5항 각 호의 어느 하나에 해당하는 행위를 한 자

(12) 제28조제1항을 위반하여 자료를 기록하지 아니하거나 자료의 종류별로 유지·관리하지 아니한 자

(13) 제50조제1항에 따른 검사를 정당한 사유 없이 거부·방해 또는 기피한 자

나) 다음의 어느 하나에 해당하는 자에게는 3천만원 이하의 과태료를 부과한다.

(1) 제17조제2항을 위반하여 정보를 파악하지 아니하거나 확인을 받지 아니하거나 이를 유지·관리하지 아니하거나 확인받은 내용을 지체 없이 제공하지 아니한 자

(2) 제17조제3항을 위반하여 계약 체결을 권유한 자

(3) 제18조제1항을 위반하여 정보를 파악하지 아니한 자

(4) 제18조제2항을 위반하여 해당 금융상품이 적정하지 아니하다

는 사실을 알리지 아니하거나 확인을 받지 아니한 자

(5) 제25조제1항 각 호의 어느 하나에 해당하는 행위를 한 자

(6) 제25조제2항을 위반하여 수수료 외의 금품, 그 밖의 재산상 이
익을 요구하거나 받은 자

(7) 제26조제1항을 위반하여 같은 항 각 호의 어느 하나에 해당하
는 사항을 미리 금융소비자에게 알리지 아니한 자 또는 같은 조
제2항을 위반하여 표지를 게시하지 아니하거나 증표를 보여주
지 아니한 자

다) 제48조제3항을 위반하여 등록요건에 대한 변동사항을 보고하지
아니한 자에게는 1천만원 이하의 과태료를 부과한다.

라) 가)부터 다)까지의 규정에 따른 과태료는 대통령령으로 정하는
바에 따라 금융위원회가 부과 · 징수한다.

제 8 장
자본시장법의 이해와 금융소비자

자본시장과 금융투자업에 관한 법률(이하 자본시장법)은
자본시장에서의 금융혁신과 공정한 경쟁을 촉진하고,
투자자를 보호하며, 금융투자업을 건전하게 육성함으로써
자본시장의 공정성 · 신뢰성 및 효율성을 높여
국민경제의 발전에 이바지함을 목적으로 제정되었다.
국외에서 이루어진 행위라도 그 효과가 국내에 미치는 경우라면
이 법이 적용된다.

금융시장이 개방되면서 주로 알고 있던 은행상품이나 주식 외에 선물거래, 옵션거래, 장외파생 상품 등 다양한 금융상품이 판매되고 있다. 금융시장의 규모와 상품이 급격하게 팽창하고, 참여자들의 다양한 거래가 이루어지면서 이와 관련된 복잡한 문제와 이해충돌이 증가하고 있다. 시장의 건전성을 유지하기 위해서는 반드시 규제가 필요하지만, 시장의 흐름과 규제 도입 시기 간의 시간의 갭이 발생하면서 문제가 생기게 된다.

최근 전 세계적으로 금융소비자 관련 문제가 관심이 높아지고 있는 것을 누구나 체감하고 있다. 금융위기를 계기로 금융소비자보호가 새롭게 부각되면서 시장의 자율과 규제라는 수단의 한계를 인정하고 금융선진국들이 자본시장과 상품에 대해서도 앞다퉈 금융소비자보호를 위한 제도, 조직의 개편에 나서고 있다.

1. 자본시장법의 목적과 금융투자업의 종류

가. 자본시장법의 목적

자본시장과 금융투자업에 관한 법률(이하 자본시장법)은, 자본시장에서의 금융혁신과 공정한 경쟁을 촉진하고, 투자자를 보호하며, 금융투자업을 건전하게 육성함으로써 자본시장의 공정성·신뢰성 및 효율성을 높여 국민경제의 발전에 이바지함을 목적으로 제정되었다. 국외에서 이루어진 행위라도 그 효과가 국내에 미치는 경우라면 이 법이 적용된다. 이 법에서 '금융투자상품' 이란 이익을 얻거나 손실을 회피할 목적으로 현재 또는 장래의 특정(特定)시점에 금전, 그 밖의 재산적 가치가 있는 것(이하 '금전 등' 이라 한다)을 지급하기로 약정함으로써 취득하는 권리이다. 그 권리를 취득하기 위하여 지급하였거나 지급하여야 할 금전 등의 총액(판매수수료 등 제외)이 그 권리를 회수하였거나 회수할 수 있는 금전 등의 총액을 초과하게 될 위험(이하 '투자성' 이라 한다)이 있는 것을 말한다. 여기서 말하는 금융투자상품은 증권, 파생상품(장내파생상품, 장외파생상품)이라고 할 수 있다.

나. 금융투자업의 종류

'금융투자업' 이란 이익을 얻을 목적으로 지속적, 반복적인 방법으로 행하는 행위를 하는 업(業)을 말하는 것으로 투자매매업, 투자중개업, 집합투자업, 투자자문업, 투자일임업, 신탁업을 말한다.

1) **투자매매업:** 명의자와 관계없이 본인의 판단으로 금융투자상품의 매도·매수, 증권의 발행·인수 또는 그 청약의 권유, 청약, 청약의 승낙을 영업으로 하는 것.

2) **투자중개업:** 명의자와 관계없이 타인의 판단으로 금융투자상품의 매도·매수, 그 중개나 청약의 권유, 청약, 청약의 승낙 또는 증권의 발행·인수에 대한 청약의 권유, 청약, 청약의 승낙을 영업으로 하는 것.

3) **집합투자업:** 집합투자를 영업으로 하는 것을 말하는 것. 2인 이상에게 투자를 권유하여 모은 금전 등 또는 국가재정법 제81조에 따른 여유자금을 투자자 또는 각 기금관리 주체로부터 일상적인 운용지시를 받지 아니하면서 재산적 가치가 있는 투자대상자산을 취득·처분, 그 밖의 방법으로 운용하고 그 결과를 투자자 또는 각 기금관리 주체에게 배분하여 귀속시키는 업을 말한다.

4) **투자자문업:** 금융투자상품, 그 밖에 대통령령으로 정하는 투자대상자산(이하 '금융투자상품 등'이라 한다)의 가치 또는 금융투자상품 등에 대한 투자판단(종류, 종목, 취득·처분, 취득·처분의 방법·수량·가격 및 시기 등에 대한 판단을 말한다. 이하 같다)에 관한 자문에 응하는 것을 영업으로 하는 것을 말한다.

5) **투자일임업:** 투자자로부터 금융투자상품 등에 대한 투자판단의 전부 또는 일부를 일임받아 투자자별로 구분하여 그 투자자의 재산상태나 투자목적 등을 고려하여 금융투자상품 등을 취득·처분,

그 밖의 방법으로 운용하는 것을 영업으로 하는 것이고. '신탁업' 이란 신탁을 영업으로 하는 것을 말한다.

6) **전담중개업무:** 증권의 대여 또는 그 중개·주선이나 대리업무, 금전의 융자, 그 밖의 신용공여, 전문사모집합투자기구 등의 재산 보관 및 관리, 그 밖에 전문사모집합투자기구 등의 효율적인 업무수행을 지원하기 위하여 필요한 업무로서 대통령령으로 정하는 업무로 규정하고 있다. 특히 이 법에서의 금융투자업에 관하여는 다른 법률에 특별한 규정이 있는 경우를 제외하고는 이 법이 정하는 바에 따른다고 하고 있으며, 금융투자업자가 금융투자업을 영위하는 경우에는 형법 제246조를 적용하지 아니한다고 하고 있다.

다. 전문투자자와 일반투자자

자본시장법에서 '전문투자자' 란 금융투자상품에 관한 전문성 구비 여부, 소유자산규모 등에 비추어 투자에 따른 위험감수능력이 있는 투자자로서

1) 국가

2) 한국은행

3) 대통령령으로 정하는 금융기관

4) 주권상장법인. 다만, 금융투자업자와 장외파생상품 거래를 하는 경우에는 전문투자자와 같은 대우를 받겠다는 의사를 금융투자업

자에게 서면으로 통지하는 경우에 한한다.

5) 그 밖에 대통령령으로 정하는 자가 전문투자자에 해당된다. 다만,
전문투자자 중 대통령령으로 정하는 자가 일반투자자와 같은 대
우를 받겠다는 의사를 금융투자업자에게 서면으로 통지하는 경우
금융투자업자는 정당한 사유가 있는 경우를 제외하고는 이에 동
의하여야 하며, 금융투자업자가 동의한 경우에는 해당 투자자는
일반투자자로 본다.

일반투자자는 전문투자자가 아닌 모든 투자자라고 정의하고 있다.

2. 금융투자업의 영업행위 3가지 규칙

가. 신의성실의무

금융투자업자는 신의성실의 의무에 따라 공정하게 금융투자업을 영
위하여야 하며, 정당한 사유 없이 투자자의 이익을 해하면서 자기가 이
익을 얻거나 제삼자가 이익을 얻도록 하여서는 아니 된다고 법에서는
규정하고 있다.

나. 이해상충의 관리

금융투자업자는 금융투자업의 영위와 관련하여 금융투자업자와 투

자자 간, 특정 투자자와 다른 투자자 간의 이해상충을 방지하기 위하여 이해상충이 발생할 가능성을 파악·평가하고, 내부통제기준이 정하는 방법 및 절차에 따라 이를 적절히 관리하여야 한다. 또한 금융투자업자는 이해상충이 발생할 가능성을 파악·평가한 결과 이해상충이 발생할 가능성이 있다고 인정되는 경우에는 그 사실을 미리 해당 투자자에게 알려야 하며, 그 이해상충이 발생할 가능성을 내부통제기준이 정하는 방법 및 절차에 따라 투자자 보호에 문제가 없는 수준으로 낮춘 후 매매, 그 밖의 거래를 하여야 한다고 규정하고 있다. 금융투자업자는 만약 그 이해상충이 발생할 가능성을 낮추는 것이 곤란하다고 판단되는 경우에는 매매, 그 밖의 거래를 하여서는 안 된다고 하고 있다.

다. 정보교류의 차단

금융투자업자는 금융투자업, 보험대리점의 업무 또는 보험중개사의 업무, 금융투자업자가 영위할 수 있도록 한 업무, 국가 또는 공공단체 업무의 대리, 투자자를 위하여 그 투자자가 예탁한 투자자예탁금(제74조 제1항의 투자자예탁금을 말한다)으로 수행하는 자금이체업무, 그 밖에 그 금융업무를 영위하여도 투자자 보호 및 건전한 거래질서를 해할 우려가 없는 업무로서 대통령령으로 정하는 금융업무, 금융투자업에 부수하는 업무, 종합금융투자사업자에 허용된 업무를 영위하는 경우 내부통제기준이 정하는 방법 및 절차에 따라 이 법 제174조제1항 각 호 외의 부분에 따른 미공개중요 정보로서 대통령령으로 정하는 행위에 대해서 금지하고 있다.

또한, 금융투자업자는 금융투자업 등을 영위하는 경우 계열회사를 포함한 제삼자에게 정보를 제공할 때에는 내부통제기준이 정하는 방법 및 절차에 따라 이 법 제174조제1항 각 호 외의 부분에 따른 미공개중요정보 등 대통령령으로 정하는 행위에 대해서 금지하고 있다.

〈 금융투자업의 영업행위 규칙 〉

구분	주요 내용
신의성실의무	금융상품 또는 금융상품 자문에 관한 계약의 체결, 권리의 행사 및 의무의 이행을 신의성실의 원칙에 따라 하여야 하고 금융상품판매업자들 등은 금융상품판매업 등을 영위할 때 업무의 내용과 절차를 공정히 하여야 하며, 정당한 사유 없이 금융소비자의 이익을 해치면서 자기가 이익을 얻거나 제3자가 이익을 얻도록 해서는 안 된다.
이해상충의 관리	금융투자업자는 금융투자업의 영위와 관련하여 금융투자업자와 투자자 간, 특정 투자자와 다른 투자자 간의 이해상충을 방지하기 위하여 이해상충이 발생할 가능성을 파악·평가하고, 내부통제기준이 정하는 방법 및 절차에 따라 이를 적절히 관리하여야 한다.
정보교류의 차단	금융투자업자는 금융투자업, 보험대리점의 업무 또는 보험중개사의 업무, 금융투자업자가 영위할 수 있도록 한 업무, 국가 또는 공공단체 업무의 대리, 투자자를 위하여 그 투자자가 예탁한 투자자예탁금(제74조제1항의 투자자예탁금을 말한다)으로 수행하는 자금이체업무, 그 밖에 그 금융업무를 영위하여도 투자자 보호 및 건전한 거래질서를 해할 우려가 없는 업무로서 대통령령으로 정하는 금융업무, 금융투자업에 부수하는 업무, 종합금융투자사업자에 허용된 업무를 영위하는 경우 내부통제기준이 정하는 방법 및 절차에 따라 이 법 제174조제1항 각 호 외의 부분에 따른 미공개중요 정보로서 대통령령으로 정하는 행위에 대해서 금지하고 있다.

이때, 내부통제기준은 정보교류 차단을 위해 필요한 기준 및 절차, 정보교류 차단의 대상이 되는 정보의 예외적 교류를 위한 요건 및 절

차, 그 밖에 정보교류 차단의 대상이 되는 정보를 활용한 이해상충 발생을 방지하기 위하여 대통령령으로 정하는 사항을 반드시 포함하여야 한다.

그리고 금융투자업자는 정보교류 차단을 위하여 정보교류 차단을 위한 내부통제기준의 적정성에 대한 정기적 점검, 정보교류 차단과 관련되는 법령 및 내부통제기준에 대한 임직원 교육, 그 밖에 정보교류 차단을 위하여 대통령령으로 정하는 사항을 준수하여야 한다.

3. 금융투자상품 투자권유 원칙

가. 투자권유 5원칙

1) 적합성 원칙

금융투자업자는 투자자가 일반투자자인지 전문투자자인지의 여부를 확인한다. 일반투자자에게 투자권유를 하기 전에 면담 · 질문 등을 통하여 일반투자자의 투자목적 · 재산상황 및 투자경험 등의 정보를 파악하여야 한다. 또한, 일반투자자로부터 서명(전자서명법 제2조 제2호에 따른 전자서명을 포함한다. 이하 같다), 기명날인, 녹취, 그 밖에 대통령령으로 정하는 방법으로 확인을 받아 이를 유지 · 관리하여야 하며, 확인 받은 내용을 투자자에게 지체 없이 제공하도록 하고 있다. 금융투자업자는 일반

투자자에게 투자권유를 하는 경우에는 일반투자자의 투자목적 · 재산
상황 및 투자경험 등에 비추어 그 일반투자자에게 적합하지 아니하다
고 인정되는 투자권유를 하여서는 아니 된다고 규정하고 있다.

2) 적정성의 원칙

금융투자업자는 일반투자자에게 투자권유를 하지 아니하고 파생상
품, 그 밖에 대통령령으로 정하는 금융투자상품(이하 '파생상품 등'이라 한다)
을 판매하려는 경우에는 면담 · 질문 등을 통하여 그 일반투자자의 투
자목적 · 재산상황 및 투자경험 등의 정보를 파악하여야 한다. 아울러
금융투자업자는 일반투자자의 투자목적 · 재산상황 및 투자경험 등에
비추어 해당 파생상품 등이 그 일반투자자에게 적정하지 아니하다고
판단되는 경우에는 그 사실을 알리고, 일반투자자로부터 서명, 기명날
인, 녹취, 그 밖에 방법으로 확인을 받도록 하고 있다.

3) 설명의무의 원칙

금융투자업자는 일반투자자를 상대로 투자권유를 하는 경우에는 금
융투자상품의 내용, 투자에 따르는 위험, 그 밖에 대통령령으로 정하는
사항을 일반투자자가 이해할 수 있도록 설명하여야 한다. 또한 설명한
내용을 일반투자자가 이해하였음을 서명, 기명날인, 녹취, 그 밖의 대
통령령으로 정하는 방법으로 확인을 받아야 한다. 상품 설명 시, 투자
자의 합리적인 투자판단 또는 해당 금융투자상품의 가치에 중대한 영

향을 미칠 수 있는 사항(이하 '중요사항'이라 한다)을 거짓 또는 왜곡(불확실한 사항에 대하여 단정적 판단을 제공하거나 확실하다고 오인하게 할 소지가 있는 내용을 알리는 행위를 말한다)하여 설명하거나 중요사항을 누락하여서는 아니 된다고 규정하고 있다.

4) 손해배상책임의 원칙

금융투자업자는 금융소비자보호에 관한 법률 제19조제1항 또는 제3항을 위반한 경우, 금융투자상품 취득으로 일반투자자가 지급하였거나 지급하여야 할 금전 등의 총액에서 그 금융투자상품의 처분 또는 그 밖의 방법으로 그 일반투자자가 회수하였거나 회수할 수 있는 금전 등의 총액(대통령령으로 정하는 금액을 포함한다)을 뺀 금액을 손해액으로 추정한다고 하고 있다.

※ 금융소비자보호에 관한 법률 제19조제1항 : 금융상품판매업자 등은 일반금융소비자에게 계약 체결을 권유(금융상품자문업자가 자문에 응하는 것을 포함한다)하는 경우 및 일반금융소비자가 설명을 요청하는 경우에는 금융상품에 관한 중요한 사항을 일반금융소비자가 이해할 수 있도록 설명하여야 한다.

※ 금융소비자보호에 관한 법률 제19조제3항 : 금융상품판매업자 등은 제1항에 따른 설명을 할 때 일반금융소비자의 합리적인 판단 또는 금융상품의 가치에 중대한 영향을 미칠 수 있는 사항으로서 대통령령으로 정하는 사항을 거짓으로 또는 왜곡(불확실한 사항

에 대하여 단정적 판단을 제공하거나 확실하다고 오인하게 할 소지가 있는 내용을 알리는 행위를 말한다)하여 설명하거나 대통령령으로 정하는 중요한 사항을 빠뜨려서는 아니 된다.

5) 부당권유 금지의 원칙

금융투자업자는 투자권유를 함에 있어서, ①거짓의 내용을 알리는 행위 ②불확실한 사항에 대하여 단정적 판단을 제공하거나 확실하다고 오인하게 할 소지가 있는 내용을 알리는 행위 ③투자자로부터 투자권유의 요청을 받지 아니하고 방문·전화 등 실시간 대화의 방법을 이용하는 행위(다만, 투자자 보호 및 건전한 거래질서를 해할 우려가 없는 행위로서 대통령령으로 정하는 행위를 제외) ④투자권유를 받은 투자자가 이를 거부하는 취지의 의사를 표시하였음에도 불구하고 투자권유를 계속하는 행위(다만, 투자자 보호 및 건전한 거래질서를 해할 우려가 없는 행위로서 대통령령으로 정하는 행위를 제외) ⑤ 그 밖에 투자자 보호 또는 건전한 거래질서를 해할 우려가 있는 행위를 해서는 안 된다고 하고 있다.

금융투자업자는 투자권유를 함에 있어서 금융투자업자의 임직원이 준수하여야 할 구체적인 기준 및 절차(이하 '투자권유준칙'이라 한다)를 정해야 한다. 다만, 파생상품 등에 대하여 일반투자자의 투자목적·재산상황 및 투자경험 등을 고려하여 투자자 등급별로 차등화된 투자권유준칙을 마련하여야 한다. 투자권유준칙을 정한 경우 이를 인터넷 홈페이지 등을 이용하여 공시하여야 하며 투자권유준칙을 변경한 경우에도 동일하게 하도록 명시하고 있다. 이와 관련하여 협회는 투자권유준칙과 관련하여 금융투자업자가 공통으로 사용할 수 있는 표준투자권유준칙을 제정할 수 있다고 하고 있다.

〈 금융투자상품 투자권유 5원칙 〉

구분	주요 내용
적합성 원칙	금융투자업자는 일반투자자에게 투자권유를 하는 경우에는 일반투자자의 투자목적·재산상황 및 투자경험 등에 비추어 그 일반투자자에게 적합하지 아니하다고 인정되는 투자권유를 하여서는 아니 된다.
적정성의 원칙	금융투자업자는 일반투자자에게 투자권유를 하지 아니하고 파생상품, 그 밖에 대통령령으로 정하는 금융투자상품을 판매하려는 경우에는 면담·질문 등을 통하여 그 일반투자자의 투자목적·재산상황 및 투자경험 등의 정보를 파악하여야 한다. 아울러 금융투자업자는 일반투자자의 투자목적·재산상황 및 투자경험 등에 비추어 해당 파생상품 등이 그 일반투자자에게 적정하지 아니하다고 판단되는 경우에는 그 사실을 알리고, 일반투자자로부터 서명, 기명날인, 녹취, 그 밖에 방법으로 확인을 받도록 하고 있다.
설명의무	금융투자업자는 일반투자자를 상대로 투자권유를 하는 경우에는 금융투자상품의 내용, 투자에 따르는 위험, 그 밖에 대통령령으로 정하는 사항을 일반투자자가 이해할 수 있도록 설명하여야 한다.
손해배상 책임	금융투자업자는 금융소비자보호에 관한 법률 제19조제1항 또는 제3항을 위반한 경우, 이로 인하여 발생한 일반투자자의 손해를 배상할 책임이 있다.
부당권유의 금지	금융투자업자는 투자권유를 함에 있어서 부당한 권유(5가지 경우)를 해서는 안 된다.

4. 직무관련 정보의 이용 금지 사항

가. 직무관련 정보의 이용

금융투자업자는 직무상 알게 된 정보로서 외부에 공개되지 아니한 정보를 정당한 사유 없이 자기 또는 제삼자의 이익을 위하여 이용하여서는 아니 된다. 또한, 금융투자업자 및 그 임직원은 이 법 제45조 제1항 또는 제2항에 따라 정보교류 차단의 대상이 되는 정보를 정당한 사유 없이 본인이 이용하거나 제삼자에게 이용하게 하여서는 아니 된다.

나. 손실보전

금융투자업자는 금융투자상품의 매매, 그 밖의 거래와 관련하여 손실의 보전 또는 이익의 보장을 하는 경우, 그 밖에 건전한 거래질서를 해할 우려가 없는 경우로서 정당한 사유가 있는 경우를 제외하고는 ① 투자자가 입을 손실의 전부 또는 일부를 보전하여 줄 것을 사전에 약속하는 행위 ②투자자가 입은 손실의 전부 또는 일부를 사후에 보전하여 주는 행위 ③투자자에게 일정한 이익을 보장할 것을 사전에 약속하는 행위 ④투자자에게 일정한 이익을 사후에 제공하는 행위 등 관련된 행위를 금지하고 있으며, 금융투자업자의 임직원이 자기의 계산으로 하는 경우에도 금지하고 있다.

다. 투자광고

금융투자업자가 아닌 자는 금융투자업자의 영위업무 또는 금융투자 상품에 관한 광고(이하 '투자광고' 라 한다)를 하여서는 아니 된다. 다만, 협회 와 금융투자업자를 자회사 또는 손자회사로 하는 금융지주회사법에 따른 금융지주회사는 투자광고를 할 수 있으며, 증권의 발행인 또는 매출인은 그 증권에 대하여 투자광고를 할 수 있다고 하고 있다. 투자광고(집합투자증권에 대한 투자 광고를 제외한다)를 하는 경우에는 그 금융투자업자의 명칭, 금융투자상품의 내용, 투자에 따른 위험, 그 밖에 대통령령으로 정하는 사항이 포함되도록 하여야 한다고 규정하고 있다.

집합투자증권에 대하여 투자광고를 하는 경우 집합투자증권을 취득하기 전에 투자설명서(제 123조 제1항에 따른 투자설명서를 말한다) 또는 간이투자설명서(제124조 제2항 제3호에 따른 간이투자설명서를 말한다)를 읽어볼 것을 권고하는 내용, 집합투자기구는 운용결과에 따라 투자원금의 손실이 발생할 수 있으며, 그 손실은 투자자에게 귀속된다는 사실, 집합투자기구의 운용실적을 포함하여 투자광고를 하는 경우에는 그 운용실적이 미래의 수익률을 보장하는 것은 아니라는 내용, 집합투자기구의 명칭, 집합투자기구의 종류에 관한 사항, 집합투자기구의 투자목적 및 운용전략에 관한 사항, 그 밖에 집합투자증권의 특성 등을 고려하여 대통령령으로 정하는 사항 외의 사항을 투자광고에 사용하여서는 아니 된다고 규정하고 있다. 금융투자업자는 투자광고를 함에 있어서 손실보전 또는 이익보장으로 오인하게 하는 표시를 금지하고 있다.

라. 수수료

금융투자업자는 투자자로부터 받는 수수료의 부과기준 및 절차에 관한 사항을 정하고, 인터넷 홈페이지 등을 이용하여 공시하여야 하며, 수수료 부과기준을 정함에 있어서 정당한 사유 없이 투자자를 차별하여서는 아니 된다고 하고 있다. 아울러 금융투자업자는 수수료 부과기준 및 절차에 관한 사항을 협회에 보고하도록 하고, 협회는 보고받은 사항을 금융투자업자 별로 비교하여 공시하도록 하고 있다.

마. 계약서류의 교부 및 계약의 해제

금융투자업자는 투자자와 계약을 체결한 경우 그 계약서류를 투자자에게 지체 없이 교부하여야 한다. 금융투자업자와 계약을 체결한 투자자는 계약서류를 교부 받은 날부터 7일 이내에 계약(해당 계약의 성질, 그 밖의 사정을 감안하여 대통령령으로 정하는 계약에 한한다)의 해제를 할 수 있으며 계약의 해제는 해당 계약의 해제를 하는 취지의 서면을 해당 금융투자업자에게 송부한 때에 그 효력이 발생한다고 하고 있다. 계약이 해제된 경우 해당 계약의 해제까지의 기간에 상당하는 수수료, 보수, 그 밖에 해당 계약에 관하여 투자자가 지급하여야 하는 대가로서 대통령령으로 정하는 금액을 초과하여 해당 계약의 해제에 수반하는 손해배상금 또는 위약금의 지급을 청구할 수 없다고 기술하고 있다. 금융투자업자는 계약이 해제된 경우 해당 계약과 관련한 대가를 미리 지급받은 때에는 이를 투자자에게 반환하여야 하며 이러한 사항에 대해 특약으로

서 반하는 계약을 하여 투자자에게 불리한 것은 무효로 한다고 하고
있다.

〈 직무관련 정보의 이용 금지 사항 〉

구분	주요 내용
직무관련 정보의 이용 금지	금융투자업자는 직무상 알게 된 정보로서 외부에 공개되지 아니한 정보를 정당한 사유 없이 자기 또는 제삼자의 이익을 위하여 이용하여서는 안되며, 금융투자업자 및 그 임직원은 이 법 제45조제1항 또는 제2항에 따라 정보교류 차단의 대상이 되는 정보를 정당한 사유 없이 본인이 이용하거나 제삼자를 위하여 이용을 금지하고 있다.
손실보전 등의 금지	1. 투자자가 입을 손실 전부 또는 일부를 보전하여 줄 것을 사전 약속하는 행위 2. 투자자가 입은 손실의 전부 또는 일부를 사후에 보전하여 주는 행위 3. 투자자에게 일정한 이익을 보장할 것을 사전에 약속하는 행위 4. 투자자에게 일정한 이익을 사후에 제공하는 행위 등 관련된 어떤 행위를 금지하고 있다.
투자광고	금융투자업자는 투자광고를 함에 있어서 손실보전 또는 이익보장으로 오인하게 하는 표시를 금지하고 있다.
수수료	금융투자업자는 투자자로부터 받는 수수료의 부과기준 및 절차에 관한 사항을 정하고, 인터넷 홈페이지 등을 이용하여 공시하여야 하며, 수수료 부과기준을 정함에 있어서 투자자를 정당한 사유 없이 차별하여서는 안 된다.
계약서류의 교부 및 계약의 해제	금융투자업자는 투자권유를 함에 있어서 부당한 권유(5가지 경우)를 해서는 안 된다.
자료의 기록·유지	금융투자업자는 금융투자업 영위와 관련한 자료를 대통령령으로 정하는 자료의 종류별로 대통령령으로 정하는 기간 동안 기록·유지하여야 하며 기록·유지하여야 하는 자료가 멸실되거나 위조 또는 변조가 되지 아니하도록 적절한 대책을 수립·시행하여야 한다.
손해배상책임	금융투자업자는 법령·약관·집합투자규약·투자설명서에 위반하는 행위를 하거나 그 업무를 소홀히 하여 투자자에게 손해를 발생시킨 경우에는 그 손해를 배상할 책임이 있다.

바. 자료의 기록유지

금융투자업자는 금융투자업 영위와 관련한 자료를 대통령령으로 정하는 자료의 종류별로 대통령령으로 정하는 기간 동안 기록을 유지하여야 하며 자료가 멸실되거나 위조 또는 변조가 되지 아니하도록 적절한 대책을 수립·시행하여야 한다고 하고 있다. 그 밖에 불공정행위의 방지 또는 투자자와의 이해상충의 방지를 위하여 대통령령으로 정하는 방법 및 절차를 준수할 것과 금융투자업자는 그 임직원의 자기계산에 의한 금융투자상품 매매와 관련하여 불공정행위의 방지 또는 투자자와의 이해상충의 방지를 위하여 그 금융투자업자의 임직원이 따라야 할 적절한 기준 및 절차를 정하고 금융투자업자는 분기별로 임직원의 금융투자상품의 매매명세를 확인하여야 한다고 하고 있다.

사. 손해배상책임

금융투자업자는 법령·약관·집합투자규약·투자설명서(제123조 제1항에 따른 투자설명서를 말한다)에 위반하는 행위를 하거나 그 업무를 소홀히 하여 투자자에게 손해를 발생시킨 경우에는 그 손해를 배상할 책임이 있다. 다만, 배상의 책임을 질 금융투자업자가 제37조 제2항, 제44조, 제45조, 제71조 또는 제85조를 위반한 경우(투자매매업 또는 투자중개업과 집합투자업을 함께 영위함에 따라 발생하는 이해상충과 관련된 경우에 한한다)로써 그 금융투자업자가 상당한 주의를 하였음을 증명하거나 투자자가 금융투자상품의 매매, 그 밖의 거래를 할 때에 그 사실을 안 경우에는 배상의 책임을 지지 아니한다고 하고 있다. 금융투자업자가 손해배상책임을 지는 경우로서 관련되는 임원에게도 귀책사유(歸責事由)가 있는 경우에는 그 금융투자업자와 관련되는 임원이 연대하여 그 손해를 배상할 책임이 있다고 규정하고 있다.

5. 금융투자와 금융소비자 동향

'금융소비자'라 함은 금융회사가 제공하는 물품과 서비스 등을 이용하는 자를 말하는 것으로 어떻게 보면 금융회사와 거래하는 모든 거래자라 할 수 있다. 최근 들어 금융소비자의 보호 인식변화가 국제적인 트렌드가 되었다고 해도 과언이 아니다. 특히 2008년 세계적인 금융위기를 계기로 하여 금융의 규제와 감독 측면에서 회사의 건전성과 금융소비자보호를 더욱 균형 있게 해야 한다는 인식이 확산되었다. 물론 선진국들은 금융소비자보호에 관심이 없었던 것은 아니다. 다만, 최근 금융상품의 다양화, 복잡화, 융합화, 국제화되는 흐름에 맞춰 금융소비자보호가 비례적으로 발전하지 못하면서 급격하게 금융소비자보호정책의 허점이 크게 나타났다고 보는 것이다. 이로 인해 세계적인 국가 위기를 가져다 준 것이 2008년 금융위기이고, 현 시점에서도 그 영향을 완전히 벗어나지 못했다고 보아도 과언이 아니다.

현재 미국을 비롯한 EU, 영국, 호주 등은 대출과 관련한 금융소비자보호 관점에서 공정대출 개념과 규제를 도입하거나 신용등급을 초과한 이율 부과, 비차별적 대출의 검증을 통해 금융소비자를 보호하려는 것 뿐만 아니라, 약탈적 대출행위를 규제하려는 등 적극적 대책을 모색하고 있다.

미국의 경우, 금융감독 체계의 개편을 통해 소비자보호를 강화하는 방향에서 개편을 추진하고 있는데 한 예로 금융소비자보호를 위한 금융소비자보호원과 같은 기구를 FRB내 독립기관으로 설치한다든지, 은행지주사의 규제와 감독을 강화하는 엄격한 자본금 적립의무나 레버리지 한도의 조정을 통해 금융회사의 금융소비자보호를 위한 각종 제도와 관행을 개혁하고 있다. 영국도 건전성 감독원, 영업행위 감독원으로 분리 설치하여 일상감독과 소비자보호를 분리시켜 감독하면서 소비자보호에 나서고 있다.

G20 서울 회의에서는 금융소비자보호 10원칙이 제정되면서 소비자보호 방향이 설정되고 있다. 최근 세계적 금융위기에 이은 국내 펀드사태, 키코사태, 저축은행사태 등의 금융사태와 맞물려 법과 제도, 관행이 개선되고, 금융소비자의 의식이나 단체의 목소리가 커지고, 판매시장의 환경도 개선되고 있다.

그동안 금융소비자에 대한 보호 영역을 판매 현장만이 아닌 사전, 사후 영역까지 확대해야 한다는 공감이 확산되고 있다. 사전적이라는 것은 금융상품의 기획단계에서부터 금융소비자보호를 고려하고 금융상품을 만들며 위법, 부당한 권유 없이 적절한 설명과 적합한 상품권유 등으로 사전 및 사후의 보호 영역으로 소비자보호 영역을 확대시킨 것이다.

6. 금융소비자 문제 발생 원인과 향후 개선 방향

〈 금융소비자 문제 발생 원인 〉

상품검증
• 금융상품의 융합화 추세에서 금융소비자들을 고려한 검증 부족(법적, 도덕적, 윤리적 검증) － 키코 사례, 후순위채 판매

시장검증
• 판매의 불완전성, 사기성 권유 및 적합성 원칙 결여, 금융거래계약서의 불충분한 설명과 이해부족, 핵심 비교공시, 소비자 중심 비교공시 및 상품안내 미비 － 동양증권(유안타증권) 사태 등

우리나라의 경우, 금융소비자 문제 발생원인을 크게 두 가지로 볼수 있다. 첫째, 금융상품융합화 추세에 맞추어 금융소비자들을 고려한상품의 사전 검증이 부족했다는 것이다. 법적, 도덕적, 윤리적 측면에서 제대로 된 검증 없이 상품이 시장에 나오게 된 것이라 할 수 있다.둘째, 시장의 검증 문제이다. 금융상품 판매가 이루어지는 현장에서의불완전성, 금융상품의 부적합한 권유행태, 금융거래계약서의 불충분한

설명과 핵심 비교 공시의 미흡, 소비자 중심의 비교공시나 상품안내의 미비 등에 대한 시장의 모니터링과 관심이 부족했다고 볼 수 있다.

이러한 원인이 나타날 수밖에 없는 요인으로는 금융회사의 실적, 수익위주의 목표 선정으로 인한 영업 전략 및 시장 영업행위이다. 실적 달성에 압박을 느낀 금융사 직원은 금융상품 판매현장에서 형식적 위험고지 행위나, 현장 민원에 대한 무마 위주로 대응하며, 체계적인 관리, 감독이 부재했다고 할 수 있다. 또한, 법원이나 감독 당국의 편향적인 제재도 한몫한 것으로 보인다. 증권사의 경우도 크게 다르지 않다.

새 정부 들어서 금융분야의 문제가 가장 크게 부각되는 업권은 증권분야라고 할 수 있다. 증권분야의 금융소비자 불만이나 피해는 증권사의 윤리의식과 크게 관련이 있다고 볼 수 있다. 금융투자업자의 선관주의 위반과 책임전가 등은 금융사와 금융종사자가 새겨보아야 할 점이라고 본다.

금융투자업계에서는 금융상품의 다양화, 복잡화, 융합화, 새로운 판매기법 등의 결합으로 인해 고객과의 문제가 발생하고 있다. 증권사의 이익달성 의욕과 윤리 의식이 비례하지 않는 것도 원인 중의 하나다.

'윤리'라는 단어를 거꾸로 하면 '이윤'이다. 이 말은 이윤은 윤리에서 나온다는 말일 수도 있다. 그러므로 '윤리'라는 기반 없이 거둔 이윤은 비난 받을 수밖에 없다.

〈 금융업권별 손해배상소송 피소 및 제소 현황 〉

(단위: 백만원, 건)

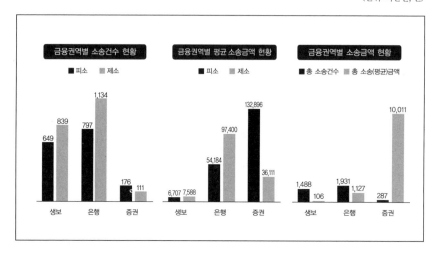

구분		생보		은행		증권	
		현황	평균	현황	평균	현황	평균
피소현황	소송건수	649	–	797	–	176	–
	소송금액	73,772	6,707	812,762	54,184	2,259,227	132,896
제소현황	소송건수	839	–	1,134	–	111	–
	소송금액	83,463	7,588	1,363,599	97,400	613,889	36,111
총계	소송건수	1,488	–	1,931	–	287	–
	소송금액	157,235	106	2,176,361	1,127	2,873,116	10,011

＊생보 : 삼성, DB, 교보, 농협, 동양, 신한, KDB, 오렌지라이프, 푸본현대, 흥국, 한화 / 은행:
IBK기업, KB국민, SC제일, 경남, 광주, 대구, 부산, 신한, 우리, 전북, 제주, 카카오뱅크, 케이
뱅크, 하나, 한국씨티 / 증권 : KB, NH투자, 교보, 대신, 리딩투자, 미래에셋, 삼성, 신영, IBK
투자, 유안타, 유진투자, 키움, 하나금융투자, 하이투자, 한국투자, 한화투자, 현대차
＊평균은 소송건당 평균을 의미함

※ 출처:금융소비자원(기준 : 2019.12.31)

가. 금융권역별 소송 현황

금융투자부문 권역이 다른 권역에 비해 발생건수 기준으로 숫자상 10% 이하의 낮은 민원발생률을 보인다고 해서 금융소비자 문제가 적다고 볼 수 없다. 다른 업권의 민원은 정책의 문제, 시장의 문제가 사회적, 정치적 이슈가 되면서 증가한 것으로 보이지만, 금융투자 부문의 민원은 금융사 혹은 임직원 문제에서 출발되는 비율이 상당히 높다. 금융사로서, 임직원으로서 고객에 대한 선관의무결여가 문제의 핵심일 수 있다. 피해규모 차원에서도 금융투자부분의 사건별 피해 청구금액이 크기 때문에 결코 쉽게 볼 사안은 아니다.

금융투자업권의 경우, 중재나 조정에 인색하며 소송으로 가려는 경향이 어떤 금융권보다 강하다. 금융투자민원은 주가조작, 위탁매매, 상품판매와 권유, 중개 등의 개(인)별적인 선관의무와 밀접한 관계가 있기 때문에 어떤 권역보다 개인의 높은 도덕 윤리의식, 양심이 요구되는 금융권역이다. 이것은 피해자인 금융소비자의 입증을 더 어렵게 하고 금융사들은 이를 충분히 활용해 왔다. 금융사들은 금융소비자들의 피해 주장에 대해 본인의 서명이 있고 투자설명서를 교부했을 뿐만 아니라, 투자경험이나 이해능력이 있었다는 도식적인 접근으로 대응해 온 것도 부인할 수 없는 사실이다.

금융사는 상품 계약을 하면서 투자자가 읽기 불편한 계약의 내용을 읽었다거나 혹은, 상품 내용을 모두 이해한 것으로 간주하여 투자자에게 책임을 묻는다. 금융사와 투자자의 의견이 대립하면 금융감독원은 투자 행위나 상품 내용을 잘못 설명하였다는 사실의 입증이 어렵다는 이유로 기각 처리하는 경우가 있다.

불법행위에서 과실 인정 전제가 되는 일반적 주의의무에 관하여 법과 시행령, 규정, 약관 등에서 더욱 명확하게 기술해야 한다. 이는 문제의 소지를 근원적으로 방지하는 방향으로 개선되어야 하며 실행이 뒤따라야 한다. 아울러 관련자들의 윤리의식도 지속적으로 모니터링해야 할 사안이다.

또한, 금융투자부문 민원의 경우, 다른 권역에 비해 중재, 조정이 잘 이뤄지지 않는 것도 문제이다. 중재가 활발히 이루어지도록 금융감독원, 한국거래소, 금융투자협회와 같은 중재기관의 기능이 더 활성화될 필요가 있다. 기존처럼 금융투자회사가 법적 요건을 갖추는 데 치중하며 금융소비자들에게 선관의무를 다한 것으로 대응한다면 금융투자업권은 신뢰를 더욱 잃어갈 수밖에 없을 것이다.

업계는 윤리의식이 동반되지 않은 이익 추구는 선관의무의 위반이 될 수 있다는 의식을 가지고 이를 실천하는 모습을 보여 주어야 할 시점이다.

나. 금융투자업계의 소비자보호 강화

그렇다면 금융투자업계의 금융소비자보호를 관점으로 고려한 대책을 세울 때 여러 사항을 고려해야 할 것이다. 이와 관련하여 4가지 기준을 제시해 본다면,

첫째, 현재 시장의 금융상품 이해도는 낮은 반면, 판매행위는 날마다 고도화되고 있다. 다시 말해 어려운 금융상품이 쉽게 판매되는 환경, 무분별한 상품의 판매시장 확대를 견제하고, 더불어 전문성 확보와 투자자 보호 강화 추세에 맞춘 준법감시활동의 강화를 고려할 필요가 있다.

둘째, 금융소비자의 변화에 맞춘 철저한 선관의무의 실천이다. 투자자가 위험 감당 능력을 초과하여 실패의 늪으로 빠지게 방조하거나 투자자산을 과도하게 잃게 하여 금융기회를 박탈당하게 하는 등의 부적합한 금융상품 판매행위를 방지하는 시스템 구축이 필요하다.

셋째, 개별기업 차원이 아닌 산업차원에서 자본시장의 소비자 인식을 보는 것이 중요하다. 동양사태에서 볼 수 있듯이 이 문제는 동양증권의 문제로 한정된 것이 아닌 증권 산업의 전반에 영향을 주는 중대한 사안이다. 그런 점에서 일부 증권회사만의 문제가 아니라는 인식을 갖고 소비자문제에 접근해야 한다. 금융사는 소비자의 불만이 단순한 민원이 아니라는 것을 파악하고, 민원인의 문제제기가 기업의 이익과 소비자보호의 대립이라는 시각에서 탈피해야 한다. 금융산업적 소비자보호 접근이 자본시장이라는 금융산업의 경쟁력을 제고시키고 더 나아가 금융산업에 큰 발전을 가져올 수 있기 때문이다.

넷째, 금융사와 직원의 철저한 판매원칙의 준수와 소비자보호 의식이다. 자본시장법을 언급하지 않더라도 일반적인 판단에서 충분히 논의되고 수용할 수 있는 핵심 설명의 의무를 충실히 지키고 투자 고객에게 적합한 상품을 권유해야 한다. 전화나 메시지 등으로 부당하게 상품을 권유하고 거짓, 과장, 왜곡, 허위 광고 등으로 소비자를 현혹하는 행위는 근절되어야 한다.

제 9 장
금융상품 판매규제 및 소비자보호

금융소비자들이 금융상품 내용 전부를 이해하기란 매우 어렵다.
금융상품 판매자는 소비자보다 더 많은 정보를 가지고 있기 때문에
소비자에게 충분히 상품 설명을 하고 소비자가 상품을 완벽히 이해했을 때
판매하여야 함에도 불구하고, 이러한 과정이 생략되어 소비자는
판매자의 충분한 설명이나 이해 없이 상품을 구매하는 경우가 많다.

금융소비자들이 금융상품 내용 전부를 이해하기란 매우 어렵다. 금융상품 판매자는 소비자보다 더 많은 정보를 가지고 있기 때문에, 소비자에게 충분히 상품 설명을 하고 소비자가 상품을 완벽히 이해했을 때 판매하여야 함에도 불구하고, 이러한 과정이 생략되어 소비자는 판매자의 충분한 설명이나 이해 없이 상품을 구매하는 경우가 많다. 이에 따라 일종의 계약 형식인 금융상품의 특성으로 인해, 해지 시 손해를 보거나, 수익률이 기대에 못 미치거나, 예상보다 고위험 상품을 선택하여 고액의 피해를 보는 경우가 발생하기도 한다. 따라서 법에서는 금융소비자를 효과적으로 보호하기 위해 금융상품의 각 특성을 고려하여 규제를 하고 있다.

1. 영업행위 일반원칙

자본시장법에서 규정하고 있는 영업행위 일반원칙과 일부 사례를 제시해 보고자 한다.

〈 투자금융상품 영업행위 일반원칙 〉

구 분	주 요 내 용
신의성실 의무	신의성실의 원칙에 따라 금융상품에 관한 계약체결, 권리행사 및 의무 이행
차별금지	정당한 사유 없이 계약조건에 관하여 부당한 차별행위 금지
금융상품 판매업자의 관리책임	임직원 및 업무를 위탁한 금융상품 판매대리·중개업자를 성실히 관리하고, 이에 관한 사항을 내부통제기준에 반영하도록 의무화

가. 신의성실의 의무

금융상품 판매업자는 자신의 이익추구를 위해 금융소비자의 이익을 희생시키는 행위를 삼가야 한다. 또한, 금융상품 판매업을 영위할 때 업무 내용과 절차를 공정히 하여 본인 또는 제삼자가 이익을 얻도록 하여서는 아니 된다는 것이 신의성실 원칙이다.

사례 - A증권사 부실채권 및 기업어음 판매상의 신의성실의무 위반

"자세하게 설명을 해줘야 되는데 전혀 설명을 해준 게 없습니다."
A증권사의 그룹 CP판매를 두고 불완전 판매를 넘어서 '사기판매'가 확실시 되는 상황에서 감독당국은 분쟁조정으로 '신의성실의무' 위반 혐의를 적용하려고 한다.

자본시장법상 금융투자업자는 투자자의 이익을 해하면서 제삼자가 이익을 얻도록 해서는 안 되며(자본시장법 제37조), 특히 신탁업자는 관리자로서 수익자의 이익을 보호하기 위해 최선을 다해야 한다(자본시장법 제102조)라고 규정하고 있다.

A증권사는 부실계열사의 자금 조달을 위해 신탁에 적합하지 않은 불량기업어음을 쪼개 팔아 투자자에게 피해를 끼쳤다. 신의성실의무 위반을 적용한다면, 사기판매보다 부정사실의 입증이 용이하도록 해야 할 것이다.

사례 – 종신보험 판매 사례

A씨는 평소 본인이 가입하고 있던 저축보험상품이 있었으나 설계사가 다른 상품의 이율이 좋다고 이것도 저축성보험이라며 환승을 요구하여 기존 보험사에서 유지금액을 변경한 후 설계사가 추천하는 보험에 가입하였다. 이때 A씨는 원금 손실 없이 받을 수 있으며 이율 변동 가능성에 대한 설명만 들었다. 전혀 생명보험이라는 설명은 듣지 못한 채 있었다. 이후 잘못된 것을 깨닫고 본사에 본인이 가입한 서류를 다 떼어봤는데, 일부 서류를 제외한 처음 보는 서류가 많았다. 또한 그 서류에는 본인 서명이 아닌 대필 흔적이 다수 확인되었다. 설계사는 고객의 이익보다 자신의 이익을 우선시 여겨 사기 판매를 한 것이다. 이는 신의성실의 원칙을 위반한 것이다.

나. 차별금지

금융상품 판매업자가 금융상품에 관한 계약을 체결할 때 정당한 사유 없이 소비자의 성별, 종교, 나이, 출신 지역, 사상, 성적지향, 학력, 사회적 신분 등을 이유로 금융소비자를 우대 또는 배제하거나 부당하게 차별하는 것을 금지하고 있다.

사례 - ○○은행의 거래불가 통보

민원인 A씨는 피싱사고 의심으로 경찰에 신고당했었다. 하지만 곧 경찰지시에 의한 대처 후 조사가 마무리되었다. 그러나 인터넷은행인 ○○은행은 A씨에게 금융거래 연루자이므로 거래가 불가능하며 직접 계좌를 해지해달라고 요청했다. A씨는 경찰과 마무리하여 아무런 범죄 없이 잘 해결되었지만 ○○은행 측에서는 A씨를 범죄자 취급을 하며 차별적으로 거래를 불가능하게 만들었다. ○○은행에서는 신분확인절차와 정확한 메뉴얼 없이 '고액알바', '대포통장 제공자' 등 무분별한 언행으로 A씨를 불쾌하게 차별하였다. 이는 정당한 사유 없이 소비자를 부당하게 차별한 사례이며 차별금지의 원칙에 위배된 것이다.

사례 - 금융감독원 - 고령층을 대상으로 한 금융거래 차별관행 폐지

- 민원인 A(65세)는 B은행에서 20년 만기 담보대출 상환요구를 받아 대환을 위해 C은행에 대환대출을 신청하였으나 고령이라는 이유로 대출을 거부당하였고, 이에 급여소득이 있는 자녀를 채무자로 하여 대환대출을 받을 수 있었으나 한도가 부족하여 기존 대출 일부 연체 및 신용등급하락 등의 불이익을 당하였음

- 민원인 D(70세)는 E은행에 주택담보대출을 신청하였으나 연금생활자임에도 불구하고 고령이라는 이유로 대출 한도가 나오지 않는다며 대출을 거부당하

였고, 이에 동 민원인이 은행의 관련규정을 보여줄 것으로 요구하였으나 이 또한 거부당한 바, 정황으로 볼 때 은행이 규정에도 없는 부당한 사유로 대출을 거부한 것으로 보임

일부 은행·저축은행 등이 대출상품에 대해 연령상한(예: 55~70세)을 정해 놓고 신용등급과 무관하게 고령층에 대한 대출을 제한해 왔다.

금융감독원은 금융회사의 고령층 금융차별실태(2013년)를 점검 후 53개 금융회사에 대해 고령층에 대한 불합리하고 차별적인 영업관행을 즉시 개선토록 지시함에 따라 각 금융회사는 취급기준상 대출제한 요인 제거, 여타 연령대와 동일한 심사기준 적용 등의 개선을 위해 금융회사의 여신취급지침·상품별 업무매뉴얼 등을 개선했다.

또한 금융회사가 자체적으로 특별점검도 실시하도록 하여 또 다른 고령층 금융차별 관행이 존재하는지 여부를 철저히 확인 및 폐지하였고, 특히 신용등급 하락, 금융상품 취급대상 차별화 등으로 고령층에 대해 금융서비스 제공이 어려울 경우 그 사유와 근거를 명확히 제시 및 설명하도록 하고 그 근거자료를 보관하기로 하였다.

〈 금융회사의 연령기준 대출제한 현황 〉

구 분	취급제한 회사 수	취급제한 상품 수
은행	3	13
저축은행	37	173
상호금융	236	5
여전사(캐피탈)	11	78
합 계	287	269

※ 불필요한 추가 대출심사절차 운영

일부 은행·저축은행·카드사 등이 고령층 대출에 있어 대출한도를 줄이거나, 취급지점에서 승인되더라도 본점에서 추가로 심사하는 등 불합리하게 엄격한 심사기준을 적용하고 있어 실질적으로 대출이 제한되어 왔으며, 비고령층 금융이용자에 대해 손쉽게 소액자금을 융통할 수 있는 자동승인대출(예: 카드론)을 제공하면서 고령층에 대해서만 불합리한 별도의 개별심사 절차를 부과하여 사실상 대출취급을 거절한 것이나 마찬가지였다.

〈 고령층 대출 취급 시 엄격한 심사기준 적용사례 〉

구 분	고령층 대출 취급 시 심사강화 내용
은행권	• 신용대출 한도감축(60세), 재심사 대상 분류(55세), 지점승인 후 본점 추가심사절차 부가(60세) 등
비은행권	• 정밀 CSS심사대상(58세), 자동승인대출 제한(70세) 등

은행·중소서민 금융회사들의 고령층에 대한 불합리한 차별적 영업관행을 즉시 개선하기 위해 취급기준상 대출제한 요인 제거, 여타 연령대와 동일한 심사기준 적용 등의 개선을 위해 금융회사의 여신취급지침·상품별 업무매뉴얼 등을 개정하고, 금융차별폐지를 실천해 오고 있다.

다. 금융상품 판매업자 등의 관리 책임

금융상품 판매업자는 업무를 계속함에 있어서 임직원 및 금융상품 판매대리자, 중개업자가 법령을 준수하고 건전한 거래질서를 유지하도록 성실히 관리해야 하는 책임이 있다. 금융상품 판매업자 등에게 관리

책임을 부여하는 것은 건전한 영업환경을 조성하도록 하여 불완전 판매 등을 미연에 방지하고 금융소비자보호를 강화해야 하기 때문이다.

2. 금융상품 유형별 영업행위 준수사항

금융소비자보호법에서는 금융상품 유형별 기준을 적용하여 규제하고 있고 유형별 영업행위에 대해 표로 제시해 보았다.

〈 금융상품의 개념에 따른 유형 구분 〉

유형	대상	개념
투자성 상품	펀드 등 금융투자상품, 신탁상품	자본시장에서의 금융투자업에 관한 법률에 따른 금융투자상품 및 이와 유사한 것으로써 펀드 상품과 같이 투자수익이 발생하지만 원금 보장이 되지 않는 금융상품
예금성 상품	예금, 적금 등	은행법 및 상호저축은행법에 따른 예금 및 이와 유사한 것으로서 원금이 보장되는 금융상품
보장성 상품	일반보험상품 등	보험업법에 따른 보험상품(공제) 및 이와 유사한 것으로서 장기간 보험료를 납입하고 장래에 보험사고가 발생하면 보험금을 지급받는 금융상품
대출성 상품	대출상품, 신용카드 등	은행법 및 상호저축은행법에 따른 대출, 여신전문금융업법에 따른 신용카드, 시설대여, 연불판매, 할부금융 및 이와 유사한 것으로서 금융회사로부터 금전을 빌려 사용하고, 나중에 원금과 이자를 상환하는 금융상품

다음의 내용은 금융상품의 유형별 분류와 영업행위와의 관계를 연동하여 설명한 것이다. 영업행위별 준수사항과 관련 유형의 금융상품은 무엇인지를 개괄적으로 이해하기 위한 것이다.

⟨ 금융상품 유형별 영업행위 준수사항 7가지 ⟩

순번	원칙	주요 대상 상품	범위 및 상품
1	적합성 원칙	보장성 상품 투자성 상품 대출성 상품 수익률 변동 가능성이 있는 금융상품 등	대상 상품을 구매 권유하는 경우 일반금융소비자의 정보를 파악하고, 일반금융소비자에게 적합하지 않은 경우 구매권유 또는 판매해서는 안 된다는 법의 취지와 소비자보호를 위해 적용되어야 할 것이다.
2	적정성 원칙	투자성 상품 보장성 상품 대출성 해당상품 등	대상 상품에 대해 구매·권유하지 않고 금융상품 관련 계약을 체결하고자 하는 경우, 일반금융소비자의 정보를 파악하고, 금융상품이 일반 금융소비자에게 적합하지 않을 경우 위험성을 알리고 향후 분쟁이 없도록 하는 것을 원칙으로 하여야 한다.
3	설명의무	모든 금융상품	금융소비자에게 금융상품을 구매·권유하는 경우, 상품에 대한 주요 사항을 설명하고 이해시킬 의무가 있다.
4	불공정 영업행위의 금지	대출성 상품 등	대상 상품과 관련된 계약을 체결할 때 금융사의 우월적 지위를 이용하여 금융소비자가 원하지 않는 금융상품의 가입을 권유하는 행위, 끼워팔기, 조건판매 등은 금지해야 한다.
5	부당 권유행위 금지	보장성 상품 투자성 상품 등	금융상품 판매업자의 구매권유 시 불확실한 상황에 대한 단정적 판단, 근거 없는 허위사실을 제공하는 등으로 현혹하는 부당한 권유행위를 금지해야 한다.
6	금융상품 등에 관한 광고 관련 준수사항	모든 금융상품	금융상품 광고 시 필수적으로 포함되어야 하는 사항과 금지되는 행위에 대한 규제 준수와 금융상품 판매업자가 아닌 자가 금융상품에 관한 광고를 하는 것은 금지, 금융상품에 관한 광고와 관련한 의무표시사항, 금지사항 등에 대한 규정을 준수할 의무가 규정되어 있다.
7	계약서류의 발급업무	모든 금융상품	금융상품직접판매자가 금융상품에 관한 계약을 체결하는 경우 마땅히 금융사는 금융소비자에게 계약서류를 지체없이 발급하도록 의무화하고 있음을 인식해야 한다.

가. 적합성의 원칙

적합성의 원칙은 판매업자가 일반 금융소비자에게 금융상품을 권유할 때 거래 목적과 상황 등 해당 금융소비자의 특성에 비추어 적합한 상품을 권유해야 한다는 원칙을 말한다.

금융상품판매업자 등은 금융소비자에게 보장성 상품, 투자성 상품_(자본시장과 금융투자업에 관한 법률 제9조27항에 따른 온라인 소액투자중개의 대상이 되는 증권 등의 투자성 상품은 제외), 대출성 상품의 계약체결을 권유하는 경우에는 면담, 질문 등을 통하여 정보를 파악하고, 서명_(전자서명법 제2조2호에 따른 전자서명을 포함한다), 기명날인, 녹취, 그 밖에 방법으로 확인을 받아 이를 유지, 관리하여야 하며, 확인받은 내용을 일반금융소비자에게 지체 없이 제공해야 한다.

사례 - 적합성의 원칙

과거 신용거래 및 주식투자 경험이 없고 안정적인 투자를 원하는 금융소비자에게 신용 거래를 권유한 경우에도 적합성의 원칙위반이라고 볼 수 있다.

금융상품 판매직원이 '자신에게 주식투자를 맡겨 달라'고 하며 피해자를 설득하여 계좌를 개설하였는데 주식투자 경험이 전혀 없었던 피해자는 금융사 직원에게 주식거래에 관한 포괄적 권한을 부여하였다.

한편 금융사 직원은 피해자가 신용거래계좌를 설정하지 않은 관계로 조금밖에 이익을 볼 수 없었다면서 신용거래계좌 설정을 권유하였는데, 원고가 신용계좌 개설과정에서 피고회사 창구 직원에게 신용거래에 관한 일반적인 설명을 들었다고 주장하였다.

나. 적정성의 원칙

고객의 목적, 재산 상황, 투자 경험 등의 정보를 파악하여 적정하지 않다고 판단되면 그 사실을 투자자에게 알리고, 서명, 기명날인, 녹취 등의 방법으로 확인 받아야 한다. 금융상품을 판매하려는 경우에도 금융소비자가 제대로 상품을 이해하도록 하는 고객숙지의무를 갖는다. 그리고 적정성의 원칙에 따라 일반투자자에게 적정하지 않다고 판단하는 경우 그 사실을 알려야 한다. 주요 대상 상품으로는 투자성 상품, 보장성 상품, 대출성 해당 상품 등이다.

대상 상품에 대해 구매·권유하지 않고 금융상품 관련 계약을 체결하고자 하는 경우 일반금융소비자의 정보를 파악하고, 금융상품이 일반금융소비자에게 적합하지 않을 경우 위험성을 알리고 향후 분쟁이 없도록 하는 것을 원칙으로 하여야 한다.

다. 설명의무

금융사는 일반투자자를 상대로 투자 권유를 하는 경우 금융투자상품의 내용, 투자에 따르는 위험 등을 투자가가 이해할 수 있도록 설명할 의무를 갖는다. 이를 위반하여 발생한 일반투자자의 손해에 대해서도 배상할 책임을 갖는다.

금융사는 해당 금융투자 상품의 가치에 피해를 입힐 수 있는 사항이라도 투자자의 합리적인 판단을 위해 구체적으로 설명하여야 하며, 중요사항을 누락하지 않아야 한다. 이를 위반하여 발생한 금융소비자의 손해에 대해서 금융사는 배상할 책임을 갖는다. 금융투자업자는 거짓의 내용을 알리는 투자권유, 불확실한 사항에 대하여 단정적 판단을 제공하거나 확실하다고 오인하게 할 소지가 있는 투자권유, 소비자가 요청하지 않은 투자권유를 절대 해서는 안 된다.

금융상품판매업자 등은 일반금융소비자에게 계약체결을 권유하는 경우 및 일반금융소비자가 설명을 요청하는 경우에는 금융상품에 관한 중요한 사항을 일반금융소비자가 이해할 수 있도록 설명하여야 한다.

금융상품과 연계 또는 제휴된 금융상품 또는 서비스 등이 있는 경우
가) 연계 · 제휴서비스 등의 내용
나) 연계 · 제휴서비스 등의 이행책임에 관한 사항
다) 그 밖에 연계 · 제휴서비스 등의 제공기간 등 연계 · 제휴서비스 등에 관한 중요한 사항

또한 청약 철회의 기한 · 행사방법 · 효과에 관한 사항을 반드시 설명해야 한다.

금융상품판매업자 등은 설명에 필요한 설명서를 일반금융소비자에게 제공하여야 하며, 설명한 내용을 일반금융소비자가 이해하였음을 서명, 기명날인, 녹취 또는 그 밖의 방법으로 확인을 받아야 한다. 다만, 금융소비자보호 및 건전한 거래질서를 해칠 우려가 없는 경우로서 대통령령으로 정하는 경우에는 설명서를 제공하지 아니할 수 있다.

금융상품판매업자 등은 상품에 대한 설명을 할 때, 일반금융소비자의 합리적인 판단 또는 해당 금융상품의 가치에 중대한 영향을 미칠 수 있는 사항을 거짓으로 또는 왜곡(불확실한 사항에 대하여 단정적 판단을 제공하거나 확실하다고 오인하게 할 소지가 있는 내용을 알리는 행위를 말한다)하여 설명하거나 중요한 사항을 빠뜨려서는 안 된다고 규정하고 있다.

1) 부실고지

부실고지란, 계약 시 중요한 사항을 표기하지 않거나 허위 사실을 표기하는 것을 말한다. 금융거래 계약에 있어서 중요한 사항은 계약의 목적과 소비자의 계약 체결 의사에 영향을 미치는 사항이라고 할 수 있다. 계약 시 중요한 사항을 상품별로 보면, 보험상품의 경우 상품의 내용, 보험료율의 체계, 보험청약서상 기재사항의 변동, 보험자의 면책사유, 보험금의 지급사유, 보험계약자 또는 피보험자가 부담하는 의무와 그 의무를 해태한 경우 받을 불이익, 보험계약의 해지사유, 보험자의 책임개시 시기 등을 들 수 있고, 펀드와 같은 투자성 상품의 경우 상품구조, 투자위험, 수수료, 계약해지조건, 조기상환조건 등을 들 수 있다.

금융상품의 판매 시 부실고지를 하는 것은 진실 또는 진정하지 않은 말을 한다는 것을 의미한다. 판매자는 객관적인 사실을 판단하여야 하고, 계약시점을 기준으로 계약체결에 이르기까지 판매자의 행위를 전체적으로 고려하여야 한다.

예를 들어, 투자 권유 시 투자의 유리함에 대해서 지나치게 편향된

설명을 하게 되면, 펀드 조건을 사실과 다르게 설명할 수 있고, 보험 계약 시 추후 연금으로 전환 가능하다고 설명하였으나, 전환이 되지 않는 경우 등이 발생할 수 있다.

사례 - ○○생명 연금보험

민원인 A씨는 10년을 보증하는 연금 상품에 가입했다. 판매 시에는 기본연금과 배당연금(증액연금+가산연금)의 표기에 큰 금액을 주는 것처럼 판매했다. 하지만 막상 연금을 개시하니 보험사 측에는 기본연금 외에 배당연금은 금리가 떨어져서 하나도 줄 수 없다고 말했다. 보험사는 처음 상품에 대해서 고지할 때 배당금을 많이 받을 수 있다며 유리함에 대해서만 편향되게 고지를 하였다. 하지만 이후에는 2차, 3차 배당은 커녕 아예 배당금을 받을 수 없었다. 계약 시 허위사실을 유포한 점에서 설명의무를 위반하였으며, 그중에서도 부실고지를 한 것이라 할 수 있다.

---

2) 불이익사실의 불고지

소비자에게 계약체결을 권유할 때 이익이 되는 사항은 고지하고, 소비자에게 불이익으로 되는 사실을 고의로 알리지 않은 경우가 대표적인 예이다. 적극적으로 부실한 정보를 제공한 것은 아니지만, 이익이 된다는 취지는 알리면서 불리한 사실을 알리지 않은 경우도 이에 해당된다. 소비자의 불만 가운데 "그러한 내용을 알았더라면 계약을 하지 않았을 것"이라는 민원이 자주 접수된다. 예를 들면, 펀드를 판매하면서 원금손실의 가능성을 일절 언급하지 않은 경우, 파산 등의 위험에 대하여 언급하지 않은 경우, 환차손에 대한 추가비용에 대하여 설명하지 않은 경우 등을 들 수 있다. 이들 사례의 특징은 상품가입 당시 불리한 사실에 대해 고지를 하였다면 펀드가입을 하지 않았을 것이고, 불리한 사실을 의도적으로 설명하지 않았기 때문에 펀드 계약을 체결하였다는 것이다.

이에 소비자들이 뒤늦게 원금이 손실되어 손해 입었음을 알고 계약취소 혹은 손해배상을 요구하면, 금융기관은 소비자가 주장한 내용에 대하여 약관이나 청약 서류상 서명 등을 이유로 소비자의 요구를 거절하고 있다. 주요대상 상품으로는 모든 금융상품이다. 금융소비자에게 금융상품을 구매 권유하는 경우, 금융상품에 대한 주요사항을 설명하고 이해시킬 의무가 있다.

사례 – ○○손해보험

민원인 A씨는 2010년 9월 8일 은행 창구 직원의 권유로 손해보험에 가입했다. 직원은 '경과 기간별 해약환급급 예시표'에 의하면 만기 수령 시 원금손실은 전혀 없으며 시중 금리를 반영하여 원금에 이자가 적절하게 부가되어 이익이 된다고 하며 권유한 상품이었다. A씨는 직원말만 믿고 2010년 9월 8일부터 월 10만 원씩 10년 불입하여 2020년 9월 8일 만기가 도래하였을 때 받은 만기 환급금이 11,897,489원이었다. 이는 불임원금인 12,000,000원보다 적은 금액이었으며 계약 당시 은행 측에서 제공한 계약 내용에 의한 만기 시 수령액인 13,082,227원에 비

해 터무니 적은 금액이었다. 보험상품 판매 시 원금손실 가능성에 대해 일절 언급하지 않았으며 이익이 된다는 취지만 밝히고 불리한 사실은 밝히지 않았다. 이는 설명의무 위반이며 불이익사실 불고지에 해당하는 경우라고 할 수 있다.

〈 금융상품별 설명의무사항 〉

	보장성 상품	투자성 상품	예금성 상품	대출성 상품
설명사항	•상품 내용 •위험보장을 위하여 일반금융소비자가 지급하는 금전·권리 등 •위험보장 범위 •대통령령으로 정하는 사항	•상품내용 •투자에 따른 위험 •금융소비자가 부담해야 하는 수수료 •금융상품직접 판매업자가 정한 위험등급 •대통령령으로 정하는 사항	•상품내용 •이자율, 수익률, 중도해지 수수료 •대통령령으로 정하는 사항	•금리 및 변동여부, 중도상환수수료 부과여부·기간 및 수수료율 등 대출성 상품의 내용 •상환방법에 따른 상환금액·이자율·시기 •저당권 등 담보권 설정에 관한 사항, 담보목적물의 권리변동에 관한 사항 •대출원리금, 수수료 등 금융소비자가 대출계약을 체결하는 경우 부담하는 금액의 총액 •대통령령으로 정하는 사항

라. 불공정 영업행위의 금지

우리나라 금융사업의 진입은 엄격히 규제되어 있다. 정부가 인허가권을 갖고 있기 때문에 강한 자본력과 로비력이 있어야 진입이 허용된다. 그래서 금융산업은 대부분 그룹사나 대기업이 진입하여 독과점체제를 유지하고 있다. 독과점체제는 회사 간 담합의 유혹이 크다. 가격경쟁보다는 담합으로 얻는 이익이 훨씬 크기 때문이다. 따라서 금융사들은 담합이 적발되었을 때 소액의 과징금만 내면 해결되므로 더 큰 이익을 위해 담합을 하려는 유혹을 받게 된다.

이뿐만이 아니다. 대출 시 돈을 빌려주는 입장의 금융기관이 상대적으로 돈을 빌려야 하는 소비자의 입장, 즉 갑과 을의 관계임을 이용하여 꺾기 형태로 다른 상품을 판매하거나, 주택담보대출의 근저당권설정비를 금융소비자에게 물리는 등의 영업행위가 문제가 된 적도 많다.

금융사는 우월적 지위를 이용한 부당한 금융상품 가입행태를 반드시 근절하여야 하며, 금융 당국은 이를 엄격히 제한하고 있다. 주요대상 상품으로는 대출성 상품이다. 대상 상품과 관련된 계약을 체결할 때 금융사의 우월적 지위를 이용하여 금융소비자가 원치 않는 금융상품의 가입을 권유하는 행위, 끼워팔기, 조건판매 등은 금지해야 한다.

사례 - ○○은행의 우월적 지위를 이용한 거래

민원인 A씨는 은행과 거래하는 법무사이다. 이 은행의 신임지점장이 사무장을 불러 현재 1억 5천만 원의 적금이 있는데 해지하고 다른 걸 가입하라고 요구하였다. 하지만 A씨는 지금까지 원금 손실이 없는 것이라면 계속 협조를 했었으니 이번에도 그러겠다고 할 수밖에 없었다. 이에 적금 해약 서류를 작성해주었다. 그리고 아무런 설명 없이 다른 걸 가입하라고 하기에 배우자의 명의로 가입을 하였다. 후에 알고 보니 하나는 보험이었고 하나는 전문사모투자였다. 공신력 있는 은행 지점장이 하라는 것이니 별일 없겠다고 생각했으나 코로나 사태로 인하여 원금의 60% 손실을 입었다. 이에 A씨는 지점장의 우월적 지위를 이용한 불공정 거래에 부당함을 제기하였다.

마. 부당 권유 행위 금지

금융상품판매업자 등은 계약체결을 권유하는 행위를 해서는 안 된다. 불확실한 사항에 대하여 단정적 판단을 제공하거나 확실하다고 오인하게 할 소지가 있는 내용을 알리는 행위나 금융상품의 내용을 사실과 다르게 알리는 행위, 금융상품의 가치에 중대한 영향을 미치는 사항을 미리 알고 있으면서 이를 금융소비자에게 알리지 아니하는 행위, 금융상품 내용의 일부에 대하여 비교대상 및 기준을 밝히지 아니하거나 객관적인 근거 없이 다른 금융상품과 비교하여 해당 금융상품이 우수하거나 유리하다고 알리는 행위는 금지된다.

보장성 상품의 경우 금융소비자가 보장성 상품계약의 중요한 사항을 금융상품직접판매업자에게 알리는 것을 방해하거나 알리지 아니할 것을 권유하는 행위나 금융소비자가 보장성 상품 계약의 중요한 사항에 대하여 부실하게 금융상품직접판매업자에게 알릴 것을 권유하는 행위를 포함하고 있다.

투자성 상품의 경우 금융소비자로부터 계약의 체결권유를 해줄 것을 요청받지 아니하고 방문·전화 등 실시간 대화의 방법을 이용하는 행위, 계약의 체결권유를 받은 금융소비자가 이를 거부하는 취지의 의사를 표시하였는데도 구매 권유를 계속하는 행위가 포함된다.

1) 단정적 판단의 제공

미래의 불확실한 변동사항에 대해 소비자가 재산상의 이득을 얻을 수 있을지 판단하는 것은 계약의 성격상 곤란한 사항이다. 판매자가 단정적 판단을 제공하여 소비자를 오인시키는 행위는 금지되어야 한다.

2) 불초청 권유

불초청 권유란, 소비자가 요청하지 않은 판매권유를 말한다. 이전에 받았던 투자권유에 대해 거절의 의사표시를 하였음에도 불구하고 지속적인 판매권유를 하는 경우도 불초청 권유에 포함된다. 사전 동의 없는 방문, 전화 판매 등의 불초청 권유 행위가 빈번히 일어나고 있다. 하지만 이에 대한 피해를 소비자가 피해로 인식하지 않고 넘어가는 경우가 많기 때문에 피해사례가 크게 나타나지 않고 있다. 주요대상 상품으로는 모든 금융상품이다. 금융상품판매업자의 구매권유 시 불확실한 상황에 대한 단정적 판단, 근거 없는 허위사실을 제공하는 등으로 금융소비자를 현혹하는 부당한 권유행위를 금지해야 한다.

사례 – 지속적인 투자 유치 재촉

민원인 A씨는 투자자산운용사인 B씨가 97배 높은 환율차익을 이용해서 투자금의 높은 수익을 올려준다는 말을 듣고 지속적으로 투자를 하였다(도합 9,750만 원 투주). 하지만 B씨는 투자금의 최종 수익금을 환불해

주지 않았고, 환율거래 차익을 이용하여 점점 더 큰 금액을 투자하였다. 결국 최종적으로 보유금이 1억 9천만원까지 쌓이게 되었다. B씨는 수익이 너무 커서 나중에 금감원 감시를 받게 될 경우 문제가 생길 수 있다며, 더 큰 투자금을 요구하고 수익금을 환급해주고 있지 않은 상태이다. 이에 A씨는 환급을 요청했지만, B씨는 계속해서 더 큰 수익을 낼 수 있을 것처럼 더 큰 투자금을 요청하고 있다. A씨는 투자권유에 거절의 의사를 하였음에도 불구하고 지속적인 투자권유를 하는 B씨의 행동에 부당함을 제기하고 있다.

바. 금융상품 등에 관한 광고관련 준수사항

투자권유대리인 및 금융상품판매대리, 중개업자(금융상품판매업자 등이 아닌 자)는 금융상품판매업자 등의 영위업무 또는 금융상품에 관한 광고를 해서는 아니 된다. 또한 금융상품판매업자가 광고를 하는 경우에도 금융소비자의 판단을 흐리거나 오해의 소지가 있는 광고를 해서는 안 된다고 규정하고 있다. 주요대상 상품으로는 모든 금융상품이다. 금융상품 광고 시 필수적으로 포함되어야 하는 사항과 금지되는 행위에 대한 규제 준수와, 금융상품판매업자가 아닌 자가 금융상품에 관한 광고를 하는 것은 금지하고 있으며, 금융상품에 관한 광고와 관련한 의무표시 사항, 금지사항 등에 대한 규정을 준수할 의무가 규정되어 있다.

사. 계약서류의 발급업무

금융상품 직접판매업자, 금융상품 자문업자는 금융상품에 관한 계약을 체결하는 경우 금융상품 유형별로 당사자가 서명 날인한 계약서류를 지체 없이 소비자에게 발급할 의무가 있다. 주요 대상 상품으로는 모든 금융상품이다. 금융상품 직접판매자가 금융상품에 관한 계약을 체결하는 경우 마땅히 금융사는 금융소비자에게 계약서류를 지체 없이 발급하도록 의무화하고 있음을 인식해야 한다.

3. 금융당국의 상품판매 규제를 위한 활동

가. 상시감시시스템 구축

금융감독시스템 혁신방안의 하나로 금융시장의 위험요인을 조기에 파악하여 즉각 대응할 수 있는 '금융리스크 사전인지시스템' 구축을 추진하고 있다. 이는 새로운 유형의 금융거래와 금융상품의 빈번한 출현과 대내외 불확실성으로 인한 금융시장의 변동성 증대에 대응하여 위험요인을 조기 인식하고 사후 대처가 아닌 사전 예방을 통해 금융시장 안정 및 소비자보호업무를 효과적으로 수행하기 위한 것이다.

금융감독원은 금융회사의 금융상품 판매 시 나타날 수 있는 불완전 판매 등 위법·부당한 영업 행위를 감시할 수 있는 지표를 개발하여 원칙적으로 지표를 통해 금융회사의 자율적인 개선을 유도하고, 개선 노력이 미흡한 회사에 대해 예외적으로 검사를 실시하는 방식의 '불건전 영업행위 상시감시시스템' 을 시행하고 있다.

금융감독원의 노력에도 불구하고 조합 임직원의 규제에 대한 인식 수준 미흡 및 준법의식 부족 등으로 상호금융업권에서 불건전 영업관행이 근절되지 않고, 소비자 불만이 지속적으로 제기되었다. 이에 따라 불건전영업행위 유형별 제도 및 관행을 개선하는 방안으로 연대보증부 대출해소, 규제취지와 맞지 않은 구속성 영업행위 제도 개선, 포괄근저당 담보범위 축소를 위한 특례조항을 마련하였다. 또한 각 중앙회는 불건전 영업행위 의심 거래 보유 모든 조합을 대상으로 전면적인 현장점검을 실시하였고, 전산시스템 구축을 통한 상시 감시를 강화하였다.

1) 보험대리점 상시 감시지표 구성항목 및 주요내용

〈 보험판매 비중 〉

2014	2015	2016 상반기
34.3%	35.9%	37.8%

보험대리점은 외형 위주의 성장 및 과당경쟁으로 불완전판매 등 불건전 영업행위를 끊임없이 야기하였다. 이에 금융감독원은 모집질서 개선 및 대리점의 자정기능 강화를 위해 자율협약* 체결을 유도하고, 준법감시인 협의제** 등을 도입하였다.

* 소비자보호 · 보험산업 신뢰도 제고를 위해 보험회사와 대리점간 체결한 협약
** 대리점 준법감시인이 내부통제사항을 자체적으로 점검하고 시정하는 제도

〈 보험대리점의 불완전판매비율 〉

2014	2015	2016 상반기
0.51%	0.44%	0.26%

〈 보험대리점 상시감시지표 구성항목 및 주요내용 〉

부문		세부지표
계약모집	핵심	• 불완전판매비율
	보조	• 해피콜 완전판매 처리율
	보조	• 청약철회율
	핵심	• 모집관련 민원 발생률
	보조	• 고액계약 건수 비중
	보조	• 고액계약 보험료 비중
계약관리	핵심	• 월말계약 집중률
	핵심	• 원거리 청약률
	핵심	• 단·중기 계약 유지율(4·7·13·25회차)
	핵심	• 13·14회차 계약 유지율차
	보조	• 단·중기 고액계약 유지율(4·7·13·25회차)
	보조	• 13·14회차 고액계약 유지율차
	보조	• 약관 대출률·중도 인출률
	핵심	• 모집설계사·수금설계사 상이율
대리점운영	핵심	• 보험설계사수 변동성
	핵심	• 월납 보험료 변동성
	핵심	• 신규계약건수 변동성
	보조	• 선지급 수수료율
	핵심	• 수수료 환수율

※ 출처: 금융감독원 보도자료(2013.12.26), 『금융회사 「불건전 영업행위 상시감시시스템」 구축』

아울러, 대형 대리점(설계사 500인 이상)에 대해서는 '14.9월부터 불건전 영업행위를 선제적으로 포착할 수 있는 상시감시지표(핵심지표 7개, 보조지표 4개)를 개발하여 현장검사에 활용하였다. 이러한 노력의 결과로 보험대리점의 불완전판매비율이 하락하는 등 성과도 있었으나, 여전히 미흡한 수준이다. 상시 감시지표 고도화 및 운영대상 확대 등을 통해 보험대리점에 대한 상시 감시 및 검사를 대폭 강화할 계획이다.

2) 영업행위 상시 감시지표 구성항목 및 주요내용

금융소비자보호의 필요성이 커지면서 감독 사각지대화(grey zone)될 우려가 큰 방카슈랑스 등 9개 영업행위 테마에 대한 감시지표로는 ① 방카슈랑스 ② 펀드 ③ 파생결합증권 ④ 변액보험 ⑤ 퇴직연금 ⑥ 대출모집 ⑦ 약정금리 적용 ⑧ 금융상품 구속행위(꺾기) ⑨ 계열사간 거래가 선정됐다.

감시지표는 해당 영업행위와 관련하여 일반적인 업계 평균 수준의 범위를 과도하게 벗어난 정도 등으로 불건전 영업행위(구속행위, 불완전판매, 특별이익 제공 등) 위험 수준을 판별할 수 있는 지수를 개발하는 것인데 이러한 예로는 ① 금융상품 구속행위(꺾기, 1%룰) 회피 의심거래를 판별할 수 있도록 '대출자의 1개월 초과 예·적금 가입비율' 등을 산출하여 업계 평균과 비교 ② 대출모집인의 신용정보 이용 및 관리의 적정성을 판별할 수 있도록 모집인당 신용조회건수 비율 등을 산출하여 업계 평균과 비교로 불법 영업행위를 사전 감지하려는 목적이다.

영업행위 테마 (대상권역)	주요 감시사항	감시지표	
		개수	주요내용
방카슈랑스 (은행/증권/보험)	• 불공정한 방카슈랑스 영업행위	4	모집수수료 외 판촉비용 비중 등
	• 방카슈랑스 불완전판매	3	조기 실효·해약률, 계약해지율 등
펀드 (은행/증권/보험)	• 적합성원칙 위반	2	투자자성향 미부여 비율 등
	• 상품 설명의무 등 불완전 판매	4	고위험상품 판매비율, 단기환매율 등
파생결합증권 (은행/증권)	• 적합성원칙 준수 여부	1	안정 성향 투자자 비율
	• 상품 설명의무 등 불완전 판매	3	중도환매비율, 고령투자자 비율 등
변액보험 (은행/증권/보험)	• 적합성 원칙 준수 여부 • 상품 설명의무 등 불완전 판매	5	단기해지비율, 계약자 성향 미부여율, 투자성향 과 상품성향 불일치비율 등
퇴직연금 (은행/증권/보험)	• 특별이익 제공	1	경비항목별 집행액(비중) 증감률
	• 과당경쟁	2	원리금 보장상품의 평균금리 등
	• 불완전판매 등	3	민원유형별 발생비중 및 증감률 등
대출모집 (은행/보험/ 여전/저축은행)	• 고금리 대출유도 및 수수료율의 적정성	4	신용대출 고금리대 점유율, 신용대출 수수료율 등
	• 다단계 모집행위, 신용정보 이용 및 관리의 적정성	5	모집인당 신용조회 건수, 인당 대출모집 계약건 수 등
	• 다단계 및 부당자금 유용 등	1	법인소속 대출모집인에 대한 수수료 지급률
약정금리 적용 (은행/보험/저축은행)	• 대출약정서상 금리 적용 순수 여부	2	지표금리와 실제 대출금리간의 상관관계 및 민감도
금융상품 구속행위 (은행/보험)	• 대출과 연계한 금융상품 가입 강요	5	1%룰 회피 의심거래비율 (대출자의 1개월 초과 수신비율, 수신비율 1% 근접 예적금 비율 등)
계열사 거래 (금융지주/계열사)	• 대주주·계열사간 부당거래 • 계열사간 거래한도 초과 등 법 규위반 가능성	8	계열증권사와의 증권매매비율, 계열사 등과의 부동산, 용역거래 비율 등
감시지표 합계		53	

※ 출처: 금융감독원 자료

나. 금융투자상품 불완전판매 대책

금융감독원은 모든 금융상품의 불완전판매로부터 금융소비자를 보호하기 위해, 금융상품의 불완전판매 근절을 중점과제로 추진하면서, 우선 금융투자상품에 대한 불완전판매 종합대책을 내왔다. 금융감독원은 금융투자상품뿐만 아니라 모든 금융상품의 불완전판매로부터 금융소비자에 대한 보호를 강화하기 위해 '금융상품 불완전판매 근절' 보호체계를 입체적으로 구축하였고, 그 과정은 '모든 금융상품의 개발 → 판매 → 유지(사후관리)'로 이루어진다. 금감원은 불완전판매 근절을 위해 ①금융상품에 대한 쉽고 명확한 설명, ②불완전판매에 대한 금융회사의 책임 강화, ③불완전판매에 대한 감독·검사 강화를 하고 있다.

일반적으로 투자자는 불완전판매로 인한 손해의 20~50%(투자자의 과실 50~80% 참작) 정도만을 배상받게 되는데, 이때도 금융회사를 상대로 금융감독원에 금융분쟁조정을 신청하거나, 법원에 소송을 제기하는 구제절차를 거쳐야 한다. 그러나 불완전판매로 인한 피해를 회복하기 위해서는 상당한 시간과 비용 등이 소요될 뿐만 아니라 원상회복은 어려운 것이 현실이다.

금융당국은 금융소비자보호를 더 강화하기 위해 그간 투자자가 입증하기 어려웠던 불완전판매의 입증책임을 금융회사에 부과하고, 불완전판매로 인한 수입에 대하여 금융회사에 징벌적 과징금을 부과하는 등의 법률규정 외에도, 금융소비자보호를 위한 불완전판매 예방을 위해서 금융회사에 대한 규제를 강화하고 있다.

1) 금융회사의 상품조사 · 숙지의무 가이드라인 제도 실시

ELS 등 구조가 복잡한 고위험 금융투자상품의 판매잔액이 100조 원을 상회하는 등 투자수요가 지속되는 상황에서 금융회사와 판매직원이 상품구조 · 위험 등을 정확히 이해하지 못해 수익률 등의 긍정적 부분만 강조하고 판매할 경우 투자자 피해가 발생할 수 있다. 상품조사 · 숙지의무(Know-Your-Product Rule) 가이드라인은 금융회사가 금융투자상품의 제조 · 판매 시 상품의 내용 등을 충분히 조사하고 판매직원이 이를 숙지하도록 하는 일련의 과정을 의미한다.

금융회사 자체적으로 상품조사 · 숙지의무의 이행 여부를 모니터링하여 부족한 점을 개선하고, 판매직원이 ELS 등 판매 시 관련 법규에서 요구하는 자격요건을 갖추고 있는지 여부 등을 주기적으로 점검할 것이다. 금융회사 · 판매직원의 ELS 등에 대한 이해도가 제고되어 투자자에게 충분한 설명이 제공되며, 불완전 판매 가능성이 줄어들 것으로 기대된다.

2) 고객 자산관리 관련 불법 · 불건전 영업행위

신종 금융상품 수요가 증가하고, 고객 자산관리업무 비중이 확대되는 가운데 회사차원의 공격적 마케팅, 영업직원 일탈 등으로 금융투자회사의 대고객 업무에서 불법 · 불건전 영업행위가 확대될 가능성이 큰 상황이다. 해외투자증권 · 펀드 등은 상품의 운용 및 수익구조가 복잡하지만 이에 대한 판매규모가 지속적으로 증가하는 추세에서 기관투자자가 IPO공모주식을 펀드 · 랩 · 신탁에 배정하는 경우 사전 자산배분에 필요한 절차를 확립할 필요가 있다.

〈 상품조사 · 숙지의무 가이드라인 요약 〉

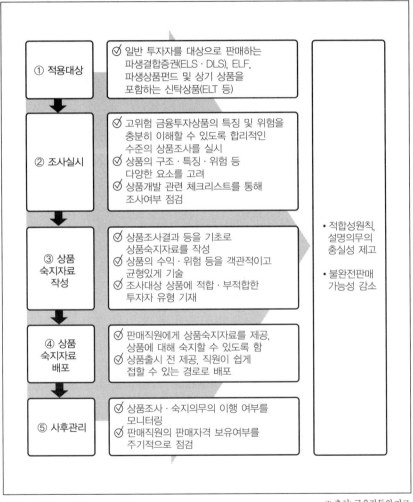

※ 출처: 금융감독원 자료

영업경쟁 심화 및 성과주의 확대에 따라 금융투자회사 직원 및 금융투자상품 판매관련 인력의 불건전 영업행위 가능성 증대에 대비하고 과도한 수수료는 투자자의 정상적인 수익을 저해하는 반면, 과당경쟁에 따른 덤핑 수수료는 고객에게 적정한 서비스를 제공할 수 없게 하거나 관련 비용이 다른 고객에게 전가될 우려가 있다. 고객자산관리와 관련하여 발생할 수 있는 불건전 영업행위 점검을 강화하여 소비자피해를 예방하고 자본시장 신뢰의 제고를 위해 특단의 대책이 시급하다고 할 수 있다.

해외투자상품의 투자권유 및 판매과정에서의 불법행위나 증권·자산 운용사의 상장공모증권 고객배분절차의 적정성, 투자권유대행인 등의 건전 거래질서 교란 행위, 자산관리업무 관련 대고객 수수료 체계의 적정성 등의 불건전 영업에 대한 감독을 강화하고 있다.

3) 자산운용산업의 건전 운용관행 정착

글로벌 금리인상, 성장둔화, 구조조정 등에 따라 부동산 등 실물부문 및 취약업종 관련 투자자산의 가격하락 및 유동성 리스크 증가가 예상되고 있다. 신설 자산운용사 급증, ISA 도입 등으로 은행·증권·자산운용·투자자문사 등 금융권역간 투자일임의 경쟁심화가 예상된다. 수익률 보장·조작, 설명의무 위반, 일임계약 위반 등 불건전 영업행위 방지를 위한 내부통제가 소홀해질 우려와 저금리 추세 지속으로 추가 수익률을 기대하는 대체투자펀드의 투자수요가 증대되고 있으나, 운용과정에서의 내부통제 적정성 미흡이 우려되는 상황이다. 부실우려 자산의 편입비중이 높은 펀드 및 차입형토지신탁 등에 대하여 운용실태 및 투자자에 대한 영향 등 리스크 대응 점검과 자산운용사 및 증권회사의 투자일임업무 관련 수익률 몰아주기 등 불건전 운용행위 방지 및 투자자 보호 실태 전반에 대한 합동점검을 할 예정이다. 자산운용사의 부동산·특별자산펀드 운용과정의 적정성 점검과 함께 로보어드바이저 관련 시스템 구축현황, 프로그램개발·관리인력의 전문성 및 허위과장 광고 여부, 설명의무 준수 및 적합성요건 충족여부 등 투자자보호 관련 검사는 점점 강화될 것으로 보인다.

4) 자본시장 인프라기능 작동의 적정성 강화

자본시장의 안정적 거래기반 구축을 위한 증권사 등 금융사와 인프라 기관*의 안정적 시스템을 통한 금융투자상품 유통 및 투자자 보호를 더욱 강화할 예정이다. 금융투자회사와 인프라 기관의 내부통제업무 등의 강화를 통해 시장의 신뢰제고를 위한 조치를 강화할 예정이다.

*예시: 한국거래소, 한국예탁결제원, 한국증권금융, 금융투자협회, 상장회사협의회, 신용평가회사, 채권평가회사 등

Financial Consumer Protection

제 10 장
금융소비자 민원처리와 기관별 비교

현행법상 '금융위원회 설치 등에 관한 법률' '은행법' '전자금융거래법'
'여신전문금융거래법' '보험업법' '소비자기본법' 등에 의거하여
금융소비자 관련 분쟁 발생 시 전문성이 요구되는 분야에
'재판 외 분쟁해결제도'로 분쟁조정기구가 설치 · 운영되고 있다.

　금융소비자 민원은 1차적으로 소비자가 구매한 금융상품의 공급자인 해당 금융회사에서 처리되고 있다. 금융소비자보호 의식이 강화됨에 따라 각 금융사는 별도로 소비자보호 부서를 조직하여, 금융사의 지속 가능한 경영 및 성장, 시장에서의 우위를 지키기 위해 적극적으로 민원 해결에 나서고 있다. 하지만 금융회사의 입장에서 민원을 처리할 경우 금융소비자는 상대적으로 만족하지 못한 민원처리 결과를 수용하게 될 수도 있으며, 이에 따라 상위 감독기관인 금융당국과 민간형 자율기구(각 협회)나 단체 등을 통하여 민원처리를 할 수 있도록 하고 있다.

　현행법상 '금융위원회 설치 등에 관한 법률' '은행법' '전자금융거래법' '여신전문금융거래법' '보험업법' '소비자기본법' 등에 의거하여 금융소비자 관련 분쟁 발생 시 전문성이 요구되는 분야에 '재판 외 분쟁해결제도'로 분쟁조정기구가 설치·운영되고 있다.

공적기관(행정형)	자율기구(민간형)
– 금융감독원(금융분쟁조정위원회) – 한국소비자원(소비자분쟁조정위원회) – 지자체 대부업 분쟁조정위원회 – 국민권익위원회	– 한국거래소(시장감시위원회) – 금융투자협회(분쟁조정센터) – 소비자 단체

1. 금융감독원

금융감독원은 '금융감독기구의 설치 등에 관한 법률'(1997.12.31 제정)에 의거하여 전 은행감독원, 증권감독원, 보험감독원, 신용관리기금 등 4개 감독기관이 통합되어 1999년 1월 2일 설립되었다. 그 후 2008년 2월 29일에 개정된 '금융위원회의 설치 등에 관한 법률'에 의거하여 현재의 금융감독원으로 거듭났다.

금융감독원은 금융기관에 대한 검사ㆍ감독업무 등의 수행을 통하여 건전한 신용질서와 공정한 금융거래관행을 확립하고 예금자 및 투자자 등 금융 수요자를 보호함으로써 국민경제의 발전에 기여하는 것을 목적으로 하고 있다.

급변하는 대내외 금융환경과 다양한 위험요인에 선제적이고 적극적으로 대응하여 금융시장의 안정을 도모하고 건전한 신용질서를 확립하는 것과 함께 금융회사에 비해 사회적 약자인 금융소비자의 이익을 최우선으로 고려하고, 그 과정에서 금융소비자 피해를 적극적으로 구제·예방, 불합리한 제도·약관·금융 관행을 신속히 개선하여 금융소비자의 만족도를 높이는 역할을 수행하고 있다.

가. 금융민원 절차 및 신청

금융감독원에는 금융소비자와 은행, 보험, 증권 등 금융회사간의 분쟁 또는 조정이 필요한 사항을 신청할 수 있다. 민원처리에 있어 민원 금융소비자의 시간과 비용을 절감하기 위해 내방상담뿐만 아니라 전화 및 인터넷을 활용한 채팅상담 그리고 수화상담까지 제공하고 있다.

1) 상담절차도

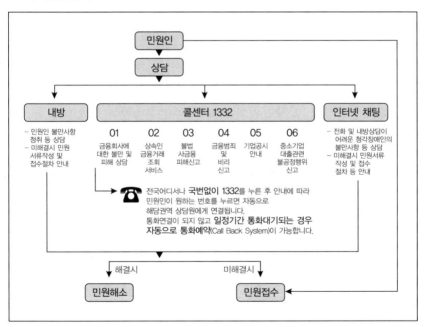

금융감독원에서는 은행, 보험, 증권 등 금융회사와 금융소비자의 민원사항들에 대한 수많은 사례들을 가지고 있으며 이를 바탕으로 해결한 내용을 '분쟁조정사례'에서 각 금융업권별 분쟁사례 및 조정 내용을 열람 가능하도록 되어 있다. 우선 민원인은 일반적인 민원내용의 경우 기존 처리 정보들을 바탕으로 해결이 가능하며, 원하는 답을 얻지 못할 경우 민원 신청을 통해 해결할 수 있다.

금융민원 처리기간은 서류 보안, 사실관계조사 등에 필요한 시간에 따라 상이해질 수 있지만 분쟁조정민원의 경우 30일, 기타 금융민원은 14일 이내이다.

2) 신청방법

민원을 제출하는 경우 민원인의 성명, 주소, 전화번호 및 민원내용을 기재하여 우편, FAX 및 인터넷을 이용하여 접수할 수 있으며, 직접 방문하여 민원상담 후 상담원의 안내를 받아 제출할 수도 있다.

처리진행상황 및 처리결과 조회 또한 인터넷 홈페이지 [나의 민원]에서 확인할 수 있으며 SMS, E-mail로도 통보가 되어 민원처리과정을 금융소비자가 보다 쉽게 접근할 수 있도록 하고 있다.

민원 대상 금융회사는 다음과 같다.

구분	대상금융기관
은행부문	시중은행, 지방은행, 인터넷전문은행, 특수은행, 외국은행 국내지점
중소서민금융부문	상호저축은행, 농업협동조합, 수산업협동조합, 산림조합, 신용협동조합, 농업협동조합중앙회, 수산업협동조합중앙회, 산림조합중앙회, 신용협동조합중앙회, 카드사, 할부금융, 리스, 신기술사업금융, 대부업자(지자체 등록업체 제외) 등
보험부문	생명보험사, 외국생명보험사 국내지점, 손해보험사, 외국손해보험사 국내지점, 보험중개사, 보험대리점, 보험계리업, 손해사정업 등
금융투자부문	증권회사, 외국증권회사 국내지점, 선물회사, 신용평가회사, 채권평가회사, (전업)집합투자기구평가회사, 부동산투자회사(CRREITs 등), 종금사, 자금중개외국환중개사, 자산운용회사, 투자자문회사, (전업)일반사무관리회사, 선박운용회사, 선박투자회사, 부동산신탁사, 펀드온라인코리아, 한국증권금융, 온라인소액투자중개업자 등
기타부문	금융지주회사, 전자금융업자, 신용정보업자, 부가통신업자 등

다만, 아래의 민원인 경우 금감원보다는 해당감독기관에 직접 문의하는 것이 보다 신속한 답변을 받을 수 있다.

금융회사	해당 감독기관
우체국 및 통신과금서비스제공자	과학기술정보통신부
새마을금고	행정안전부
택시(버스, 화물, 주택, 건설)공제	국토교통부
각 시·도 등록 대부업자	관할 시·도
다단계업자, 방문판매업자	공정거래위원회, 관할 시·도
개인 워크아웃 및 신용회복	신용회복위원회
이동통신 관련 명의도용	한국소비자원
수협 공제	해양수산부
파산금융기관	예금보험공사
소관사항을 알 수 없는 경우	국민신문고
개인채무자회생제도, 파산면책 제도	대법원

나. 분쟁조정처리절차

금융피해 신고는 통상 민원의 형태로 접수되어 그 중 경미한 사안은 일반 민원으로 처리하고 손해배상 등 금전적 해결이 필요한 경우 분쟁조정이라는 보다 강력한 수단을 통해 처리한다.

분쟁조정을 신청하면 관련부서는 ① 해당 금융기관 앞 사실조회 ② 현장조사 및 관련자 문답 ③ 내·외부 법률자문 등의 절차를 거치게 되며 외부전문가(법조계, 학계)와 소비자단체 대표로 구성된 금융분쟁조정위원회에 상정하여 최종적으로 결정한다.

다만, 분쟁조정 진행중 당사자 일방이 소송을 제기하면 조정절차는 중지되고, 분쟁조정결과를 양 당사자가 수락하지 않아 조정이 성립되지 않을 경우 소송 등 여타 법적절차 진행이 가능하다.

단, 금융소비자보호법에 의거, 조정대상기관은 일반금융소비자가 신청한 2천만원이내의 소액분쟁사건의 경우, 조정절차가 개시된 이후 조정안을 제시받기 전에는 소를 제기할 수 없다.

- **인용결정:** 신청사항을 전부 또는 일부 받아들이는 경우
- **기각결정:** 신청사항이 이유 없는 경우
- **각하결정:** 분쟁조정 신청 후 당사자 일방이 법원에 소를 제기하거나, 당사자의 주장이 상이하거나 증거 채택이 어려워 사실관계의 확정이 곤란한 경우 등 조정의 실익이 없다고 인정되는 경우

〈 금융분쟁조정 처리절차 〉

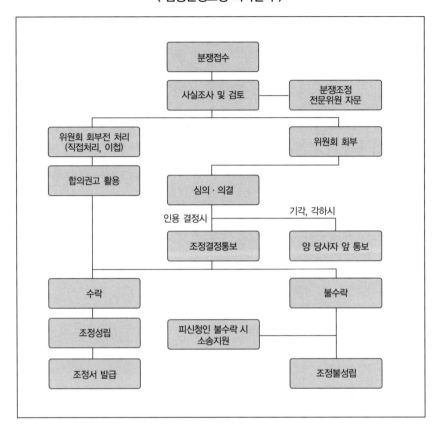

– 분쟁조정이 성립되는 경우

분쟁조정위원회의 조정결정은 법원에 의한 판결이 아닌 조정안의 제시이다. 따라서 당사자가 조정결정을 수락하는 경우 조정이 성립되지만, 양 당사자 중 어느 한쪽이 조정결정을 불수락하는 경우 조정은 불성립된다. 조정결정에 대한 수락 여부는 전적으로 분쟁당사자의 자유의사에 있다.

조정결정의 내용은 즉시 당사자에게 통보되며, 당사자가 통보를 받은 날로부터 20일 이내에 조정결정수락서에 기명하고 날인하여 제출하면 조정이 성립된다. 이 경우 당사자가 20일 이내에 조정안을 수락하지 않으면 조정안을 수락하지 않은 것으로 본다.

당사자 쌍방이 조정결정 내용을 수락하여 조정이 성립되면 재판상 화해와 동일한 효력을 가지게 되고, 이렇게 확정된 조정결정 내용을 어느 일방이 이행하지 않을 경우에는 별도의 소송절차 없이 조정서를 근거로 강제집행이 가능하다. 조정이 성립되어 '재판상 화해'의 효력이 발생되면 기판력이 생기기 때문에 다시 소송을 제기하여 다툴 수 없다.

– 분쟁조정이 성립되지 않는 경우

분쟁조정위원회의 조정결정에 대하여 당사자 일방이 이를 거부하여 조정이 불성립된 경우 법원의 소송절차를 통해 해결할 수 있다. 신청인의 청구를 인용하는 것을 조정결정된 사건으로서 피신청인인 금융회사의 조치가 현저히 부당하다고 위원회가 인정하는 경우 소송지원이 이뤄지기도 한다.

다. 금융분쟁조정위원회

금융분쟁조정위원회는 금융감독원의 검사를 받는 금융회사와 금융소비자 사이에 발생하는 금융관련 분쟁의 조정에 관한 심의사항을 의결하기 위해 설치된 기구다.

금융분쟁조정이란 금융소비자 등이 금융관련기관을 상대로 제기하는 분쟁에 대하여 금융감독원(금융분쟁조정위원회)이 조정신청을 받아 합리적인 분쟁해결 방안이나 조정의견을 제시하여 당사자 간의 합의를 유도함으로써 소송을 통하지 않고 분쟁을 원만하게 해결하는 자주적 분쟁해결방식의 하나이다.

1) 금융분쟁조정제도의 특징

가) 비용 없이 신속 간편하게 분쟁신청
- 금융소비자는 직접 방문, 우편, 팩스, 인터넷 등 다양한 방법으로 금감원에 분쟁 신청 가능

나) 전문적이고 공정한 처리
- 금융에 전문지식을 가진 금감원 직원이 신청인을 대신하여 분쟁내용을 철저히 조사, 처리하므로 신청인에게 보다 유리
- 법조계, 소비자 단체, 학계 등 전문가로 구성된 금융분쟁조정위원들이 합의하여 조정결정을 내리므로 공정성 보장

다) 금융분쟁조정위원회의 구성 및 운영
- 금융분쟁조정위원회의 구성은 위원장 1인을 포함하여 35인 이내로 구성되며, 다음과 같은 전문가로 구성되어 있다. 위원의 임기

는 2년이며, 조정위원회의 회의는 위원장이 회의마다 지명하는 6명 이상 10명 이하의 조정위원회 위원으로 구성한다. 조정위원회는 과반수의 출석과 출석위원 과반수의 찬성으로 의결한다.

- 판사 · 검사 또는 변호사
- 소비자보호단체의 임원, 임원으로 재직하였던 자, 15년 이상 근무경력이 있는 자
- 조정기관, 금융회사 및 유관기관 · 단체에서 15년 이상 근무경력이 있는 자
- 금융 또는 소비자분야에 관한 학식과 경험이 있는 자
- 전문의의 자격이 있는 의사
- 기타 분쟁의 조정과 관련하여 금융감독원장이 필요하다고 인정하는 자

라) 금융감독원의 금융분쟁조정 사례

- A보험회사와 보험계약을 체결한 B가 계약의 책임개시일로부터 2년 후 자살하였는데 수익자인 C가 A회사를 상대로 재해사망특약에 기한 보험금의 지급을 구한 사안에서, C의 재해사망보험금 청구권은 소멸 시효의 완성으로 소멸하였고, A회사의 소멸시효 항변이 권리남용에 해당하지 않는다고 한 원심판단이 정당하다고 한 사례

2. 한국소비자원

한국소비자원은 소비자의 권익을 증진하고 소비생활의 향상을 도모하며 국민경제의 발전에 이바지하기 위해 국가에서 설립한 전문기관으로 1987년 7월 1일 소비자보호법에 의하여 '한국소비자보호원'으로 설립된 후, 2007년 3월 28일 소비자기본법에 의해 '한국소비자원'으로 기관명이 변경되었다.

주요기능은 다음과 같다.

① 소비자 권익관련 제도와 정책의 연구 및 건의
② 물품, 용역의 규격, 품질, 안정성 등에 관한 시험검사 및 거래조건, 방법에 대한 조사, 분석
③ 소비자의 권익 증진, 안전 및 소비생활 향상을 위한 정보의 수집, 제공 및 국제협력
④ 소비자의 권익증진, 안전 및 능력개발과 관련된 교육, 홍보 및 방송사업
⑤ 소비자 불만처리 및 피해구제
⑥ 소비자 권익증진 및 소비생활 합리화를 위한 종합적인 조사, 연구
⑦ 국가 또는 지방자치단체가 소비자 권익증진과 관련하여 의뢰한 조사 등의 업무
⑧ 그 밖에 소비자의 권익증진 및 발전에 관한 업무

한국소비자원은 정책연구, 거래개선, 피해구제, 소비자안전, 시험검사, 소비자교육, 소비자 정보 등을 제공하고 있으며, 특히 피해구제 관련하여 상담 및 피해구제, 분쟁조정을 하고 있다. 이는 유형의 재화 거래뿐만 아니라 금융거래에 있어서의 금융소비자 피해 구제도 포함하고 있다.

가. 상담·피해구제 범위

소비자가 사업자가 제공하는 물품 또는 용역을 사용하거나 이용하는 과정에서 피해가 발생할 경우 피해구제 접수를 할 수 있다.

1) 피해구제 대상에서 제외되는 경우

- 사업자의 부도, 폐업 등으로 연락이 불가능하거나 소재파악이 안 되는 경우
- 신청인(소비자)의 주장을 입증(입증서류 미제출 포함)할 수 없는 경우
- 영리활동과 관련하여 발생한 분쟁, 임금 등 근로자와 고용인 사이의 분쟁, 개인 간 거래 등 소비자와 사업자 사이의 분쟁이 아닌 경우
- 국가 또는 지방자치단체가 제공한 물품 등으로 인하여 발생한 피해인 경우
- 소비자 분쟁조정위원회에 준하는 분쟁조정기구에 피해구제가 신청되어 있거나 피해구제절차를 거친 경우
- 법원에 소송 진행 중인 경우 등

2) 사례

질문자는 자동차 보험에 가입된 가해자의 100% 책임 있는 사고로 보유 차량을 폐차하게 된 피해자이다.

질문 수리가 불가능해 폐차 후 차량을 새로 구입할 예정인데, 이 때 발생하는 자동차 취득세, 등록세를 보험사에게 요구할 수 있나요?

답변 요구할 수 있습니다. 자동차 보험 약관 대물배상 지급기준에는 '사고 직전 피해물의 가액에 상당하는 동종의 대용품을 취득할 때 실제로 소요된 필요 타당한 비용'을 지급한다고 규정하고 있습니다. 다만, 신차를 구입할 경우 신차가액을 기준으로 발생하는 취득세 및 등록세가 아닌, 사고로 손상된 차량의 가액을 기준으로 보험사가 보상하는 취득세, 등록세가 산정됩니다.

나. 분쟁조정

민사 분쟁은 원칙적으로 소송을 통해 해결해야 하나 재판은 상당한 시간과 비용이 소요되고 절차가 복잡하기 때문에 피해 금액이 크지 않은 소비자 피해 사건에는 적절하지 않은 경우가 많다. 분쟁조정제도는 재판절차의 시간과 비용을 절약할 수 있는 소송대체적 분쟁해결 방법의 하나로 한국소비자원의 소비자분쟁조정위원회는 소비자·사업자단체 대표, 법조계, 의료·자동차·금융 등 전문가 50인으로 구성되어 있으며 준사법적 기능을 수행한다. 소비자와 사업자로부터 증거와 관련 자료를 제출받아 시험 검사, 전문위원회 의견 등을 참고하여 공정한 조정결정을 하게 된다. 양 분쟁 당사자가 조정결정을 수락할 경우 재판상 화해와 동일한 효력을 갖는다.

다. 피해구제(합의권고)

'피해구제'란 소비자가 사업자가 제공하는 물품 또는 용역을 사용하거나 이용하는 과정에서 발생하는 피해를 구제하기 위하여 사실조사, 전문가 자문 등을 거쳐 관련 법률 및 규정에 따라 양 당사자에게 공정하고 객관적으로 합의를 권고하는 제도이다. 분쟁의 해결은 원칙적으로 민사소송을 통해 해결하여야 하나 재판은 상당한 시간과 비용이 소요되고 절차가 복잡하기 때문에 피해 금액이 크지 않은 소비자 피해 사건에는 적절하지 않은 경우가 많다. 한국소비자원의 분쟁조정제도와 같은 피해구제방법은 법원 판결과 달리 강제력은 없지만, 큰 비용 없이 신속하게 분쟁을 해결할 수 있다. 다만, 아래와 같은 경우에는 피해구제 대상에서 제외된다.

- 사업자의 부도, 폐업 등으로 연락이 불가능하거나 소재파악이 안 되는 경우
- 신청인(소비자)의 주장을 입증(입증서류 미제출 포함)할 수 없는 경우

- 영리활동과 관련하여 발생한 분쟁, 임금 등 근로자와 고용인 사이의
  분쟁, 개인 간 거래 등 소비자와 사업자 사이의 분쟁이 아닌 경우
- 국가 또는 지방자치단체가 제공한 물품 등으로 인하여 발생한 피해
  인 경우
- 소비자분쟁조정위원회에 준하는 분쟁조정기구에 피해구제가 신청되
  어 있거나 피해구제절차를 거친 경우
- 법원에 소송 진행 중인 경우 등

라. 피해구제 절차

1) 소비자 상담

소비자피해 발생 시 소비자상담을 신청하면 대응방법 안내 등 신속한 문제해결에 도움을 받을 수 있으며, 피해구제 신청 전 먼저 상담을 받아야 한다.

2) 피해구제 신청

소비자상담으로 문제가 해결되지 않을 경우 방문, 우편, 팩스, 인터넷을 통하여 피해구제를 신청할 수 있는데, 접수된 피해구제는 30일 이내에 처리하며 사안에 따라 90일까지 연장이 된다.

3) 사업자 통보

피해구제가 접수되면 해당 사업자에게 피해구제 접수사실이 통보된

다. 접수사실을 통보 받은 사업자는 사건 발생 경위 등에 대한 해명과 합의 의사를 전달해 오는 경우도 있을 수 있다.

4) 사실조사

소비자의 주장과 사업자의 해명을 토대로 '서류검토', '시험검사', '현장조사', '전문가자문' 등을 통해 사실조사를 실시한다.

〈 피해구제 절차도 〉

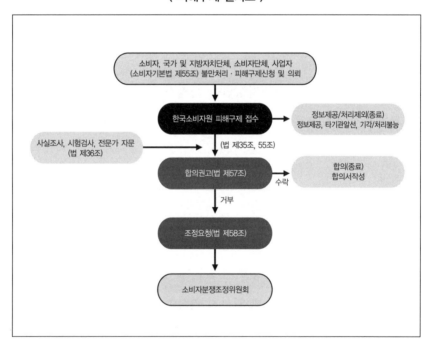

5) 합의권고

사실조사를 바탕으로 관련 법률 및 규정에 따라 공정하고 객관적으로 양당사자에게 합의를 권고하며 합의가 이루어질 경우에는 사건은 종결된다. 사실조사결과 사업자에게 귀책사유가 없는 것으로 판명된 때에는 합의권고 없이 사건이 종결된다.

6) 소비자분쟁조정위원회 조정

원만한 합의가 이루어지지 않은 경우 소비자분쟁조정위원회에 조정을 신청한다.

마. 분쟁조정

소비자상담을 통해 접수된 소비자피해 사건은 피해구제, 분쟁조정 등의 절차를 거쳐 처리된다. 소비자분쟁은 민사를 통한 해결이 원칙이지만, 비용과 시간이 많이 소요될 수 있다. 소비자 분쟁조정은 이를 대체할 수 있는 분쟁해결방법으로서, 소송에 비해 비용이 적게 들고 간편하다는 장점이 있다.

소비자분쟁조정위원회는 양 당사자가 공동의 합의안을 이끌어낼 수 있도록 공정하고 객관적인 조정결정을 내리고 있다. 소비자분쟁조정위원회 개최 후, 분쟁조정 결과에 대한 양 당사자의 수락으로 조정이 성립되면, 확정판결과 동일한 '재판상 화해 효력'이 발생하며, 소비자는 관할 법원에 강제집행을 신청할 수 있다.

1) 조정요청

피해구제에서 합의가 이루어지지 않은 경우 소비자분쟁조정위원회에 분쟁조정을 신청한다. 국가나 지방자치단체 장은 소비자분쟁이 해결되지 않은 경우 위원회에 직접 조정을 신청 접수할 수 있다(소비자기본법 제65조 제1항).

2) 소비자분쟁조정위원회

위원장 1인을 포함하여 150인 이내의 위원으로 구성하며, 위원장을 포함한 5명은 상임으로 하고, 나머지는 비상임으로 한다(소비자기본법 제61조 제1항).

3) 사전검토

객관적이고 공정한 조정결정을 위하여 필요한 경우, 사실조사, 시험검사, 전문위원회 자문 등을 추가 진행한다.

4) 분쟁조정회의 개최

상임위원을 포함하여 3~11명의 위원이 사건을 심의 · 의결한다.

5) 조정결정

위원장은 분쟁조정을 마친 후 당사자에게 그 분쟁조정의 내용을 통지하고 양 당사자는 그 통지를 받은 날부터 15일 이내에 분쟁조정의 내용에 대한 수락 여부를 조정위원회에 서면으로 통보하여야 하며, 15일 이내에 의사표시가 없는 때에는 조정이 성립되어 그 분쟁조정의 내용은 재판상 화해와 동일한 효력을 갖는다(소비자기본법 제67조).

6) 종료

조정위원회는 조정신청을 받은 날부터 30일 이내에 분쟁조정을 마쳐야 하나 정당한 사유로 인해 30일 이내에 그 분쟁조정을 마칠 수 없는 때에는 그 기간을 연장할 수 있다(소비자기본법 제66조).

바. 집단분쟁조정

1) 집단분쟁조정 신청요건

집단분쟁조정 신청은 다음 두 가지 요건을 모두 갖추어야 신청할 수 있다(소비자기본법 제68조 제1항 및 소비자기본법 시행령 제56조).
  - 물품 등으로 인한 피해가 같거나 비슷한 유형으로 발생한 소비자의 수가 50명 이상인 사건
  - 사건의 중요한 쟁점이 사실상 또는 법률상 공통된 사건

다만 자율적 분쟁조정, 한국소비자원장의 권고, 그 밖의 합의가 이루어진 경우, 분쟁조정기구에서 조정이 진행 중인 경우, 법원에 소송이 진행 중인 경우 등은 집단분쟁조정 신청에서 제외된다.

집단분쟁조정은 대표 당사자를 선임해야 한다.

〈 분쟁조정 절차도 〉

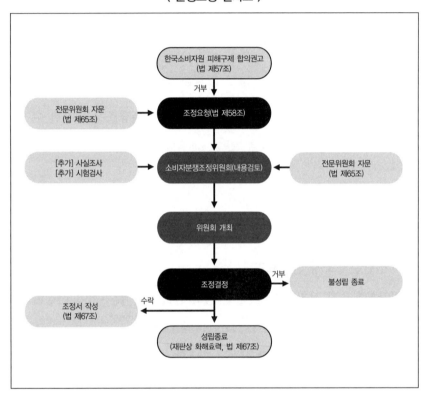

2) 대표 당사자 선임

집단분쟁조정 진행을 위해 3인 이하를 대표당사자로 선임 가능하다
(소비자기본법 제68조의2). 대표당사자를 별도로 선임하지 않을 경우, 소비자
분쟁조정위원회는 당사자들에게 대표당사자를 선임할 것을 권고할 수

있다. 대표당사자는 당사자들을 위하여 조정에 관한 모든 행위를 할 수 있으며, 이때 위임장을 작성하여 제출해 줘야 한다.

대표당사자를 선임한 당사자들은 대표당사자를 통해서만 사건의 조정에 관한 행위를 할 수 있다.

절차는 아래와 같다.

① 집단분쟁 조정요청

한국소비자원, 국가·지방자치단체, 소비자단체, 소비자·사업자가 아래의 요건을 갖춘 사건에 대하여 조정위원회에 집단분쟁조정을 의뢰 또는 신청할 수 있다(소비자기본법 제68조 제1항).

-요건-

물품 등으로 인한 피해가 같거나 비슷한 유형으로 발생한 소비자의 수가 50명 이상일 것 및 사건의 중요한 쟁점이 사실상 또는 법률상 공통될 것(소비자기본법 시행령 제56조)

② 소비자분쟁조정위원회

조정위원회는 위원장 1명을 포함한 150명 이내의 위원으로 구성하며, 위원장을 포함한 5명은 상임으로 하고, 나머지는 비상임으로 한다(소비자기본법 제61조 제1항).

③ 개시 검토

집단분쟁조정을 의뢰받거나 신청받은 조정위원회는 요건 미비 사건 등을 제외하고 조정위원회의 의결로써 의뢰받거나 신청받은 날부터 60일 이내에 규정에 따른 집단분쟁조정의 절차를 개시한다.

④ 참가신청

개시한 집단분쟁조정 사건에 대하여 조정위원회는 일정기간 동안 집단분쟁조정의 당사자가 아닌 소비자 또는 사업자로부터 그 분쟁조정의 당사자에 추가로 포함될 수 있도록 참가 신청을 받을 수 있다(소비자기본법 제68조 제4항).

⑤ 사전 검토

객관적이고 공정한 조정결정을 위하여 필요한 경우, 사실조사 · 전문위원회 자문 등을 추가 진행한다.

⑥ 분쟁조정회의 개최

위원장을 포함하여 3~11명의 위원이 사건을 심의 · 의결한다.

⑦ 조정결정

위원장은 분쟁조정을 마친 후 당사자에게 그 분쟁조정의 내용을 통지하고 양 당사자는 그 통지를 받은 날부터 15일 이내에 분쟁조정의 내용에 대한 수락 여부를 조정위원회에 서면으로 통보하여야 하며, 15일 이내에 의사표시가 없는 때에는 조정이 성립되어 그 분쟁조정의 내용은 재판상 화해와 동일한 효력을 갖는다(소비자기본법 제67조).

〈 집단분쟁조정 절차도 〉

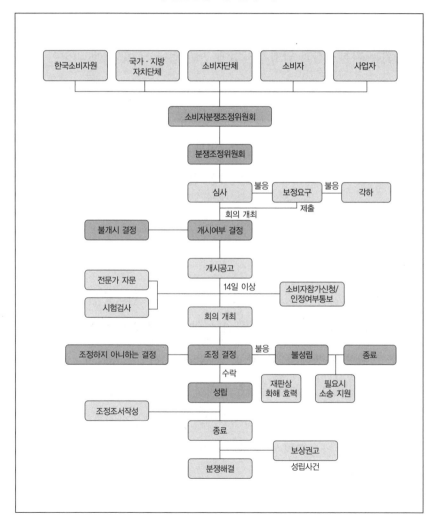

3. 금융투자협회

금융투자협회는 금융투자산업 업무질서 유지 및 공정한 거래를 확립하고, 투자자를 보호하며 금융투자업의 건전한 발전에 기여함을 목적으로 2009년 2월 4일 자본시장법 시행과 함께 종전 증권업협회, 선물협회, 자산운용협회 등 3개 협회가 통합하여 출범하였다.

협회는 자본시장과 금융투자업에 관한 법률 제283조에 의하여 설립된 회원조직으로서, 회원 상호간의 업무질서 유지 및 공정한 거래를 확립하고 투자자를 보호하며 금융투자산업의 건전한 발전을 위하여 회원 서비스 및 금융투자업 발전 지원, 업무질서 유지 및 투자자보호(자율규제), 교육 및 전문인력 관리, 장외시장 관리(채권 및 비상장주권 등)의 업무를 수행하고 있다.

가. 분쟁조정운영 및 대상

금융투자협회의 분쟁조정제도는 2005년부터 한국증권업협회가 수행해 왔던 '증권회사의 영업 행위와 관련한 분쟁의 자율적인 조정업무'를 그대로 수행해 오고 있고, 선물회사, 자산운용회사, 신탁업자, 투자자문·일임업자 등의 금융투자회사는 물론이고 은행, 보험사 등과 같은 겸영금융투자회사의 영업행위에 관련한 분쟁까지도 자율적인 조정이 가능해져 금융투자상품 관련 종합 분쟁조정기관으로서의 면모를 갖추고 있다.

분쟁조정 대상회사	내용
증권회사	주식, 파생결합증권(ELS, ELW), 수익증권, 장내파생상품(KOSPI200선물 · 옵션, 개별주식옵션), 장외파생상품 등
선물회사	장내파생상품(KOSPI200선물 · 옵션, 미국달러선물 · 옵션, 국고채선물, FX마진거래, 해외선물)
자산운용회사	자산운용회사가 직접 판매한 수익증권
신탁회사	금전신탁계약, 부동산신탁계약 등
투자자문 · 일임회사 (금융위원회에 등록된 업체)	투자자문 · 일임계약
은행	수익증권, 장외파생상품 등
보험사	수익증권, 변액보험 등

분쟁조정신청이 접수되면 양 당사자의 제출자료 검토와 대면문답절차 등을 거쳐 분쟁조정기관이 중립적인 조정안을 제시한다. 분쟁조정기관은 이러한 중립적인 조정안을 제시하기 위해 통상적으로 법조계, 학계, 소비자단체, 업계 전문가로 구성된 분쟁조정위원회를 구성 · 운영하고 있다.

나. 분쟁조정의 효력

분쟁의 당사자는 협회의 분쟁조정안에 대해 자유롭게 수용여부를 결정할 수 있으며, 만일 양 당사자 모두가 수락하는 경우에는 양 당사자 간에 민법상 화해계약이 성립하는 것과 같은 효력이 발생된다.

장점	단점
– 소송수행으로 인한 추가적인 비용부담 없이 최소한의 시간 내에 합리적으로 분쟁을 처리할 수 있다. – 복잡한 금융 관련 분쟁에 대한 전문가의 견해를 들을 수 있다. – 개인투자자 측면에서 확인하기 어려운 증권회사 또는 선물회사와 같은 금융투자회사의 보유자료 등을 조정기관을 통해 간접적으로 확인할 수 있다.	– 자율적인 분쟁해결제도의 특성상 양 당사자의 합의가 도출되지 아니하면 분쟁처리가 지연되는 결과가 초래될 수 있다. – 판단기관에 따른 결과의 차이가 있을 수도 있다. 비록, 분쟁 조정기관은 기존의 판례 및 선례, 법 이론을 바탕으로 가장 보편타당한 결과를 도출하기 위해 노력하지만, 실제 소송 수행결과와 반드시 같은 결과가 나올 것으로 단정할 수 없으므로, 조정안에 대한 최종 수용여부는 당사자가 신중히 판단하여야 한다.

다. 분쟁조정절차

1) 분쟁조정의 신청

회원의 영업행위와 관련하여 분쟁이 발생하는 경우 이해당사자가 양식에 의해 작성한 분쟁조정신청서를 협회에 제출함으로써 분쟁조정이 개시된다.

2) 사실조사

양 당사자가 제출한 자료의 검토뿐 아니라 필요한 경우 당사자 간 대면질의 등의 방법으로 투자 당시의 구체적인 사실관계를 확인하기 위한 조사가 이루어진다.

3) 위원회 회부 전 처리

일방 당사자 주장내용의 전부 또는 일부가 이유 있다고 판단되는 경우 위원회 회부 전 양 당사자에게 합의 권고안을 제시할 수 있고, 주장 내용이 기존의 사례 또는 판례 등에 비추어 수용하기 어려운 경우에는 위원회 회부 전 종결 처리할 수도 있다.

4) 분쟁조정위원회 회부

접수된 분쟁조정사건은 원칙적으로 30일(사실조사 기간 제외) 이내에 분쟁조정위원회에 회부되어야 한다. 분쟁조정위원회에 회부되면, 회의안건과 각종 제출자료 등이 분쟁조정위원에게 송부되고, 검토와 토론을 통해 최종적인 분쟁조정위원회의 조정안이 제시된다.

5) 재조정 신청

결정의 기초가 되는 자료나 증언이 위조 또는 변조되거나, 법령 또는 판결이 변경되는 등 조정의 결과에 중대한 영향을 미치는 새로운 사실이 나타나는 경우 재조정 신청이 가능하다.

4. 한국거래소

한국거래소는 증권 및 파생상품 등의 공정한 가격형성과 그 매매,

그 밖의 거래의 안정성 및 효율성을 도모하기 위하여 기존 증권거래소, 선물거래소, 코스닥위원회, 코스닥증권시장 등 4개 기관이 통합되어 2005년 1월 27일 설립되었다.

거래소는 증권 및 장내파생상품의 매매에 관한 업무, 증권의 매매거래 및 장내파생상품거래에 따른 청산 및 결제에 관한 업무, 장외파생상품거래의 확인, 청산 및 결제에 관한 업무, 증권의 상장에 관한 업무, 매매거래와 관련된 분쟁의 자율조정에 관한 업무 등의 일을 처리하고 있다.

가. 분쟁조정제도

투자자와 증권·선물회사 간 분쟁이 발생한 경우, 시장감시위원회가 풍부한 전문적 지식과 숙련된 기법을 바탕으로 투자자들이 무료로 신속하게 피해구제를 받을 수 있도록 중립적인 제3자 입장에서 분쟁해결을 도모해 주는 제도이다. 이 조정제도는 사전구제제도로서, 조정결과에 이의가 있는 경우에는 법적 소송을 통해 최종 해결할 수 있다.

1) 분쟁조정대상
- 유가증권시장에서의 매매거래와 관련하여 발생한 권리의무 또는 이해관계에 관한 분쟁
- 코스닥시장에서의 매매거래와 관련하여 발생한 권리의무 또는 이해관계에 대한 분쟁

– 파생상품시장에서의 파생상품거래와 관련하여 발생한 권리의무 또는 이해관계에 대한 분쟁

2) 분쟁조정효력

위원회의 조정안을 당사자가 수락한 경우에는 민법상 화해계약의 효력이 부여된다.

3) 분쟁조정기구

시장감시위원회는 법조계, 학계, 증권·선물업계, 소비자단체 등 각 분야의 전문가들로 구성된 분쟁조정심의위원회를 두고, 심의위원회 회부사건에 대한 심의 후 해당 심의결과에 대하여 시장감시위원회가 최종적인 조정결정을 한다.

4) 한국거래소 분쟁조정제도의 장점

① 시장운영기관으로서의 시장에 대한 최고의 이해도와 노하우를 보유한 전문가들이 조정

② 법조계, 학계, 소비자단체 등 전문집단의 심의로 판단의 공정성 및 전문성 보장

③ 60일 이내 신속한 분쟁해결가능

④ 조정내용의 비밀보장 및 조정비용 무료

⑤ 분쟁조정 결과를 증권, 선물회사가 거부할 경우 승소 가능성이 있는 투자자에 대해서는 소송지원

5) 조정신청방법

인터넷 또는 우편·모사전송(FAX), 방문을 통해 가능

6) 처리절차 흐름도

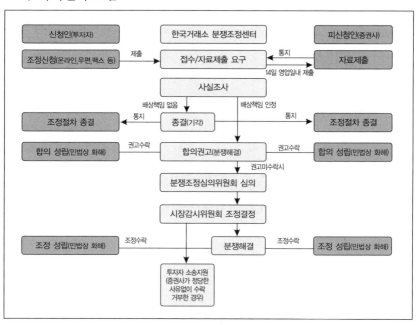

① 사실조사

시장감시위원회는 사건에 관계된 증거자료 등을 직접 조사하거나, 당사자에게 사실확인 및 자료제출을 요구한다.

② 합의권고 절차

위원장은 분쟁의 원만한 해결을 위하여 당사자가 합의하도록 함이

적당하다고 인정되는 사건의 경우에는 구두 또는 서면으로 당사자에게 합의를 권고하거나 조정안을 제시하여 합의하게 할 수 있다. 합의권고는 당사자의 동의를 얻어 합의할 시기 및 장소를 정하고 이해관계인을 참여시킬 수 있다. 합의가 성립된 경우에는 합의서를 작성하여 양 당사자에게 1부씩 교부하고 1부는 시장감시위원회에 보관한다. 증권·선물회사는 합의서에 따른 후속처리결과를 합의서 수령일로부터 20일 이내에 시장감시위원회에 통보해야 한다.

③ 시장감시위원회에 회부

합의권고가 성립되지 않을 경우 조정신청 접수일로부터 30일 이내(사실조사 기간 등 제외)에 위원회에 회부한다. 당사자에게는 회부사실, 추가자료제출 여부 및 위원명단을 지체없이 통지하며, 당사자는 명단 수령일로부터 5일 이내에 위원에 대한 기피신청을 할 수 있다.

④ 조정의 성립

당사자가 시장감시위원회가 통보한 조정안을 수락하는 경우, 조정안 수령일로부터 15일 이내에 시장감시위원회에 출석하여 조정서 3부를 작성하고 기명날인 또는 서명함으로써 조정이 성립된다. 일방 당사자가 시장감시위원회에 출석하기 곤란한 사유가 인정되는 때에는 그 기간 내에 기명날인한 수락서를 시장감시위원회에 제출할 수 있으며, 이 경우 상대방이 출석하여 조정서를 작성하거나 수락서를 제출함으로써 조정이 성립된 것으로 본다.

⑤ 재조정 신청

원칙적으로 시장감시위원회의 조정 또는 기각 결정이 있는 경우에는 동일 사건에 대하여 다시 조정을 신청할 수 없다. 하지만 재조정 신청사유에 해당하는 경우에는 조정 또는 기각 결정의 통지 수령일로부터 30일 이내에 당해 사건에 대한 재조정을 신청할 수 있다.

※ 재조정신청사유

1. 조정 진행 중에는 제출되지 않은 것으로 조정 결과에 대하여 중대한 영향을 미치는 새로운 사실이 나타날 경우
2. 조정 근거로 된 문서, 증인, 참고인의 진술 등의 자료가 위조 또는 변조된 것이거나 허위임이 밝혀진 경우
3. 조정결과에 영향을 미칠 중요한 사항에 관하여 시장감시위원회가 판단하지 않은 경우
4. 제척되어야 할 위원이 조정에 참여한 경우
5. 조정의 기초가 된 법령 또는 판결 등이 변경된 경우

나. 소송지원제도

시장감시위원회는 증권·선물회사가 시장감시위원회의 결정을 정당한 이유 없이 수락을 거부 한 경우에 소송을 무료로 지원한다.

1) 소송지원대상

– 시장감시위원회에 분쟁조정신청이 접수되어 조정결정이 통보되었는데도 증권·선물회사가 정당한 사유 없이 거래소 시장감시위원회의 조정안 수락을 거부한 경우

– 시장감시위원회의 조정결정이 있기 전 증권·선물회사가 소 등을 제기하여 조정절차가 종료하였지만 조정 선례 또는 법원의 판례 등에 비추어 증권·선물회사에 대한 책임인정이 명백한 경우

※ 다만 소송지원의 실익이 없거나 공익목적에 부적절한 경우에는 소송지원 대상에서 제외된다.

2) 소송지원절차

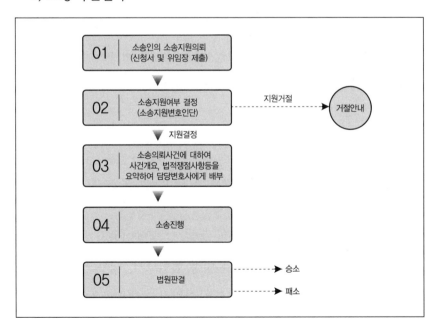

3) 소송지원기간

아래의 각 경우에 소송지원 신청을 받아 시장감시위원회가 소송지원을 결정한 사건이 지원대상이 된다.

4) 소송지원 중단

신청인이 소송지원 신청시 제출한 자료나 진술 등이 허위로 판명된 경우, 신청인이 소송진행과정에서 재판 불출석, 증거자료제공 거부 등 소송 당사자로서의 의무를 다하지 않는 경우 등에는 소송지원을 중단한다.

5) 소송지원 비용

소송관련 비용 중 변호사선임과 관련된 비용은 원칙적으로 무료이다(단, 인지대, 송달료, 증인 신청비용, 감정비용, 공탁금 등은 신청인이 부담). 신청인이 승소한 경우 지원금액 중 일부를 환수할 수 있다.

5. 대부업, 지자체 분쟁조정위원회

한국대부금융협회는 대부업 등의 등록 및 금융이용자 보호에 관한 법률에 따라 2009년 5월에 설립된 법정 협회로서, 대부금융사업자와 금융소비자 간의 바람직한 거래질서를 확립하고 대부금융업의 이미지 제고를 위해 노력하고 있다. 협회는 대부금융업계의 업무질서를 유지하고, 대부금융업의 건전한 발전과 이용자 보호를 위해 대부업 등의 이용자 보호를 위한 회원에 대한 업무방식 개선·권고, 대부업 등의 이용자 민원의 상담·처리를 하고 있다. 다만, 분쟁조정 업무는 감독기관인 각 지자체의 분쟁조정위원회에서 분쟁을 조정하고 있다.

가. 대부업 민원 신청 및 처리 방법

- 신청은 인터넷, 방문, 전화를 통해 할 수 있다. 단 전화상담은 단순문의만 가능하며, 개인정보 수집·이용·제공 동의가 이루어져야 민원신청에 대한 처리가 진행된다.
- 소비자보호센터는 대부(중개)금융 분야와 관련한 피해상담 및 중재를 진행한다.
- 대부(중개)업체와의 분쟁 또는 조정이 필요한 경우 원만한 합의를 도출한다.
- 민원 신청일로부터 10영업일이내 원만한 합의가 이루어지지 않을 경우 민원인의 요청에 따라 관할 행정기관 및 수사기관에 이관된다.

나. 대부업 민원신청 대상

- 등록된 대부(중개)업체를 통한 불합리한 추심, 불법 고금리, 불법 중개수수료, 기타 대부업법 위반 피해
- 미등록 대부(중개)업체를 통한 불법 고금리, 불법 중개수수료 등

의 피해

다. 대부업 민원신청 제외대상

- 민원 신청자 및 대상자와 5영업일 지속 연락두절인 경우

- 미등록 대부(중개)업자의 불법 추심행위의 경우

- 이미 수사기관에 신고 접수 및 법원을 통한 소송 중인 경우

- 감독기관(금융감독원, 지방자치단체)에 중복 접수한 경우

- 사인(개인)간의 거래 피해의 경우(단, 대부이자율계산 의뢰 가능)

- 대출사기 및 보이스피싱의 경우

라. 불법사금융피해신고

미등록대부업자(불법사채업자)의 고금리 수취(연 24% 이상), 폭력·협박 등 불법채권추심행위 등에 피해를 입은 경우 서울시를 통해 상담을 받을 수 있으며, 민·형사상 지원도 받을 수 있다. 또한, 대부업의 등록·미 등록 여부는 한국대부금융협회 홈페이지(http://www.clfa.or.kr) '등록업체 조회'를 통해 확인할 수 있다.

〈금융거래 분쟁 발생시 주요 조정기구〉

기관명	명칭	분쟁조정 대상 금융사	구성 및 운영	분쟁조정기간
금융감독원	금융분쟁조정위원회	은행, 증권·투신, 보험, 카드, 종합금융회사, 리스, 상호신용금고, 부동산신탁, 할부금융, 신기술금융, 신용협동조합, 신용정보회사 등	위원장 1인을 포함한 35인 이내의 위원으로 구성된다. – 분쟁조정 업무의 전문성과 공정성 제고를 위해 법률 및 의료자문을 의뢰하고 있음.	서류 보안, 사실관계 조사 등에 필요한 시간에 따라 상이해질 수 있지만 분쟁조정 민원의 경우 30일 이내
한국소비자원	소비자분쟁조정위원회	의류·생활용품·자동차 등 상품부터 여행·교육·문화 등 각종 서비스는 물론 금융·의료 등 전문 분야까지 소비 생활 전반에 걸쳐 발생하는 소비자 피해	소비자 분쟁 조정 위원회는 위원장 1명을 포함한 150명 이내의 위원으로 구성된다. 위원장을 포함한 5명은 상임이며 나머지는 비상임으로 운영한다. 조정 위원회 회의는 위원장, 상임위원과 위원장이 지명하는 5명 이상 9명 이하의 위원으로 구성하는 '분쟁조정회의'와 위원장 또는 상임위원과 위원장이 지명하는 2명 이상 4명 이하의 위원으로 구성하는 '조정부'가 있다.	소비자와의 상담과정 중에서 피해구제 조치가 필요한 사항은 분쟁조정국으로 이관하여 업무를 처리한다. 소비자상담팀에서 이관된 피해구제건은 분쟁조정1국과 2국의 담당팀에서 피해구제 접수일로부터 30일 이내에 처리한다.(합의권고)
한국거래소	시장감시위원회	유가증권시장, 코스닥시장, 파생상품시장에서의 매매 거래와 관련하여 발생한 권리의무 또는 이해관계에 관한 분쟁	시장감시위원회는 법조계, 학계, 증권·선물업계, 소비자단체 등 각 분야의 전문가들로 구성된 분쟁조정심의위원회를 두고, 심의위원회 회부	60일 이내

○

기관명	명칭	분쟁조정 대상 금융사	구성 및 운영	분쟁조정기간
			사건에 대한 심의 후 해당 심의결과에 대하여 시장감시 위원회가 최종적인 조정 결정을 한다.	
금융 투자협회	분쟁 조정 센터	증권회사, 선물회사, 자산운용회사, 신탁회사, 투자자문·일임회사(금융위원회에 등록된 업체), 은행, 보험사의 주식, 파생결합증권, 수익증권, 장내파생상품, 장외파생상품, 수익증권, 금전신탁계약, 부동산신탁계약, 투자자문·일임계약, 변액보험 등	법조계, 학계, 소비자단체, 업계 전문가로 구성된 분쟁조정 위원회를 구성·운영	접수된 분쟁조정사건은 원칙적으로 30일 (사실조사 기간 제외) 이내에 분쟁조정위원회에 회부되어야 한다. 분쟁조정위원회에 회부되면, 회의안건과 각종 제출자료 등이 분쟁조정위원에게 송부되고, 검토와 토론을 통해 최종적인 분쟁조정위원회의 조정안이 제시된다.
대부업, 지자체 분쟁조정 위원회	대부업 지자체 분쟁조정 위원회	대부업체의 대부행위와 관련하여 발생한 분쟁	위원장 1인을 포함한 5인으로 분쟁조정위원회를 구성	신청일로부터 30일 이내 합의권고하며, 조정위원회 회부 시 60일 이내 심의한다.

6. 국민권익위원회

국민권익위원회는 부패방지 및 국민권익위원회의 설치와 운영에 관한 법률(2008.2.29. 제정)에 의거하여 전 국민고충처리위원회와 국가청렴위원회, 국무총리행정심판위원회 등의 기능을 합쳐 2008년 2월 29일에 설립되었다.

3개의 위원회를 하나로 통합하여, 국민고충처리위원회의 국민권리 구제업무와 국가청렴위원회의 국가청렴도 향상을 위한 활동, 행정심판 위원회의 행정과 관련한 향상을 위한 활동, 행정심판위원회의 행정과 관련한 쟁송업무 등 국민의 권익보호 관련 업무들을 한 기관에서 처리 함으로써 국민의 권익구제 창구를 일원화하여 원스톱 서비스 체제를 지원하고 있다.

주요 기능은 다음과 같다.

1. 고충민원의 처리와 이와 관련된 불합리한 행정제도 개선
2. 공직사회 부패 예방·부패행위 규제를 통한 청렴한 공직 및 사회풍 토 확립
3. 행정쟁송을 통하여 행정청의 위법·부당한 처분으로부터 국민의 권 리를 보호

가. 고충민원 처리

국민권익위원회에는 부패방지 및 국민권익위원회의 설치와 운영에 관한 법률 제2조 제5항에 따른 고충민원에 대하여 민원 접수를 할 수 있으며 고충민원은 다음과 같다.

① 행정기관 등의 위법·부당한 처분(사실행위를 포함)이나 부작위 등으로

인하여 권리 · 이익이 침해되거나 불편 또는 부담이 되는 사항의 해
결요구

② 민원사무의 처리기준 및 절차가 불투명하거나 담당 공무원의 처리
지연 등 행정기관 등의 소극적인 행정행위나 부작위로 인하여 불편
또는 부담이 되는 사항의 해소요청

③ 불합리한 행정제도 · 법령 · 시책 등으로 인하여 권리 · 이익이 침해
되거나 불편 또는 부담이 되는 사항의 시정요구

④ 그 밖에 행정과 관련한 권리 · 이익의 침해나 부당한 대우에 관한 시
정요구

〈이상 동법 시행령 제2조〉

1) 민원접수처리 · 체계

고충민원 처리기간은 60일 이내에 처리되며, 부득이한 경우 60일 연
장이 될 수 있다. 국민권익위원회에 대한 각종 신고, 질의, 신청, 건의
등이 있을 경우 일반민원을 신청할 수 있으며, 단순질의 · 상담 사항은
접수일로부터 7일, 법령질의는 14일 이내에 처리하고 있다.

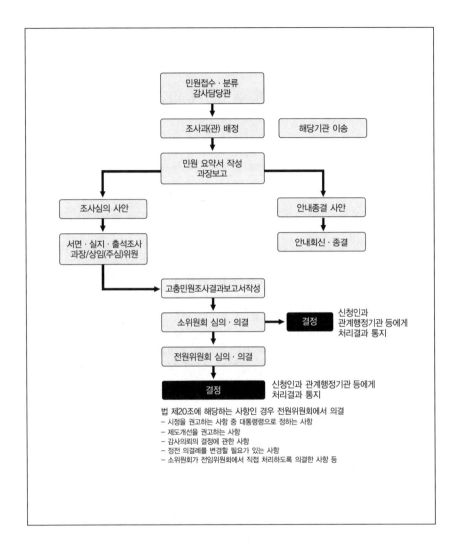

민원접수 · 분류
감사담당관

조사과(관) 배정

해당기관 이송

민원 요약서 작성
과장보고

조사심의 사안

안내종결 사안

서면 · 실지 · 출석조사
과장/상임(주심)위원

안내회신 · 종결

고충민원조사결과보고서작성

소위원회 심의 · 의결

결정

신청인과
관계행정기관 등에게
처리결과 통지

전원위원회 심의 · 의결

결정

신청인과 관계행정기관 등에게
처리결과 통지

법 제20조에 해당하는 사항인 경우 전원위원회에서 의결
– 시정을 권고하는 사항 중 대통령령으로 정하는 사항
– 제도개선을 권고하는 사항
– 감사의뢰의 결정에 관한 사항
– 정전 의결례를 변경할 필요가 있는 사항
– 소위원회가 전임위원회에서 직접 처리하도록 의결한 사항 등

2) 신청방법

본인 또는 대리인을 통하여 서면으로 직접 신청하거나 우편, 인터넷, 팩스 등을 통하여 민원을 신청할 수 있다.

종합민원상담센터를 방문하면 행정자치, 교육, 산업, 도로, 사회복지, 세무, 건축, 농림 등 다양한 분야의 전문 조사관과 상담 및 무료로 생활법률 상담서비스를 이용할 수 있으며, 상담결과에 따라 고충민원을 신청할 수 있다.

나. 부패방지신고

부정청탁 또는 수수금지 금품 등을 받은 공직자 등 또는 청탁금지법 위반행위를 알게 된 경우(청탁금지법 제7조 제6항, 제9조 제6항, 제13조 제1항), 공직자가 직무와 관련하여 그 지위 또는 권한을 남용하거나 법령을 위반한 경우(부패방지 및 국민권익위원회의 설치와 운영에 관한 법률 제2조 제4호), 공직자의 행동강령 위반사실을 알게 된 경우 및 국민의 건강과 안전, 환경, 소비자의 이익 및 공정한 경쟁을 침해하는 행위 등을 알게 되었을 때 신고접수를 할 수 있다.

1) 신고접수와 처리절차

청탁금지법 위반행위, 부패행위 · 채용비리 신고가 접수되면 조사가 필요한 경우 감사원, 수사기관 또는 해당 공공기관의 감독기관 등에 이첩하게 되며, 안심하고 위반행위를 신고할 수 있도록 신고자, 협조자 등에 대한 신분보장 · 신변보호 · 비밀보장 제도를 운영하고 있다.

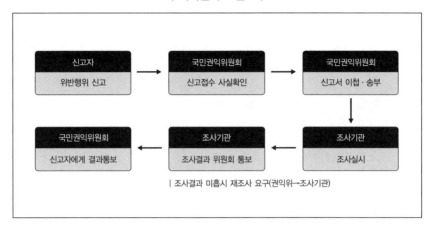

〈 처리절차 흐름도 〉

| 신고자 | 국민권익위원회 | 국민권익위원회 |
| 위반행위 신고 | 신고접수 사실확인 | 신고서 이첩·송부 |

| 국민권익위원회 | 조사기관 | 조사기관 |
| 신고자에게 결과통보 | 조사결과 위원회 통보 | 조사실시 |

| 조사결과 미흡시 재조사 요구(권익위→조사기관)

2) 신고방법

국번 없이 110 또는 1398을 이용하여 전화상담을 받거나, 우편, 팩스, 모바일을 통하여 신고할 수 있으며 국민권익위원회 서울종합민원사무소(서울소재), 국민권익위원회(세종특별자치시 소재)를 방문하여 접수할 수 있다.

3) 사례

다음은 부패방지와 관련한 사례이다.

• 부패행위사례

  - 해당공무원이 자신이 아는 납품업자에게 비싼 가격으로 물품을 구입하고 검수절차까지 생략, 대금을 지급함

  - 교통사고 조사 경찰관이 당사자로부터 조사를 잘해 달라는 청탁과 함께 금품 등을 수수하고 그 당사자에게 유리한 쪽으로 조사

를 해 준 경우

- 공익침해행위사례
  - 건강침해: 부정·불량식품 제조·판매, 무자격자의 의약품 판매 등
  - 환경침해: 폐수 무단 방류 등
  - 안전침해: 산업안전조치 미준수, 교각 부실 시공 등
  - 소비자이익침해: 각종 허위·과장 광고, 원산지 표시위반, 유사석유 판매 등
  - 공정경쟁침해: 담합, 불법 하도급 등

다. 행정심판

행정청의 위법·부당한 처분(또는 그 밖에 공권력의 행사·불행사) 등으로 권리 및 이익을 침해 받은 국민이 신속하고 간편하게 법적으로 구제받을 수 있도록 한 제도로써, 비용이 무료이고 절차가 간편하며 신속하게 처리된다. 일반적으로 행정심판은 결정을 권고의 형식으로 내리는 민원에 비해 행정기관을 구속하는 강력한 법적효력이 있다.

1) 행정심판 절차

가) 청구서, 신청서 제출

심판청구서, 집행정지 신청서 등을 청구인 또는 대리인이 제출하여야 하며 서면으로 행정심판을 청구하는 경우, 행정심판청구서 2부를

작성하여 처분청(처분을 한 행정기관)이나 위원회에 제출하면 된다. 온라인으로 행정심판을 청구하는 경우, 홈페이지에서 인증서를 이용하여 로그인 후, 입증자료를 총 100mb 이내로 첨부하여 제출하면 된다.

나) 답변서 송달

피청구인이 행정기관의 주장이 기재된 답변서를 온라인으로 열람하고, 답변내용에 대한 반박을 하거나 이전의 주장을 보완하고자 할 경우에는 보충서면을 작성하여 제출하면 된다.

다) 심리기일안내

행정심판위원회가 지정한 심판청구사건에 대한 심리기일이 정해지면 청구인에게 통지한다.

라) 구술심리안내

위원회에 직접 참석하여 진술을 하고자 하는 경우 구술심리 신청을 할 수 있다.

마) 재결서송부

심판청구사건에 대한 위원회의 심리결과를 열람하고 위원회의 심리에 따른 재결서를 수령할 수 있으며, 행정심판의 효력은 재결서가 송달되어야 발생한다.

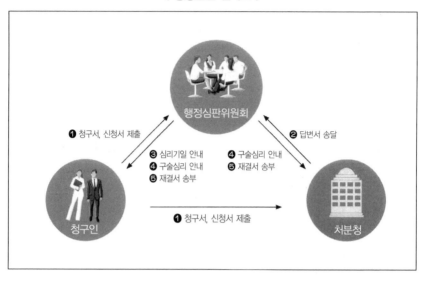

7. 소비자단체

금융소비자원 등 소비자단체들은 금융소비자와 금융공급자간 정보와 지식의 불균형으로 소비자들이 공급자로부터 불완전한 상품을 권유받고 그로 인한 피해를 받지 않도록 금융소비자들의 권리를 확보하고, 피해에 대한 적절한 해결과 대처방안을 제시·안내하여 소비자들이 피해에 대처할 수 있도록 하는 등 금융소비자를 보호하기 위해 많은 노력을 하고 있다. 소비자단체들은 금융의 잘못된 관행이나 제도와 법, 환경 등이 개선될 수 있도록 활동하며 소비자의 권익향상과 공정한 시장질서가 이루어지도록 금융상담 및 분쟁조정 피해구제, 금융교육, 금융 민원처리 등의 일을 하고 있다.

〈 상담절차도 〉

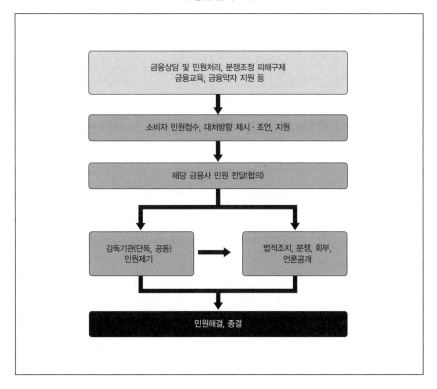

Financial Consumer Protection

제 11 장
개인정보보호
현황과 문제점

금융분야는 개인정보 활용과 연관성이 매우 크다.
개인정보는 단순히 한 개인의 정체성을 나타내거나
타인과의 구별을 가능하게 하는 정보로만 가능한 것이 아니다.
금융분야는 전통적으로 개인정보가 활용되는 빈도가 가장 높은 영역이며,
금융서비스의 발전과 개인정보의 폭넓은 활용은
그 상호 연관성이 매우 크다고 할 수 있다.

1. 개인정보의 정의와 유형

가. 개인정보의 정의

'개인정보'란 살아 있는 개인에 관한 정보로서 성명, 주민등록번호 및 영상 등을 통하여 개인을 알아볼 수 있는 정보나 해당 정보만으로는 특정 개인을 알아볼 수 없더라도 다른 정보와 쉽게 결합하여 알아볼 수 있는 정보이다.

'가명정보'란 개인정보를 가명처리함으로써 원래의 상태로 복원하기 위한 추가 정보의 사용·결합 없이는 특정 개인을 알아볼 수 없는 정보를 말한다.

'가명처리'란 개인정보의 일부를 삭제하거나 일부 또는 전부를 대체하는 등의 방법으로 추가 정보가 없이는 특정 개인을 알아볼 수 없도록 처리하는 것을 말한다.

〈신용정보법상 용어의 정의〉

신용정보	금융거래 등 상거래에서 거래 상대방의 신용을 판단할 때 필요한 정보 ① 특정 신용정보주체를 식별할 수 있는 정보 ② 신용정보주체의 거래내용을 판단할 수 있는 정보 ③ 신용정보주체의 신용도를 판단할 수 있는 정보 ④ 신용정보주체의 신용거래능력을 판단할 수 있는 정보 등
개인신용정보	기업 및 법인에 관한 정보를 제외한 살아 있는 개인에 관한 신용정보 ① 해당 정보의 성명, 주민등록번호 및 영상 등을 통하여 특정 개인을 알아볼 수 있는 정보 ② 해당 정보만으로는 특정 개인을 알아볼 수 없더라도 다른 정보와 쉽게 결합하여 특정 개인을 알아볼 수 있는 정보
신용정보주체	처리된 신용정보로 알아볼 수 있는 자로서 그 신용정보의 주체가 되는 자
신용정보 제공·이용자	고객과의 금융거래 등 상거래를 위하여 본인의 영업과 관련하여 얻거나 만들어 낸 신용정보를 타인에게 제공하거나 타인으로부터 신용정보를 제공받아 본인의 영업에 이용하는 자와 그 밖에 이에 준하는 자로서 대통령령으로 정하는 자

1) 우리나라

우리나라는 개인정보와 관련하여 크게 '개인정보보호법'과 '신용정보법'이 있다. 신용정보법에서의 '개인정보'는 '신용정보 중 개인의 신용도와 신용거래능력 등을 판단할 때 필요한 정보'로 규정하고 있다.

신용정보법 관련감독체계를 보면 금융회사 등을 제외한 신용정보제공이용자인 상거래기업 및 법인에 대해서는 개인정보보호위원회에 자료제출요구, 검사권, 출입권, 질문권및시정명령, 과징금 및 과태료부과 등의 권한을 부여하고 있다.

개인정보보호법은 국가사회 전반의 개인정보보호와 관련한 일반적 원칙과 기준을 규정하고 타법상 특별한 규정이 있는 경우를 제외하고 개인정보보호법에서 정하는 바에 따라야 한다.

신용정보법은 신용정보의 이용 및 보호와 관련한 원칙과 기준을 규정하고 있고 신용정보법은 개인정보보호법에 대한 특별법임을 명시하고 있다.

신용정보법 제3조의2(다른법률과의 관계)에 보면
① 신용정보의 이용 및 보호에 관하여 다른 법률에 특별한 규정이 있는 경우를 제외하고는 이 법에서 정하는 바에 따른다.
② 개인정보보호에 관하여 이 법에 특별한 규정이 있는 경우를 제외하고는 개인정보보호법에서 정하는 바에 따른다.

다시 말하면, 금융회사의 경우는 개인정보 관련해서는 신용정보법은 우선 적용하고 신용정보법에 없는 규정은 개인정보법을 적용한다는 의미다.

2) 주요 선진국

독일, 영국, 프랑스, 일본 등 선진국의 경우를 보면, 개인정보를 '개인에 관한 정보(personal data)', '식별 가능한 개인에 관한 정보'로 정의하고 있다. 대표적으로 OECD의 '개인정보 가이드라인'에서는 '식별되거나 식별 가능한 개인에 관한 모든 정보'라고 정의하고 있다.

나. 개인정보의 유형, 종류 및 금융사 유출정보

유 형	종 류	금융사 유출정보
일반정보	이름, 주민등록번호, 운전면허번호, 주소, 전화번호, 생년월일, 출생지, 본적지, 성별, 국적	이름, 주민번호 등
가족정보	가족의 이름, 출생지, 생년월일, 주민등록번호, 직업, 전화번호	가족카드, 결혼
교육 및 훈련정보	최종학력, 학교성적, 자격증 및 면허증, 상벌사항, 동아리활동	학력
부동산정보	소유주택, 토지, 자동차, 건물 및 상점 등	자가, 전세
소득정보	현재 급여액, 급여경력, 보너스 및 수수료, 기타 소득, 이자소득, 사업소득	급여 등
신용정보	신용카드, 대부잔액 및 상환상황, 저당	신용카드 사용내역, 카드보유현황 등
고용정보	회사명, 현재 고용주, 상급자 이름, 출석기록, 상벌기록, 직무태도	직장사항
법적정보	전과기록, 자동차교통위반기록, 납세기록, 파산 및 담보기록, 구속기록, 이혼기록	
의료정보	가족병력기록, 과거 의료기록, 혈액형, IQ, 신체장애, 각종 신체테스트 정보	
조직정보	노조가입, 종교단체 가입, 정당 가입, 클럽회원	
통신정보	전자우편(이메일), 전화통화내용	이메일
신체정보	지문, 홍채, DNA, 신장, 몸무게, 가슴둘레 등	
습관 및 취미 정보	흡연, 음주량, 선호스포츠, 오락, 여가활동, 도박성향 등	취미

다. 금융분야에서 개인정보

금융분야는 개인정보 활용과 연관성이 매우 크다. 개인정보는 단순히 한 개인의 정체성을 나타내거나 타인과의 구별을 가능하게 하는 정보로만 가능한 것이 아니다. 금융분야는 전통적으로 개인정보가 활용되는 빈도가 가장 높은 영역이며, 금융서비스의 발전과 개인정보의 폭넓은 활용은 그 상호 연관성이 매우 크다.

〈 개인정보보호 관련법 적용 원칙 〉

구분	내용
개인신용정보	신용정보법을 우선 적용하고 신용정보법에 규정되지 않은 사항은 개인정보보호법을 적용 전자금융거래법, 금융실명법 등 개별법에서 특별히 정하는 사항은 해당 법률을 적용
개인신용정보를 제외한 개인정보	은행법 등 개별 법률에서 특별히 정하는 바가 있는 경우를 제외하고 개인정보보호법을 적용
신용정보 중 기업·법인에 관한 정보 및 가명처리한 신용정보 등	신용정보법을 우선 적용하되 신용정보법 미적용 업종에 대해서는 개별 법률을 적용
익명정보	개인정보보호법 및 신용정보법이 적용되지 않음

금융소비자는 개인 또는 법인을 불문하고 금융회사와 직간접적으로 금융서비스, 금융상품 계약체결 등의 거래를 하는 상대방이므로 금융회사와 거래하거나 하고자 할 경우 본인의 개인정보를 불가피하게 노출할 수밖에 없다.

금융분야는 원활한 금융거래를 위한 정보보호의 필요성을 인식하여 '신용정보의 이용 및 보호에 관한 법률(1995)' '금융실명거래 및 비밀보장에 관한 법률(1997)' '전자금융거래법(2007)' 등 금융관계법령을 제정하여 개인정보보호제도를 운영해 왔다. 또한 2011년에는 '개인정보보호법'이 제정되었다. '개인정보보호법'은 사회 전 분야에 적용되는 일반법이므로 금융분야에도 당연히 적용되고 있다. 현재 개인정보보호법, 정보통신망법 등 데이터3법(20.8월)이 시행되고 있고 금융분야에서는 과거에 비해 개인정보보호에 대한 법제적 규제가 강화되는 추세에 있다.

이와 더불어 국민들의 인권의식 향상과 정보화 수준 증가에 따라 개인정보를 처리하는 기업이나 공공기관, 국민들의 개인정보보호에 대한 인식도 크게 높아지고 있다. 특히 최근에 발생한 금융분야에서의 개인정보 유출사태로 인하여 과거보다 불안감을 갖는 경향이 높아지면서, 자신들의 정보에 대해 더욱 민감하게 반응하고 있는 것이 대체적인 경향이라고 할 수 있다.

2. 개인정보유출 사태

가. 고객정보 유출 사태 정의

1) 국가적 정보 재앙사태이자 또 다른 유형의 금융사태

2) 금융사 소관의 개인정보가 시장의 일반 정보화

3) 경제활동자 대부분 금융정보 유출 추정

4) 카드사 정보유출이 아닌 전 금융권 유출 상황

국내의 대형 유출 사고는 유명 인터넷 쇼핑몰 I사(인터파크)에서 개인정보 천만 건이 유출된 사고 하나였다. 하지만 오랜 시간 동안 사고와 관련하여 여러 언론 보도가 있었다. 개인정보 천만 건이 유출되었던 I사 유출사고의 경우, 해당 직원 및 가족의 신상정보와 사진을 이용하고 말투까지 흉내 낸 이메일을 통해 악성코드가 포함된 첨부 파일 실행을 유도하는 정교한 APT 공격으로 직원의 PC를 감염시켰으며, 그 후 비교적 빠른 시간에 일사천리로 모든 유출 작업을 마친 것으로 알려졌다. 그 결과 I사는 약 45억 원의 과징금을 내게 되었고, 기업 개인정보 유출에 대한 제재를 대폭 강화한 2014년 개정 정보통신망법(위탁자가관리·감독 또는 교육을 소홀히 하여 수탁자가 개인정보 규정을 위반한 경우, 당시 규정에 의하여 관련 매출액 3% 이하 과징금을 부과)이 적용된 첫 사례가 되었다.

최근 5년간 우리나라 공공, 민간, 온라인 부문에서 유출된 개인정보 현황을 살펴보면, 총 376회, 6,400만 건에 달하는 것으로 조사되었다. 또한, 2017년 610만 여건이던 개인정보 유출 건수는 2019년 1,839만 여 건으로 3배 이상 증가했다.

〈 개인정보 유출 현황 〉

연도 (유출시점)	유출건수	행정처분 확정건수	과징금(과태료) 부과액 (단위 :만원)	건당 과징금 (과태료) 부과액
2016년	21,172,191	21,172,191	479,336	226.4원
2017년	6,099,528	6,070,561	174,805	283.0원
2018년	8,540,090	8,211,834	375,015	456.7원
2019년	18,385,748	15,361,310	282,337	183.6원
2020년 9월	9,941,735	53,345	2,127	398.7원
총계	64,139,292	50,569,241	1,313,620	258.2원

자료 : 개인정보보호위원회

〈 최근 금융사의 대규모 고객정보 유출 사례 〉

시기(발표)	관련회사	유출경로	규모 및 기타
2011.03	캐피탈	퇴직자 및 관리자의 계정	175만여 건 정보 유출
2011.04	은행	협력업체	관리 부실로 인한 전산망 장애
2011.08	카드	내부직원	80만여 건 정보유출
2011.08	카드	내부직원	5만여 건 정보유출
2013.03	캐피탈	내부직원	5800여 건 정보유출
2013.05	보험	외부해킹	15만여 건 정보유출
2013.05	화재	내부직원	16만4천여 건 보험대리점에 제공
2013.12	C은행, S은행	내부직원	13만여건 대출모집인에게 제공
2014.01	카드	외부업체 직원	1억 580만여 건 유출
2015.02	화재	협력업체	70만여 건 정보유출
2017.03	저축은행	내부직원	28만 4천여 건 정보유출
2019.07	카드	외부해킹	56만 8천여 건 카드정보 유출
2020.06	카드	외부해킹	61만 7천여 건 카드정보 유출

2014년 카드사 3사의 개인정보유출사건의 경우, KB국민카드에서 5,300만 건, NH농협카드에서 2,500만 건, 롯데카드에서 2,600만 건 등 유출된 개인정보만 1억 580만여 건에 달하였다. 이후 2019년과 2020년에 카드번호와 유효기간 등 주요 카드정보가 해킹에 의해 도난되는 사건이 발생하였는데, 최근 카드정보 도난사건과 관련하여 61.7만 개 카드 중 138건(0.022%)에 대하여 3개월 동안 약 1,006만 원이 부정사용된 것으로 추정되었다.

나. 금융사 고객 정보 대량유출 사태 원인

① 금융지주사내, 동업계간, 제휴사간 무한정 고객정보 교환·공유 허용
② 금융당국의 감독과 관리, 정책의 부재
③ 금융사의 원칙 없는 정보 수집 장기간 방치
④ 금융사 정보유출을 개인이탈, 불가항력으로 책임 회피 일관
⑤ 법적 규제 수단과 보안 수준이 낮고 규제 법간 상충(금융관련 법에서 예외허용)
⑥ 금융사의 보안시스템 투자 인색
⑦ 정보유출 책임에 대한 제재의 형평성 부족과 제재 수위 낮음

다. 2차 피해 우려 이유

① 유출된 고객정보 유통

② 유통된 증거, 근거 부재로 피해 파악 어려움

③ 비밀번호, CVC 중요정보 유출 공개 미흡

④ 향후에도 적절한 대응으로 방지 가능한 것으로 언급하며 본질적 해결 접근 부족

라. 2차 피해, 입증 어려움

① 유출정보 당시 형태로 존재하기 어려움(분할, 편집, 가공 형태로 점조직 거래)

② 유통정보가 카드사 유출정보로 연결, 증명 어려움

③ 장기적 사기 및 다양한 경로 사고 가능성 불인정

마. 개인정보유출 현황

1) 금융사의 고객정보 부실관리

지난 2014년 대규모 카드사 개인정보 유출 사태를 계기로 금융지주사의 고객정보는 내부 경영관리 목적 외에 영업목적상 공유를 원칙적으로 금지해왔으나, 2017년 금융위에서는 금융지주사의 경쟁력 제고를 위해 금융지주사의 계열사 간 마케팅 목적의 고객정보 공유를 허용하는 법 개정을 추진하였다. 이로 인해 금융권을 이용하는 대다수 고객

의 금융 개인정보가 고객동의 절차 없이 공유되고 마케팅 도구로 활용되어 왔다.

현행 제도 하에서 금융정보 공유는 불법은 아니다. 금융지주회사법 48조2항에 의하면 금융지주회사가 고객 금융거래 또는 증권총액 정보 등을 정보 주체 동의 없이 바로 제공할 수 있도록 규정하고 있기 때문이다. 금융당국도 지주사와 계열사 간 시너지를 극대화하기 위해 필요하다는 유권해석을 내렸다.

개인정보 관리 실태도 체계적이지 못한 것으로 보인다. 대부분 금융사가 제공하는 고객정보 취급 방침은 단 한 구절에 불과하여, "고객정보의 제공 및 이용과 관련해 이의를 제기하는 고객정보는 보다 엄격한 관리감독을 통해 일상적인 영업활동에 이용하지 못하도록 제한하였습니다"라는 내용이 전부라고 해도 과언이 아니다.

2) 금융사의 민감하고 중요한 금융정보 관리 소홀

많은 금융사가 금융정보 유출 시 2차 피해가 큰 비밀번호와 인증코드(CVC) 등 민감한 고객정보에 대해서도 관리가 소홀했던 것으로 나타났다. 민감한 고객정보는 일반 고객정보와 별도로 분리, 철저한 보안체계를 갖춰 관리돼야 하는데, 일반 고객정보와 뒤섞여 관리가 이뤄진 것으로 추정된다. 개발편리성을 이유로 외주 개발자 PC에 민감한 고객정보를 저장하는 경우도 종종 있었던 것으로 파악됐다.

최근 고객정보가 유출된 일부 금융사들은 카드번호 · 유효기간 · 비밀번호 · CVC번호 등 민감한 고객정보를 분리, 보관하지 않았다. 일부 금융사는 민감한 고객정보를 분리, 별도로 보관했으나 암호화 등 보안 장치가 전혀 이뤄지지 않은 상태에서 관리되기도 했다.

주민등록번호 · 거래내역 등 일반 고객정보와 카드번호 · 유효기간 등 민감한 고객정보가 함께 유출된 것이 대표적 사례라 할 수 있다. 민감한 고객정보를 고객정보 관리 수칙에 따라 제대로 관리했다면 일반 고객정보와 별도 관리되기 때문에 같이 유출되기는 어렵다.

금융사 보안담당자도 "일반 고객정보와 민감 고객정보가 동시에 유출된 사례는 드물다"며 "동시 유출됐다는 것은 각각의 고객정보를 분리, 각기 다른 암호화 체계를 적용해 관리하지 않았기 때문"이라고 지적하고 있기도 하다.

민감한 고객정보 접근에 대한 관리체계도 일반 고객정보와 동일하게 적용했던 것이 최근 금융사의 정보유출에서 문제가 된 것이다. 외주 개발자가 사기방지시스템(FDS) 아웃소싱 업무를 수행하는 데 카드 유효기간 등 민감정보는 필요 없음에도 불구하고 이에 접근할 수 있도록 허용해 준 것이 정보 유출 문제의 발단이 되었다.

장기간에 걸쳐 일어난 정보 유출도 향후 여파에 영향을 미칠 전망이다. 정보를 빼내간 직원이 한 번에 판매하는 방식이 아닌 월 수령액 형태로 DB기업들에 돈을 받아왔다는 정황이 발견되었다. 유출된 정보가 오랜 기간 동안 수차례 외부에 판매됐다는 뜻으로 정보 유출이 당초 예상보다 더 큰 파장을 불러일으킬 수 있어 금융관련자들의 관심과 주의가 필요하다.

3) 민감한 보험 고객정보 관리 부실

금융사들의 보험마케팅과 관련된 고객 정보가 부실 관리된 것으로 드러나고 있다. 보험정보에는 고객의 민감한 질병 및 사고 내역까지 모두 갖고 있어 외부로 넘어가면 예상치 못한 사고로 발전될 수 있다.

자동차 보험 만기가 도래하면 여러 보험사에서 자사에 가입하라는 판촉 전화가 쏟아진다. 대부분의 금융사가 고객 정보를 공유해 자유롭게 유치 활동을 하는 게 관행이기 때문이다.

일상생활에서 받는 스팸 전화의 대부분이 대출이나 보험 가입 권유다. 보험 가입 당시 기재했던 개인 정보가 안전하다고 보기 어려울 수 있다는 인식이 필요하다.

4) 긴급출동서비스도 주민번호 노출 등 사후관리 부실 사례

〈 자동차보험 긴급출동서비스 이용현황(2014~2016 평균) 〉

(단위 : 천건, %)

구분	배터리 충전	긴급견인	타이어교체	잠금장치 해제	기타
연평균	6,937	2,857	2,132	1,500	2,100
구성비	44.7	18.4	13.7	9.7	13.5

※ 출처: 보험개발원 2017. 12.

교통사고를 내면 가장 먼저 보험사 콜센터에 연락하게 되고, 곧바로 현장 출동기사가 나와 사고 뒤처리를 돕게 된다. 그러나 출동기사의 휴대폰에 자신의 운전면허증 사진과 휴대폰번호, 심지어는 자동차보험 계약내용까지 고스란히 저장된 사실을 알게 되면 누구나 불안감을 가질 수밖에 없다.

실제 사고가 나면 보험사 직원이 아닌 위탁업체 소속 기사가 현장에 출동하는 경우가 다반사고, 이들이 주민등록번호 등 민감한 개인정보를 보관하고 있지만 고객의 민감정보에 대한 보험사의 사후관리는 제대로 이뤄지지 않는다. 그 결과 공업사가 고객정보를 악용하여, 수리비를 뻥튀기하는 일도 공공연히 벌어진다. 카드사 개인정보유출 사고 이후 정부와 금융사들이 고객정보관리에 만전을 기하겠다고 공표했지만, 현장 실태는 그것과 거리가 멀었다.

출동 기사는 보험사에 제출할 보고서 작성을 위해 현장사진과 운전면허증 사진을 휴대폰으로 찍어 보관하며, 출동보고서에는 고객의 주민등록번호까지 기재된다. 이같이 위탁업체 기사에게 고객정보가 과도하게 노출되거나 수집되는 것도 문제지만, 이러한 수집 이후의 사후관리가 제대로 안 되는 것이 더 큰 문제이다.

5) 개인정보유출 배상책임보험 보험금 지급 사례

금융사들이 개인정보유출에 대비해 배상책임보험에 가입했지만, 보험금지급까지 간 실제 사례는 없는 것으로 나타났다. 2015년 9월 12일부터 개정 시행된 신용정보법에 따라 은행 및 지주회사, 정보집중기관, 신용조회회사 등 금융회사들은 20억 원의 배상책임보험에 가입해야 했으며, 지방은행과 외은지점, 저축은행, 보험사, 금융투자업자, 신협 등 2금융권의 경우에도 10억 원 한도의 배상책임보험 가입이 의무화되었다.

기타 기관의 경우에도 정보유출 시 손해배상 보장을 위해 5억 원 한도의 보험에 가입해야 했다. 그러나 개인정보유출 배상책임보험은 임의보험으로 가입자의 자유의사에 맡겨 가입하는 보험이다. 강제력이 약해 많은 대상자들(온라인쇼핑몰사업자, 고객정보를 다루는 업종 등)이 가입하지 않는 경우도 많다. 또한 대규모 개인정보 유출사고에 대해 기업의 책임을 인정하지 않는 법원 판결이 나오면서 기업체의 보험가입 필요성에 대한 인식이 약해진 것도 보험가입 활성화의 장애물이라고 할 수 있다. 일부 금융사들이 개인정보유출에 대비해 배상책임보험에 가입했지만, 금융사의 보험금 지급까지 간 실제 사례는 찾아보기 어려운 것도 현실이다.

최근 들어서는 암호화폐 상위매출업체들의 거래소도 이용자와 시장의 신뢰를 제고시킬 목적으로 개인정보유출배상책임보험을 가입하는 등 정보유출에 대한 소비자 배상을 위한 배상보험의 수요는 증가될 전망이다.

〈 개인정보유출 관련 주요 보험상품 현황 〉

구 분	상품명	주요 보상 내용	가입대상	보험료
의무보험	전자금융거래 배상책임보험	해킹 또는 전산장애 등으로 금융거래 피해를 본 고객이 입은 손해를 보상	금융기관 및 전자금융업자	54.4억
의무보험	공인전자문서 보관소 배상책임 보험	전자문서보관 등의 업무수행과 관련하여 위법한 행위로 이용자에게 손해를 입힌 경우 손해를 보상	공인전자 문서보관소	1.8억
임의보험	개인정보유출 배상책임보험	보험에 가입한 기업이 개인정보유출을 당한 가입 고객으로부터 손해배상청구 소송을 당했을 때 발생하는 손해를 보상	온라인쇼핑몰 등 고객정보를 다루는 업종	14.3억
임의보험	e-Biz 배상 책임보험	피보험자의 인터넷 및 네트워크 활동에 기인하여 타인에게 손해를 가함으로써 피보험자가 제3자에게 부담하여야 할 법률상의 손해를 보상	온라인쇼핑몰 및 인터넷개발업자 등	8.3억

※ 출처: 보험개발원

    가령 B카드사는 △△사에 2005년부터 30억(보상한도)의 개인정보유출 배책보험에 가입되어 있었지만, 2010년 81만 건의 정보유출사고에도 보험금은 지급받지 않았다. 이는 배책보험 약관서에서 신용정보유출 그 자체는 손해로 보지 않고, 2차 피해가 발생할 경우에만 손해로 인정하기 때문이다.

    이러한 약관서에 문제의식을 갖고, 개인정보가 유출될 경우 2차 피해여부와 관계없이 손해배상을 받을 수 있도록 해야 한다는 주장도 높아지고 있다.

3. 개인정보유출 시 피해

가. 사생활 침해: 정신적 피해

신용정보, 의료정보 등과 같은 민감한 정보의 유출은 개인의 정신
적 고통과 함께 고도의 재산적 침해 가능성을 가지고 있음에도 불
구하고, 현재까지 정신적 손해에 대한 부분은 인정되고 있지 않다.

나. 금전적 손실: 사기성 갈취

다. 범죄 악용: 불법 거래

라. 돈벌이 수단: 텔레마케팅회사 전달

마. 2차 피해: 명의 도용, 스팸 전화, 보이스피싱 등

4. 개인정보유출 대책

가. 개인정보노출자 사고예방시스템 운영

개인정보노출자 사고예방시스템은 개인적 차원에서 사전적으로 개
인정보유출의 피해를 방지할 수 있는 방법이라 할 수 있다. 금융소비자
는 금융감독원 금융소비자정보포탈 「파인」(FINE, http://fine.fss.or.kr)을 통해
자신의 개인정보 노출사실을 신고할 수 있다. 금융소비자는 자신의 PC
또는 휴대폰을 이용하여 파인 시스템에 온라인으로 접속해 자신의 개
인정보 노출사실을 한번에 등록(또는 해제)할 수 있으며, 금감원은 이를

통해 소비자 불편과 금융회사의 업무부담을 최소화하고 있다.

또한, 신분증을 분실한 금융소비자가 개인정보 노출로 인한 도용 등의 피해를 입는 것을 방지하기 위해 분실사실등록 시스템을 운영하고 있으며, 소비자들이 개인정보를 분실했어도 정상적인 금융거래를 할 수 있도록 구조를 갖추고 있다. 소비자는 개인정보 분실 시 금융감독원 「파인」을 통해 '개인정보 노출사실 등록증명'을 받을 수 있고, 발급받은 이후에는 본인확인의 과정을 거쳐 정상적인 금융거래를 할 수 있다. 또한, 금감원 「파인」과 금융회사간의 직접 연결망 구축으로 「파인」에 등록된 개인정보 노출사실은 금융회사에 실시간으로 전달되기 때문에 신속한 문제 해결이 가능하다.

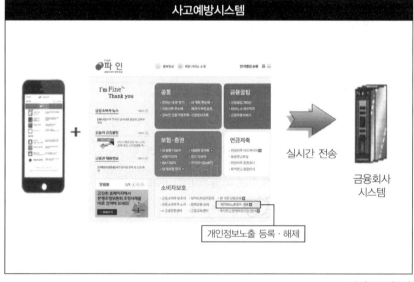

※ 출처: 금융감독원

나. 고객정보 유출, 제재보다 처벌 강화

경찰이나 감독당국은 고객정보유출사고가 발생하면 사건을 축소시켜 넘어가려는 경향이 크고, 그러다보니 제대로 된 수사가 진행되지 못한다. 다시 말하면 정보유출에 대한 피해 범위에 대한 광범위한 수사가 이루어진 적이 없다는 것이다. 아울러 금융당국이나 금융사는 금융기관으로서 당연히 지켜야 할 사항을 위반하여 사회적으로 심각한 물의를 야기했음에도 불구하고, 소비자 피해보상, 소비자보호방안 등에 대해서는 언급조차 하지 않았다는 점, 금융사의 실질적인 보상책임이나 피해자 보상추진 등에 대한 사회적 인식이 부족했다는 점 등이 보안의식의 부족을 야기한 원인이라고 할 수 있다.

다. 금융분야 개인정보유출 재발방지 정부 종합대책

① 금융회사의 정보수집을 최소화하고 보관기간을 5년으로 단축하는 등 정보를 체계적으로 엄격히 관리 ⇒ 정보유출 및 불필요한 사용을 예방하고, 유출 시 피해 최소화

② 주민등록번호는 최초 거래 시에만 수집하되, 번호 노출이 최소화되는 방식으로 수집(예: key-pad 입력)하고, 암호화하여 제대로 보관 ⇒ 불필요한 주민번호 수집을 억제하여 유출 시 위험 감소

③ 정보 제공 등의 동의서 양식을 중요 사항은 잘 보이도록 글씨를

크게 하고 필수사항에 대한 동의만으로 계약이 체결되도록 전면 개편 ⇒ 고객이 내용을 명확히 인지하고 정보 제공여부를 결정할 수 있도록 보장

④ 금융회사의 개인정보 이용·제공 현황을 조회하고, 영업목적 전화에 대한 수신 거부(Do-not-Call) 등록 등을 위한 시스템 구축 ⇒ 개인의 '자기정보결정권'이 실질적으로 구현

⑤ 임원 등의 정보보호·보안관련 책임을 강화하고, 불법정보 활용·유출과 관련한 금전적·물리적 제재를 대폭 강화 ⇒ 정보보호와 관련해서는 금융회사가 확실하게 책임지는 구조를 확립하여 불법정보 활용·정보유출을 근절

⑥ 금융전산 보안전담기구 설치 등을 통해 금융회사의 보안통제를 강화하는 한편, 카드결제 정보가 안전하게 처리되도록 단말기를 전면 교체 ⇒ 해킹에 철저히 대응하고, 카드결제과정에서의 정보보호도 한층 강화

⑦ 금융회사가 보유 또는 제공한 정보도 불필요한 것은 즉시 삭제하고, 정보유출 시 대응 매뉴얼(Contingency Plan) 마련 및 비상 대응체계 구축 ⇒ 기존 정보로 인한 잠재적 피해 가능성을 차단하고, 신속하고 세밀한 대응을 통해 피해 최소화 및 확산 억제

라. 향후 금융회사의 개인신용정보 보호방향

카드사 정보유출 사건('14.1.8.) 이후 금융권의 고객 신용정보 보호 및 관리가 과거에 비해서 크게 개선되었다. 그러나 아직도 일부 금융회사 및 금융유관 사업자의 경우 고객 신용정보 보호에 대한 인식과 실천이 미흡한 것은 부인할 수 없을 것이다.

특히, 최근 대폭 강화된 개인신용정보 보호의무를 제대로 이행하지 않고 있는 것이다. 카드사 정보유출 사건을 계기로 마련된 '금융분야 개인정보유출 재발방지종합대책'에 따라 금융회사의 고객 신용정보 보호를 위한 제반 의무를 대폭 강화한다는 차원에서 금융회사들이 새로 도입된 개인신용정보 보호의무의 준수를 철저히 실천해야 한다.

아울러 자기 신용정보이용현황 확인제도에서는 1만 명 이상의 개인 신용정보를 보유한 금융회사 등은 조회시스템의 이용방법 및 절차 등을 마련하여 금융소비자가 본인 신용정보이용·제공 내역(최근 3년간)을 조회하고 이용할 수 있도록 적극적으로 공시해야 한다.

〈 금융회사의 개인신용정보 주요 보호의무 〉

① 금융회사는 개인신용정보처리시스템 접근 권한을 최소한의 인원에 부여하고 권한 부여·변경·말소 기록을 보관해야 함
② 총자산 2조 원 이상이고 상시 종업원 수가 300명 이상인 금융회사는 신용정보관리·보호인을 임원으로 지정해야 함
③ 신용정보가 유출된 경우 피해를 최소화할 수 있는 대책을 마련하고

필요한 조치를 하여야 함

④ 금융회사는 고객에게 별도 동의를 받은 경우를 제외하고 전화, 문자 메시지 등을 통한 영리목적의 광고성 정보 전송을 금지함

⑤ 상거래관계가 종료된 고객의 개인신용정보는 최장 5년 이내에 파기 해야 하며 다른 법에 따라 보관해야 하는 경우 현재 거래중인 고객 의 정보와 분리하여 안전하게 보관하여야 함

⑥ 개인신용정보를 제공·활용할 경우 서비스 제공을 위해 필수적 사 항과 선택적 사항을 구분하여 고객에게 동의를 받아야 함

⑦ 금융회사는 고객이 본인 개인신용정보의 이용·제공 현황을 조회할 수 있도록 절차를 마련해야 함

⑧ 고객은 상거래관계가 종료되고 법에서 정한 기간 경과 후 본인 개인 신용정보 삭제를 금융회사에 요구할 수 있음

제 12 장
개인금융정보 보호와 금융영업

금융분야에서의 원활한 금융거래를 위한 정보보호의 중요성이
사회적으로 대두되면서 각종 금융관계법령의 제정과
개인정보보호제도가 운영되기 시작하였다.
특히 개인정보보호법은 사회 전 분야에 적용되는 법으로,
과거에 비해 개인정보보호에 대한
법제적 규제가 점점 강화되고 있는 추세이다.

1. 금융과 개인정보

개인정보는 단순히 타인과 구별하는 정보만이 아닌 모든 경제·사회활동을 가능케 하는 가장 기초적인 자료이다. 특히 금융분야에서 개인정보의 활용빈도가 높아짐에 따라 금융서비스 발전과 개인정보 활용의 상호연관성이 점점 높아지고 있다. 일례로, 금융거래를 위한 신용도 조사, 금융거래계약 체결, 추심활동 등 전 과정에서 개인정보가 필수불가결하게 수집되고 활용되고 있다.

우리나라 금융분야에서는 건전한 금융질서 확립, 거래의 안전 확보, 범죄행위 예방 등을 위하여 금융실명거래제도, 신용정보 집중관리제도, 특정 금융거래정보 보고 제도 등 다른 산업분야와 구분되는 제도들이 법제화되어 시행되고 있다. 이러한 제도들은 개인정보의 수집과 집적 및 활용이 전제되어 온 것이다.

금융분야는 원활한 금융거래를 위한 정보보호의 필요성이 중요시되어 왔고, 각종 금융관계법령을 제정하여 개인정보보호 제도를 운영해 오고 있다. 특히 개인정보보호법은 사회 전 분야에 적용되는 법으로, 과거에 비해 개인정보보호에 대한 법제적 규제가 점점 강화되고 있는 추세이다.

최근 몇 년간 금융분야에서도 대량의 개인정보 유출사고가 발생되면서 이로 인해 금융소비자들은 개인정보 문제를 더욱 민감하게 받아들이고 있다.

2020년 2월 개인정보보호법, 신용정보법, 정보통신망법의 소위 데이터3법 개정안이 국회를 통과하고, 2020년 8월 5일부터 시행되었다. 이 법안을 통해 데이터 경제 활성화를 위한 기반이 마련되어 데이터 융합 및 결합을 통해 금융분야를 비롯한 전 산업 분야로 다양한 데이터 활용을 통해 빅데이터 산업의 활성화가 가능해지게 되었다. 이로 인하여 식별가능한 정보(개인정보)와 익명정보로 구분되던 개인신용정보에 '가명정보' 라는 개념이 새로 도입되었다.

가. 가명정보

1) 가명처리와 가명정보

가명처리란 추가정보를 사용하지 아니하고는 특정 개인인 신용정보주체를 알아볼 수 없도록 개인신용정보를 처리하는 것을 말하며, 그 처리결과가 ① 어떤 신용정보주체와 다른 신용정보주체가 구별되는 경우 ② 하나의 정보 집합물에서나 서로 다른 둘 이상의 정보집합물 간에 어떤 신용정보주체에 관한 둘 이상의 정보가 연계되거나 연동되는 경우 ③ 위와 유사한 경우로서 대통령령으로 정한 경우의 어느 하나에 해당하는 경우로 법령에 따라 그 추가정보를 분리하는 등 특정 개인인 신용정보주체를 알아볼 수 없도록 개인신용정보를 처리한 경우를 포함하며, 가명정보는 가명처리한 개인신용정보를 의미한다. 가명정보는 성명, 전화번호 등 개인에 관한 정보를 임의의 값으로 대체하여 추가정보의 사용없이는 특정 개인을 알아볼 수 없도록 처리한 정보이다.

2) 가명정보의 활용 범위

가명정보는 통계작성, 학술연구, 공익적 목적을 위해서 정보주체의 동의없이 처리가 가능하며, 이때 통계작성에는 시장 조사 등 사업적 목적의 통계작성이 포함되고, 연구에는 대학, 연구소 등 연구기관뿐 아니라 기업 등이 수행하는 산업적 연구가 포함된다. 단, 특정개인을 식별할 수 있는 형태의 통계작성, 연구, 공익적 기록 보존 등의 작성은 모두 허용되지 않으며, 가명정보는 식별가능성이 존재하기 때문에 신용정보법 상의 개인신용정보에 해당된다.

〈 개인정보, 가명정보, 익명정보의 구분 〉

구분	개념	활용가능 범위
개인정보	특정 개인에 관한 정보, 개인을 알아볼 수 있는 정보	사전적이고 구체적인 동의를 받은 범위 내에서 활용 가능
가명정보	추가정보의 사용없이는 특정 개인을 알아볼 수 없게 처리한 정보	다음 목적에 동의없이 활용 가능 ① 통계작성(상업적 목적 포함) ② 연구(산업적 연구 포함) ③ 공익적 기록보존 목적 등
익명정보	더 이상 개인을 알아볼 수 없게(복원 불가능할 정도) 처리한 정보	개인정보가 아니기 때문에 제한없이 자유롭게 활용 가능 (정보보유기간 등의 규제받지 않음)

※자료 : 금융감독원

〈 개인정보와 가명정보와 익명정보의 예시 〉

개인정보 예시

성명	전화번호	성별	생년월일	보험가입건수
홍길동	02-111-1234	남	1980.1.1.	3
이순신	02-123-1234	남	1990.12.31.	2

가명정보 예시

ID(대체값)	성명	전화번호	성별	생년월일	보험가입건수
27B339D75FF1DCED2C29A866BA5D61555D4C2E2C708F121AFABF34E5777AE498	홍길동	02-111-1234	남	1980.1.1.	3
05CF80408DCC19A18228A365BD2DBBD4328BC36DC832F6E7365E536164A92B5A	이순신	02-123-1234	남	1990.12.3.	2

익명정보 예시				
성명	전화번호	성별	생년월일	보험가입건수
홍길동	02-111-1234	S	30대	3
이순신	02-123-1234	S	20대	2

※자료 : 금융감독원

3) 가명처리 관련 의무

신용정보회사 등은 가명처리에 사용한 추가정보를 기술적·물리적·관리적 보호조치를 통해 추가 정보에 대한 접근을 통제하는 방법으로 분리하여 보관하거나 삭제하여야 하며, 가명처리한 개인신용정보에 대하여 제3자의 불법적인 접근, 입력된 정보의 변경·훼손 및 파기, 그 밖의 위험으로부터 가명정보를 보호하기 위하여 내부관리계획을 수립하고 접속기록을 보관하는 등 기술적·물리적·관리적 보안대책을 수립·시행하여야 한다.

신용정보회사 등은 영리 또는 부정한 목적으로 특정 개인을 알아볼 수 있게 가명정보를 처리하여서는 안 되며, 가명정보를 이용하는 과정에서 특정 개인을 알아볼 수 있게 된 경우 즉시 그 가명정보를 회수하여 처리를 중지하고, 특정개인을 알아볼 수 있게 된 정보는 즉시 삭제한다. 또한, 가명처리를 한 경우 가명처리한 날짜, 가명처리한 정보의 항목, 가명처리한 사유와 근거에 대해 조치기록을 3년간 보존하여야 한다.

4) 가명처리관련 처벌 규정

신용정보회사 등이 영리 또는 부정한 목적으로 특정 개인을 알아볼 수 있게 가명정보를 처리한 경우, 관련 매출액이 아닌 전체 매출액의 100분의 3이하에 해당하는 금액을 과징금으로 부과할 수 있다.

2. 개인정보보호의 기본 원칙

가. 개인정보 자기결정권

고객의 개인정보는 기본적으로 금융거래계약 체결과 이행을 비롯하여 매우 다양한 가치를 창출하는 금융회사의 자산으로서 기능한다. 고객의 입장에서 보면, 자기 자신을 나타내는 사적인 정보이므로 그 개인정보의 처리에 대한 통제권을 주장할 수 있는 것이다.

개인정보를 대상으로 하는 조사, 수집, 보관, 처리, 이용 등의 행위는 원칙적으로 헌법상 기본권인 개인정보자기결정권의 제한에 해당되며, 그러한 개인정보의 처리행위가 법률적 근거가 있는지와 기본권 제한에 대한 과잉금지원칙을 위반하여 개인정보자기결정권을 침해하는지 여부를 판단해야 한다고 보고 있다.

금융회사가 고객의 개인정보를 수집하여 계약체결에 이용하고 보관, 관리, 이용하는 행위는 일차적으로 헌법상 기본권인 개인정보 자기결정권의 제한에 해당한다. 다만, 개인정보 자기결정권의 본질적 내용은 침해될 수 없으며, 개인정보 자기결정권의 한계와 제한에 대한 명확한 기준으로 허용범위를 법률로 구체화한 것이 '개인정보보호법' 및 '신용정보법' 등 개인정보보호 관련 법이라 할 수 있다.

개인정보보호법에 의하면 정보주체는 개인정보 자기결정권을 보장받기 위해 다음의 4가지 권리를 가진다.

1) 본인정보 이용·제공현황 조회요청권
   - 정보 이용·제공현황을 언제든지 확인하고 열람을 요구할 권리
2) 본인정보 제공 결정권
   - 정보의 이용에 대한 동의여부, 동의 범위 등을 선택하고 결정할 권리
3) 정보보호 요청권
   - 금융회사가 보유한 본인정보의 정정·삭제 및 파기, 보안조치를 요구할 권리
4) 피해구제 요청권
   - 개인정보처리로 인하여 발생한 피해를 신속한 절차에 따라 구제받을 권리

나. 개인정보보호의 원칙

개인정보보호법에서는 개인정보처리 전 과정에서 기준이 되는 개인정보보호원칙에 대해 규정하고 있다. 개인정보보호원칙의 구체적인 내

용을 OECD 프라이버시 8원칙과 비교하면 다음과 같다.

순번	개인정보보호법 제3조(개인정보보호의 원칙)	OECD 프라이버시 8원칙
1	개인정보 처리목적을 명확히 하고, 필요 최소한의 개인정보를 적법·정당하게 수집	- 수집 제한의 원칙 - 목적 명시의 원칙
2	처리목적의 필요 범위에서 적합하게 개인정보 처리 및 그 목적 외 용도로 활용 금지	이용 제한의 원칙
3	개인정보의 정확성, 완전성, 최신성 보장	정보 정확성의 원칙
4	개인정보의 안전한 관리	안전성 확보의 원칙
5	개인정보 처리방침 등 개인정보의 처리방침에 관한 사항 공개, 정보주체의 권리 보장	- 공개의 원칙 - 개인 참여의 원칙
6	정보주체의 사생활 침해 최소화	OECD 프라이버시 가이드라인 전반
7	개인정보 익명처리가 가능한 경우에는 익명에 의해 처리될 수 있도록 할 것	직접 해당 원칙 없음
8	책임과 의무 준수, 정보주체의 신뢰 확보	책임의 원칙

개인정보보호법은 개인정보 자기결정권을 반영하여 정보주체의 5대 권리를 규정하고 있다.

1) 개인정보 처리에 관한 정보를 제공받을 권리
2) 개인정보처리에 관한 동의 여부, 동의범위 등을 선택하고 결정할 권리

3) 개인정보의 처리 여부를 확인하고 개인정보에 대하여 열람(사본 발급 포함)을 요구할 권리

4) 개인정보 처리 정지, 정정·삭제 및 파기를 요구할 권리

5) 개인정보 피해를 신속하고 공정한 절차에 따라 구제받을 권리

3. 개인정보보호위원회

가. 기구와 구성

개인정보보호에 관한 사무를 독립적으로 수행하기 위하여 국무총리 소속으로 개인정보보호위원회를 두며, 보호위원회는 정부조직법 제2조에 따른 중앙행정 기관으로 본다. 보호위원회는 상임위원 2명(위원장 1명, 부위원장 1명)을 포함한 9명의 위원으로 구성하고, 위원은 개인정보보호에 관한 경력과 전문지식이 풍부한 다음의 사람 중에서 위원장과 부위원장은 국무총리의 제청으로, 그 외 위원 중 2명은 위원장의 제청으로, 2명은 대통령이 소속되거나 소속되었던 정당의 교섭단체 추천으로, 3명은 그 외의 교섭단체 추천으로 대통령이 임명 또는 위촉한다. 이때, 위원장과 부위원장은 정무직 공무원으로 임명한다.

– 개인정보보호업무를 담당하는 3급 이상 공무원의 직에 있거나 있었던 사람

- 판사 · 검사 · 변호사의 직에 10년 이상 있거나 있었던 사람
- 공공기관 또는 단체에 3년 이상 임원으로 재직하였거나 이들 기관 또는 단체로부터 추천받은 사람으로서 개인정보보호업무를 3년 이상 담당하였던 사람
- 개인정보 관련 분야에 전문지식이 있고 고등교육법 제2조제1호에 따른 학교에서 부교수 이상으로 5년 이상 재직하고 있거나 재직하였던 사람

나. 위원의 임기와 회의

위원의 임기는 3년이며, 한 차례만 연임할 수 있다. 위원이 궐위된 때에는 새로운 위원을 임명 또는 위촉하여야 하며, 위원은 재직 중 국회의원 또는 지방의회의원, 국가 공무원 또는 지방공무원 등의 직을 겸하거나 직무와 관련된 영리업무에 종사하여서는 안 된다. 보호위원회의 회의는 위원장이 필요하다고 인정하거나 재적위원 4분의 1 이상의 요구가 있는 경우에 위원장이 소집하며, 재적위원 과반수의 출석으로 개의하고, 출석위원 과반수의 찬성으로 의결한다.

다. 보호위원회의 소관 사무

- 개인정보의 보호와 관련된 법령의 개선에 관한 사항
- 개인정보보호와 관련된 정책 · 제도 · 계획수립 · 집행에 관한 사항
- 정보주체의 권리침해에 대한 조사 및 이에 따른 처분에 관한 사항

- 개인정보의 처리와 관련한 고충처리 · 권리구제 및 개인정보에 관한 분쟁의 조정
- 개인정보보호를 위한 국제기구 및 외국의 개인정보보호기구와의 교류 · 협력
- 개인정보보호에 관한 법령 · 정책 · 제도 · 실태 등의 조사 · 연구, 교육 및 홍보에 관한 사항
- 개인정보보호에 관한 기술개발의 지원 · 보급 및 전문인력의 양성에 관한 사항
- 이 법 및 다른 법령에 따라 보호위원회의 사무로 규정된 사항

4. 개인(신용)정보 처리 단계별 원칙

개인정보는 업종이나 분야와 관계없이 일정한 단계를 거쳐 처리하게 되는데, 이를 '개인정보처리단계' 또는 '개인정보생명주기' 라고 부른다. 대부분의 개인정보보호 관련 법령들은 개인정보 처리단계를 크게 '수집-이용-제공-처리-위탁-관리-파기' 의 단계로 규정하고 있다.

가. 개인(신용)정보의 수집단계

개인신용정보의 수집은 신용정보법 제15조, 그 밖의 개인정보 수집 시에는 개인정보보호법 제15조에 따라 정보를 수집하여야 한다.

금융회사는 법률에 규정이 있거나 법령상 의무를 준수하기 위해 불가피한 경우, 신용정보주체와의 금융거래 등 상거래계약 체결 및 이행을 위해 불가피하게 필요한 경우, 신용정보 제공·이용자의 정당한 이익을 달성하기 위해 필요한 경우로 명백히 신용정보 주체의 권리보다 우선하는 경우에 한하여 정보주체의 동의를 받지 않고 수집 가능하다. 다만, 이 경우에도 신용정보법 등 관계 법률 및 금융회사의 정관으로 정하는 업무 범위에서 수집목적을 명확하게 해야 하며, 그 목적 달성에 필요한 최소한의 범위에서 합리적이고 공정한 수단을 사용해야 한다.

그러나 원칙적으로 개인(신용)정보수집은 정보주체의 동의를 받아 수집하여야 한다. 금융회사는 수집, 제공, 마케팅 이용 등 각각의 동의사항을 구분하여 정보주체가 이를 명확하게 인지할 수 있도록 알리고 각각 별도의 동의를 받아야 하며, 필수적 개인정보 외의 선택적 개인정보 수집에는 동의하지 않을 수 있음을 알려야 한다. 또한 금융회사는 정보주체가 선택적 동의사항에 동의하지 않는다는 이유로 정보주체에게 서비스의 제공을 거부해서는 안 되며, 신용정보와 관계없는 사생활에 관한 정보나 확실하지 않은 개인신용정보, 다른 법률에 따라 수집이 금지된 정보 등은 수집할 수 없다.

국내의 대다수 금융회사는 금융상품의 판매 등 기본적인 금융거래 계약을 체결하는 경우, 거의 예외 없이 개인(신용)정보 수집·이용에 대한 동의서를 징구하고 있다. 이때 금융회사들은 최소한의 개인정보를 수집하도록 해야 한다. 특히 제3자에게 소비자의 개인정보를 제공할 경우에는 개인(신용)정보를 제공받는 자, 제공받는 자의 이용목적, 제공하는 항목과 보유기간 등을 명확하고 구체적으로 표시해야 하며, 글자크기와 줄 간격을 확대하는 등 정보주체가 읽기 쉽게 표기하여야 한다.

나. 개인(신용)정보의 이용단계

개인신용정보는 신용정보법 제32조, 제33조, 제34조에 따라 이용할 수 있다. 개인정보를 이용하는 경우에는 당초 수집 목적 범위 내에서만 이용이 가능하며, 당초 수집 목적 외로 이용하는 경우에는 정보주체의 별도 동의를 받아야 한다. 그 밖의 개인정보를 이용할 경우에는 개인정보보호법 제15조 및 제18조를 적용하며, 개인신용정보는 금융소비자가 신청한 금융거래 등 상거래 관계의 설정 및 유지 여부 등을 판단하기 위한 목적으로만 이용되어야 한다.

신용조회회사 또는 신용정보 집중기관으로부터 개인신용정보를 제공받으려는 자는 ① 개인신용정보를 제공받는 자 ② 개인신용정보를 제공받는 자의 이용목적 ③ 제공받는 개인신용정보의 내용 ④ 개인신용정보를 제공받는 자의 정보 보유기간 및 이용기간을 알리고 서면, 공인전자서명이 있는 전자문서 등의 동의방법으로 동의를 받아야 한다.

개인정보를 이용하는 경우에는 당초 수집 목적 범위 내에서만 이용이 가능하며, 당초 수집 목적 외로 이용하는 경우에는 정보주체의 별도 동의를 받아야 한다. 다만, 국제협정의 이행이나 범죄수사 등 다른 법률에 특별한 규정이 있는 경우에는 별도의 동의가 없어도 이용 가능하다.

다. 개인(신용)정보의 제공단계

개인정보보호법, 신용정보법 등 모든 개인정보보호 관계 법령은 정보주체의 개인정보를 처음 수집한 곳에서 다른 곳(제3자)으로 개인정보가 제공·이전되는 경우에 대해 엄격한 규제를 가하고 있다.

신용정보 제공·이용자가 개인신용정보를 타인에게 제공하려는 경우에는 미리 해당 개인(정보주체)으로부터 동의를 받아야 한다. 신용정보법은 개인신용정보 제공·활용에 대한 동의에 대해서 그 동의 방법을 명시적으로 규정하고 있다. 개인신용정보는 신용정보법 제32조 및 제34조에 따라 제공할 수 있으며, 그 밖의 개인정보를 제공할 경우에는 개인정보보호법 제17조 및 제18조에 따라 제공이 가능하다.

정보 제공 동의를 받는 방법은 ① 서면 ② 전자서명법에 따른 공인전자서명이 있는 전자문서 ③ 개인신용정보의 제공 내용 및 목적 등을 고려하여 정보 제공동의의 안정성과 신뢰성이 확보될 수 있는 유무선통신으로 개인비밀번호를 입력하는 방식 ④ 유무선통신으로 동의내용을 해당 개인에게 알리고 동의를 받는 방법(본인 여부 및 동의내용, 그에 대한 해당 개인의 답변을 음성 녹음하는 등 증거자료를 확보·유지하여야 함) 등이다.

단, 신용정보회사가 다른 신용정보회사 또는 신용정보집중기관과 서로 집중관리·활용하기 위해 제공하는 경우, 신용정보의 처리를 위탁하기 위해 제공하는 경우, 영업양도·분할·합병 등의 경우, 채권추심(추심채권을 추심하는 경우만)이나 기업의 과점주주, 최다출자자 등 관련인의 신용도 판단 등 대통령령으로 정하는 목적으로 사용하는 자에게 제

358

공하는 경우에는 개인의 동의 없이 개인신용정보를 제공할 수 있다.

라. 고유식별정보 및 민감정보 처리 단계

개인정보보호법은 고유식별정보 및 민감정보에 대한 별도의 보호규정을 두고 있다. 주민등록번호의 수집은 개인정보보호법 제24조의2를 적용하고, 주민등록번호 외 고유식별정보의 수집은 신용정보법 제15조 및 개인정보보호법 제24조를 적용한다. 고유식별정보의 이용·제공에 대해서는 신용정보법 제32조부터 제34조를 적용한다.

개인정보보호법에 따른 고유식별정보란 주민등록번호, 외국인등록번호, 여권번호, 운전면허번호를 말하며, 신용정보법에 따른 개인식별정보는 개인성명, 주소, 주민등록번호, 외국인등록번호, 국내거소신고번호, 여권번호, 성별, 국적 등이 있다.

금융회사들이 고유식별정보를 수집·이용하는 경우에는 원칙적으로 다른 개인정보처리와 별도로 동의를 받아야 한다. 다만, 다른 법령에서 구체적으로 고유식별정보의 처리를 요구하거나 허용하는 경우에는 동의 없이 수집·이용할 수 있다.

민감정보의 수집은 개인정보보호법 제23조를 적용하며, 민감정보의 이용·제공에 대해서는 신용정보법 제32조부터 제34조를 적용한다. 민감정보는 사생활을 침해할 우려가 있거나 부당한 차별을 받을 우려가 있는 개인정보를 말하며 사상·신념, 노동조합·정당의 가입탈퇴, 정치적 견해, 건강과 성생활 및 범죄경력 등에 대한 자료 등을 포함한다.

금융회사들이 민감정보를 처리하는 경우에는 그 민감정보가 분실·도난·유출·위조·변조 또는 훼손되지 아니하도록 안전조치의무에 따라 안전성을 확보해야 하고, 신용정보와 관계없는 사생활에 관한 정보의 수집조사가 원칙적으로 금지되므로, 이에 해당하는 정보는 정보주체의 동의를 받더라도 수집해서는 안 된다.

신용정보법에 따라 민감정보가 포함된 개인신용 정보(또는 개인식별 정보)를 이용하는 경우에 해당 정보주체가 신청한 금융거래 등 상거래관계의 설정 및 유지 여부 등을 판단하기 위한 목적으로만 이용해야 하며, 개인신용정보(또는 개인식별정보)를 제3자에게 제공하는 경우에는 개인신용정보를 제공할 때마다 미리 개별적으로 동의를 받아야 한다. 다만, 기존의 동의한 목적 또는 이용 범위에서 개인신용정보의 정확성·최신성을 유지하기 위한 경우는 제외한다.

마. 주민등록번호 처리 금지 기준

주민등록번호는 개인의 식별을 위해 관행적으로 수집·이용되는 경우가 많았다. 그러나 오남용에 따른 위험성 및 사회적 비용 등을 고려할 때 불필요한 주민등록번호 요구 관행을 시급히 개선해야 할 필요성이 인정되었고, 이에 주민등록번호 수집의 원칙적 금지와 주민등록번호 유출 시 과징금 부과 등을 주요골자로 개인정보보호법이 개정되었다.

현재의 개인정보보호법은 주민등록번호뿐만 아니라 성명, 주소 등 일반 개인정보에도 필요 최소한의 원칙을 준수하도록 요구하고 있다. 정부는 '개인정보 수집·이용 최소화 가이드라인'을 마련해 개인정보 처리자가 업무처리를 위한 필요 최소한의 개인정보만을 수집·이용하도록 하고 있다.

주민등록번호는 법률, 대통령령, 국회·대법원·헌법재판소 규칙 및 중앙선거관리위원회·감사원 규칙에서 구체적으로 주민등록번호의 처리를 요구·허용하거나, 정보주체 또는 제3자의 급박한 생명, 신체, 재산의 이익을 위하여 명백히 필요하다고 인정되는 경우에만 처리를 허용하고, 주민등록번호를 제외한 고유식별정보는 금융실명법 등 관계 법령에서 구체적으로 요구·허용하는 경우(금융회사 등이 거래자 실명으로 금융 거래를 하기 위해 주민등록표 또는 등록외국인기록표 등에 기재된 주민등록번호나 외국인등록 번호를 수집·이용하는 경우) 외에는 정보주체로부터 다른 개인정보처리에 대한 동의와 별도로 동의를 받아야 한다.

즉, 개인정보처리자는 정보주체의 동의를 얻는다고 하더라도 법률·대통령령·국회규칙·대법원규칙·헌법재판소규칙·중앙선거관리위원회규칙 및 감사원규칙에서 주민등록번호의 처리를 요구하거나 허용한 경우가 아닌 한 주민등록번호를 처리할 수 없다.

개인정보처리자가 정보주체의 동의를 받아 제3자에게 제공할 경우에는 개인정보를 제공받는 자, 개인정보를 제공받는 자의 개인정보 이용 목적, 제공하는 개인정보의 항목, 개인정보를 제공받는 자의 개인정보 보유 및 이용 기간, 동의를 거부할 권리가 있다는 사실 및 동의 거부에 따른 불이익이 있는 경우에는 그 불이익의 내용을 알리고 동의를 받아야 하며, 당초 수집목적과 합리적으로 관련된 범위에서 정보주체에게 불이익이 발생하는지 여부, 암호화 등 안전성 확보에 필요한 조치를 하였는지 여부 등을 고려하여 대통령령으로 정하는 바에 따라 정보주체의 동의 없이 개인정보를 제공할 수 있다.

개인정보처리자가 정부주체 이외로부터 수집한 개인정보를 처리할 때에는 정보 주체의 요구가 있을 시, 즉시 개인정보의 수집출처, 개인정보의 처리목적을 정보주체에게 알려야 한다.

개인정보처리자는 개인정보의 수집·이용목적, 수집하려는 개인정보의 항목, 개인정보의 보유 및 이용기간 등을 알리고 개인정보의 처리에 대한 동의를 받거나 법령에서 구체적으로 고유식별정보의 처리를 요구하거나 허용하는 경우를 제외하고는 고유식별정보를 처리할 수 없다.

보호위원회는 대통령령으로 정하는 기준에 해당하는 개인정보처리자가 법령 또는 정보 주체의 동의를 통해 개인정보를 처리하는 경우에 개인정보의 종류, 규모, 종업원의 수 및 매출액 규모 등을 고려하여 주민등록번호가 분실·도난·유출·위조·변조 또는 훼손되지 아니하도록 암호화 등 안전성 확보에 필요한 조치를 하였는지에 관하여 대통령령으로 정하는 바에 따라 정기적으로 조사하여야 하고, 대통령령으로 정하는 전문기관으로 하여금 그 조사를 수행하게 할 수 있다.

개인정보처리자는 개인정보의 처리 목적 및 보유기간 등이 포함된 개인정보 처리방침을 정해야 하며, 개인정보 처리방침을 수립 및 변경

시에는 정보주체가 확인할 수 있도록 대통령령으로 정하는 방법에 따라 공개해야 한다. 개인정보 처리방침 내용과 개인정보처리자와 정보주체 간 체결한 계약 내용이 다른 경우에는 정보주체에게 유리한 것을 적용하며, 행정안전부장관은 개인정보 처리방침의 작성지침을 정하여 개인정보처리자에게 그 준수를 권장할 수 있다.

개인정보처리자는 개인정보 처리에 관한 업무를 총괄해서 책임질 개인정보 보호책임자를 지정해야 한다. 개인정보 보호책임자는 개인정보 보호계획의 수립 및 시행, 개인정보 처리실태 및 관행의 정기적 조사 및 개선, 개인정보 처리와 관련한 불만의 처리 및 피해구제 등의 업무를 수행하며, 개인정보 보호책임자의 성명 또는 개인정보 보호업무 및 관련 고충사항을 처리하는 부서의 명칭과 전화번호 등의 연락처는 개인정보처리방침에 명시되어 있어야 한다.

신용정보회사 등은 신용정보법 제20조에 따른 신용정보관리 · 보호인을 지정해야 하며, 신용정보관리 · 보호인은 신용정보의 수집 · 보유 · 제공 · 삭제 등 관리 및 보호 계획의 수립 및 시행, 실태와 관행에 대한 정기적인 조사 및 개선, 신용정보주체의 권리행사 및 피해구제, 신용정보 유출 등을 방지하기 위한 내부통제 시스템의 구축 및 운영 등의 업무를 수행해야 한다.

바. 개인(신용)정보 처리 업무 위탁 단계

개인신용정보 처리 업무 위탁에는 신용정보법 제17조가 적용되며,

그 밖의 개인정보 처리 업무 위탁에는 개인정보보호법 제26조가 적용된다.

금융회사 등은 수집된 신용정보의 처리를 위탁할 수 있으며, 신용정보의 처리를 위탁하기 위하여 개인신용정보를 제공하는 경우, 특정 신용정보주체를 식별할 수 있는 정보는 암호화 등의 보호 조치를 하여야한다. 위탁업무를 위해 정보 주체의 동의를 개별적으로 받아야 할 의무는 없지만, 위탁업무내용과 개인정보 처리업무 수탁자를 정보주체가언제든지 확인할 수 있도록 홈페이지 등을 통해 위탁에 관한 사항을 공개해야 한다. 특히 재화 또는 서비스를 홍보하거나 판매를 권유하는 업무를 위탁하는 경우 또는 위탁하는 업무의 내용이나 수탁자가 변경된경우에는 서면, 전자우편, 팩스, 전화, 문자전송 등으로 위탁업무내용과 수탁자를 정보주체에게 알려야 한다.

사. 개인(신용)정보의 안전한 관리단계

개인(신용)정보의 안전한 확보조치에 대해서는 신용정보법 제19조, 전자금융거래법 제21조, 개인정보보호법 제29조가 적용된다. 다만, 고유식별정보의 암호화는 개인정보보호법에서 특별히 정하는 의무사항임에 따라 개인정보보호법 제24조 및 제24조의2가 적용된다.

개인정보의 안전성 확보 조치는 서버 등 시스템뿐만 아니라 단말기나 PC 등 개인정보를 처리하는 모든 매체에 대해 동일하게 적용되는기준으로, 전자금융거래법 및 전자금융 감독규정에서는 시스템 및 단말기 등에 대해 각각 세부적인 조치사항을 규정하고 있다. 대통령령으로 정하는 금융회사 및 전자금융업자는 안전한 전자금융거래를 위하여 정보 기술부문에 대한 계획을 매년 수립하여야 하고, 대표자의 확인 · 서명을 받아 금융위원회에 제출하여야 한다. 금융실무상 개인신용정보와 그 밖의 개인정보를 다양한 용도로 이용하는 경우에는 신용정보법, 개인정보보호법, 전자금융거래법에서 규정하는 안전성 확보 조치를 모두 준수하도록 하고 있다.

아. 개인(신용)정보의 파기 단계

개인신용정보의 파기(삭제)에 대해서는 신용정보법 제20조의2가 적용되며, 그 밖의 개인정보파기는 개인정보보호법 제21조를 따른다. 따라서 금융회사는 개인(신용)정보의 보존기한을 관계법령상 규정, 정보주체의 동의 의사, 처리목적 달성 여부 등을 고려하여 산정할 필요가 있다. 신용정보 제공 · 이용자는 금융거래 등 상거래가 종료된 날부터 최장 5년 이내(해당 기간 이전에 정보 수집 · 제공 등의 목적이 달성된 경우에는 그 목적이 달성된 날부터 3개월 이내)에 해당 정보주체의 개인신용정보를 관리대상에서 모두 삭제한다. 단, 단서에 따라 개인신용정보를 삭제하지 아니하고 보존하는 경우에는 현재 거래 중인 신용정보주체의 개인신용정보와 분리하는 등 대통령령으로 정하는 바에 따라 관리하여야 한다.

상거래가 종료된 지 3개월 이내의 정보들은 1단계에 속하며, 현재 거래 중인 고객의 정보와 접근권한을 분리하고, 보안통제를 강화하여 별도의 DB 또는 Table로 관리한다. 또한 접근권한 관리책임자를 지정하여 접근권한을 통제·기록 보존한다. 상거래가 종료된 지 5년 이내의 정보들은 2단계에 속하며, 1단계보다 제한된 인원, 추가 승인절차 및 사후감사 등 더 강화된 방식으로 엄격히 통제하여 관리한다.

법령상 파기 또는 삭제 시점을 명확히 한 경우에는 해당 시점에 개인(신용)정보를 즉시 파기 또는 삭제해야 하며, 삭제된 정보가 복구 또는 재생되지 아니하도록 조치하여야 한다. 특히 식별정보를 삭제하는 경우에는 남아 있는 정보가 어떠한 경우에도 재식별화되지 않도록 해야 하며, 재식별화가 가능한 방식으로 삭제할 경우에는 삭제하지 않은 것으로 간주한다.

개인신용정보를 제외한 그 밖의 개인정보의 경우는 원칙적으로 개인(신용)정보의 보유기간의 경과, 개인정보 처리목적 달성 등으로 불필요하게 되었을 때 지체 없이 파기한다. 법령상 보존 기한이 명시되어 있는 경우에는 관계법령이 정하는 보존기한이 경과된 후 지체 없이 파기하며, 보존기한이 불분명하고 개인정보의 보유기간에 대해 정보주체의 명시적 동의를 받은 경우에는 당초 정보주체가 동의한 기간이 경과된 후 지체 없이 파기한다.

자. 영상정보처리기기(CCTV)의 설치·운영·관리

영상정보처리기기(CCTV)란 일정공간에 지속적으로 설치되어 사람 또는 사물의 영상 등을 촬영하거나 이를 유·무선망을 통해 전송하는 장치를 말하며, 이를 통한 개인영상 정보의 처리에 대해서는 개인정보보호법 제25조가 적용된다. 신용정보법에서는 CCTV에 대한 별도 규정을 두고 있지 않으며, 전자금융감독규정 제11조에서는 전산실 등에 관한 관리조치의 일환으로 무인감시 카메라 설치를 규정하고 있다.

금융회사 등은 CCTV 설치목적과 다른 목적으로 임의 조작하거나 다른 곳을 비출 수 없고 어떤 경우에도 녹음기능은 사용할 수 없으며, 영상정보처리기기 운영자는 개인정보가 분실·도난·유출·위조·변조 또는 훼손되지 않도록 안전성 확보에 필요한 조치를 해야 한다. 또한 금융회사 등의 CCTV 운영자는 정보주체가 CCTV 설치·운영 사실을 쉽게 인식할 수 있도록 안내판을 설치하는 등 필요한 조치를 해야 한다.

차. 개인정보 유출 시 조치방법

신용정보법과 개인정보호법은 개인(신용)정보가 유출된 경우 정보주체에게 통지 및 관련기관에 신고하도록 의무를 부과하고 있다. 개인신용정보의 누설 시 통지·신고에 대해서는 신용정보법 제39조의4가 적용되며, 그 밖의 개인정보 유출 시 통지·신고에 대해서는 개인정보보호법 제34조가 적용된다.

개인(신용)정보 유출은 정보주체(금융소비자)의 개인정보에 대해 개인정보처리자(금융회사)가 통제를 상실하거나 권한이 없는 자의 접근을 허용한 것으로서 법령이나 개인정보처리자의 자유로운 의사에 의하지 않고

위의 상황이 발생한 경우를 말한다.

신용정보회사 등은 신용정보가 업무 목적 외로 누설되었음을 알게 된 때에 서면, 전화, 전자우편, 휴대폰 문자메시지(SMS) 등을 통해 해당 신용정보주체에게 누설된 신용 정보의 항목, 누설 시점과 경위, 누설로 인한 피해를 최소화하기 위해 신용정보주체가 할 수 있는 방법, 신용정 보회사 등의 대응조치 및 피해 구제절차, 정보주체에게 피해가 발생할 경우 신고를 접수할 수 있는 담당 부서 및 연락처 등을 지체 없이 통지 해야 한다.

1천 명 이상의 신용정보주체에 관한 개인신용정보가 누설된 경우 주체 통지와 더불어 7일 이상 인터넷 홈페이지에 그 사실을 게시하고, 인 터넷 홈페이지를 운영하지 아니하는 개인정보처리자의 경우에는 서명 등의 방법과 함께 사업장 등의 보기 쉬운 장소에 7일 이상 게시하여야 한다. 또한 지체 없이 금융위원회 또는 대통령령으로 정하는 기관에 신 고하고, 금융위원회 등은 피해 확산방지, 피해 복구 등을 위한 기술을 지원할 수 있다.

개인신용정보와 그 밖의 개인정보가 유출된 경우에는 정당한 사유 가 없는 한 5일 이내에 정보주체에게 서면, 전자우편, 팩스, 전화, 문자 전송 등의 방법을 통해 유출된 개인정보항목, 유출시점과 경위 등을 지 체 없이 통지해야 한다. 다만, 유출된 정보의 확산 및 추가 유출을 방지 하기 위하여 접속경로의 차단, 취약점 점검·보완, 유출된 개인정보의 삭제 등 긴급한 조치가 필요한 경우에는 그 조치를 한 후 지체 없이 정부주체에게 알릴 수 있다.

1천 명 이상의 개인정보가 유출된 경우에는 주체통지와 더불어 한국인터넷진흥원에 신고해야 하고, 은행·증권사·보험사 등 신용정보회사가 1만명 이상 개인신용정보를 유출하였을 경우에는 금융위원회로 신고한다.

신용정보주체는 신용정보회사 등이나 그로부터 신용정보를 제공받은 자가 고의 또는 중대한 과실로 개인신용정보가 누설되거나 분실·도난·누출·변조 또는 훼손되어 피해를 입힌 경우에는 그 손해의 5배를 넘지 아니하는 범위에서 손해배상을 받을 수 있도록 처벌 규정이 강화되었으며, 이에 따른 손해배상을 청구하는 대신 300만원 이하의 범위에서 상당한 금액을 손해액으로 하여 배상을 청구할 수 있다.

카. 신용정보법에 따른 손해배상의 책임

신용정보회사 등과 그 밖의 신용정보 이용자가 신용정보법을 위반하여 신용정보주체에게 피해를 입힌 경우에는 해당 신용정보주체에 대하여 손해배상의 책임을 진다. 손해배상과 관련하여 신용정보법에는 징벌적 손해배상, 법정 손해배상 및 징벌적 과징금제도가 있으며, 신용정보회사 등과 그 밖의 신용정보 이용자가 고의 또는 과실이 없음을 증명해야 면책된다.

은행과 보험회사, 여신전문금융회사, 종합신용정보집중기관, 신용조회회사 등은 신용정보법에서 정한 손해배상책임의 이행을 위해 보험 또는 공제에 가입하거나 일정 금액 이상의 준비금을 적립해야 한다. 다만, 500명 미만의 신용정보주체에 관한 개인신용정보를 처리하는 경우에는 보험·공제 가입 또는 준비금 적립을 면제한다.

신용정보주체는 신용정보회사 등이나 그로부터 신용정보를 제공받은 자가 고의 또는 중대한 과실로 개인신용정보가 누설되거나 분실·도난·누출·변조 또는 훼손되어 피해를 입힌 경우에는 그 손해의 5배를 넘지 아니하는 범위에서 손해배상을 받을 수 있도록 처벌 규정이 강화되었으며, 이에 따른 손해배상을 청구하는 대신 300만원 이하의 범위에서 상당한 금액을 손해액으로 하여 배상을 청구할 수 있다.

5. 금융소비자의 개인신용정보 권리보장 주요 내용

2016. 3월 신용정보법 개정으로 마케팅 목적의 연락중지 청구권, 개인신용정보 삭제요청권 등 금융소비자의 자기정보결정권 즉, 금융소비자(개인신용정보주체)가 금융회사 등이 보유한 본인의 개인신용정보를 열람하고 이에 대한 이용 및 제공동의 철회, 정정, 삭제 등의 요청을 통해 자신의 정보를 통제할 수 있는 권리의 행사를 위한 개인신용정보 권리보장 제도가 마련되었다.

금융회사는 금융소비자의 권리와 행사방법에 대한 사항을 홈페이지 등에 공시하고 금융소비자의 권리행사 요청을 처리할 수 있는 업무처리 절차를 구축하도록 의무화했다. 그러나 금융회사가 동 제도를 적극적으로 안내하지 않고, 홈페이지에서도 제도 안내사항을 찾아보는 데 어려움이 있는 등 형식적으로 운영하고 있는 것이 현실이다. 금융소비자가 개인신용정보 권리보장 제도의 존재를 잘 알지 못하고 있기 때문에 금융회사에 요구할 수 있는 정당한 권리를 행사하지 못할 우려가 있다. 이를 개선하기 위해 금융회사의 개인신용정보 권리보장제도운영실태 점검을 통해 미흡한 부분을 파악하고 금융소비자가 본인의 개인신용정보에 대한 권리를 적극 행사할 수 있는 제도적 보완이 필요한 상황이다.

개인신용정보 권리보장 제도 주요내용

가. 개인신용정보 이용·제공사실 조회 요청권(신용정보법 §35)

금융회사와의 금융거래 계약 체결 시 이용 및 제공에 동의한 개인신용정보를 해당 목적에 맞게 적정하게 활용하고 있는지 확인하기 위해 개인신용정보 이용·제공 내역을 요청할 수 있다.

나. 개인신용정보 제공 동의 철회권(신용정보법 §37)

기존에 동의한 개인신용정보 제공에 대한 철회를 요청할 수 있다.

다. 연락중지 청구권(신용정보법 §37)

금융회사가 상품이나 용역을 소개하거나 권유할 목적으로 연락하는 것을 중지하도록 청구할 권리를 갖게 되었다.

두낫콜(Do-Not-Call) 홈페이지에 접속하여 한 번의 신청을 통해 여러 금융회사를 대상으로 마케팅 목적의 연락중지를 청구하는 것도 가능하다. 마케팅 목적의 광고성 연락(전화 및 문자) 차단을 일괄적으로 신청할 수 있는 서비스로 은행연합회에서 운영 중이다.(http://donotcall.or.kr)

라. 개인신용정보 열람 및 정정청구권(신용정보법 §38)

금융회사 등이 보유하고 있는 개인신용정보를 열람하고 해당 정보가 사실과 다른 경우 이에 대한 정정청구가 가능하다.

6. 개인금융정보 유출방지 문제와 대책

가. 금융사 정보유출의 문제점

금융사의 정보유출은 크게 3가지 단계에서 문제가 발생하고 있다. 첫째, 정보접근 단계의 문제점으로 마케팅 측면에서 정보를 영업실적으로 인식하고 이용하는 문제, CEO의 관심부족으로 인한 관리부재, 감독당국의 인식 부족 및 금융사의 외부인력 관리체계 미흡 등으로 인한 허술한 정보 접근이 이루어지고 있다는 점이다.

둘째, 보안시스템 관리단계의 문제로, 보안관리 기준 모호, 보안투자에 대한 비용 부담, 보완암호화 추진 기피 등이라고 할 수 있다. 이러한 문제로 인해 금융사는 정보보안시스템을 견고하게 구축하지 않았고, 정보유출 사태마다 불가항력이라는 이유를 핑계로 하여 사태를 모면해 왔다. 하지만 이러한 회피는 정보보호의 문제를 악화시켰다. 따라서 금융회사의 개인정보유출의 근본 원인은 단지 '보안인식의 부재'에 있는 것이 아니라 '보안 강화에 투자해야 한다는 금융사의 동기 부족'에 있다고 할 수 있다.

〈 개인정보유출의 문제점 〉

정보 접근 단계	보안시스템 관리단계	정보의 유통단계
– 외부인력의 접근 무방비 – 마케팅 직원 등 영업 제고 위한 기준 없는 정보 이용 실태 – CEO의 무관심과 정보관리의 중요성 인식 부족 – 정보의 수집과 이용, 관리가 한정 되지 않은 상태로 장기간 방치	– 적절한 보안관리기준 모호 – CEO, 보안투자는 비용 인식으로 단기성과 집중 – 보안 암호화 등 대안 의무 부재 – 해킹 등의 보안사고의 원인을 무조건 불가항력으로 전가 – 금융당국의 인식부족, 무능제재의 형평성, 낮은 처벌 수위 일관	– 수많은 유출사례에서 유통 근절 대책 전혀 없었음 – 손해배상청구 대상우려, 기존 유통 범죄 수사 전무한 상태 – 유출과 피해입증 어렵다는 이유로 유출자체를 불인정하며, 2차 피해 부인 일관 – 금융당국의 금융사 보호막 역할로 금융사 인식 부재 – 전 정부적 통합대책 활동 없이 개별 부처 차원의 땜질식 대응 지속

책임범위 명확한 기준 제시 시급

셋째, 정보의 유통문제로 정보가 유출되었다고 해도 유통시장이 없었다면 유출된 정보는 크게 이용되지 않았을 것이다. 하지만 국내에 유출정보에 대한 수요가 많았다는 점, 유출사고 이후 유통시장 축출을 위한 제대로 된 추적조사가 없었다는 점, 그 결과 장기간에 걸친 정보유통 시장이 형성되었다는 점이 문제라고 볼 수 있다.

나. 정부의 대책

1) 주요 내용

2016년 7월 인터파크 회원 개인정보 대규모 유출 사고를 계기로 방송통신위원회와 인터넷진흥원(KISA)이 사업자가 준수해야 할 '개인정보 유출 대응 매뉴얼'을 마련해 같은 해 8월 31일 발표했다. 이 매뉴얼은 정보통신망 이용촉진 및 정보보호 등에 관한 법률(제28조 제1항 제1호), 같은 법 시행령 제15조 제1항, 개인정보의 기술적·관리적 보호조치 기준(방통위 고시, 제3조 제6호)을 기반으로 정보통신서비스 제공자 등이 준수해야 할 조치사항이 기술되어 있다.

가) 개인정보유출 시 신속 대응팀 구성(유출이 발생했을 때)

개인정보보호 책임자는 개인정보유출 사실을 알게 된 때, 먼저 최고경영자(CEO)에게 신속히 보고해야 하며, '개인정보유출 신속대응팀'을 구성해 추가 유출 및 이용자 피해발생 방지를 위한 조치를 취해야 한다. 신속대응팀에는 개인정보보호책임자와 개인정보보호담당자, 정보보호담당자, 고객지원부서 등이 포함되어 있어야 하며 개인정보보호책임자를 중심으로 사업자 내부 조직·인력을 효율적으로 재구성해야 한다. 또한 유출원인 분석·대응, 유출신고·통지, 이용자 피해구제를 위한 고객지원 등으로 업무를 세분화해 신속하게 대응해야 한다.

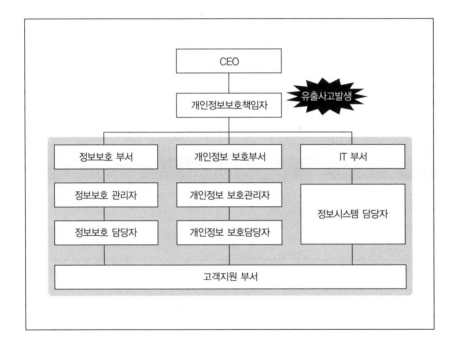

나) 유출 원인 파악 및 추가 유출 방지조치

신속대응팀은 개인정보유출 원인을 파악한 후, 유출경로별 추가유출 방지를 위한 개선조치를 해야 하며, 경로별 조치법은 다음과 같다.

(1) 해킹: 추가유출 방지를 위해 시스템 일시 정지, 비밀번호 변경 등 긴급조치를 시행하고, 미비한 부분은 원인 파악 후 즉시 보완 조치한다.

(2) 내부자 유출: 개인정보 유출자의 접속이력 등을 확인하여 비정상적인 접속인 경우 우회경로를 확인 후 접속 차단한다.

(3) 이메일 오발송: 이메일 회수가 가능한 경우 즉시 회수 조치하고, 불가능한 경우 수신자에게 즉시 삭제 요청한다.

(4) 검색엔진 노출: 검색엔진에 노출된 경우 원사이트의 개인정보삭제, 검색엔진에 노출된 개인정보삭제를 요청하고, 필요시 로봇배제규칙을 적용하여 검색엔진의 접근을 차단한다.

신속대응팀
• 개인정보 침해사고 접수 및 사실 여부 확인
• 개인정보유출 사고 원인 파악
• 접근통제, 모니터링 강화
• 유출된 개인정보 회수

다) 개인정보유출 신고 및 통지

(1) 침해사고 신고: 경찰청(사이버안전국)에 범죄수사 요청과 함께 과학기술정보통신부 · 한국인터넷진흥원에 침해사고를 신고한다.

(2) 유출 신고: 방통위 · 한국인터넷진흥원에 즉시 확인된 사항을 중심으로 신고하고 이후 추가 신고를 병행한다.

(3) 유출 통지: 이용자에게 즉시 확인된 사항을 중심으로 개별 통지하고,

추가로 확인되는 내용은 개별 또는 홈페이지를 통해 신속히 통지 실시한다.

(4) 유출 확인절차 마련: 이용자가 홈페이지 등을 통해 유출사실을 확인할 수 있도록 절차를 운영한다.

신속대응팀	
신고	① 개인정보유출 신고 → 방송통신위원회 · 한국인터넷진흥원
	② 침해사고 신고 → 과학기술정보통신부 · 한국인터넷진흥원
	③ 범죄신고 → 경찰청(사이버안전국)
통지	개인정보유출 통지 → 이용자

개인정보유출이 발생하면, 즉시 해커 등 유출자 검거와 유출된 개인정보 회수를 위해 경찰청(사이버안전국)에 범죄수사를 요청해야 한다. 인터넷상 침해사고가 발생하면, 과학기술정보통신부 또는 한국인터넷진흥원에 침해사고를 신고하여 침해사고 원인분석 및 취약점 보완조치 등을 실시해야 한다(KISA 인터넷 보호나라, ☎국번 없이118).

라) 이용자 피해구제 및 재발방지 대책 마련

개인정보유출 사고 발생 시, 한국인터넷진흥원과 협의하여 '사업자 핫라인'을 통해 정보유출 사실을 전파하고, 안내 스크립트와 통지문을 작성하여 이용자 문의에 신속하게 대응해야 하며, 이용자에게 피해구제 절차를 안내해야 한다. 또한, 후에 유출사고가 재발하는 것을 방지하기 위하여 취약점 분석·개선 및 개인정보보호 교육을 실시해야 한다.

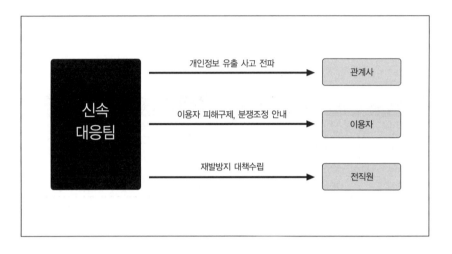

정보유출 방지 대책 주요 내용

• 개인정보 수집 최소화
  필수·선택항목으로 구분, 결혼기념일·종교·가족정보 수집 금지

• 주민번호 과다노출 개선
  최초 거래 시에만 수집, 고객이 직접 전자 단말기에 입력, 내부망에서도 주민번호 암호화

• 금융지주 계열사 간 이용 제한
  사전 동의 없는 영업활용 금지, 정보 이용기간 축소 및 거래 종료 후 3개월 이내 신상정보 파기

- 제3자 정보 제공 구체화

  포괄적 정보 제공 동의 제한, 필수 · 선택적 제3자로 구분해 동의

- 비대면 영업 엄격 통제

  무차별적 문자메시지 영업행위 금지, 이메일 · 전화 등은 통제방안

  마련

- 사후 제재 대폭 강화

  불법정보 활용 시 징벌적 과징금 부과, 관련 매출액의 일정액(예: 3%)

  부과, 형벌 수준(10년 이하 징역 등) 상향

2) 최근 개인정보법 개정 동향

정부는 2020.2.4. 4차 산업혁명 시대를 맞아 핵심 자원인 데이터의 이용 활성화를 통한 신산업 육성이 범국가적 과제로 대두되고 있고, 특히, 신산업 육성을 위해서는 인공지능, 클라우드, 사물인터넷 등 신기술을 활용한 데이터 이용이 필요한 바, 안전한 데이터 이용을 위한 사회적 규범 정립이 시급한 상황이라면서 개인정보보호 관련 법령을 체계적으로 정비하기 위해 법 개정을 추진하였다.

기존의 개인정보보호 감독기능은 행정안전부 · 방송통신위원회 · 개인정보보호위원회 등으로, 개인정보 보호 관련 법령은 이 법과 정보통신망 이용촉진 및 정보보호 등에 관한 법률 등으로 각각 분산되어 있어 신산업 육성을 위한 데이터 이용 활성화를 지원하는 데 한계가 있다고 보았다. 또한 정보주체의 동의 없이 과학적 연구, 통계작성, 공익적 기

록보존 등의 목적으로 가명정보를 이용할 수 있는 근거를 마련하는 동시에 개인정보처리자의 책임성 강화 등 개인정보를 안전하게 보호하기 위한 제도적 장치를 마련할 필요성이 있다고 판단한 것이다.

따라서 정부는 2020년 2월 법 개정을 통해 개인정보의 오용 · 남용 및 유출 등을 감독할 감독기구는 개인정보보호위원회로, 관련 법률의 유사 · 중복 규정은 이 법으로 일원화함으로써 개인정보의 보호와 관련 산업의 발전이 조화될 수 있도록 하였다.

3) 개인정보보호법 2020년 주요 개정 내용

① 개인정보의 일부를 삭제하거나 일부 또는 전부를 대체하는 등의 방법으로 추가 정보가 없이는 특정개인을 알아볼 수 없도록 처리하는 것을 가명처리로 정의함(제2조제1호의2 신설).

② 개인정보보호위원회의 소속을 대통령 소속에서 국무총리 소속으로 변경하고, 정부조직법에 따른 중앙행정기관으로 보도록 하며, 현행 행정안전부와 방송통신위원회의 개인정보 관련 사무를 개인정보보호위원회로 이관하여 개인정보보호 컨트롤타워로서의 기능을 강화함(제7조, 제7조의8 신설, 부칙 제9조).

③ 개인정보처리자는 당초 수집 목적과 합리적으로 관련된 범위 내에서 정보주체에게 불이익이 발생하는지 여부, 안전성 확보에 필요한 조치를 하였는지 여부 등을 고려하여 정보주체의 동의 없이 개인정보를 이용하거나 제공할 수 있도록 함(제15조제3항 및 제17조제4

항 신설).

④ 개인정보처리자는 통계작성, 과학적 연구, 공익적 기록보존 등을 위하여 정보주체의 동의 없이 가명정보를 처리할 수 있도록 하되, 서로 다른 개인정보처리자 간의 가명정보의 결합은 개인정보보호위원회 또는 관계 중앙행정기관의 장이 지정하는 전문기관이 수행하도록 함(제28조의2 및 제28조의3 신설).

⑤ 개인정보처리자는 가명정보를 처리하는 경우 해당 정보가 분실ㆍ도난ㆍ유출ㆍ위조ㆍ변조 또는 훼손되지 않도록 안전성 확보에 필요한 기술적ㆍ관리적 및 물리적 조치를 하도록 함(제28조의4 신설).

⑥ 누구든지 특정개인을 알아보기 위한 목적으로 가명정보를 처리해서는 안 되고, 이를 위반한 개인정보처리자에 대해서는 전체 매출액의 100분의 3 이하에 해당하는 금액을 과징금으로 부과할 수 있도록 함(제28조의5 및 제28조의6 신설).

⑦ 정보통신망 이용촉진 및 정보보호 등에 관한 법률상의 개인정보 보호 관련 규정을 이 법으로 일원화함에 따라, 정보통신서비스 제공자 등의 개인정보 처리에 관한 특례 등을 규정함(제6장 신설 등).

다. 향후 정책방향

금융소비자를 보호할 수 있는 법안으로 점점 보완되어 갈 것이다. 법의 보완을 통해서 충분히 보호할 수 있음에도 불구하고, 금융관료들의 교묘함이 법안에 숨어들어 기존 법들이 제 기능을 못한 점도 상당하다. 예를 들어, 금융관련 법에서 예외 적용 기준을 없애고 피해자 구제 조치를 개인신용관리법 등에 구체적으로 명기하는 등 기존 법안에 개정을 추가하고 새로운 입법을 추진해 나가야 한다. 그런 점에서 소비자 관점의 정책 방향으로 지속적으로 개선해 나가야 한다.

〈 개인정보유출 향후 대책 방향 〉

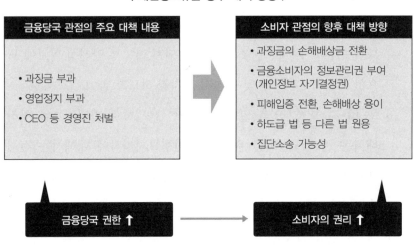

제 13 장
금융소비자 문제
사례와 대응

금융상품이 복잡화, 융합화됨에 따라 감독당국은
상품 인가 시 내용을 철저하게 검토해야 함에도 불구하고
금융소비자를 고려한 법적, 도덕적, 윤리적 관점의 내용 검토가
매우 미흡한 실정이다.

앞서 금융소비자란 무엇이며, 금융소비자의 보호가 필요한 의무와 금융소비자보호의 세계적 동향의 흐름, 우리나라 금융업권별 금융소비자 불만 요인에 대해 자세하게 알아보았다. 다시 한 번 정리하자면 금융소비자란, 금융업자를 상대로 금융상품 및 금융서비스를 구입한 소비자라고 할 수 있다.

이들은 일반 소비자와는 달리 증권투자와 금융투자상품과 같은 금융거래에 있어서 소비자가 구입한 상품을 전매할 수 있다는 점에서 차이가 존재한다. 이 경우 금융소비자는 물품 또는 용역의 최종소비자이자 투자자로 볼 수 있다. 이러한 관점에서 금융소비자보호를 위해 공통적인 문제점을 통일적으로 해결하고, 금융소비자보호 취지에 충실해야한다. 금융소비자는 예금자와 투자자, 보험계약자 그리고 대출채무자 등을 모두 포괄하는 공통개념으로써 금융업자와 금융상품계약을 체결하는, '금융거래를 하는 모든 상대방'이라는 넓은 의미로 이해할 필요가 있다.

일반적인 거래는 원칙적으로 자신의 책임과 판단 하에 이루어져야 한다는 '자기책임의 원칙'이 확립되어 있다. 금융상품거래 역시 금융소비자 스스로 그 결과에 책임을 져야 한다는 자기책임의 원칙을 그 기반으로 하고 있다. 하지만 자기책임의 원칙이 적용되기 위해서는 거래 당사자의 대등한 지위가 전제되어야 한다. 금융상품의 경우, 복잡성과 전문성 때문에 리스크를 파악하기가 매우 어려운 측면이 존재하기 때문에 금융소비자가 공급자와의 사이에서 정보의 비대칭성 등에 의해 불리한 지위에 있는 것이 현실임을 감안할 때, 금융소비자의 권리 보호를 위한 장치가 더욱더 필요한 상황이다.

1. 금융소비자보호 문제 발생 주요 원인

금융상품이 복잡화, 융합화됨에 따라 감독당국은 상품 인가 시 내용을 철저하게 검토해야 함에도 불구하고, 금융소비자를 고려한 법적, 도덕적, 윤리적 관점의 내용 검토가 매우 미흡한 실정이다. 또한 판매의 불완전성, 대출의 약탈적 진행, 적합성 원칙이 적용되지 않은 금융상품 판매행위, 금융거래 계약서의 불충분한 설명, 핵심 비교공시, 상품안내 미비 등 허술한 판매행위에 대한 지속적 시장 감시 인식 부족 등은 금융소비자보호 문제를 더욱 심화시키는 원인이라고 할 수 있다.

〈 금융소비자와 금융사의 GAP 〉

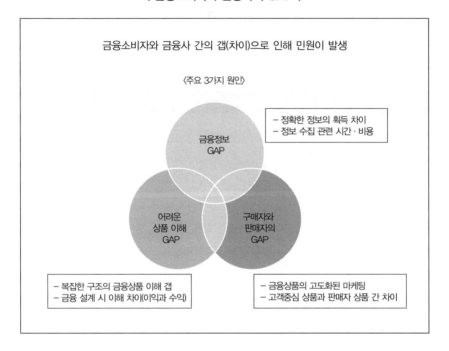

금융사는 기업으로서의 수익달성을 위해 금융상품 판매행위를 해오고 있다. 다만 금융사는 수익, 실적 위주의 압박 속에서 목표를 설정하고 다소 공격적인 판매행위를 하고 있으며, 이에 따른 위험 고지는 상대적으로 소홀한 측면을 부인할 수 없다고 본다.

금융소비자가 해당회사의 판매행위에 대해 금융당국이나 정부 기관에 민원을 제기하더라도 그 민원은 금융회사로 회귀하여 해당 직원이 직접 해결하도록 하는 풍토도 일부 관행처럼 민원을 처리해 왔다. 잘못의 유무를 판단하기보다는 법원의 판결에 대한 피해보상만 하려는 일부 금융사들의 조치도 금융소비자로 하여금 불신을 갖도록 한 것도 원인이라 할 수 있다.

〈 금융환경변화에 따른 민원 발생 유형 〉

금융환경변화	최근의 현상	새로운 민원 유형
금융위기로 인한 인식 변화	금융산업과 상품에 대한 신뢰 저하 및 사회적 비판 증가(펀드, 키코, 저축은행 사태 등)	- 금융사에 대한 윤리적 상품판매 요구 - 금융사의 사회적 책임 역할 비판 여론 증가 - 서민·취약계층의 보호 목소리 높아짐
금융소비자보호 인식 변화	기존의 소비자보호체계로는 소비자 피해 한계 인식, 소비자의 권익 적극적 요구 분출	- 금융소비자의 권리 의식 및 현장중심의 소비자보호 감축 강화 - 금융상품 영업행위에 대한 피해 신고 증가
온라인(비대면) 거래의 확산과 문제점	금융거래 편의성 증가와 취약성 노출, 전산장애로 인한 금융 거래중단과 비례하여 피해 증가, 해킹과 내·외부 직원에 의한 개인정보유출 피해 전국민 경험	- 금융사기 및 전산 관련 피해 보상요구 증가 - IT 거래에 따른 고객 피해 외 다양한 요구 운용
금융상품의 복잡화	혼합화된 금융상품 대세, 저금리로 인한 위험 상품 증가로 금융사기·불완전판매 등 소비자 보호 문제 증가	- 적절한 상품, 고객, 규모 외 무책임한 판매 책임 요구 - 금융회사와 종사자에 대한 선판의무 요구 - 금융소비자의 사전적 피해 예방 조치 요구
서민금융 리스크 증대	양극화로 인한 서민층의 금융경제적 기반이 약화, 부실우려 증가, 금융의 공익성 요구 증가	- 채무자 자영업자의 대출이자 불만 증가 - 서민층의 다양한 금융서비스 요구 증가 - 서민금융 보호 대책 증가 요구 및 금융사와의 이해 상충 증가

2. 금융소비자 피해 사례

주요 금융소비자 피해 사례로는,

- 근저당권 설정비 문제
- 고객정보 유출 문제
- 금융상품의 불완전 판매 문제
- 대출금리에 대한 불합리한 적용
- 실손의료보험료의 과도한 인상과 과잉진료 문제
- 보험사기방지법 제정과 자살보험금 지급논란
- 불공정이 판치는 수입차 업계(할부 등)
- 개미만 한탄하는 공매도, 공시 및 소액주주 피해 문제

- 근저당권 설정비 전가 문제는 폐지 이전 이미 10여 년 전부터 지적되어 온 문제로 감사원, 국민권익위, 공정위 등 국가기관의 시정 명령에도 불구하고 은행권은 이를 불이행하였고, 금융당국 역시 이를 방관하고 비호해 온 것이 문제였다.
- 동양사태는 수년 전부터 사전징후가 있었음에도 적절한 조치 없이 금융당국에서 방조하다가 수천 억에 이르는 금융사태를 초래하였다.
- 개인정보유출 사태는 개인정보 관리 및 보안에 대한 실효성 없는

제재로, 2013년 12월 카드 3사를 통해 개인정보 수천만 건이 유출되었고, 2차적인 추가 유출까지 이어졌다.

- DLS(DLF)사태는 전액원금손실까지 발생 가능한 상품의 위험성을 충분히 설명하지 않고 판매하여 수천억대에 이르는 대규모 금융사태를 일으켰다.
- 라임펀드사태는 전문적인 금융지식없이 초고위험도인 사모펀드라는 금융상품을 예금상품에 비해 수익이 높다는 말로 현혹하여 너무도 쉽게 판매한 것이 문제였다.

가. 근저당권 설정비의 소비자에 대한 전가 사례

1) 소송이 제기된 이유

'근저당권 설정비' 란, 담보대출을 받을 때 발생하는 부대비용으로 등록세, 교육세, 등기신청 수수료, 법무사 수수료, 감정평가 수수료, 인지세 등을 말하며, 통상 대출금의 0.6~0.9% 선으로 책정되어 1억 원을 대출받을 때 70만 원 정도의 비용을 대출받은 소비자들이 부담해 왔다.

은행은 근저당권 비용을 전적으로 고객(대출자)이 부담하도록 약관에 규정하고 있다. 이와 관련하여 고객이 전적으로 근저당권 설정비를 부담하는 것이 부당하다는 금융소비자의 이의가 2000년 이후 감사원, 권익위 등 국가기관에 제기되어 왔었다.

근저당권 설정비 소송은 2008년 공정거래위원회가 근저당권 설정비를 은행이 부담토록 하는 표준약관을 개정하면서 발단이 됐다.

은행권은 개정안을 받아들일 수 없다며 이에 불복해 소송을 냈지만 2011년 8월 대법원이 '근저당권 설정비 등 대출 부대비용을 소비자가 부담케 한 은행 약관은 불공정하다'는 취지의 판결을 내린 뒤 대출 고객들은 은행들을 상대로 잇따라 소송을 내며 공동소송이 본격화됐다.

이전까지의 근저당권 설정비 지급이 '불공정한 약관'이라며 은행을 상대로 부당이득금반환 소송을 냈고, 은행은 '부당이득을 취하지 않았으니 약관 자체가 무효라는 뜻은 아니다'라고 맞서 왔다.

기존 약관과 기존 대출약정서, 근저당설정계약서에는 고객과 은행이 합의하여 부담주체를 정하는 것으로 되어 있었다. 은행은 돈을 빌려주는 입장의 강자이고, 고객은 돈을 빌려야 하는 약자의 입장이므로 대부분 은행이 약관을 근거로 비용을 고객에게 전가시켜 왔던 것이다.

한국소비자원, 국민고충처리위원회, 감사원 등에 채무자들이 근저당설정비 부담이 부당하다고 민원을 제기하였고, 한국소비자원, 감사원 등은 공정거래위원회에 제도개선을 권고하였다. 이에 따라 공정거래위원회는 근저당 설정비 부담주체를 은행으로 명시한 표준약관을 만들어 사용하도록 하였다.

대법원은 은행들이 새로 개정된 표준약관이 잘못됐다 하면서 공정거래위원회를 상대로 제기한 소송에서 새로 개정된 표준약관이 맞고, 기존약관은 고객에게 부당하게 불리한 불공정 약관이라고 인정했다.

즉, 은행이 고객에게 설정비를 전가시켜 온 기존의 대출거래 약정서, 근저당설정계약서 등의 설정비 조항이 문제가 있다는 판결이다. 이런 점에서 은행들은 부당하게 자신이 부담해야 할 설정비를 고객에게 부담시켜 온 것이다.

〈 근저당권 설정비 관련 사건 진행 개요 〉

일자	내용
2006.09.	공정위는 근저당권설정비용을 은행이 부담하는 방향으로 여신관련 약관을 개정하도록 은행연합회에 권고함.
2008.02.	은행연합회가 공정위의 개선권고를 수용하지 않음에 따라 공정위는 직권으로 약관을 개정하고 5월부터 사용할 것을 권고함.
2008.03.	은행연합회는 법원에 개정약관 취소소송 및 집행정지를 신청하고, 이에 대해 2008.04. 법원은 개정약관의 집행을 정지함.
2008.11.	서울고등법원은 담보관련 수수료를 은행과 고객이 협의하여 결정토록 한 기존약관이 불공정하지 않다고 판시함(서울고법 2008.11.20. 선고 2008누7962판결).
2010.10.	공정위의 상고에 따라 대법원은 약관의 불공정성 심사 시 거래관행을 고려한 실질에 대한 판단이 필요하다며 원심판결을 파기하고 서울고등법원에 환송함(대법원 2010.10.14. 선고 2008두 23184판결).
2011.04.	이에 따라 서울고등법원은 대출거래 관행을 고려할 때 공정위의 표준약관 직권개정 및 사용권고 조치가 적법하다고 판결함(서울고법 2011.4.6.선고 2010누35571판결).
2011.07.	그동안 공정위가 직권 개정한 표준약관이 집행정지 상태에서 풀림에 따라 은행 및 금융회사는 내부 전산처리 시스템을 고쳐 새 약관 시행.
2012.03.	소비자원이 소비자피해구제 차원에서 기존 약관에 따라 고객이 부담했던 근저당권 설정비 반환청구 소송지원.

2) 금융소비자 관점에서 본 설정비 부담주체와 반환문제

근저당권 설정비를 대출자가 부담해야 한다는 것은 매우 불공정한 약관이다. 10여년 이상 비용부담 주체에 대한 문제에 대하여 정부기관에서 권고되어 온 사안을 2011년 4월 대법원 파기환송과 함께 금융소비자의 설정비 반환소송이 제기되었다.

근저당권 설정비의 문제는 법리적 측면에서도 중요하지만, 그동안 '불공정한 관행이나 문제 제기에 대해 얼마나 진정성 있게 문제를 의식하고 임했는가' 일 것이다. 이 문제는 금융사 위주의 제도와 관행, 금융사의 우월적 지위 남용으로 주장해 온 사안이 문제가 되었다고 볼 수 있다.

근저당권 설정비 부담주체 측면의 문제를 오랜 기간 현재의 법으로 해석하려 하고 보편적 상식이나 원칙에 대한 합리적 판단이 부족한 것이었다. 금융소비자들은 20여년 이상 지속적으로 설정비 부담 문제를 제기해 왔고 은행들은 2008년 불공정한 약관으로 공정위의 시정명령을 받았음에도 이를 거부하고 취소소송을 제기하였다. 그 결과 은행 측은 패소하였던 것이다. 사전에 은행권이 상황을 제대로 파악하고 대응하였다면 수만 명의 금융소비자가 소송에 참여하는 금융소송 사상 초유의 사태는 없었을 것이다.

은행 측에서는 근저당권 설정비의 불합리성에 대해 설정비와 같은 비용들을 대출이율에 반영하지 않았기 때문에 설정비를 별도로 받은 것이라 주장하였다. 은행은 설정비가 소비자 부담비용이었기 때문에 이율이 낮아진 것이라며 은행에서 부과한 비용은 개별약정에 의한 것이라고 주장했다.

이에 금융소비자 측에서는 아무리 그렇다 하더라도 충분히 설정비를 낮출 수 있었음에도 소비자가 부담한다는 것을 이용하여 법무사에서 과다지급하는 것을 은행사가 방조해 왔고, 그로 인해 금전적인 이익을 취하였다고 주장했다. 그리고 법원은 소비자의 주장을 받아들였다. 현재 은행이 부담하는 설정 비용이 과거와 비교했을 때 30% 이상 감소한 것을 보면, 과거 금융소비자가 부당하게 지불한 비용이 상당하다는 것을 알 수 있다.

미국 주택에 관한 은행의 융자는 다음의 세 경우로 나눌 수 있다.

가) Purchasing Loan – 집을 구입할 때
나) Re-financing Loan – 현재의 융자금액을 늘이거나 은행을 바꿀 때
다) Equity Loan – 주택을 담보로 추가 융자를 할 때

위의 가), 나) 경우는 주로 1차 융자(저당권 1순위)이고, 다)의 경우는 2차 융자가 대부분이다(자택 융자가 전혀 없는 경우, Equity Loan이 1차가 된다).

미국의 설정등기 비용과 관련된 내용을 보면 우리나라처럼 저당권을 등기하는데 부과되는 세금은 없다. 등기소에서는 융자서류를 등기

하는 데 필요한 비용을 그 서류의 분량으로 부과하는 데, 그 비용은 대체로 총 100~200불 정도다.

간략히 미국의 담보대출을 살펴보면 설정비 부담과 담보대출의 책임 범위와 관련하여 다음과 같은 시사점을 정리해 볼 수 있다.

먼저, 설정비와 같은 대출비용을 부담하는 경우에는 상호합의가 있다는 점이다. 다시 말해 협상(네고)이 얼마든지 가능하다는 것인데, 이는 과거 우리나라와 상당히 다른 점이었다.

또한 미국의 경우, 예를 들어 100만 불의 주택을 구입하는 경우 차주는 20만 불 정도만 있으면 주택구매가 가능하다. 하지만 우리나라는 60만 불 정도를 보유하고 있어야 주택구매가 가능하다고 볼 수 있다. 물론 경우에 따라 다를 수 있다. 다만, 미국은 자기투자금의 400%를 대출받을 수 있는 반면 우리나라는 자기투자금의 60%보다 적은 금액만이 대출 가능한 것이다. 이를 통해 설정비가 과연 누구를 위한 것인지 의문을 갖게 된다.

현재, 부동산 담보가치하락으로 담보권자인 은행이 채무자에게 추가담보를 요구하거나 상환, 법적 조치를 취하는 등 무한책임을 지도록 하여 개인의 안정적 생활을 위협하고 있다. 자택을 소유하고 있는 한 모든 자산위험에 노출되어 있는 우리나라와는 달리, 미국은 설정비를 낸 부동산 담보대출일 경우 담보물로만 책임을 한정하고 있는 경우가 많다는 점에서 은행의 설정비 부담은 당연한 것이라 할 수 있다.

나. 키코(Knock-In, Knock-Out)사태

키코는 '녹인(Knock-In), 녹아웃(Knock-Out)'에서 따온 말로 약정환율과 환율변동의 상한과 하한을 정해 놓고 그 범위 안에서 환율이 변동한다면 미리 정한 약정환율에 달러를 팔 수 있어 환율변동에 따라 환차손을 줄이고 일부 환차익을 얻을 수 있다. 반면, 환율이 상한 이상으로 오르게 되면 약정액의 1~2배를 같은 고정환율에 매도해야 한다는 옵션이 붙어 손실은 눈덩이처럼 커지게 되며, 환율이 하한 이하로 떨어지면 계약이 해지되어 환손실을 입게 된다.

환율변동으로 인해 발생하는 위험을 피하기 위해 파생금융상품인 키코에 가입한 수출중소기업들이 2008년 금융위기 당시 환율 급등으로 인해 막대한 손실을 입게 되었고, 이는 은행들이 잘못된 상품을 안내해 손실을 보게 된 것이라며 소송을 냈으나, 은행들은 판매에는 문제가 없었다며 맞섰다.

같은 해 6월 중소기업 8곳이 키코 약관에 대해 공정거래위원회에 심사를 청구하였고, 한 달 후 공정위는 '키코는 불공정계약이 아니어서 약관법상 문제없다'는 결정을 내렸다. 하지만 키코 관련 피해업체는 키코 상품을 계약한 은행을 상대로 손해배상 소송을 제기함으로써 키코 소송 사태가 시작되었고, 2008년 11월 100여 개 기업으로 구성된 키코 피해기업 공동대책위원회(키코 공대위)가 법원에 민사소송을 제기함으로써 대규모 집단소송으로 이어졌다.

이후 5년간의 법적 다툼 끝에 2013년 9월 26일 대법원은 키코가 환헤지 목적의 정상상품이므로 은행이 상품에 대해 충분히 설명한 경우 피해 책임은 원칙적으로 가입자가 져야 하고, '키코는 불공정거래행위가 아니다'라고 확정 판결하였다. 금융감독원 분쟁조정위원회는 19. 12. 12. 은행의 불완전판매책임을 인정하고 손해액의 일부를 배상하도록 결정하였다. 금감원 분조위가 배상을 권고한 은행은 신한, 우리, 하나, 대구, 씨티, KDB산업은행으로 6개 은행 중 씨티, 신한, 대구은행이 보상을 결정하였고, 하나은행은 내부검토 중에 있으며, KDB산업은행은 배상권고를 거부했다.

〈 키코(Knock-In, Knock-Out) 사태 〉

	피해기업	은행
KIKO 상품 등장배경	• 은행 담당자들의 강력한 권유	• 기업들의 환급 해지 요청
계약내용의 불공정성	• 환율이 일정 이상 하락해도 손실이 발생하며, 상승할 경우 2배 이상의 손실이 나타남	• 금융공학적으로 동등한 기대이익을 얻는 계약 • 경제적으로 양자가 얻게 되는 손익은 동등함
체결과정에서의 사기성	• 계약에 따른 비용이 전혀 들지 않음을 강조했음 • 상품 설계상 기업이 손해를 보는 구조임	• 대등한 양자간의 의사에 따른 계약이었음 • 상품에 포함된 마진은 은행의 정당한 이익임

※ 출처: 키코 피해기업 공동대책위원회 2013. 7. 24.

다. TY그룹 사태

자금에 어려움을 겪고 있던 동양그룹은 2004년부터 은행관리를 벗어나기 위해 자금을 은행대출이 아닌 시장성자금(회사채, 기업어음)으로 조달했고, 동양증권을 통해 그룹의 부실계열사 기업어음과 회사채를 전국 점포를 통해 전속적으로 판매하면서 금융소비자에게 불완전 사기판매를 했다.

특히, 동양(TY)그룹은 법정관리 직전까지 회사채 및 기업어음을 마구잡이식으로 발행, 판매하였으며, 이에 따라 금융소비자 피해규모는 자본시장사상 유례를 찾기 힘든 약 4.9만 여명, 1조 원 이상의 피해가 발생하였다.

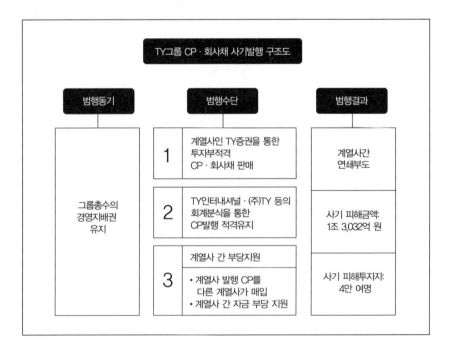

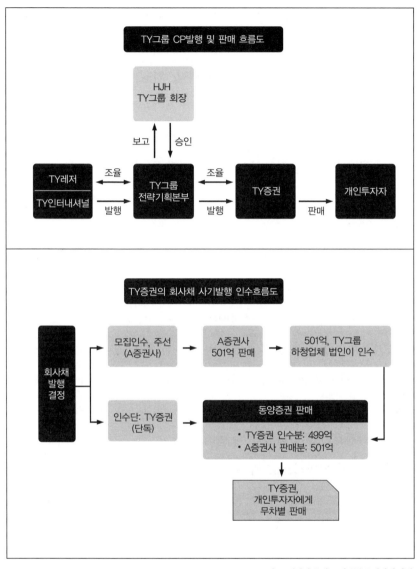

※ 자료: 검찰발표 자료 및 금융소비자원 작성

상환능력이 없음에도 CP, 회사채(합계 1조 3,032억 원)를 발행하여 9,942억 원을 지급불능처리를 하는 사기행각에 이어 주식회사 D 등 5개 계열사는 기업회생 신청을 했다. 또한 회장, 임원, 계열사 대표이사 등(5명)이 공모하여, 2013년 7월부터 9월까지 결제능력이 없는 계열사가 발행한 CP · 어음 합계 6,231억 원을 다른 계열사가 매입하도록 사전 계획하여 금융소비자를 절망하게 한 사태라고 할 수 있다.

라. 개인정보유출

2013년 12월, 금융사의 과도한 개인정보수집과 관리문제가 여실히 드러나는 최대의 개인정보유출 사태가 일어났다. 경제활동을 하는 대부분의 금융소비자 정보 1억 580여 건이 유출된 것이다.

개인정보유출 사태는 그 이전부터 꾸준히 있어 왔다. 금융지주사내, 동업계간, 제휴사간에 이루어지는 고객정보 교환 · 공유활동이 무한정 허용되고 금융사의 원칙 없는 정보 수집이 장기간 방치되어 왔다. 또한 과거 개인정보가 유출되었을 때 법적 규제 수단과 보안 수준이 낮고 금융관련법에서 예외적으로 허용함으로써 처벌이 미약했던 것이다. 그동안 금융사 정보유출을 개인이탈, 불가항력으로 책임을 회피해 왔던 금융사의 문제와 함께 금융사가 보안수준에 대한 투자를 유인할 필요성을 충분히 인지하지 못한 것도 사태의 원인이라 할 수 있다. 개인정보유출 사태가 일어났을 때 금융당국은 '유출된 고객정보를 모두 압수하였고, 추가적인 정부유출은 없다'고 했지만, 8,000여 건에 대한 추가

유출이 있다' 는 경찰의 조사결과에 이어 추가 유출이 속속들이 드러나면서 금융소비자는 금융당국에 대한 불신만 커지게 되었다.

개인정보는 유출될 당시의 형태 그대로 유통이 되는 것이 아니라 분할, 편집, 가공되어 점조직 형태로 거래된다. 유출된 개인정보가 유출한 금융사와 연관되었다고 증명하기 어렵기 때문에 장기적으로 다양한 경로의 사고 가능성이 있는 것이다.

〈 한국과 미국 금융사의 정보유출 대응 사례비교 〉

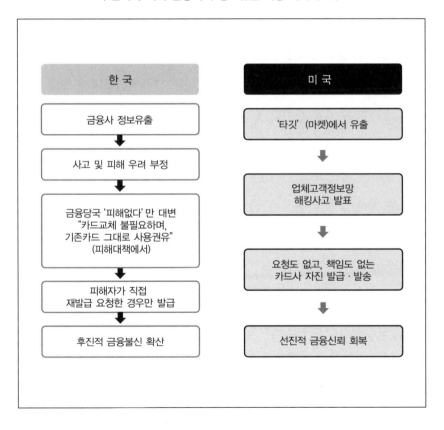

외국의 경우 개인정보유출에 대한 법적 제재가 엄격하게 이루어질 뿐만 아니라, 금융사가 자체적으로 고객의 입장에서 사태를 해결하려고 한다. 법적 책임을 물을 때에만 나서는 우리나라 금융사와는 정반대의 모습이다.

정보유출피해를 입은 금융소비자는 개인정보처리자의 고의 또는 과실로 인하여 개인정보가 분실·도난·유출·위조·변조 또는 훼손된 경우에 300만 원 이하의 범위에서 배상을 청구할 수 있도록 되어 있지만, 이런 규정조차 잘 적용되고 있다고 볼 수 없다.

마. 법원판결로 본 홈플러스의 고객정보 판매 사례

홈플러스가 경품행사 등을 통해 입수한 고객 개인정보를 보험사에 넘겨 막대한 수익을 챙겼다며 소비자단체가 지원한 손해배상청구 소송에서 법원이 금융소비자에게 배상하도록 하는 판결을 내렸다.

재판부는 홈플러스의 패밀리카드 회원과 경품응모의 두 가지 개인정보를 침해 당한 피해자에게는 12만 원, 경품응모 피해자에게는 10만원, 패밀리카드 회원으로 피해를 제기한 사람에게는 5만 원을 각각 배상하라는 판결을 내렸다.

홈플러스가 2011년부터 2014년 7월까지 경품행사로 모은 개인정보와 패밀리카드 회원정보 2천 400만여 건을 보험사에 231억 7천만 원에 팔아 개인정보를 침해당했다며 1인당 50~70만 원을 배상하라는 소송이 여러 건 진행되었다.

대법원은 2017년 4월 "사은행사를 하는 것처럼 소비자들을 오인하게 한 다음 경품행사와는 무관한 고객들의 개인정보까지 수집해 제3자에게 제공한 것은(법이 금지한) '거짓이나 그 밖의 부정한 수단이나 방법으로 개인정보를 취득하거나 개인정보 처리에 관한 동의를 받는 행위'에 해당한다"며 회사와 관련 임원들에 대한 무죄 선고를 파기하고 사건을 유죄취지로 서울중앙지법 형사 항소부로 돌려보냈다.

그동안 금융사의 정보유출이 대규모든 소규모든, 관련 소송에서 배상을 받는 판결이 적어 고객정보관리에 대한 내부통제가 다소 느슨한 것도 사실이었다. 하지만 최근 들어 법원의 판결이 대체적으로 배상하라는 것이 주류라는 점에서 이제는 극히 소수의 정보유출이라 하더라도 소송을 당할 수 있고, 그에 따른 이미지 저하는 물론 손해배상비용과 재판비용 또한 만만치 않다는 점에서 금융사와 직원들은 보다 엄격한 고객정보관리 의식을 갖고 철저하게 실천해야 할 상황이다. 과거처럼 관행적으로 고객의 정보를 무단으로 조회하는 것도 문제가 되는 행위라는 점에서 내부통제를 보다 철저히 시스템화할 필요가 있다.

바. W사 보험

과거 연금보험을 판매하면서 실버타운 입주를 약속해 놓고, 입주약속을 이행하지 않은 'W사'의 'H 연금보험' 상품이 문제가 되었다.

1984년 8월, W사는 '노후생활의 집 추진계획' 수립하여 대통령의 재가를 받고, 같은 해 12월, 연금지급연령 도달 후 생존 시 생존연금을 지급받고 '노후생활의 집' 입주 자격이 명시된 연금보험을 개발하였다.

'H 연금보험' 상품은 1985년 5월 1일부터 1991년 3월 31일까지 5년 11개월이라는 기간 동안 "장차 W사가 건립하게 될 노후생활의 집에 입주할 수 있는 우선권을 주겠다"는 내용의 팸플릿과 "콘도식 실버타운 입주"를 장점으로 내세우며 신문지면에 대대적으로 광고함으로써 소비자의 연금 가입을 유도하였다.

하지만 당초 계획과 달리 실버타운은 단 한 곳도 건립하지 않았으며, 2011년 5월 기준, 계약 유지자 3,376명에게 '약관에 없다'는 것을 이유로 책임을 회피하며, 2009년 12월, 가입자가 신청한 분쟁조정에 대해 보상여부는 심의 대상이 아니라며 재판을 요구하기에 이른다.

민영 보험회사도 설계사가 제시하는 상품 설명에 대한 내용이 약관에 우선하고 있음에도 불구하고, 국민의 편인 줄 알았던 W사는 논리에 맞지 않는 행동을 하였으며, 엇갈린 판결로 가입자만 피해를 보게 되었다.

- 행복한 노후보장 연금보험 판매 개요
  - 판매기간: 1985.5.1 ~ 1991.3.31(5년 11개월)
  - 보험기간: 종신
  - 보험안내 팸플릿: "장차 정부부처 ○○부가 건립하게 될 노후생활의 집에 입주할 수 있는 우선권을 주겠다."
  - 신문광고: "콘도식 실버타운 입주"를 장점으로 내세우며 대대적

으로 광고

- 행복한 노후보장 연금보험 가입자 수: 3,376명(2011년 5월 기준)

사. 파생결합상품(DLS, DLF) 판매 사례

파생결합상품(DLS, DLF)사태는 고도로 복잡한 금융상품을 이해가 낮은 소비자에게 무차별 판매하여 발생한 금융사태였다. 상품에 대한 위험분석과 소비자관점에서의 적정성 여부를 판단하지 않고, 수수료와 수익에만 집중한 과도한 마케팅행위로 인해 발생한 사태로 1인당 평균 가입금액이 2억 원 정도, 총 8천억 원 정도의 막대한 피해가 발생했다.

금융투자협회의 표준투자권유준칙에 의하면 파생상품은 손실범위가 크고, 구조가 복잡해 공격투자성향 등급인 1등급에 해당되는 투자자만이 가입대상이 된다. 하지만 파생결합상품(DLS, DLF)사태의 투자자들은 절반가량이 60대 이상의 고령자였고, 90세 이상의 초고령 가입자도 13명에 달했다. 또한 유사상품에 투자한 경험이 전혀 없는 투자자들의 투자금액이 20% 이상으로 소비자들이 상품을 제대로 이해하지 못한 상태로 가입한 대표적인 불완전판매 사태가 되었다.

이와 관련하여 금감원은 분쟁조정위원회를 개최하고 해외금리 연계 DLF손실을 입은 대표 6건의 사례를 모두 불완전판매로 판단하고 배상비율을 40~80%로 결정하였다. 80%의 배상비율은 역대최대수준의 배상비율로, 투자경험이 없고 난청인 고령의 치매환자사례가 해당했다.

이후 분조위 사례에서 나타난 배상기준에 따라 판매금융사와 투자자간 자율조정을 진행했으며 사건발생 1년 이후 자율배상이 대부분 완료되었다. 하지만 판매금융사의 사기적 행위가 명백하다고 보고 분쟁조정을 거부하고 2019. 9월 제기한 소송은 아직 진행 중에 있다.

〈 시중은행 판매 금리연계 파생결합증권(DLS) 현황 〉

상품(기초자산)	독일 국채 10년물	영국 파운드화 이자율 스와프(CMS) 7년물
주요 판매은행	A은행	B은행
판매 시기	2019년 3~5월(6개월 만기)	2016년 10월~2019년 3월 (1년 또는 1년 6개월 만기)
판매 금액	1,250억원	3,900억원
상품 구조	– 만기 시 독일 구채 10년물 금리가 기준선(-0.2~-0.3%, 가입시기별 상이)보다 높으면 원금과 약정금리(4~5%)지급 – 금리가 기준선보다 낮으면 금리차에 손실배수(200)를 곱한 비율만큼 원금 손실	– 만기 시 영국 CMS금리가 가입당시보다 기준선(50%, 55%, 60% 중 택1) 이상 하락하지 않으면 3~5% 수익 – 그 이하면 금리하락률만큼 손실
손실 수준 (1억원 투자 가정)	– 독일국채 10년물 금리가 만기 시 기준선보다 0.1%포인트 하락했다면 원금의 20%(0.1%*200)인 2,000만원 손실	– (가입 당시 영국 CMS금리 1%, 기준선 60% 설정시) CMS금리가 만기시 0.59%일 경우 원금에 금리 하락률(41%)을 곱한 4,100만원 손실
중도상환수수료	– 7%	– 5%

※출처 : 각 은행 자료

아. 라임펀드 사태

파생결합상품(DLS, DLF)사태가 온전히 해결되기도 전에 라임펀드 사태가 불거졌다. 사모펀드는 기업의 생태계에 자금을 공급하는 대표적인 민간 모험자본으로 금융당국의 사모펀드 활성화 정책에 따라 비약적인 성장세를 보여왔다. 하지만 금융정책의 실패를 보여준 또 하나의 반복된 금융사태를 만들었다. 문제가 된 라임펀드는 라임자산운용이 만들어 운용하는 사모펀드로, 2019년 7월 수익률을 돌려막은 사실이 알려지면서 1조 6천억 원에 이르는 대규모 펀드 환매중단사태를 발생시켰다. 특히 A증권의 경우, 라임사태가 붉어지기 시작한 후에도 해당펀드에 가입한 투자자들을 대상으로 설명회를 열어 끝까지 고수익을 장담하여 더욱 문제가 되기도 했다.

사모펀드는 특성상 투자를 한 후, 투자한 돈이 어디에 어떻게 투자되고 있는지 알 수 없다. 이러한 사모펀드의 구조적 문제와 금융상품에 대한 무지 때문에 많은 투자피해자들이 발생한 것이다.

또한, 라임펀드의 경우 DLS사태와 다르게 펀드의 만기일이 없기 때문에 펀드의 손실이 확정되어야 분쟁조정에 착수할 수 있어 분쟁조정을 신청해도 완전히 마무리되려면 최소 5~6년 정도가 소요되는데, 2020.6월 금감원 분쟁조정위원회에서는 2018.11월 이후 판매된 라임 무역금융펀드 사례 4건에 대해 '착오에 의한 계약취소'를 결정하였다. 계약체결 시점에 이미 투자원금의 상당부분에 해당하는 손실이 발생한 상황에서 불완전판매가 인정돼 최초로 계약을 취소하고 투자원금 전액을 반환하도록 결정된 것이다. 이러한 결정내용에 따라 자율조정이 진행될 수 있도록 하였고, 손실 미확정 사모펀드에 대해서는 투자원금 또는 손해액의 일정비율을 선지급하고 향후 금감원의 분쟁조정을 통해 결정된 보상금액이 선지급금보다 더 많으면 금융사가 추가 지급하는 사후정산 방식에 의한 분쟁조정을 추진토록 했다.

〈 사모펀드 피해 사례 〉

(단위:억원)

펀드명	규모	주요 투자 대상
라임펀드	17,000	사모사채, 무역금융채권
해외금리DLF	7,950	해외 국채금리 연계 파생상품
젠투파트너스펀드	7,000	국내외 채권
독일헤리티지DLS	5,300	독일 부동산 사업
옵티머스펀드	5,000	공공기관 매출채권
JB호주부동산펀드	3,264	호주 장애인 아파트
알펜루트펀드	2,100	비상장주, 메자닌
디스커버리펀드	2,000	미국 대출채권
이탈리아헬스케어펀드	1,800	이탈리아 의료비 매출채권
TA인슈어드무역금융DLS	1,000	무역금융 채권

3. 금융소비자의 민원 · 불만 응대 요령

금융소비자의 불만은 금융회사의 서비스가 고객의 기대수준보다 낮을 때 발생한다고 볼 수 있다. 불만민원은 금융권이 생각하는 것보다 훨씬 더 다양한 곳에서 많은 고객들이 가지고 있을 수도 있다. 사소한 불만을 가지고 있는 고객에게 초기 응대를 잘하면 큰 불만을 만족으로 바꿀 수 있다는 것을 명심하고 이런 점에서 불만 원인의 민원인을 대하는 태도가 중요하다. 이런 태도로는

가. 일단은 들어야 한다.

우선 고객으로 하여금 충분히 말하게 한다. 고객의 말을 중간에 끊지 않고 끝까지 인내심을 발휘해야 한다. 경청해 주는 것만으로도 불만민원의 상당 부분이 해소될 수 있을 것이다.

나. 업무와 감정을 분리해서 생각한다.

고객이 자극적인 말이나 도전적인 태도로 나오더라도 업무에 불만을 제기하는 것이지 개인에게 화를 내는 것이 아니므로 결코 화를 내거나 개인적 감정표현을 하지 말아야 한다. 고객이 큰 소리를 친다고 덩달아 목소리가 높아져서는 안 된다. 끝까지 냉정과 침착함을 견지해 프로다운 모습을 유지하는 것이 중요하다.

다. 방어적이 되어서는 안 된다.

대부분의 고객은 평범하고 상식을 가진 사람이라는 것을 기억한다. 고객의 말을 건성으로 듣거나 불성실해서는 안 되며 겸허하고 성의 있

는 태도를 보여야 한다. 진지하고 적극적인 표정으로 불평, 불만을 접수해야 하며, 고객에게 걱정을 끼쳤다는 자세로 임하는 것이 중요하다.

라. 고객과 말꼬리, 트집을 잡거나 말다툼을 하지 않는다.

고객과의 다툼은 어떤 경우라도 결과적으로는 우리의 패배로 끝이 난다. 논리적으로 이겼더라도 손해는 금융사에 돌아오니 절대 고객과의 싸움은 금물이다.

마. 사과할 부분이 있다면, 신속하게 그리고 정중하게 사과한다.

잘못된 것은 빨리 사과하자. 괜한 변명을 늘어놓았다가는 호미로 막을 것을 가래로도 못 막는다. 진지하게 사과하면 고객은 마음이 가라앉게 되며, 오히려 호감을 가질 수도 있다. 그것이 고객의 심리이다.

바. 불평, 불만의 신속한 처리와 사후관리를 철저히 한다.

고객은 자신이 처한 상황과 문제에 대해 심리적으로 매우 급하다. 따라서 고객의 불평, 불만에 대한 조치가 신속하고 완벽해야 하며, 다시는 같은 잘못을 되풀이하지 않도록 관리해야 한다. 그리고 문제 상황을 해결한 이후에는 처리내용에 대해 그 과정과 결과를 안내·통보해 주어 고객의 이해를 구해야 한다.

4. 금융소비자보호를 위한 논의 방향

현재 금융감독원은 금융소비자보호 강화를 위해 금감원 내에 금융소비자보호처를 별도의 조직체계로 설치, 운영하고 있다. 국내외 각종 금융사태 등으로 금융소비자들이 큰 피해를 입었고 이에 대해 금융소비자를 위한 보호가 필요하다는 인식이 크게 확산하면서 소비자를 위한 방향으로 금융소비자 정책이 크게 변화하는 계기가 되었다.

〈 소비자보호 관점의 변화가 필요하다 〉

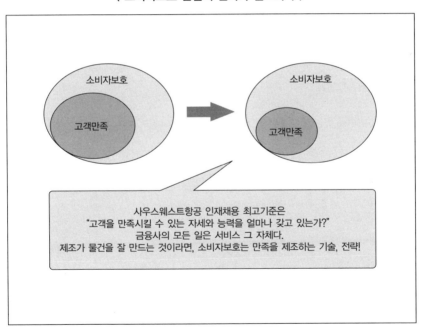

사회적 흐름이나 여론에 비추어 보더라도, 기존의 금융소비자보호 장치를 더욱 강화해 나갈 것으로 보인다. 금융소비자 권리보호를 위하여 금융피해자의 입증책임 완화나 소송제도 및 보상절차를 용이하게 하는 등 법률적인 보완책이 시급히 요구되고 있으며, 현 감독 시스템이 금융소비자를 위해 제대로 작동하도록 조정하여 소비자 구제의 실효성을 확보하는 것이 중요해지고 있다.

제 14 장
금융사고와
내부통제시스템

내부통제는 회사가 효과적이고 효율적으로 사업을 운영하고,
신뢰성이 확보된 재무보고 체계를 유지하며,
관련법규, 감독규정 및 내부정책을 준수하는
세 가지 목적 달성에 대한 합리적인 확신을 주기 위한 과정으로써
회사의 이사회, 경영진을 비롯한 모든 구성원들에 의해
영향을 받는 모든 과정이라고 할 수 있다.

1. 금융사고 사전 예방과 전략

가. 금융사고 개요

금융사고는 어제 오늘의 문제가 아니라 끊임없이 발생하고 있다. 금융회사의 임직원이 위법·부당한 행위를 하여 금융사고가 발생하게 되는데, 금융사고가 발생하면 그 피해는 1차적으로 해당 금융회사에 돌아가고, 2차적으로 금융소비자에게 큰 손실을 가져오게 된다.

금융사고 원인의 하나는 금융회사 임직원의 도덕성보다 성과를 우선시하고 중요시하는 금융회사의 조직문화에서도 발생하고 있다고 볼 수 있다.

최근에 발생하는 금융사고는 크게 세 가지 유형으로 구분된다. 첫째, 동일한 업무를 장기간 수행하는 직원이 고객의 예탁금을 임의로 해지하는 방법으로 횡령하는 경우, 둘째, 직원이 외부인과 공모하여 담보가액을 과다 산정하는 방법으로 여신을 취급(업무상 배임)하는 경우, 셋째, 직원이 투자손실을 보전하기 위해 고객이 맡긴 예탁금을 횡령한 후 무리한 투자로 탕진하는 경우 등이 그것이다.

나. 최근 금융권 금융사고 발생 동향

금감원과 금융회사의 지속적인 금융사고 예방을 위한 내부통제 개선노력으로 최근 들어서는 금융사고 건수 및 금액이 대폭 감소하는 것으로 나타나고 있다. 전체 금융사고 건수를 보면 '15년 207건 → '16년 184건 → '17년 162건 → '18년 145건 → '19년 141건으로 나타났다.

〈 최근 5년간 유형별 금융사고 발생현황 〉

(단위: 건, 억 원, %)

구분		'14	'15	'16	'17(A)	'18(B)	증감 (C=B-A)	증감률 (C/A)
사기	건수	58	30	52	54	44	△10	△18.5
	금액	3,504	3,287	7,321	852	699	△153	△18.0
업무상 배임	건수	25	15	29	15	22	7	46.7
	금액	231	97	982	126	379	253	200.8
횡령· 유용	건수	137	152	96	84	75	△9	△10.7
	금액	306	461	126	180	104	△76	△42.2
도난· 피탈	건수	7	5	3	3	0	△3	△100
	금액	119	2	1	1	0	△1	△100
기타 금전사고	건수	10	5	4	6	4	△2	△33.3
	금액	123	2	10	45	107	62	137.8
합계	건수	237	207	184	162	145	△17	△10.5
	금액	4,283	3,849	8,440	1,204	1,289	85	7.1

※출처 : 금융감독원

이는 내부감사협의제도 등을 통해 금융회사 자율적으로 내부통제를 강화한 것에 따른 것으로 볼 수 있다. 금감원과 금융회사가 협의하여 내부통제 취약부분을 점검대상으로 선정하여, 이를 금융회사가 자체 감사계획에 반영하여 운영하고 그 이행결과를 금감원이 확인하는 제도의 도입도 효과가 있는 것으로 볼 수 있다.

금감원은 앞으로도 금융사고가 빈발·급증하는 금융회사에 대하여 특별점검을 실시하는 한편, 내부통제워크샵을 통해 금융윤리의식을 강화하고 사고사례를 전파하는 등 금융사고 예방 및 감소를 위한 대책을 지속적으로 추진해 나갈 것으로 보인다. 금융사고 감축을 위해 그간 추진한 내부통제강화 등의 예방대책을 지속적으로 추진하는 한편, 소비자 권익을 도외시한 단기성과 위주의 영업행태 시정을 위한 내부통제 강화를 적극적으로 시행해 나갈 것으로 보인다.

다. 금융사고 주요 발생유형

1) 횡령·유용사고

동일한 업무를 장기간(5년 이상) 수행하는 직원이 고객의 예탁금을 임의 해지하는 방법 등으로 횡령하는 사고가 다수 발생(상호금융조합에서 발생한 횡령·유용의 70.9%가 장기근무직원에 의해 발생)하였으며, 이들 사고 금융회사는 자체감사를 형식적으로 운영하거나 중요 증서·인장 관리를 소홀히 하는 등 내부통제가 제대로 이루어지지 않았다. 또한, 사고 직원들은 부채가 과다하거나 도박, 사치성 소비성향을 보이는 등 윤리의식이 부족한 것으로 나타났다.

2) 여신취급 관련사고

금융회사 임직원이 외부인과 공모하여 담보가액을 과다 산정하는 방법으로 여신을 취급(업무상 배임)하는 사고가 다수 발생하였고, 여신심사 및 여신실행 등 이해 상충과 사고발생 위험이 높은 업무간의 직무분리가 제대로 이행되지 않은 데 주로 기인한다. 또한 금융회사가 자기앞수표 위·변조, 대출서류 허위작성 등 외부 사기행위에 대비한 내부 확인 절차를 소홀히 하고 여신을 제공하는 사고(사기)도 다수 발생하였다.

3) 금융투자회사의 횡령·유용사고

임직원이 투자손실을 보전하기 위하여 고객예탁금을 횡령하여 무리한 투자로 탕진하는 사고가 주로 발생하였는데, 이는 사고 임직원의 윤리의식 부족뿐만 아니라 금융회사도 고객정보 등에 대한 관리·감독을 소홀히 한 데 기인한다.

라. 금융사고 주요 원인

금융회사 내부직원에 의한 횡령 및 유용 등 각종 금융사고가 발생되고 있는 것은 여러 가지 원인에서 찾을 수 있는데, 최근에 발생되는 금융사고 발생의 주요 원인에는 다음과 같은 것들이 있다.

- 첫째, 성과 중심의 금융회사 조직문화
- 둘째, 금융회사 임직원의 신분상 불안감 및 도덕적 해이
- 셋째, 과다한 주식투자 및 증권시장 침체에 따른 손실 보전 유혹
- 넷째, 절제되지 못한 사생활 등 직업윤리관 결여
- 다섯째, 사고 예방에 대한 중요성 인식 결여
- 여섯째, 내부통제시스템 미비
- 일곱째, 사고 발생자에 대한 처벌 미약 등

또한 금융사고의 발생 원인으로 지목되는 10가지 위반행위를 살펴보면, 다음과 같다.

① 금융상품 불완전판매
② 대출금리 · 수수료 부당 편취
③ 꺾기
④ 불법채권 추심행위
⑤ 대주주 · 계열사 부당지원
⑥ 보험사기
⑦ 보이스피싱 등 금융사기
⑧ 불법 사금융
⑨ 유가증권 불공정거래
⑩ 불법 외환거래

은행권에서 발생되는 금융사고의 주요 유형으로는 다음과 같은 것들이 있다.

① 채권서류를 징구하지 않고 타인 명의를 이용하여 부당 대출
② 인감을 위조하거나 인감 없이 고객계좌에서 불법 인출하여 횡령
③ 고객예금을 담보로 허위채권서류로 대출 취급하여 횡령
④ 통장을 위조하여 고객예금을 불법으로 횡령
⑤ 시재금 불법 횡령 등

마. 금융사고 예방 대책

1) 내부통제시스템 보완 및 운영 강화

금융사고를 예방·근절하기 위해서는 금융회사의 내부통제시스템을 재정비하여 자체 실정에 맞게 지속 보완하고 문제의 소지가 있는 제반 원인을 제거할 필요가 있다. 최근 일어난 대형 금융사고의 발생원인은 업무편의를 우선시한 내부규정 미준수 등 내부통제의 근간을 이루는 통제환경이 제대로 구축되어 있지 않은 점에서 찾을 수 있다. 따라서 향후 금융회사가 이미 구축해 놓은 내부통제시스템이 제대로 작동될 수 있도록 조직문화 및 조직원, 즉 시스템 작동을 위한 소프트웨어 및 환경 개선이 필요하다.

또한 금융회사의 자율적인 운영만으로는 한계가 있으므로 내부통제

담당조직이 정기 및 수시로 내부통제를 실시하여 조치결과와 함께 감독당국에 정기적으로 보고하고 이에 대해 책임을 지는 시스템이 필요하다.

내부통제를 실시할 경우 상시 감시 항목을 사고취약 부분을 중심으로 설정하여 이를 집중적으로 점검해야 한다. 특히 거액예금의 지급결제 단계에서 내부견제가 가능하도록 업무프로세스를 정립하고, 대출금의 경우 심사와 실행업무가 각각 다른 결재라인을 통해 진행되도록 내부견제 방안을 강구하고 이를 수시로 점검해야 한다.

2) 영업점 불시 점검 강화 및 조치

여타 검사에 우선하여 금융사고 예방에 대한 내부통제시스템의 운영실태를 예고 없이 점검해야 한다. 금전사고의 발생 우려가 높은 직원에 대해 집중적으로 점검한다.

- 대상 직원:
  - 특정 영업점 장기근무자
  - 주식 등 유가증권 과다투자자
  - 급여 가압류 등 채무를 과다하게 보유하고 있는 자
  - 사생활(금전, 이성관계, 도박 등)이 문란한 직원
  - 도덕적 해이자
  - 빈번한 결근 및 무단결근 직원 등

3) 관련자 처벌 강화 및 조직 내 공유

제반 위규 행위에 대한 처벌규정이 가볍고 단순하여 사고 예방에 대한 실효성 및 형평성 등의 측면에서 문제가 있다. 금융사고 관련 법규 위반행위에 대한 처벌규정을 위반행위의 종류 및 그 경중에 따라 차등화해서 적용할 필요가 있다.

영업점 점검결과 문제직원에 대해서는 보직 변경, 근무지 이동 등 즉각적인 인사조치를 취해야 하고, 조치 결과에 대해서는 금융회사 내 조직원 공유를 통해서 경각심을 주어야 한다. 일부 금융회사에서는 개인의 프라이버시를 존중한다는 인식 하에 의도적으로 공개하지 않는 경우도 있는데 문제를 덮을수록 금융사고의 발생 가능성이 높아지고 드러낼수록 예방효과가 커진다는 측면에서 숨기는 것만이 결코 바람직한 것이라고 볼 수 없다.

4) 임직원 자체교육 실시

금융사고와 관련된 자체 교육계획을 수립하여 정기적으로 임직원을 대상으로 실시하고 이를 토대로 경각심을 고취시켜야 한다. 교육을 실시할 때 내용을 일방적으로 전달하는 방식만으로는 효과가 없으므로 '조직단위 별 사고예방 실천 보고회' 라고 명명하여 이를 내실 있게 실천하면 조직원의 참여를 높일 수 있고 실질적인 금융사고 예방효과도 기대할 수 있다.

5) 부당한 업무지시 근절

대출 등과 관련하여 상급자 및 외부기관의 암묵적 협조지시를 배제하기 위해 준법감시인 등으로 하여금 부당한 업무지시를 내린 임직원에 대해 인사권 제한 및 삼진아웃제 등을 적용토록 하는 방안을 강구해야 한다. 다만 현재 많은 금융사에서 준법감시인 조직이 독립적 조직이 아니거나 시혜적으로 보직이 운영되다 보니 문제에 대한 보고나 개선하기 어려운 인사 조직체계로서는 소기의 성과를 거둘 수 없다는 것이 현실이다.

6) 공시제도 강화

국내은행은 임직원 등의 위법·부당한 행위로 인하여 '자기자본 총계의 100분의 1 상당액'을 초과하는 '손실'이 발생하였거나 예상되는 경우 금융사고 공시의무가 부과되어 있다. 은행업 감독규정 시행세칙 제31조(수시공시)에는 은행은 사고내용을 언론기관에 배포하고, 당해 은행 또는 전국은행연합회의 홈페이지 등 전자매체를 통해 공시하여야 한다고 되어 있다.

7) 내부자 제보제도 도입 및 활성화

금융사고의 발생 징후 및 발생사실에 대한 내부직원의 금융사고 제보제도를 운영해야 한다. 내부자 제보제도의 성패는 제보자에 대한 비밀보호이므로 이를 철저히 준수하고 제보자에 대한 포상제도를 병행 실시하여 제도의 활성화를 기해야 할 시점이다.

2. 금감원의 금융사고 예방 추진 방향

1) 내부감사협의제를 통한 금융사고 예방강화 지속추진

2018년도 내부감사협의제 점검과제 선정 시 전년도 금융권역별 주요 금융사고 유형, 예를 들어 금융투자, 보험, 신용정보평가 회사의 횡령·유용사고가 빈번하게 발생하므로 해당권역 점검과제 선정 시 관련 사항을 중점과제로 선정하여 금융회사 내부감사 시 적극 반영하도록 하는 것이다.

2) 내부통제 워크샵을 통한 금융윤리의식 강화 및 사례전파

금융회사 감사·준법감시 담당 임직원 등을 대상으로 내부통제 및 금융윤리 준수를 위한 내부통제 워크샵을 실시할 뿐만 아니라 금융회사 자체적으로 임직원의 법규준수, 윤리의식 고양을 위한 내부교육을 강화하도록 한다는 것이다. 또한 워크샵 및 검사부서 부서장 간담회 등을 통해 금융사고 사례, 내부통제 및 예방대책 우수사례 등을 금융회사 임직원들과 공유를 추진한다는 것이다.

3) 금융사고 빈발·급증 금융회사에 대한 현장검사 강화

금융사고가 다발·급증하는 금융회사에 대하여 내부통제 소홀 등 책임규명을 위한 특별점검을 실시한다고 하고 있다.

4) 횡령 · 유용, 업무상 배임 관련 수사기관 고발 · 통보 유도

보험료 횡령 · 유용, 업무상 배임 등 금융범죄행위의 경우 금융회사 자체 고발기준을 엄격하게 적용하여 수사기관에 고발 · 통보하도록 지도한다는 것이다.

3. 소비자보호 · 사고예방을 위한 금융사 내부 시스템

가. 내부통제 제도

1) 내부통제

내부통제시스템이란 회사가 '효과적이고 효율적으로 사업을 운영하고, 신뢰성 있는 재무보고체계를 유지하며, 관련법규, 규정 및 내부정책과 절차, 기준을 준수하는 세 가지 목적 달성에 대한 합리적인 확신을 주기 위한 과정으로서 회사의 이사회, 경영진 및 모든 구성원들에 의해 지속적으로 실행되고 상호간 영향을 받는 과정'으로 정의된다.

즉 자산의 건전운영, 재무 및 경영정보의 신뢰성 확보, 경영정책 및 법규의 준수 등이 지속적으로 수행될 수 있도록 하는 제반 절차 및 과정을 의미하며 최종목표를 달성하기 위한 과정 내지는 수단으로서, 회사 내 모든 구성원에 의해 수행되는 일련의 모든 통제활동인 것이다. 효과적인 내부통제제도는 금융회사 경영관리의 필수적인 요소로써 금융회사를 안전하고 건전하게 운영하는 데 기초가 된다.

금융회사는 내부통제제도의 운영을 통해 조직의 목표 달성 가능성을 높이고, 목표달성에 영향을 주는 위험을 관리하여 회사의 재산을 보호하고, 오류와 위법행위 등을 예방·적발하기 위한 기본적 체계라는 점에서 그 중요성이 있다고 할 수 있다.

또한 내부통제는 대략 다섯 가지의 구성요소를 갖게 되는데 이는 통제환경, 위험평가, 통제활동, 정보 및 의사소통, 모니터링 등으로 구분되며 내부통제시스템은 이 다섯 가지 구성요소가 모두 제대로 작동할 때 효과적으로 작동한다고 볼 수 있다. 내부통제의 개념은 그 범위가 회계영역에 국한되지 않고 조직의 이사회, 경영진 및 여타 구성원에 의해 지속적으로 실행되는 일련의 과정으로써 관리의 영역까지도 포함한다고 볼 수 있다.

2) 내부통제의 목적

바젤위원회의 기준(Framework for Internal Control System in Banking Organization, 1998. 9월)에 따르면 내부통제제도의 목적은 크게 성과목적, 정보목적, 준법목적으로 구분된다.

가) 성과목적: 영업활동의 효율성

내부통제는 금융회사의 모든 경영자원을 효과적으로 사용하고 금융회사를 손실 발생으로부터 보호하는 등 영업활동과 관련하여 효율성을 달성하는 것을 목적으로 하고 있다. 따라서 내부통제는 과도한 비용을 유발하지 않고 금융회사의 이익과 모든 구성원이 목표달성을 위해 효율적으로 성과를 올리는 과정이라고 할 수 있다.

〈 내부통제의 목적 〉

성과목적(운영목적)	영업활동의 효율성
정보목적 (재무보고목적)	재무 및 경영 정보의 신뢰성, 안전성, 적시성 확보 회사가 공시하는 모든 재무정보에 대한 정확하고 신뢰성 있는 작성 및 보고체계 유지
준법목적 (법규준수목적)	관련 법규 및 규정, 정책의 준수 회사의 모든 활동은 관련법규, 규정, 내부정책 및 절차, 기준을 준수하고 있다

나) 정보목적: 재무 및 경영정보의 신뢰성, 완전성, 적시성 유지

내부통제를 통해 금융회사가 경영 의사결정을 하는 데 있어서 목적에 맞고 신뢰성 있게 적용하여 사용할 수 있는 각종 자료를 준비하고 주주, 금융당국, 기타 이해관계자들에게 재무제표 및 기타 재무관련 사항을 공시할 수 있어야 한다. 따라서 경영진, 감독당국, 기타 이해관계자 등의 정보이용자에게 전달되는 정보는 이들이 의사결정에 유용하게 이용할 수 있도록 제시해야 한다.

다) 준법목적: 관련 법규 및 규정, 정책의 준수

내부통제는 금융회사의 모든 활동이 관련법규, 감독기준, 해당 금융회사의 제반 정책 및 절차를 준수하면서 달성해야 하는 것이다. 내부통제시스템의 개별 목적들은 금융사의 전반적인 목표달성을 이루어나가는 과정에서 상호 중복 또는 보완적인 성격을 지닌다. 내부통제는 회사가 효과적이고 효율적으로 사업을 운영하고, 신뢰성이 확보된 재무보고 체계를 유지하며, 관련법규, 감독규정 및 내부정책을 준수하는 세 가지 목적 달성에 대한 합리적인 확신을 주기 위한 과정으로서 회사의 이사회, 경영진을 비롯한 모든 구성원들에 의해 영향을 받는 모든 과정이라고 할 수 있다.

3) 내부통제의 배경 및 중요성

가) 미국의 사례

미국의 경우 2001년 말 엔론(Enron), 월드콤(World Com) 등 미국 기업의 대규모 회계부정 사건이 적발되면서 자본시장 신뢰성이 추락하여 증권시장에서 주가가 폭락하게 되었고, 이를 통해 내부통제의 필요성 및 중요성이 새롭게 부각되기 시작하였다.

- 이사회의 감시기능 미흡
  - 전문적인 이사진이라도 거대 기업의 첨단 금융기법에 의한 분식 감시 능력 부재
  - 이사들의 회사 감시 한계(시간적, 정보적)
  - 경영진과 비대립적 관계유지와 협력

- 외부감사인의 독립성 문제
  - 아서 앤더슨(Arthur Andersen)의 느슨한 감사
  - '엔론' 이라는 기업에 지나친 수입의존으로 독립적 감사 실패

엔론과 월드콤 사태 이후 대규모 회계부정의 원인은 재무정보 공시의 질이 낮고 감시기능이 제대로 작하지 않았기 때문이라는 인식에서 출발하여 회계투명성을 확보하기 위한 제도적 장치로 회계개혁법안을 통과시켜 기업에 대한 규제 및 위반 기업 경영진에 대한 처벌강화와 기업의 지배구조 및 재무보고 통제와 관련하여 제도를 개선해 왔다.

그리고 최고경영자(CEO)와 최고 재무책임자(CFO)가 분기별 및 연간 재무보고서의 정확성을 확인하고 확인서에 서명하도록 하였으며, 특히 내부통제와 관련하여 경영진은 "내부통제시스템을 확립하고 이를 유지하며, 실적발표 90일 이전에 그와 같은 내부통제시스템의 유효성을 평가하고 이 같은 평가를 기준으로 내부통제시스템의 유효성에 관한 의견을 실적보고서에 제시할 책임"이 있음을 밝혔다. 또한 중요한 재

무보고 내부통제의 변경사항을 공시하도록 하고, 내부통제상의 중요한 결함 및 이슈를 감사위원회 및 감사인에게 통보하도록 하는 규정을 두었다.

이와 더불어 SEC에 등록된 상장기업이 연간보고서에 재무보고에 대한 내부통제의 구조와 절차의 실효성을 평가하여 포함하도록 하고, 특히 경영자는 재무보고 내부통제가 효과적인지 진술하고 내부통제와 관련하여 중대한 취약점이나 미비점이 있는지 진술할 의무가 있다. 또한 회사의 외부감사인은 경영자에 의해 이루어진 평가를 입증하고 보고해야 한다.

나) 국내 사례

국내에서는 1997년 외환위기를 맞고 대우, 한보, 기아 등 대기업의 분식회계 사례를 경험하였다. 회계정보의 불투명성이 외환위기를 초래한 주된 요인이었다는 반성 하에 신뢰성의 증대를 위하여 기업회계기준과 회계감사기준의 제·개정이 이루어지게 되었다.

대우의 경우 IMF전부터 부실회계 처리가 문제되어 왔고, 1997년에는 금융감독원의 감사결과 계열사 별로 수천억 규모의 분식이 적발되었지만 크게 부각되지 않고 덮어지기도 했다. 그 후 1999년 8월 대우그룹의 워크아웃 결정 후 금감원의 특별감사로 드러난 대우그룹의 분식회계규모는 22.9조 원이었다고 밝혀졌다.

X그룹의 검찰수사 발표에서도 회계분식과 개인회사 부당지원이 X

그룹 부실심화의 중요한 원인이 되었다고 한다. 횡령·부당지원으로 자금을 상장회사나 그 자회사로부터 조달하는 바람에 ㈜X, X중공업 등 주력 계열사의 유동성이 더욱 악화되었다고 발표되었고, X조선해양은 5년에 걸친 대규모 회계분식으로 인해 막대한 부실이 은폐되어 X그룹은 구조조정의 적기를 놓치고 국민 경제에 심각한 폐해를 끼치게 되었다.

TY그룹의 법정관리 신청으로 시작된 TY동양그룹에 대한 수사에서도 ㈜TY, TY인터네셔널 등 의 회계분식을 통해 CP발행의 적격유지를 맞춰 온 것으로 나타났다. 회계분식을 통해 CP를 사기 발행해 온 것이 아닐 수 없다 하겠다.

〈 총예정 원가 및 발생원가 축소 등 조작 〉

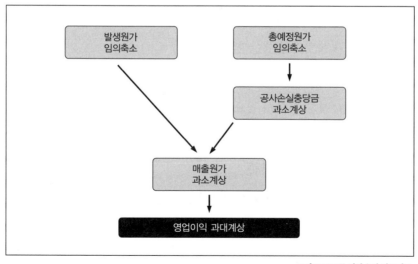

※ 자료: X그룹 검찰수사 발표자료

이러한 기업들의 행태를 방지하고 기업의 경영투명성 확보를 위해 감사위원회를 도입하고 회계정보의 투명성 제고를 위해 감사인의 주기적 교체 제도를 도입하였으며 회계법인의 컨설팅업무를 제한하여 왔다.

2001년 9월에는 기업구조조정촉진법을 통해 미국의 회계감사기준의 내용을 수용하여 감사인의 내부회계관리제도 검토를 의무화하고 검토과정에서 중대한 결함이 있을 때 이를 보고하도록 하고 이후 이 규정은 2003년 '주식회사의 외부감사에 관한 법률'로 이관하여 영구법화되었다. 하지만 실무지침이 마련되지 않아 실무 적용에 어려움이 있었고, 2005년 6월 내부회계관리제도 모범규준과 내부회계관리제도 검토기준이 제정되어 2006년부터는 규정과 함께 실무지침이 본격적으로 적용되었다.

그러나 금융감독원의 2014년 6월 자료에 의하면 '14. 3월말 현재 상장폐지사유 등 발생기업 39개사 중 최근 3년간('11.1.1.~'14.3.31.) 최대주주 등의 횡령·배임 혐의가 발생한 회사는 7개사(디지텍시스템스, AJS, 동양, 동양네트웍스, 유니켐, 아라온테크, 티이씨코)로 내부통제도 취약한 것으로 나타나 투자자보호를 위한 내부통제 평가의 필요성이 중요하다는 것을 보여주고 있다.

4) 내부통제제도 운영기준

금융회사의 내부통제제도는 이사회, 경영진, 감사(위원회) 및 중간관리자와 일반직원에 이르기까지 조직 내 모든 구성원들에 의해 능동적으로 운영되어야 한다. 특히, 이사회와 경영진은 모든 직원들이 내부통제의 중요성과 내부통제 운영과정에서 자신의 역할을 이해하고 내부통제활동에 적극 참여할 수 있도록 통제문화형성에 노력하여야 한다. 따라서 이사회는 금융회사 경영의 최고 의사결정기구로서 내부통제에 관한 기본방침을 정하고, 금융회사의장은 리스크관리, 법규 준수 등 내부통제의 효율적인 운영을 위하여 내부통제에 대한 정책을 수립하여야 하며, 감사는 내부통제에 대한 조사, 점검 및 평가를 실시해야 한다. 그리고 고객과의 대면이 이루어지고 현장을 운영하고 있다고 말할 수 있는 사업본부장 및 부점장은 소관업무 추진 시 예상되는 위험을 효과적으로 통제하기 위한 내부통제 방침 및 절차를 마련하여 시행하고, 이를 점검·개선하는 등 소관업무에 대한 내부통제 업무를 해야 하며 임직원은 직무를 수행함에 있어서 법령, 내규 및 윤리 규정 등 내부통제기준을 충실히 이행·준수해야 한다.

가) 내부통제 관련 부서

- **검사부서:** 내부통제의 구축·운영에 대한 평가, 개선조치의 권고, 지점감사 및 사고예방대책 총괄
- **준법감시부서:** 법규준수를 위한 내부체계 구축, 법규준수 여부 점검·지도 등 준법감시업무 총괄
- **리스크관리부서:** 전행적인 발생 리스크의 인식·측정·모니터링 등 리스크 관리업무 총괄
- **내부회계관리부서:** 재무정보의 정확성 유지를 위한 내부회계관리

업무 총괄

– 금융소비자보호부서: 금융소비자보호에 관한 정책, 민원 등을 총괄

〈 내부통제 운영체제 〉

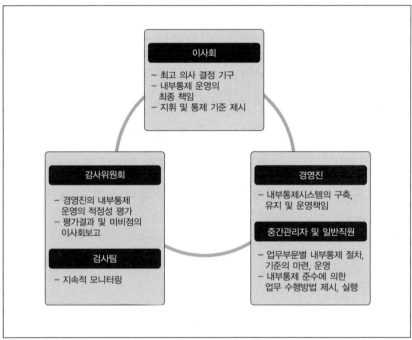

나) 주요수단

내부통제의 주요수단은 회사가 달성하고자 하는 경영목표, 조직의 규모 및 영업활동의 특성 등에 따라 그 형태 및 적용강도에 차이가 있으나, 전형적인 형태는 다음의 4가지 유형으로 나누어진다.

- 권한의 적절한 배분 및 제한

- 회사자산 및 각종 기록에의 접근(이용) 제한

- 직무분리 및 직무순환

- 정기적인 또는 불시의 점검 및 테스트

다) 구성요소

〈 내부통제시스템의 구성 5요소 〉

구성 요소	내 용
통제환경	내부통제제도 범위의 전체가 해당되는 것으로 기업 풍토 및 윤리, 조직체계, 구조, 상벌 체계, 인사 정책, 교육연수, 경영자의 철학, 리더십 등을 포함하는 포괄적인 개념이지만 한계를 설정하여 내부통제 시스템의 기준과 구조를 제공
위험평가	회사의 목적달성과 영업성과에 영향을 미칠 수 있는 내, 외부의 관련 위험의 인식과 평가, 분석 하는 활동, 특히 통제되지 않는 리스크가 가져오는 악영향을 충분히 고려하여 전사적 수준 및 업무프로세스 수준의 위험식별, 위험의 분석, 대응방안 수립, 위험의 지속적 관리 및 보완이 필요
통제활동	이사회와 경영진의 경영방침이나 지침에 따라 모든 구성원이 업무를 수행할 수 있도록 마련된 정책 및 절차와 이러한 정책 및 절차가 상시 준수되도록 하기 위한 점검 등의 제반 활동
정보 및 의사소통	모든 구성원이 그들의 책임을 적절하게 수행할 수 있도록 영업활동, 재무 시 법규준수에 관한 적절한 정보를 확인·수집할 수 있도록 지원하는 절차와 체계
모니터링	내부통제의 유효성을 지속적으로 점검·평가하는 과정을 의미하며, 회사전체 또는 사업단위에 대한 자체평가, 자체 감사활동 및 사후관리 등의 분야에서 주기적, 지속적으로 이루어져야 함

개별 금융회사에 적합한 내부통제시스템의 형식(formality)은 주로 금융회사의 영업규모, 영업 활동의 다양성 및 리스크 특성 등에 의해 결정된다. 소규모 금융회사인 경우 덜 형식적이고 조직화된 내부통제시스템이 효과적이고, 보다 복잡하고 다양한 영업활동을 영위하는 금융회사는 고도로 체계화되고 조직화된 내부통제시스템이 효과적이라고 할 수 있다. 내부통제시스템이 제대로 운영되기 위해서는 통제환경 및 통제문화, 리스크평가, 통제활동, 회계·정보 및 의사소통시스템, 자기평가 및 모니터링 등 5가지 기본적인 요소가 적절하게 갖추어져야 한다.

4. 금융사의 주요 내부통제제도 운영

가. 내부회계관리제도 및 운영

1) 내부회계관리제도의 범위

내부회계관리제도는 회사의 재무제표가 일반적으로 인정되는 회계처리기준에 따라 작성·공시되었는지의 여부에 대한 합리적 확신을 제공하기 위해 설계·운영되는 내부통제제도의 일부분으로서 회사의 이사회, 경영진 등 모든 조직구성원들에 의해 지속적으로 실행되는 과정을 의미한다.

내부회계관리제도는 내부통제제도의 세 가지 목적 중 재무정보의 신뢰성 확보 목적, 특히 재무제표의 신뢰성 확보를 목적으로 하며, 여기에는 자산의 보호 및 부정방지 프로그램이 포함된다. 또한, 운영목적이나 법규준수목적과 관련된 통제절차가 재무제표의 신뢰성 확보와 관련된 경우 해당 통제절차는 내부회계관리제도의 범위에 포함된다.

2) 내부회계관리제도의 설계 및 운영

내부회계관리제도는 앞서 설명한 내부통제제도 5가지 구성요소를 모두 고려하여 설계하고, 이사회, 경영진, 감사(위원회) 및 중간관리자와 일반직원에 이르기까지 조직 내 모든 구성원들에 의해 운영된다. 각 주체들의 구체적인 역할을 보자면 다음과 같다.

가) 통제환경

이사회와 경영진은 내부회계관리제도의 중요성을 강조하는 윤리 및 청렴도의 기준을 제시하고 솔선수범하는 한편, 회사의 모든 임직원들이 내부회계관리제도를 이해하고 그 절차를 충실히 따르도록 하는 통제문화를 조성한다.

경영진은 회사의 윤리강령, 부정방지 프로그램 등에 재무제표 관련 부정행위를 사전에 방지하고 적시에 적발·시정할 수 있는 절차를 포함하는 한편, 모든 임직원들이 직무 수행 중 내부회계관리제도 운영상의 문제점이나 윤리강령·정책의 위반사례, 위법·부정행위의 발견

시 담당 책임자에게 이를 보고할 수 있도록 하는 공식적인 체계를 마련한다.

나) 위험평가

경영진은 재무제표의 신뢰성 확보에 있어 부정적인 영향을 미칠 수 있는 위험을 식별하고 지속적으로 평가하는 공식적인 체계를 구축한다. 재무제표상 중요정보의 누락 및 미공시 사항을 확인하고, 자산·부채·손익거래를 평가 및 측정해야 하며, 현금 또는 재산의 횡령, 이의 은폐를 위한 재무 기록의 변조, 미 승인된 자산의 취득, 사용 및 처분, 허위 매출 및 가공자산 계상 등에 대해서도 관심을 가져야 한다. 이와 더불어 부실한 회계정보 및 재무보고로 인한 의사결정오류 등에 대하여 경영진은 새로 발생하거나 지금까지 통제되지 않았던 위험을 적절히 관리할 수 있도록 내부회계관리제도를 설계·운영해야 한다.

다) 통제활동

최고경영진은 다양한 업무활동에 대한 정책 및 절차의 수립뿐만 아니라 회사의 모든 분야에서 이들 정책과 절차가 준수되도록 하고, 기존 정책과 절차가 적정한지 주기적으로 평가해야 한다. 또한 회사의 성과보고서를 통하여 목표달성 정도를 점검하고, 의문점에 대하여 관리자와의 질의·응답을 통하여 통제의 취약점, 재무제표상의 왜곡표시 가능성을 파악해야 한다. 중간관리자는 경영진의 검토보다 상세한 수준에서 정기적으로 각 기능별·활동별 성과보고서를 검토해야 한다.

통제활동에 있어서 유형자산, 재고자산, 유가증권, 현금 및 기타자산은 물리적으로 보호되며, 주기적인 실사로 장부상 보고되는 금액과의 일치 여부를 확인해야 한다. 재무제표의 중요한 왜곡 표시를 방지·적발하기 위해 성과지표상 예기치 못한 결과나 비정상적인 추세를 분석하여야 하며, 통제목표가 달성되지 못할 위험이 있는 분야는 식별하여 당해 통제활동을 개선해야 한다. 또한 임직원들이 업무를 수행함에 있어 잠재적인 이해상충이나 실수 또는 부적절한 행위가 발생할 위험을 감소시키기 위해 업무는 적절히 분장되어야 하며, 그러한 위험이 높은 업무분야를 파악하여 지속적으로 모니터링이 되어야 한다.

라) 정보 및 의사소통

경영진은 재무제표의 신뢰성을 확보하기 위하여 일상적인 재무정보뿐만 아니라 재무제표에 영향을 미칠 수 있는 비재무정보(운영활동정보, 법규준수활동정보, 외부환경정보 등)도 적절하게 수집·유지·관리해야 한다. 또한 회사의 임직원들이 내부회계관리제도상 책임 또는 임무와 관련된 정책 및 절차를 충분히 이해하고 준수할 수 있도록 하고, 관련된 정보가 해당 임직원에게 효과적으로 전달될 수 있도록 상향·하향의 의사소통 경로를 마련한다. 특히, 재무제표에 영향을 미치는 관련 법규나 윤리강령의 위반행위 등에 대한 내부 고발자의 보호제도를 마련하고,

아울러 검증되지 않은 주장에 근거한 악의의 내부 고발자에 대한 적절한 징계제도도 균형 있게 마련한다.

경영진과 이사회 간의 원활한 의사소통을 위해 경영진은 재무제표에 영향을 미치는 사업성과 및 위험 등에 관한 최신 정보를 이사회에 충분히 제공하며, 이사회는 필요한 정보를 경영진에게 요구하고 제공받은 정보에 대한 평가결과를 경영진에게 제공한다. 또한 외부 이해관계자(외부감사인, 감독당국, 거래처, 고객 등)로부터 회사의 재무제표에 중요한 영향을 미칠 수 있는 정보를 효과적으로 획득하고 의사소통하기 위한 절차를 마련하며, 이러한 경로를 통해 획득한 외부와의 중요한 의사소통 결과를 조직 전체에 전달한다.

마) 모니터링

경영진은 내부회계관리제도에 대한 일상적 업무의 일부로서 문서결재, 고객과의 의사소통, 정기적인 실사, 임직원의 윤리강령 이행여부 확인절차 등의 상시 모니터링을 수행함과 동시에 내부회계관리제도의 전반적 효과성에 대한 정기적인 자체평가를 실시하여 그 결과를 이사회 및 감사(위원회)에 보고하여야 한다. 감사(위원회)는 경영진의 자체평가 수행절차와 운영실태 평가결과의 적정성을 감독자의 관점에서 독립적으로 평가하여 이사회에 보고해야 한다. 또한 경영진은 자체평가 또는 감사(위원회)의 평가결과 나타난 통제상의 미비점에 따른 필요한 조치를 결정하여 적시에 시정될 수 있도록 하는 체계를 마련하고 계획된 기간 내에 필요한 조치가 완료될 수 있도록 하여 사후 이행여부에 대해 확인해야 한다.

나. 준법감시인 제도

1) 의의

준법감시란 일반적으로 고객 재산의 선량한 관리자로서 회사의 임직원 모두가 제반 법규를 철저하게 준수하도록 사전 또는 상시적으로 통제 감독하는 것을 의미한다. 금융회사에 있어서 준법감시 기능은 금융회사 임직원이 직무를 수행함에 있어 법규를 준수해 나가도록 하는 준법감시체제를 마련하고 이를 운영·점검하는 활동을 말하며, 준법감시인은 이러한 업무에 종사하는 자를 말한다.

금융기관의 준법감시인은 내부통제기준의 준수여부를 점검하고 내부통제기준을 위반하는 경우 이를 조사하여 필요시 감사위원회 및 감사에 보고할 수 있으며, 감사위원회는 이사의 직무수행을 감사(상법 제412조)하는 반면, 준법감시인은 임직원의 내부통제관련 업무를 총괄하는 자(금융사지배구조법 제25조 제1항)로서 그 역할이 분명히 서로 다름에도 준법감시인 및 감사위원회 간의 업무범위를 중복 또는 혼란으로 보는 것은 잘못된 인식이며 이는 감사위원회와 준법감시인의 업무성격 및 역할 등에 대한 인식 부족이 원인이라 할 수 있다.

2) 준법감시인 제도 도입 배경

가) 내부통제 강화 필요성

외환위기 이후 과거와는 다른 국제적 요구와 금융회사에 대한 효과적인 감독체계의 중요성이 부각되면서 금융 전 부문에 대한 규제완화, 구조조정 및 개방화가 진전되면서 금융회사의 내부통제 강화를 위한 선진국 준법감시제도의 국내 도입 분위기가 조성되기 시작하였다. 이에 따라 제3의 특정인을 준법감시인으로 임명하여 법규준수에 대한 책임과 권한을 부여함으로써, 조직 내의 각 부서나 위원회로부터 독립적인 위치에서 능동적인 견제역할을 수행토록 하였다.

나) 금융산업의 특성

금융산업은 타인(고객)의 자산을 위탁 받아 운용·관리하는 것이 주요 업무이므로 그 속성상 고객자산을 유용하거나 고객의 이익을 침해할 가능성이 여타 산업보다 높은 특성이 있기 때문에 금융거래자 보호를 위해 법규 준수의 중요성이 매우 크다고 할 수 있다. 따라서 금융인의 엄격한 도덕성과 신뢰성이 금융산업의 유지·발전에 필수적인 요소이며, 이를 위하여 상시적인 통제·감독장치로써 법규준수제도가 필요한데 내부통제가 이루어지지 않을 경우 금융거래자 및 금융회사에 피해를 입힐 뿐만 아니라 금융시스템 전체에 심각한 결과를 초래할 가능성이 높다.

다) 사전예방적 실행수단

감사위원회 위원은 주주총회 또는 이사회에서 선임하며 이사의 직무집행을 감사하므로 경영진과 일정한 거리가 있기 때문에 조직의 운영 특성상 주요 업무에 대한 사전통제 기능을 적시에 수행하기가 어려운 측면이 있다. 반면에 준법감시인은 내부통제기준의 준수여부를 점검하여 감사 위원회에 보고하는 역할을 하므로 경영진 스스로 사전 예방적·자기 검토적인 효율적 내부통제기능 수행이 용이하다.

3) 준법감시인의 운영

금융기관은 내부통제기준의 준수 여부를 점검하고 내부통제기준에 위반하는 경우 이를 조사하여 감사위원회에 보고하는 자로서 준법감시인을 1인 이상 두어야 한다. 금융기관이 준법감시인을 임면하고자 하는 때에는 이사회의 결의를 거쳐야 하며 외국금융기관의 지점을 제외하고는 임면 시 금융감독원에 통보해야 한다.

준법감시인의 자격
- 금융감독원 검사대상 기관에서 10년 이상 근무경력이 있는 자
- 금융관련 석사학위 이상 학위소지자로서 연구기관 또는 대학에서 연구원 또는 조교수 이상의 직에 5년 이상 근무경력이 있는 자
- 변호사 또는 공인회계사 자격을 가진 자로서 당해 자격과 관련된 업무에 5년 이상 근무경력이 있는 자

준법감시인은 선량한 관리자의 주의로 그 직무를 수행하여야 하며, 자산 운용에 관한 업무, 당해 금융기관이 영위하는 업무와 그 부수업무, 당해 금융기관의 겸영업무를 금지하고 있고 금융기관은 준법감시인이 그 직무를 수행함에 있어서 자료나 정보의 제출을 임직원에게 요구하는 경우에는 당해 임직원으로 하여금 이에 성실히 응하도록 하여야 하며, 준법감시인이었던 자에 대하여 당해 직무수행과 관련한 사유로 부당한 인사상의 불이익을 주어서는 안 된다.

4) 준법감시인의 직무

준법감시인은 감사위원회(상근감사위원)와 그 역할 및 성격이 구분되며, 원칙적으로 관련 법령에 따라 준법감시인은 내부통제기준 준수여부를 점검하고, 동 업무의 원활한 수행을 위하여 적정한 준법감시조직 및 인력을 확충하여야 한다. '내부통제기준' 준수여부 점검항목은 금융사지배 구조법시행령 등 관련 법령에서 정하는 내부통제기준의 준수 여부에 한정하며 그 중 범위가 포괄적인 사항에 대하여는 상근감사위원과 협의하여 점검항목을 결정하여야 한다. 준법감시인은 조사결과, 필요하다고 판단하는 경우, 중요한 사항에 대해서는 상근감사위원 및 감사위원회에 직접 참석하여 보고하는 등 상근감사위원(감사위원회)에 보고할 수 있다.

5. 기업의 윤리경영과 사회적 책임

가. 윤리경영

윤리경영은 기업 또는 사회가 추구하는 핵심적인 가치를 설정하고, 이를 실현하기 위한 행동방침을 정하고 이행하는 경영활동을 말한다. 일반적으로 기업 또는 회사의 임직원들이 업무와 관련하여 갈등을 겪는 '옳고 그름의 윤리적인 문제'를 기업경영이라는 특수한 조직적 상황에 적용하는 것이다. 윤리경영은 법적 책임이 없는 경우에도 사회통념에 어긋나면 사회가 요구하는 윤리기준을 선택하는 경영방식으로, 회사경영 및 기업 활동의 가치기준을 윤리규범에 두고 투명하고 공정하며 합리적으로 업무를 수행하는 것이다.

금융회사는 불특정다수로부터 자금을 조달하여 운용하는 공공성이 높은 법인이다. 따라서 모든 이해 관계자의 이익을 포괄해야 하고 이에 따른 사회공헌요구는 날로 높아지고 있다. 또한 재무적 성과위주에 머

물던 기업평가의 관점이 기업의 윤리성, 사회적 책임 등의 정성적 가치로 전환되고 있으며, 이 흐름은 비단 국내의 시장 환경뿐만 아니라 전 세계적인 시장이 윤리경영을 요구하고 있기 때문에 글로벌시장을 상대로 지속 가능한 발전을 위해서는 필수요소가 되어 버렸다.

윤리적 기업의 경우에는 근본적으로 구성원 개개인의 윤리성 함양에도 노력을 기울이고 있으며, 이러한 구성원들의 자발적인 윤리의식은 기업 생산성 향상 및 고객만족 실현으로 이어져, 경쟁시장에서 우위를 점하는 한편, 지속 성장 가능한 발판을 마련하는 것과도 같다고 볼 수 있다.

나. 사회적 책임

기업이 생산 및 영업활동을 하면서 환경경영, 윤리경영, 사회공헌과 노동자를 비롯한 지역사회 등 사회전체에 이익을 동시에 추구하며, 그에 따라 의사 결정 및 활동하는 것을 말한다. 즉 기업이 조업 및 영업활동을 하면서 주주, 협력업체 노동자들과 그 가족, 지역사회와 시민단체 등 이해 관계자 그리고 사회전체의 이익을 동시에 추구하는 행위 규범을 정하고 그에 따라 기업이 의사결정 및 활동을 수행하는 책임이라고 할 수 있다.

또한 사회적 책임은 법률적으로 요구된 행위와 기업의 이익 관점을 넘어, 사회적 선을 드러내는 행동이다. 법적 의무를 넘어 기업의 환경적, 사회적 영향력을 기업 내외적 대상에 대한 관리적 노력이라 할 수 있다. 이는 환경보호를 위한 노력은 물론 그들의 근로자, 공급자, 고객, 그리고 지역사회를 유기적 관계로 형성하려는 노력을 포함한다.

기업의 사회적 책임은 사회의 한 구성원으로서, 시민의식을 갖고 즉 각적인 이익을 넘어서 미래 세대와 자연을 존중하는 행동을 말한다. 사회적 책임을 단순히 기업경쟁력을 저하시키는 비용 요소로만 인식할 경우 기업의 명성과 경쟁력에 영향을 미쳐 인재확보 및 유지, 브랜드 가치 제고, 시장에서의 차별화 전략 등 전략적 우위로 연결시키지 못하여 도태될 수 있다.

또한 기업은 사회적 책임 실천을 통해 우리 사회의 형평성 제고에 기여할 수 있다. 사회적 책임을 수행하는 것은 기업자체에 장기적이고 지속적인 기업경쟁력의 원천이 될 것이다. 기업의 사회적 책임의 수행은 사회경제 체제의 효율성을 향상시켜 경제적으로 이득이 될 뿐만 아니라 사회적 책임을 수행하면 매출증가 효과와 비용절감 효과, 위험감소에 효과적이다.

6. 국내 금융회사의 내부통제 현황과 대응

가. 금융사고 실태

금융당국도 대형금융사고가 발생할 때마다 체계적 관리를 약속하지만 결국 비슷비슷한 방안만을 내놓은 채 금융사들에게 맡기는 것이 전부인 상황이다. 아마도 금융사고는 감독당국의 대책으로만 방지되는 것이 아닐 것이다. 이는 금융사고가 끊이지 않는 이유라고 본다.

○○은행 해외지점 불법대출 및 비자금 조성, 외국계 은행 등의 고객정보유출 등 연일 금융사들의 내부통제가 무너지며 발생한 사고가 끊이지 않자 금융당국은 테스크포스(TF)를 구성했고, 주요 금융사 최고경영진(CEO)들을 긴급 소집해 대책을 요구하였다.

사고예방 및 내부통제 강화를 위해서는 CEO의 관심과 의지를 바탕으로 내부통제가 의식 및 조직문화로 정착되어야 한다. 이를 위해서는 내부통제 매뉴얼과 체크리스트를 형식적으로 구비하는데 그치지 않고, 보다 정교하게 내실화하는 것이 중요하다고 할 수 있다. 또한 중요한 내부통제 내용은 법령에 구체적으로 명시하고 제도화하여 통제수단을 강력히 해야 한다.

상대적으로 내부통제 시스템이 잘 갖추어진 것으로 평가되는 금융사의 경우 가혹한 배상책임으로 인해 CEO가 내부통제를 매우 중요하게 생각하고 있다고 해도 과언이 아니다. 내부통제 위반 시 징계 등 제재 수위를 강화함으로써, 수익성(예, KPI)을 위해 내부통제를 경시하는 행태를 개선하고 특히, 중대한 내부통제 소홀로 금융사고가 발생하는 경우 감사 등 내부통제 책임자에 대해서도 행위자에 준하여 조치하는 등의 실천도 중요해지는 시점이다. 내부통제는 법과 제도에 기반하여 문화와 의식으로 인식되고 지속적으로 추진하는 것이 무엇보다 중요할 것이다.

나. 내부통제, 내·외부감사기능 및 감독기능과의 관계

금융회사가 운영하는 내부통제제도, 내부 및 외부감사제도는 금융회사의 안전하고 건전한 경영을 위해 상호보완적인 기능을 수행한다. 내부감사기능은 내부통제제도의 적절한 운영여부를 경영진과는 독립적인 입장에서 평가하여 그 결과를 이사회 및 경영진에 통보하고 문제점을 시정케 하여 내부통제제도의 원활한 작동을 보장하는 역할을 수행한다. 그리고 외부감사기능은 재무보고에 관한 내부통제의 효과성, 거래기록의 정확성 및 신속성, 재무 및 감독당국 앞 보고서의 정확성 및 완전성에 관한 합리적인 확신을 제공하는 피드백 역할을 수행한다. 내부통제제도는 독립적·객관적으로 이를 평가하는 내부감사기능에 의해 보완되며, 외부감사는 이러한 내부통제제도 및 내부감사기능의 유효성에 대한 중요한 피드백을 제공하는 것이다.

한편, 감독당국은 금융회사의 내부통제 및 내·외부감사기능 운영과 관련한 내부정책 및 절차의 적정성, 내·외부감사인에 의해 인식된 내부통제의 취약점을 평가하는 역할을 한다. 감독당국의 기본 목표가 개별 금융회사의 경영건전성 유지에 있으므로 감독당국은 금융회사에 대해 적절한 내부통제제도 및 내·외부감사기능을 구축·운영토록 요구하고, 내·외부감사인과의 협력을 통하여 이러한 감독목적을 가장 효과적으로 달성할 수 있다.

다. 국내 금융회사의 내부통제강화 사례

1) A은행의 지역감사역 제도 도입 · 운영

가) 도입 배경

고객예금 및 출납시재금 횡령, 사적 금전대차 등 각종 금융사고가 지속 발생하고 금융소비자에 의한 각종 민원제기로 은행의 평판 리스크가 악화 추세에 있으며, 지속적인 감사인력의 축소로 인한 영업점 임점감사 주기 장기화로 인한 직원들의 윤리 및 내부통제 준수 의식 저하 우려의 대책으로 실시되었다.

나) 지역 감사역 운영현황

지역 감사역 제도도입을 시작으로 공모절차에 의해 전담 검사역을 선발 및 배치하여 운영하고 있으며 본부 영업 감사부 소속의 지역 감사역이 전 영업점에 대해서 내부통제 중심의 불시감사를 연 1~2회 실시하고 있다.

다) 지역 감사역의 주요임무

시재금, 중요증서에 대한 현물감사 실시 등 각종 내부통제부문에 대한 감사를 주로 실시하며, 영업점의 내부통제 이행수준을 평가하여 KPI에 반영함으로써 실질적 내부통제를 이행 유도하고 금융사고 예방을 위한 정보수집 및 관할 영업점 직원을 대상으로 금융사고 예방교육 및 각종 사고사례를 전파하고 있다.

라) 효과

정보수집 기능강화, 금융사고 예방효과 제고, 종합감사 및 상시 감사의 보완적 기능을 수행함으로써 감사 기능을 크게 보완하고 있다.

2) B은행의 상시 Tracking system

가) 도입배경

고객예금 및 대출금 횡령 등 내부 금융사고 적발 강화를 위해 새로운 검사시스템 도입의 필요성이 대두되었다('13.1월부터 도입). 기존 상시 검사시스템은 거래건 별로 점검하는 방식으로 검사역별 점검 양이 과다하고 대출취급건 외 의심거래에 대한 자금추적기능이 없어 사고적발에 한계가 있었다.

나) Tracking system 개요

직원이 관련된 의심스러운 자금거래가 발생한 경우, 자금거래의 정당성을 자동으로 판별하고 익영업일에 위험자로 판정된 대상자의 정보를 온라인으로 제공하는 시스템으로 동 직원의 정보는 물론 사고예상자의 의심행위, 신용정보, 판정내용(위험, 경고, 주의) 등이 검색 가능하다.

또한, 매월 동 시스템에 고위험직군 대상자 명단이 업데이트되며 현금 서비스거래내역, 개인별 위규 사례, 특이사항, 면담자료 등도 함께 제공되어 금융사고 예방에 효과적이라고 할 수 있다.

다) 효과

Tracking System을 통해 사고를 적발하는 등 사고자 적발기능이 탁월했으며, Tracking system에서 위험대상자를 자동으로 분류하여 제공함으로써 한정된 상시검사인력을 효율적으로 운영하게 되었다.

3) C은행의 스마트감사시스템

가) 도입배경

C은행 출범에 따른 자산규모 증가, 새로운 유형의 사고발생, 사고금액 거액화 경향에 따라 감사수요가 지속적으로 증가하였고 임점검사 주기 장기화(3~4년)에 따른 감사업무의 공백발생으로 새로운 개념의 감사시스템 구축이 필요해졌다.

나) 스마트감사시스템 개요

영업점 현황자료, 사고사례/통계자료, 고위험 거래 정보, 내부통제 관련자료 등 기초자료와 영업점 거래특성 등을 고려하여 각 영업점의 위험도를 등급화해서 매일 감사시스템에 전체 영업점을 대상으로 각 영업점의 등급, 점검필요사항 개수 등 구체적인 감사정보가 제시됨에 따라 위험 등급이 높거나 점검필요사항이 많은 영업점을 선택하여 집중적으로 점검 가능해졌다. 저위험으로 분류되는 영업점의 경우는 지능형 Agent(사이버검사역)을 통해 자동적으로 점검이 수행되므로 사고예방 관련 점검의 효율성 증대를 가져왔다.

다) 효과

고위험 영업점에 대한 집중감사로 사고발생 요인을 최소화하고 은폐 및 진행 중인 사고를 조기에 적발 가능해지며 영업점 검사기간 단축으로 수검부담을 경감할 수 있어(기존 1주일→2~3일), 다양한 감사자료를 활용한 추적감사기능이 강화될 수 있다.

Financial Consumer Protection

제 15 장
전자금융사기
유형과 대응

가장 광범위하게 금융 사기피해가 이루어지는 것이
전자금융사기라고 볼 수 있다.
보이스피싱, 전화사기, 인터넷사기, 스미싱, 파밍 등 갖가지 유형으로
한 해 피해액만도 수천억 정도에 이르는 등
전자금융사기 범죄가 전국적으로, 사회 전 계층에 걸쳐 행해지고 있다.

1. 전자금융사기 유형

현재 가장 광범위하게 금융 사기피해가 이루어지는 유형이 전자금융사기라고 볼 수 있다. 보이스피싱, 전화사기, 인터넷사기, 스미싱, 파밍 등 갖가지 유형으로 한 해 피해액만도 수천억 정도에 이르는 등 전자금융사기 범죄가 전국적으로, 사회 전 계층에 걸쳐 행해지고 있다. 또한 전자금융사기가 주로 서민 계층뿐만 아니라 젊은 계층까지 피해를 주고 있다는 것과 사회의 불신을 조장시키는 등은 사회의 또 다른 문제가 되고 있다.

전자금융사기란 전화 · 인터넷 · 모바일 등 전자기기를 이용해 금융거래에 필요한 개인정보를 원격으로 빼돌린 뒤 금품을 탈취하는 일종의 특수 사기범죄를 말하며, 전기통신금융사기(사이버경제범죄)라 불리며

2000년대 중반부터 우리나라는 정보통신이 발달하고 전기통신서비스의 이용이 보편화되면서 2006년 중순에 보이스피싱(Voice Phishing)이라는 전자금융사기가 경찰청에 처음 집계되었다.

경찰청 통계를 보면 2002년 이후 보이스피싱 피해사례가 매년 수만 건이 발생하고 있으며, 그 피해금액도 연간 2,000억 이상으로 매우 크다. 2016년 기준으로 보면 보이스피싱 피해액은 1,468억 원이며, 2017년 2,470억 원, 2018년에는 4,040억 원으로 피해금액이 매우 커졌다. 또한 2019년 10월까지의 피해액은 5,044억 원으로 매년 2천억 원 이상의 피해가 발생하고 있으며 그 수치는 계속 높아지고 있다. 이 수치만 보아도 보이스피싱이 계속 증가하고 있다는 것을 알 수 있다.

최근에는 기업이나 공공기관의 고급 정보를 가진 주요 임원의 이메일 계정 등을 노리는 스피어 피싱(Spear Phishing)도 늘어나는 추세이다. 스피어 피싱은 불특정 다수인의 개인정보를 빼내는 기존 피싱(Phishing)과 달리 특정인의 주요정보를 공격 목표로 하는 등 더욱 정교화되고 고도화된 사기방법이다. 최근에는 전자금융사기가 진화하여, 특정분야 혹은 개인을 대상으로 한 새로운 형태의 사기수법유형으로 등장하고 있다.

전자금융의 편리성과 신속성 때문에 이러한 전자금융사기가 순식간에 이루어지는 경향이 있다. 대부분의 피해자들의 경우 처음 접해 보는 사기수법이기 때문에, 피의자들의 행위가 범죄행위라는 것을 파악하기 어렵다. 하지만 소비자들이 먼저 알아야 할 것은 금융거래를 본인이 필요에 의해서 자발적으로 하는 것이 아닌 전화나 앱, 메일 등의 첨단통신기기를 통해 금융거래를 유도하는 등의 어떤 말이나 요구, 요청에 따라 할 이유가 없음을 철저히 알고, 지켜야 한다는 것이다.

또한 금융사는 이러한 사고를 미연에 방지할 수 있는 방법을 찾아, 선제적으로 고객들을 보호하기 위한 노력을 해야 한다.

〈 전자금융사기 유형 및 수법 〉

구분	주요내용
피싱 (Phishing)	• 피싱은 과거부터 지속하고 있는 전화를 이용한 보이스피싱 수법부터 문자, 메신저 등의 통신서비스를 매개로 하여 비대면으로 피해자를 현혹하여 개인정보나 금융정보를 갈취하는 범죄이다. • 보이스피싱은 '전화로 개인정보를 낚아 올린다'는 뜻으로 음성(Voice)+개인정보(Private)+낚시(Fishing)를 합성한 신조어임. 전기통신수단을 이용한 비대면 거래를 통해 금융분야에서 발생하는 범죄이다. • 메신저피싱은 SNS, 모바일(또는 PC)기반 메신저 등 신규인터넷 서비스의 친구추가 기능을 악용하여 친구나 지인의 계정으로 접속한 후 금전 차용 등을 요구하는 수법을 말한다. • 문자피싱은 스마트폰 환경에서 신뢰도가 높은 공공기관 및 금융기관의 전화번호를 도용하여 문자를 발신하고, 문자 내용 중에 정상 홈페이지와 유사한 URL로 접속하도록 유도하여 개인정보나 금융정보를 편취하는 수법을 말한다. • 피싱사이트는 불특정 다수에게 문자, 이메일 등을 보내 정상 홈페이지와 유사한 가짜 홈페이지로 접속을 유도하여 개인정보 및 금융정보를 편취하는 수법이다. • 비싱(Vishing, VoIP+Phising)은 인터넷 전화(VoIP)를 이용하여 자동녹음된 메시지를 보내 은행 계좌에 문제가 있다는 식으로 경고한 뒤, 비밀번호 등을 입력하면 미리 설치한 중계기로 정보를 빼내는 수법이다.
	• 범죄수법: 공공기관 직원을 사칭하는 사기범으로부터 "피해자의 계좌번호에서 현금이 무단 인출되어, 경찰청과 금융감독원을 통해 조사가 필요하니 주민등록번호와 텔레뱅킹에 필요한 정보(계좌번호, 계좌비밀번호, 보안카드번호 등)를 알려 달라"는 전화를 받고 피해자가 정보를 제공하면 텔레뱅킹을 통해 피해자의 계좌에서 사기범계좌로 현금을 이체하여 편취한다.

459

구분	주요내용
스미싱 (Smishing)	• 스미싱은 휴대폰 문자메시지를 이용해 이용자가 문자메시지에 포함된 URL을 클릭하면 악성코드를 자동으로 내려받도록 해 소액결제를 유도하거나, 개인정보 및 금융정보를 탈취하는 범죄를 말한다. • 범죄수법: 사기범이 유명 햄버거·피자 등의 무료쿠폰이 제공되었다는 휴대폰 문자메시지를 보내어 피해자가 문자를 클릭하면 악성앱이 설치되고 소액결제용 SMS 인증 번호를 탈취하고 소액결제금을 편취
파밍 (Pharming)	• 이용자 PC를 악성코드에 감염시켜 이용자가 인터넷 '즐겨찾기' 또는 포털사이트 검색을 통해 금융회사 등의 정상적인 홈페이지 주소에 접속해도 피싱사이트로 유도되어 범죄 관련자가 금융거래정보 등을 몰래 빼가는 수법을 말한다. • 범죄수법: 서울에 사는 컴퓨터 이용자가 본인이 사용하는 컴퓨터로 인터넷 포털사이트 검색을 통해 은행에 접속하였으나, 동 은행을 가장한 피싱사이트로 접속되어 인터넷뱅킹에 필요한 정보를 팝업창에 입력하였는데 사기범이 피해자가 입력한 정보를 이용하여 피해자 계좌의 현금을 편취해 간다.
메모리해킹 (Hacking)	• 신종수법인 메모리해킹은 아예 개인정보 탈취와 송금을 '원스톱'으로 끝냄. 피해자가 계좌이체를 할 때 해커가 원격으로 컴퓨터를 조작, 입금계좌와 이체 금액을 무단으로 변경함. 실시간으로 돈을 빼가기 때문에 최근 금융사들이 전자금융사기 예방책으로 내놓은 OTP(One Time Password)도 소용없다는 점이 심각한 피해를 줄 수 있다는 평가이다. • 범죄수법: 메모리해킹은 정상적인 홈페이지에서 고객이 수취인 계좌번호, 금액을 입력하면 잠시 멈춤 현상이 발생하고, 이후 보안카드번호, 계좌비밀번호 등을 정상 입력하여 모든 이체 과정이 정상적으로 완료되지만, 고객이 보내고자 했던 계좌와 금액이 아닌 다른 계좌와 금액으로 이체되는 신종 전자 금융사기이다.

〈 피싱의 유형 〉

유형	수법
자녀납치 및 사고 빙자	• 자녀와 부모 전화번호를 사전에 알고 있는 사기범이 자녀가 납치 상태인 것처럼 가장하여 부모로부터 자금을 편취한다.
메신저 지인 사칭	• 메신저 ID/ 비밀번호를 해킹하여 등록되어 있는 가족, 친구 등 지인에게 교통사고 합의금 등 긴급자금을 요청한다.
인터넷뱅킹 통해 카드로 대금 및 예금 편취	• 명의도용, 정보유출, 범죄사건 연루 등 명목으로 피해자를 현혹해 피싱사이트 접속을 유도하고 신용카드 정보 및 인터넷뱅킹 정보유출 후 피해자 명의로 카드론을 대출해 편취한다.
금융기관, 금감원 명의의 허위 문자메시지로 피싱 사이트 접속유도	• 금융회사 또는 금융감독원, 경찰 등에서 보내는 문자인 것처럼 가장해 피싱사이트 접속을 유도해 금융정보를 획득하고, 피해자 명의로 대출을 받아 편취한다.
신종바이러스 정보를 악용하여 악성앱 설치 유도	• 코로나확산 감염자 정보 확인, 코로나 확진자 방문 장소 확인 등의 문자에 피싱 url주소를 넣어 발송하고, 해당 url주소 클릭 시 개인정보를 유출하는 악성앱 설치 유도한다.
전화통화로 텔레뱅킹 정보유출	• 50~70대 고령층을 대상으로 전화통화를 통해 피해자를 현혹해 텔레뱅킹 정보 획득 후 피해자 계좌의 금전을 이체한다.
피해자를 자동화 기기로 유인	• 수사기관 직원을 가장해 피해자 계좌가 사건에 연루되어 안전조치가 필요하다고 기만하여 현금지급기로 유인해 자금을 이체한다.
피해자를 기만하여 자금이체 유도	• 검찰, 경찰, 금융감독원 등 공공기관 및 금융기관을 사칭하는 자가 누군가 피해자를 사칭하여 예금인출을 시도한다고 기만한 후 거래내역 추적을 위해 필요하다면서 사기범이 불러주는 계좌로 이체하게 한다.

유형	수법
신용카드정보 취득 후 ARS 통한 카드론 편취	• 도용, 정보유출, 범죄사건 연루 등 명목으로 피해자를 현혹하여 신용카드정보(카드번호, 비밀번호, CVC번호)를 알아낸 후, 사기범이 ARS를 통해 피해자 명의로 카드론을 받음과 동시에 피해자에게 다시 전화를 걸어 허위로 범죄자금 입금사실을 알리고 피해자에게 사기범계좌로 이체하도록 유도한다.
상황극 연출에 의한 기만	• 은행직원, 경찰, 검찰 수사관을 사칭한 사기범들이 은행객장과 경찰서, 검찰청 등의 사무실에서 실제로 일어나는 상황 연출로 피해자를 기만하여 금전을 편취한다.
물품대금 오류 송금 빙자	• 사기범이 문자메세지 또는 전화로 물품대금, 숙박비 등을 송금하였다고 연락한 후, 잠시 후 실수로 잘못 송금하였다면서 반환 또는 차액을 요구하여 편취한다.

※ 출처: 국회자료 등 참고 작성

2. 전자금융사기 특징

최근 전자금융사기의 동향은 전통적인 보이스피싱 피해는 다소 감소한 반면, 인터넷과 스마트폰 기반의 고도화된 기법 등을 활용한 신·변종 금융사기와 통신사나 금융감독원, 경찰청 등의 정부기관이나 금융사 등에 최근의 사건·사고나 그와 관련된 기관을 사칭하는 피싱 사기가 증가하는 것으로 나타나고 있다.

가. 전자금융사기의 고도화 · 지능화

2013년 9월 26일부터 모든 금융고객을 대상으로 '전자금융사기 예방서비스'를 전면 시행한 이후 발생한 사고의 70%(건수 기준)는 동 서비스 비적용대상인 소액이체거래(300만 원 미만)에서 발생하였다. 2014년 1월 금융사 정보유출 사태를 기점으로, 백만 원 이상 이체 시 추가 인증하도록 하는 등의 제도가 확대 시행되기도 하였다.

제도 시행 이전에는 고객정보만 탈취하면 공인인증서를 부정 재발급 받아 손쉽게 무단이체가 가능했으나, 제도의 전면시행 이후에는 고객 스마트폰에 악성 앱을 설치하여 휴대폰 부정결제를 하거나(스미싱), 메모리해킹, 고객의 부주의 등을 이용하여 SMS 인증번호를 탈취하는 등 수법이 하루가 다르게 고도화 · 지능화되고 있다는 점에서 근본적인 해결책이 나오기 전까지는 정부, 금융사, 금융소비자들이 함께 노력해야 할 것이다.

나. 공공기관 등 사칭

최근 인터넷과 ARS전화 등을 이용하여 한 명의 피해자에게 공신력 있는 검찰, 경찰, 금융감독원 등 공공기관과 금융기관을 3~4명이 교대로 사칭하고 미리 사전 계획된 시나리오에 의해 전화할 경우 피해자가 쉽게 속는 점을 이용하는 사기가 증가하고 있다.

다. 직접 인출 · 이체

과거에는 사기범이 피해자를 속여 자금을 송금하게 하거나, 현금지
급기(CD) 또는 현금자동입출금기(ATM)를 조작하게 하여 자금을 편취하
였으나, 최근에는 피싱사이트 등에 금융거래정보(계좌번호, 카드번호, 인터넷
뱅킹 정보 등)를 입력하게 한 후, 이를 이용하여 사기범이 피해자 모르게
대출받거나 예금 등을 직접 인출해 가는 수법도 주로 사용하고 있다.

라. 대포통장 이용

전자금융사기는 사기범 명의가 아닌 비관련자 명의인 대포통장 개설
로 시작된다. 대포통장은 불법으로 매입하거나 계좌주를 기망 · 공갈하
는 수법으로 가로챈 예금통장으로서, 대출사기 등 각종 금융범죄에 이
용되고 있다. 피싱사기 피해금 환급이 시작된 2011년 12월부터 2013
년말까지 피싱사기에 이용된 대포통장은 약 45,000명의 명의로 49,000
여 개였다. 2019년에는 대포통장범죄로 15,655명이 검거되기도 하였
으며, 2020년 기준 국민, 기업, 농협, 신한, 우리, 하나은행 등 6대 은행
의 전체 대포통장수는 17,257좌로 여전히 2만여 개에 이르고 있다.

사기범들이 대포통장 획득을 위해 과거에는 신용불량자, 노숙자 등
을 이용하여 개설한 대포통장을 범죄에 이용하였으나, 지금은 대출이
나 취업 등을 미끼로 획득한 예금통장을 사기에 이용하고 있기도 하다.

대포통장(자금 추적 등을 회피하기 위해 대출 · 취업 등을 빙자하여 확보한 타인 명의의 통
장)으로 피싱사기 피해자금을 이체 · 송금하여 현금카드 등으로 자금을

인출하는 기존 방식과 달리, 피해자금을 고가의 보석류 및 모바일 상품권 판매처 등의 정상계좌에 거래대금으로 송금하고 실물을 인도받은 후 현금화하거나, 숙박예약을 취소하면서 금전을 반환받는 방식을 사용하는 등 날로 진화하고 있다. 피해자는 전기통신금융사기 피해금 환급에 관한 특별법에 따라 피해구제 신청이 가능하나, 사기이용계좌 명의자가 정상거래임을 주장할 경우 분쟁의 소지가 있기 때문에 각별한 주의가 요구된다.

〈 대포통장 취득방법 〉

구분	방법(예)
통장매입	인터넷 게시판, 가출카페 등에 '개인·법인통장 매매합니다' '통장 사드립니다, 남녀노소 불문, 당일 입금'이라는 대포통장 매입 문구 등을 게시한 후 가출청소년, 가정주부, 노숙자, 신용불량자 등으로 부터 각종 통장 및 현금(체크)카드 등을 건당 10~50만 원 정도의 금액에 매입하고, 통장 사용료까지 지급 ＊일부 인터넷 가출카페의 경우 중개수수료를 받고 대포통장 매도자를 피싱사기 조직에 알선하는 경우도 있음
통장가로채기	저리대출이나 취업 등을 빙자하여 '통장 및 현금카드를 보내면 당장 대출해주겠다' '우리회사에 취업을 하려면 본인 금융거래 확인이 필요하다'라고 속여 통장 및 현금카드를 가로챔
개인정보매매	인터넷 카페, 블로그 게시판 등에 '각종 DB를 판매합니다'라는 광고문구로 개인신용정보를 건당 10~50원에 판매 → 각종 범죄조직이 개인신용정보를 매입하여 각종 대출사기 및 보이스피싱 사기, 예금통장의 불법개설 등에 악용

※ 출처: 금융감독원, 대포통장 발급 실태 분석 및 감독방향

3. 전자금융사기 발생현황

경찰청 자료에 의하면 2018년 한 해 동안 발생한 '대출사기형' 보이스피싱은 27,911건이고 2019년 1~10월 동안 발생건수는 18,721건, 피해금액은 3,580억 원이었다고 한다. 피해발생 전화나 문자메시지로 '은행·저축은행·대부업체·캐피탈 등 금융회사'라고 하면서, '낮은 이자로 대출이 가능하니 신용등급 조정 비용을 보내라' 또는 '수수료·보증금·보험료 등 각종 명목으로 돈을 먼저 보내라'고 한다면, 100% '대출사기형' 보이스피싱 사기이다. 신용등급 향상을 위해 기존 대출금을 갚아야 한다면서 피해자에게 대부업자를 연결, 실제 대출금을 지급받게 한 뒤 중간에서 가로채거나 수수료 명목 등으로 편취하는 대환대출형 사기도 많이 발생하는 형태이다.

보이스피싱 사기범들은 이미 유출된 개인신용정보나 대출상담이력 정보를 보유하고, 치밀한 범행 시나리오와 전문 금융용어를 사용하기 때문에, 일반인들의 입장에서는 실제 금융기관 직원의 전화와 구별이 거의 불가능하다. 급전이 필요하다고 하여 대출광고 전화나 문자를 그대로 믿다가는 큰 피해를 입을 수 있으므로, 이런 일을 당하면 일단 전화를 먼저 끊고 공식 통로인 금감원 또는 해당 금융기관에 사실 여부를 직접 확인하는 것이 중요하다. 휴대폰에 표시된 전화번호로 문의하면 같은 보이스피싱 조직의 공범이 전화를 받을 수 있으므로, 반드시 114 나 홈페이지를 통해 해당 금융기관 대표번호로 확인과 함께 금융사 직원의 조언을 구한 후 실행하는 것이 필수적이다.

4. 전자금융사기 금융사 대응 방법

가. 피해금 환급 방법 및 금융사 조치

2007년 1월, 금융감독원이 '전화금융사기 피해방지대책'을 마련하면서 전화사기 피해예방을 위한 대고객 홍보 강화, 전화금융사기 피해자금 지급정지제도 운용 등을 통해 보이스피싱에 대한 대책이 시작되었다.

※ 출처: 금융감독원 보이스피싱 지킴이 - 피해금 환급 - 피해금 환급 절차 안내 참조

그 뒤로 다양한 대책 수립 및 대응 활동으로 전자금융사기로부터 금융소비자의 안전을 위해 노력을 했고, 피해자들의 피해금 환급에 대하여 2011년 9월 30일, 전기통신금융사기 피해금 환급에 관한 특별법을 시행하게 되었다.

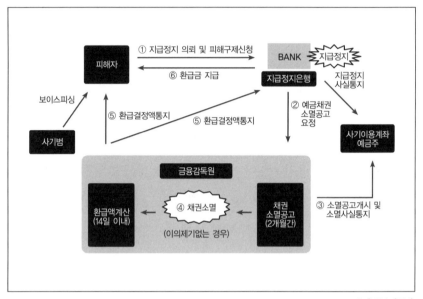

〈 전화금융사기(보이스피싱) 피해금 환급신청 및 수령 절차 〉

※ 출처: 금융감독원

즉, 전기통신을 이용하여 타인을 기망, 공갈함으로써 재산상의 이익을 취하거나 제3자에게 재산상의 이익을 취하게 하는 전기통신금융사기로 인하여 재산상의 피해를 입은 자는 전기통신금융사기 피해 방지 및 피해금 환급에 관한 특별법에 따라 피해구제를 받을 수 있다.

전기통신금융사기 피해자가 금융회사에 피해구제신청을 하면 해당 금융회사는 사기이용계좌의 예금에 대해 지급정지 조치를 취한다. 후에 금융감독원은 금융회사의 요청에 따라 사기이용계좌 명의인의 채권소멸절차의 개시를 공고하고, 명의인은 사기이용계좌에 대한 지급정지가 이루어진 날부터 채권소멸절차 개시 공고일을 기준으로 2개월이 경과하기 전까지 지급정지 및 채권소멸절차에 대하여 이의를 제기할 수 있다.

2011년 9월부터 시행되어 왔지만 아직도 금융사는 이 제도를 활용하거나 안내하지 못하는 경우가 있어 도입 사례처럼 민원이 빈번하게 발생하고 있는 것이 사실이다. 향후에는 이러한 대응이 미숙할 경우 금융사나 직원들이 법적책임을 당할 수 있다는 것도 유의해야 할 것이다.

2012년 2월, '금융소비자보호를 위한 보이스피싱 피해방지 종합대책'을 마련하고, 10월에 방송통신위원회는 한국인터넷진흥원과 연계하여 '전자금융사기(피싱) 방지 대책'을 제시하고 단계적으로 시행하여 왔다.

2013년 12월, 금융위원회, 미래창조과학부, 법무부, 경찰청, 해양경찰청, 금융감독원 등 6개 기관으로 구성된 전기통신금융사기 방지대책협의회는 신·변종 사기로 인한 국민들의 피해를 방지하기 위해 범정부 차원에서 총력 대응하겠다는 의지를 밝히며 전자금융사기의 사전예방 강화에 중점을 둔 대책마련에 나섰다. 이는 문자발송·정보탈취 단계에서부터 불법이체·결제 단계, 수사 단계, 사기예방 홍보 분야에 이르기까지 종합적인 대책안의 제시였다.

2014년 1월, 정부는 카드사 정보유출 사고를 계기로 '금융회사 고객정보유출 재발방지 대책'을 발표하고 이를 지속 점검할 범정부적 태스크포스(TF)를 구성하며 '전자금융사기 예방서비스'의 적용범위를 2017년 9월부터 전 금융기관을 대상으로 확대하여 1회 100만 원 이상 금액이 송금·이체되어 입금된 경우, 해당 금액을 한도로 30분간 출금이 지연되는 '지연인출제도'를 시행했다.

이러한 노력으로 보이스피싱 피해는 감소하는 듯하였으나, 2017년 이후 다시 증가하여 피해규모가 지속 확대됨에 따라 2018년 12월, 금융위원회, 과학기술정보통신부, 외교부, 법무부, 방송통신위원회, 경찰청, 금융감독원은 전기통신금융사기 방지대책 협의회를 개최하여 신·변종 금융사기 등 보이스피싱 수단별 대응, 대포통장 관련 사전예방·사후제재 강화, 해외를 거점으로 하는 보이스피싱 조직 등에 대한 엄정 대응 등의 내용을 담은 보이스피싱 종합대책을 발표했다.

이후 2020년 6월, 지능화, 고도화되고 있는 보이스피싱에 대한 종합적이고 지속적인 강력대응의 필요성이 대두되어 금융·통신·수사당국의 협업을 강화하여 보이스피싱에 대응하고자 보이스피싱 척결 종합방안을 마련하였다.

나. 정부의 최근 통신사기피해환급법 개정

국회는 2018년 2월 20일 전기통신금융사기 피해 방지 및 피해금 환급에 관한 특별법을 일부 개정하였다. 보이스피싱 피해 관련, 계좌 명의인이 정상적인 상거래로 금전을 송금·이체받은 경우 이의제기를 허용하는 근거를 둔 것이 이번 개정의 핵심이라 할 수 있다. 선의의 계좌 명의인 및 상거래 안전을 보호하고 사기이용계좌 명의인과 피해자간 소송을 허용함으로 당사자의 재판청구권을 보장하려는 취지이다. 또한 허위 보이스피싱 피해구제 신청자의 계좌정보 공유 근거를 마련함으로써 피해구제제도 악용을 방지하겠다는 것이 개정 의도라고 할 수 있다.

또한, 2020년 11월부터 '통신사기피해환급법'이 일부 개정되어 시행됨에 따라, 관련 시행령도 개정되었다. 실제 피해구제 업무에 자원을 집중하여 피해구제 절차를 효율화하는 것이 이번 개정의 핵심이라 할 수 있다. 전화번호 이용중지 신고를 개선하여 준비할 것이 많았던 피해구제 신청서나 전화번호 이용정지 신청서 등의 서식을 하나로 통합함으로써 피해자가 더 쉽게 이용정지를 요청할 수 있게 하였고, 우편료 등 채권소멸절차의 개시 비용을 감안하여 개시 기준액을 1만원으로 설정하는 등 효율성을 높였다.

주요 법안 개정 내용

1) 상거래 등 정당한 권원이 인정되는 경우 이의제기 허용

피해자로부터 송금·이체된 금전이 상거래 등 정당한 권원에 의하여 취득한 것으로 인정되는 경우 이의제기를 허용한 것이다. 다만, 금융회사가 사기이용계좌로 이용된 경위, 거래형태 등을 확인 후 통장 양도 등 악의·중과실 있는 명의인은 이의제기를 제한하여 피해자를 보호한다고 규정하였다.

2) 지급정지 기간 중 당사자 간 소송 허용

계좌 명의인과 피해자 간 피해금 환급에 대해 이견이 있는 경우 소송을 통해 권리관계를 확정할 수 있도록 하였다. 종전에는 누구든지 지급정지된 계좌의 채권에 대해 소송·가압류 등을 할 수 없도록 규

정되어 있어 당사자가 소송을 제기할 수 있는 권리도 제한해 왔던 것을 개정한 것이다. 피해자 보호를 위해 소송 진행 중 피해금에 대한 지급정지를 유지하도록 했다.

3) 허위 보이스피싱 피해신청자의 계좌정보 공유

보이스피싱 피해구제제도 악용 방지를 위해 허위 보이스피싱 피해신청자의 계좌정보를 금융회사와 금융감독원이 공유하도록 했다. 그간 피해자가 아님에도 소액을 입금시켜 지급정지를 신청하고, 계좌 명의인에게 지급정지 취하 대가를 요구하는 사례가 빈번히 발생한 것을 방지하려는 목적이다.

4) 전화번호 이용중지 신고제도 개선

보이스피싱 피해자가 피해신고시, 전화번호 이용중지 신고서식과 피해구제신청서가 별도 분리되어 있어 이용자의 신고율이 낮아 보이스피싱에 사용된 전화번호의 이용중지에 한계가 있었다. 피해구제신청서 안에 전화번호 이용중지 신고서를 포함하여 하나의 법정서식으로 통합함으로써 피해예방이 강화될 수 있도록 했다.

5) 피해구제절차 정비

3만원 이하의 소액에 대해서는 채권소멸절차를 개시하지 않도록 규정하였다. 단, 이용자가 30일내에 별도 신청 시에는 개시할 수 있도록 했다. 또한, 채권소멸절차의 개시비용(우편료 약 1.1만원)을 감안하여 개시 기준액을 1만원으로 설정하고, 1만원 이하의 소액계좌도 피해구제 신청시 피해금 환급이 가능하다는 사실을 안내받을 수 있도록 규정하여 피해자의 알권리를 보호했다.

다. 전자금융사기 유형별 예방과 구제방법

특히 고객을 직접 상담하는 금융사 직원의 경우 전자금융사기를 당한 피해자의 요청이나 구제 안내를 제대로 하기 위하여 금융사기에 대한 정확한 숙지가 필요하다. 피싱 혹은 보이스피싱의 경우 공공기관과 금융회사를 사칭하여 특정사이트나 창구 ATM기로 유도하거나 보안카드번호 전체를 요구하는 경우 100% 피싱사기라 할 수 있다. 예방방법으로는 금융사의 각종 보안 서비스를 적극 활용하거나 악성코드 탐지 및 제거 프로그램을 주기적으로 활용하는 방법, 출처가 불분명한 파일의 다운로드나 이메일을 클릭하지 않도록 하고 파밍방지 프로그램을 사용하도록 적극 안내할 필요가 있다. 피해가 발생한 경우 피해환급절차에 의한 진행을 안내해 주어 실행하도록 도와주어야 할 것이다.

파밍과 메모리 해킹의 경우, 개인정보나 보안카드번호 등을 알려주는 것은 안 되는 것이고, 금융회사가 보안등급을 온라인으로 요구하지 않는다는 사실을 안내하면서 온라인에 의한 정보나 거래요청 등은 무조건 거래금융사 창구나 고객센터를 직접 확인해야 함을 고객들에게 숙지시켜야 할 것이다.

스미싱의 경우 거래 통신사에 소액결제를 원천 차단하거나 결제금액을 제한하는 조치, 확실하지 않은 경우, 보안설정과 출처 불명의 링크를 클릭하거나 스마트폰에 앱 설치 등을 하지 않을 것을 원칙으로 해야 한다. 물론 확인 후 설치하는 것도 좋은 방법일 것이다. 피해가 발생한 경우 경찰청 112에 도움을 받아 1차 조치를 하고 추가로 이통사와 결제대행사 등을 거쳐 환급을 받도록 안내해 주어야 할 것이다.

〈 전자금융사기 유형별 예방과 구제방법 〉

	피싱·보이스피싱	파밍·메모리해킹	스미싱
예방 방법	• 공공기관과 금융회사를 사칭하여 특정 사이트, 창구 ATM기로 유도하거나 보안카드 번호 전체를 요구하는 경우 100% 피싱 사기 • 금융회사의 각종 보안 강화 서비스 적극 활용 • 악성코드 탐지 및 제거를 주기적으로 시행 • 출처가 불분명한 파일 다운로드나 이메일 클릭 금지 • 경찰청의 파밍방지 프로그램(Pharming cop) 적극 활용	• 개인정보를 절대 알려주지 말 것 • 보안카드번호 요구에 유의할 것 • 금융회사의 보안 강화 서비스에 반드시 가입할 것 • 출처가 불분명한 파일 다운로드나 이메일 클릭 금지 • 금융회사는 온라인을 통해 보안승급 등을 요구하지 않음	• 각 통신사를 통해 소액결제 원천차단 및 결제 금액 제한 조치 • 스마트폰용 백신프로그램 설치 • 확인되지 않은 앱(App)이 설치되지 않도록 스마트폰의 보안설정 강화 • '상품권' '쿠폰' '무료' '조회' '공짜' 등으로 스팸 문구를 미리 등록하여 내 스마트폰에 스미싱 문자가 전송되는 것을 사전에 차단 • T스토어, 올레마켓, U+앱마켓, 네이버 앱스토어 등 공인된 앱마켓을 통해 설치 • 출처가 확인되지 않은 링크를 클릭하지 않도록 하고, 인터넷 상에서 출처 불명의 apk를 스마트폰에 설치하지 말 것
피해 구제 방법	• 지급정지 요청 및 피해자 신고: 경찰청(112 콜센터), 금융회사(각 콜센터) • 피해구제신청서 제출: 금융회사 • 피싱사이트 신고: 한국인터넷진흥원(118), 금융감독원(1332) • 피해상담 및 환급제도 안내: 금융감독원(1332) • 이메일 발송사이트 및 악성사이트 차단신고: 한국인터넷진흥원(118), (전화사기예방법 안내) • 피싱 유포자 수사: 사이버테러대응센터(182)		• 피해사고 신고: 경찰청(112 콜센터) • 경찰서에서 '사건사고사실확인서' 발급 요청 • 발급받은 '사건사고사실확인서'를 이동통신사에 접수 • 결제대행사, CP의 확인을 거쳐 환급 결정: 휴대폰 명의자 주민등록번호 기준으로 최초 1회 적용 • 악성사이트차단신고: 한국인터넷진흥원(118), (모바일백신치료 방법 안내) • 스미싱 유포자 수사: 사이버테러대응센터(182)

※ 자료: 국회자료 등 참고

라. 피해금 환급액 산정 및 피해신고

보이스피싱 수법이 진화하면서 최근 메신저 피싱 피해가 크게 증가함에 따라 2020년 금융사기 피해액이 2,353억 원으로 나타났다. 2020년 환급액은 1,141억원, 환급률은 48.5%로 2019년 대비 20% 증가하였다.

〈 보이스피싱 피해 및 환급현황 〉

(단위: 억 원, %)

구분	'16년	'17년	'18년	'19년	'20년	총계 (16~20년도)
피해액	1,924	2,431	4,440	6,720	2,353	17,868
환급액	423	598	1,011	1,915	1,141	5,088
환급률	21.9	24.6	22.8	28.5	48.5	28.5

〈 피해자별 피해환급금 산정(예시) 〉

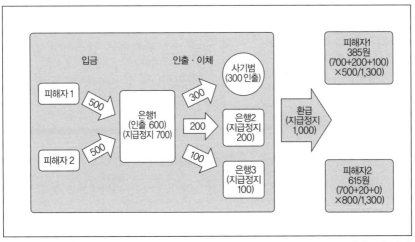

※ 출처: 금융감독원

475

만일 피싱, 파밍, 메모리 해킹 등의 전자금융사기를 당했다면, 신속히 경찰서나 해당 금융사에 신고하여 사기이용계좌에 대해 신속히 지급정지를 요청하는 것이 무엇보다 중요하다. 사기범이 돈을 인출하기 전에 지급정지를 한다면 남아 있는 금액 범위에 대해서 2개월간의 채권소멸절차를 거쳐 신속하게 환급을 받을 수 있도록 하고 있다.

〈 보이스피싱 피해신고 및 피해상담 안내 〉

피해신고 및 상담내용	피해신고 및 상담기관
지급정지 요청	경찰청(☎112콜센터), 해당 금융사 콜센터
피해구제신청서 제출	해당 금융사(본점 또는 영업점)
피싱사이트 신고	한국인터넷진흥원(☎118), 금융감독원(☎1332)
피해상담 및 환급제도 안내	금융감독원(☎1332)

마. 스미싱 피해 구제방법

각 이동통신사 고객센터를 통해 스미싱 피해를 확인한 후 '사건사실확인원'을 경찰서에서 발급 받아 해당 이동통신사로 접수하면 결제대행사 및 CP의 확인을 거쳐 환급을 결정한다. 피해자(휴대폰 명의자) 주민등록번호 기준으로 최초 1회 적용하여 구제받을 수 있다.

- OTP(일회성 비밀번호생성기), 보안토큰(비밀정보 복사방지) 사용
- 컴퓨터 · 이메일 등에 공인인증서, 보안카드 사진, 비밀번호 저장 금지
- 윈도우, 백신프로그램을 최신 상태로 업데이트하고 실시간 감시상태 유지

- 전자금융사기 예방서비스(공인인증서 PC지정 등) 적극 가입
- 출처 불명한 파일이나 이메일은 열람하지 말고 즉시 삭제
- 영화 · 음란물 등 무료 다운로드 사이트 이용 자제

〈 소액결제 피해구제 절차 〉

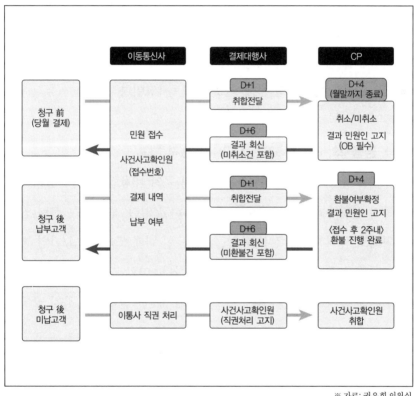

※ 자료: 권은희 의원실

5. 전자금융사기 방지를 위한 향후 대응 전략

가. 금융시스템적 해결

전문가들은 우리나라의 금융보안시스템적 해결을 요구하는 의견도 많다. 공인인증서의 문제를 제기하거나 보안에 취약한 기반체계 등을 국제표준에 맞춰 개선함으로서 편의성은 증대시키면서도 보안을 강화하는 방안을 제시하고 있다. 이러한 관점에서 전반적 보안체계에 대한 국가적 관점의 범정부적 대책이 요구되는 시점이다.

나. 금융사의 지속적 교육, 사고 대응능력 제고

최근 스미싱 범죄는 사회 이슈에 따라 문자 내용만 바꿔가며 피해자를 특정 인터넷 주소에 접속하도록 유도하고 있다. 연초에는 신년 연하장 외에도 국세청 연말정산 환급금 조회, 설 택배 도착, 대입/기업 공채 합격자 통보 문자 등을 특히 조심해야 한다. 이와 같은 스미싱 피해를 막기 위해 출처를 확인할 수 없는 문자 메시지는 절대 클릭하지 말아야 한다는 것을 지속적으로 홍보, 교육할 필요가 있다.

전자금융사기에 대한 금융사의 선제적 조치나 대응이 초기단계에서 미흡하다 보니, 사기행위가 장기간 진행되고 나서야 금융사의 조치가 취해지며, 그 조치도 불완전하여 소비자의 피해가 큰 실정이다. 금융사의 각종 전자금융사기 유형에 대한 사전적, 사후적 조치의 속도를 높이려는 노력이 다각도(보안, 결제, 모니터링 등)로 이루어져야 한다.

분명 금융시스템의 불완전과 정보유출 등 여러 사유로 인해 광범위하게 발생하고 있음에도 불구하고, 금융사들은 현재 전자금융사기를 당한 책임을 거의 전적으로 금융소비자에게만 묻고 있다고 해도 과언이 아니다. 하지만 금융사의 전자금융사기에 대한 사전 예방조치가 이루어지지 않고 있다는 점, 첨단금융범죄에 대한 통합적인 대응시스템의 구축이 미비하여 피싱범죄가 지속된다는 점도 금융사기의 원인인 만큼, 이제 전자금융사기에 대한 금융사의 책임을 강화하는 조치와 요구가 시행되도록 금융사와 관련 직원들의 사전적 준비가 필요하다.

다. 금융소비자의 보안의식 제고

출처가 불분명한 문자메시지에 담긴 인터넷주소를 클릭할 경우 스마트폰에 저장된 개인정보가 한꺼번에 유출될 수 있는 사고의 가능성이 크기 때문에 아이디와 비밀번호, 공인인증서, 보안카드번호 등을 가급적 스마트폰에 저장하지 않아야 한다.

금융소비자입장에서 전자금융사기를 예방하기 위해서는 출처가 불분명한 파일 및 메시지는 절대 열어보지 말고 삭제해야 한다. 예를 들어, 인터넷상으로 보안승급을 요구하는 내용은 100% 사기이므로 주의하고, 백신 프로그램을 설치하며, 주기적으로 업데이트하는 등 스스로 예방대책을 마련해야 한다. 전자금융사기로 인한 피해 발생 시 즉시 112신고나 금융회사에 지급정지를 요청하고 신고하여 사기이용계좌에 대해 신속히 지급정지를 요청하는 것이 무엇보다 중요하다. 사기범이 돈을 인출하기 전에 지급정지가 이루어진 경우 전기통신금융사기 피해 방지 및 피해금 환급에 관한 특별법에 따라, 일부 피해금에 대한 환급이 가능하기 때문에 피해자가 은행 영업점을 통해 지급정지 계좌에 대한 피해금 환급을 신청하면, 금융감독원에서 약 3개월간의 환급절차를 거쳐 일부 피해금액을 돌려주는 제도를 알아둘 필요가 있다.

피싱과 스미싱으로부터 안전하기 위해서는 신뢰할 수 있는 모바일용 백신을 설치하여 주기적으로 검사하고, 의심되는 문자의 URL은 클릭하지 않으며, 앱은 공인된 앱 마켓에서만 다운로드하고 평소 소액결제를 자주 이용하지 않는다면, 사용하는 통신사의 고객센터나 공식 홈페이지를 통해 '휴대폰 소액결제 서비스'를 미리 차단하거나, 소액결제 한도를 0원으로 변경하는 것도 바람직하다. 전자금융거래 시 의심되는 경우에는 모든 것에 주의를 기울일 필요가 있다.

제 16 장
블랙컨슈머
문제와 대응 방안

악성민원은 기업, 소비자 모두에게 피해를 준다.

기업의 AS 비용을 증가시키고

손상된 기업이미지를 회복하기 위한 마케팅 비용을 증가시키고,

나아가 상품 가격을 인상시켜

결국 화이트 컨슈머(선의의 소비자)가 비용을 부담하게 된다.

또한 선의의 민원인을 블랙컨슈머로 의심받게 만드는 경우도 발생한다.

1. 블랙컨슈머 정의와 특징

가. 블랙컨슈머의 정의

악성을 뜻하는 블랙(black)과 소비자란 뜻의 컨슈머(consumer)를 합친 신조어로 '악성 소비자' 또는 '악성 민원인' 이라고 하며, 구매한 상품의 보상 등을 위해 의도적으로 악성 민원을 제기하는 소비자를 의미한다.

실제로 정상적인 민원과 블랙컨슈머의 경계가 모호하고 기준이 불분명하여 어느 쪽이라고 단정짓기 어렵다.

블랙컨슈머는 제대로 된 원인규명 없이 인터넷에 특정 사건을 유포하거나 언론에 보도하여 해당 업체에 큰 타격을 주고 있다. 블랙컨슈머 대부분은 업체에 폭언, 폭설, 인터넷 유포 위협 등을 서슴지 않고 금품을 요구하기도 한다.

□ 악성_블랙(Black) + 소비자_컨슈머(Consumer)

'악성 소비자' '악성 민원인'

· 목적 : 보상 등

· 앞뒤 맞지 않는 것 요구, 억지

· 행위 : 담당자 괴롭히기, 인격적 모독, 협박성 악담 등

※ 실제로 정상적인 민원과 블랙컨슈머의 경계 모호, 기준의 불분명으로 어느 쪽이라고 단정짓기 어려움

※ '생쥐 새우깡 파동'을 시작으로 많은 식품관련 사고가 발생하면서 화두가 됨

최근에는 직접적이고 파급효과가 큰 인터넷을 통해 쉽고 간편하게 분쟁을 해결하려는 경향이 많아지고 있고, 같은 피해사례를 겪은 다른 소비자들과 정보를 공유하면서 기업의 이윤추구 행위를 합법적으로 압박하는 '슈퍼컨슈머(super consumer)'로 진화하고 있다. 사회적으로 그들을 통제할 기준이나 규제 대책이 없어 점점 더 대담해지고 조직적으로 발전된 경우도 쉽게 보고 있다.

나. 블랙컨슈머의 효과

악성민원은 기업, 소비자 모두에게 피해를 준다. 기업의 AS 비용을

증가시키고 손상된 기업이미지를 회복하기 위한 마케팅 비용을 증가시키고, 나아가 상품 가격을 인상시켜 결국 화이트 컨슈머(선의의 소비자)가 비용을 부담하게 된다. 또한 선의의 민원인을 블랙컨슈머로 의심받게 만드는 경우도 발생한다.

다. 블랙컨슈머의 전형적인 행동

- **처음부터 피해 사실을 언론에 알리겠다고 협박함**
  - 환불 · 교환은 뒷전이고 금전적 보상부터 요구함
  - 피해 정황이나 정도에 대해 계속 말을 바꿈
  - 과거에도 비슷한 행위를 했던 이력이 있음
  - 고성을 질러 공포분위기를 조성함
  - 매장이나 기업을 찾아와 자해를 함

- **담당자와 나눈 대화를 비밀리에 녹음해 유포함**
  - 업무에 방해를 받을 정도로 기업을 자주 방문함
  - 회사 기밀 제출이나 공개 사과 등 무리한 요구를 함

라. 블랙컨슈머의 유형 분류

	유형	특징
1	과도한 보상요구형	정신적 피해 보상, 매장 직원 해고 요구
2	무조건 교환, 환불요구형	고객이 과실을 인정하지 않을 때
3	파파라치형	악의적 민원 제기, 인터넷 허위사실 유포
4	업무 방해형	매장에서 무례한 언행, 폭력행사 등
5	반복형 보상요구형	동일 수법으로 동종 혹은 이 업종 기업을 순환하며 보상 요구

2. 블랙컨슈머 발생 사례

구분	사례
식료품	농심 생쥐머리 새우깡, 파리바게뜨 쥐식빵 자작극
	N유업의 녹슨 분유캔 사건, 캔입구가 녹슬었다고 주장하며 "우리 두 아들이 조폭이다" "100억원을 내놓으라" "안 되면 5억원을 달라" 며 악의적인 요구, 민·형사상 고소 진행 중(2019년)
	지렁이 단팥빵 사건, 한 식품회사에서 제조한 단팥빵에 지렁이를 넣고 해당업체에 5,000만원을 요구함. 해당 남성은 결국 사기죄로 유죄선고(2008년)
	B백화점에서 40대 남성이 박스로 과일을 구매한 뒤 일주일 후 "과일 한 개가 썩었다" 며 교환을 요구함. 매장 직원이 새 과일박스로 교환해 주자, 이번엔 "응대 태도가 마음에 안 든다" 며 욕설하며 점장 호출을 요구했음. 이 남성은 새 과일박스와 덤으로 상품권을 받고 돌아갔음
화장품	C백화점에서 구입한 화장품을 바른 후 피부트러블이 생기고 피부에 맞지 않는다며 다짜고짜 점원에게 찾아가 화장품을 집어던져 직원의 머리와 얼굴, 옷에 제품 내용물이 튀는 등 폭행과 폭언. 해당 여성은 형사처분을 받음
가전제품	종로경찰서는 삼성전자 휴대폰 폭발 사진을 거짓으로 꾸며 인터넷 유포한 자 구속(2011년) "내가 육군 대령 북파공작원 출신이라고! 말 안 들으면 너희 집 주소 알아내 가족까지 가만두지 않겠어!" 지난해 여러 차례 수리받은 고물 스마트폰을 들고 와 행패를 부리는 그의 기세에 휴대전화 매장 직원들은 모두 입을 다물었다. 새 제품 가격으로 환불을 요구하는 그에게 아무리 설명해도 '쇠귀에 경 읽기'여서다. "너희들 옷을 벗겨버리겠다." 며 막무가내로 소리를 지르며 협박하는 그의 발길을 돌리게 하려면 손에 돈을 쥐여주는 방법뿐이었다.

○

구분	사례
피혁제품	백화점에서 구두를 산 30대 남성이 9개월이나 구두를 신은 뒤 "발 냄새 난다"며 교환 요구함. 제화업체는 한국소비자원, YWCA에 심의를 의뢰했지만 이상 없다는 통보를 받았음. 그러자 이 남성은 "신발을 가위로 자르겠다"며 소란 피웠고, 업체는 다른 고객 눈총을 우려해 새 것으로 교환해 줌
	모피코트를 생산하는 중소 의류업체 A사는 최근 블랙컨슈머의 부당요구로 골머리를 앓았다. 겨울용 모피코트를 구입한 고객이 겨울 내내 제품을 사용한 후, 봄이 되자 실밥이 느슨하게 제봉되어 있다는 이유로 반품을 요구한 것이다. 매일같이 전화를 하며 인터넷에 올리겠다고 협박하는 통에 업무를 못할 지경에 이르러 결국 A사는 해당 고객에게 환불을 해 줘야만 했다.
항공사	대한항공 기내에서 라면이 짜고 설익었다고 여승무원에게 욕설, 폭행한 포스코 임원 왕 모씨가 보직 해임되었음(2013년)
	기내 탑승후 '힌두 밀(힌두교를 위한 음식)'을 신청해 승무원이 확인차 되묻자 "재미로 신청해봤어. 그냥 일반 기내식 주고, 일반석 빵에는 방부제가 있으니까 비즈니스 클래스 빵을 줘!" 이후 디저트로 제공된 멜론을 혀로 핥아보고는 "멜론을 혀로 핥아보니 상했고 세균이 있네. 내가 분석을 의뢰할테니 보관용 얼음을 줘!" 도착 후 막무가내로 갤리(승무원 음식준비 공간)에 들어서며 "멜론 빨리 내놔! 안내놔?" 고성 및 난동
상담센터	다산콜센터에 전화로 상습적 협박, 폭언, 성희롱한 악성 민원인에게 벌금 선고함(2013년)
서비스	D백화점 주차장에서 차량에 시동을 건 채 쇼핑 중인 딸을 기다리던 중, 주차 요원과 시비가 붙어 해당 주차장 요원에게 사과를 요구하며 무릎을 꿇으라고 강요. 해당 블랙컨슈머는 폭행 혐의로 입건되었음
금융회사	현금자동지급기(ATM) 소독 상태가 불량해 모기에게 물렸으니 관리업체가 사과문 쓰고 사은품 달라는 민원 → 은행에 이미 수차 민원 제기해 사은품을 받은 고객이었음

구분	사례
금융회사	가족명의의 신용카드를 부정발급 받은 뒤, 명품 구입 등으로 4600만원 상당을 사용한 후, 신용카드사에 악성민원을 제기해 카드대금을 면책 받음. 결국 경찰에 입건되었음
	은행예금 3만9원을 인출 요청 뒤 은행 직원이 3만10원을 주자 "정확하게 지급하지 않았다"고 민원 제기하면서 "담당자는 반성문 쓰고, 지점장은 사과하고, 좋은 지적했으니 사은품 달라"고 요구함
	일주일에 5일, 하루 평균 3~4차례 콜센터로 전화 걸어 상담원에게 화풀이하거나 휴가 간다며 자랑하는 등 사적 얘기로 장시간 업무 방해함 상담원은 고객 요청사항을 다 들어줘야 한다며, 불응하면 욕설, 폭언, 성희롱 발언을 쏟아 놓음.

3. 블랙컨슈머 발생 악순환

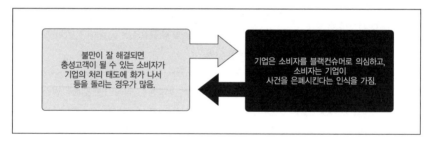

4. 블랙컨슈머로 인한 기업들의 고충

대한상공회의소가 국내 300여 기업을 대상으로 조사해 보니 261곳 (87.1%)이 부당한 피해보상을 요구하는 민원을 경험하였다고 한다.

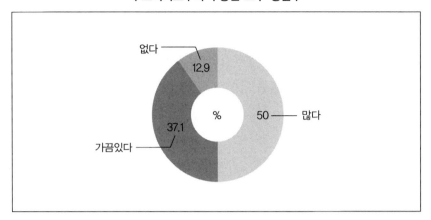

〈 소비자로부터 부당한 요구 경험 〉

없다
12.9

%   50 —— 많다

37.1
가끔있다

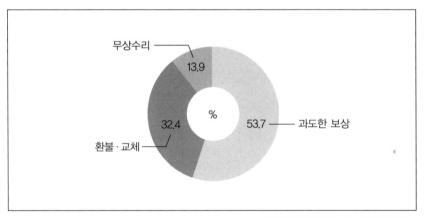

〈 요구받은 사항 〉

무상수리
13.9

%   53.7 —— 과도한 보상

32.4
환불·교체

※ 314개 기업 대상 조사, 자료: 대한상공회의소

　　기업들은 블랙컨슈머가 등장하면 사실 여부에 관계없이 기업 이미
지에 타격을 입지 않도록 금전 보상 등을 통해 조용히 타협하는 경우가
많다.

블랙컨슈머가 끊이지 않는 이유 중의 하나가 기업들이 이미지 손상을 우려해 민원 해결에 돈을 쓴다는 사실을 일부 악성 소비자들이 악용하고 있기 때문일 수 있다. 따라서 이러한 금전적인 보상을 통한 해결은 결과적으로 블랙컨슈머를 양산하는 악순환의 고리가 될 수 있다.

5. 일반기업의 대응 현황

가. 식품업체 (대부분 제조업체)

울며 겨자 먹기식으로 블랙컨슈머들에게 현금·현물 보상을 해준다. 분쟁 해결에 오랜 시간 걸리는데 자칫 초기에 적절히 대처하지 못할 경우, 그 사이 블랙컨슈머들이 인터넷이나 SNS에 허위사실을 퍼뜨리면 제품이나 기업의 이미지에 타격을 입을 수 있기 때문에 속수무책이라는 것. 싸움에 이겨도 이긴 게 아니기 때문이다. 법과 제도가 인터넷·SNS를 따라오지 못한다. 이물질이나 제품변질 같은 사안은 법적으로 사실이 아니라고 밝혀져도 한번 소문이 퍼지면 타격이 매우 크기 때문에 어쩔 수 없다는 것이 대부분 기업의 입장이다. 이로 인해 이물질이 들어갔다는 소비자 신고에 의심이 가는 경우라도 일단 제품을 교환해주고 피해보상을 이유로 50만원 내외로 보상하는 경우가 종종 발생하고 있다.

나. 일부 제조업체, 대형 유통업체

기업 이미지에 금이 갈까 한때 '무조건 현금 보상'을 내걸었던 제조업체들이 최근 블랙컨슈머가 늘어나면서 '순응'에서 '강력 대응'으로 방침을 바꾸고 있다. 지나친 보상 요구엔 법적으로 대응하고, 기준을 넘어서는 현금 및 현물 보상은 금지한다는 원칙이 중요하다.

〈 블랙컨슈머 퇴출 나선 일반기업 사례 〉

구분		대응 사례
유통업체	신세계 백화점	• 고객선언문을 만들어 매장과 엘리베이터 등에 배치 – 마주하고 있는 직원을 존중해 달라는 내용이 담겨 있음 • 최근 블랙컨슈머 대응 매뉴얼을 만들었음 무리한 요구를 하는 고객을 일반 고객과 달리 분류해 체계적 대응하고, 상습적이고, 직원에게 욕설, 폭행 등 그 정도가 심각할 경우 매장보안팀과 경찰에 신고하도록 하였으며, 법적 대응도 강구 – '매장 직원을 징계, 해고하라고 요구하면 협력회사 직원 징계, 해고 권한이 없다는 것을 이해시켜라', '매장에서 폭력 행사, 소란 피우면 고객, 사원 보호를 위해 비상 연락체제를 가동하고, 사진·동영상 등 민형사상 대응을 위한 입증자료 확보하라' 등임
	현대백화점	• 폭언을 하거나 난동을 부리는 고객 대응 행동지침을 배포 – 해당 지침에는 진상고객에게 "형법 제311조 모욕죄에 해당되며, 경찰에 신고하겠다"고 고지하라는 내용이 포함 실제 서울의 현대백화점 한 매장에 나타난 블랙컨슈머가 이 지침에 따라 경찰에 신고 되었으나, 경찰의 출동 직전 도주 하였음

◐

구분		대응 사례
유통업체	GS홈쇼핑	• 사은품이나 보상을 노리고 반품·교환을 계속하는 블랙컨슈머들에게 향후 주문받지 않겠다는 우편물 발송했음 − 회사 측은 "거래 금액과 취소 횟수 등을 보고 결정함. 블랙리스트에 오른 블랙컨슈머가 주문전화를 걸면 상담원이 "죄송하지만 주문을 하실 수 없다"고 안내하며 욕설이나 항의를 할 경우 자동응답 전화로 돌림
식품업체	대상	• 고객만족지원팀에 17명의 인원을 배치하고, 민원이 제기되는 순간 바로 현장을 방문함. 실제 문제가 있는지 확인하여 문제없는 제품으로 협박하면 식약청에 신고함
	팔도 (라면업체)	• 블랙컨슈머는 '법적으로 해결한다'는 내부 기준을 세우고, 상담 시 보상 기준을 미리 공지하고 있음 − 계속 과도한 보상 요구 시 재차 '소비자 분쟁 해결 기준'에 따른 적정한 보상범위를 설명하고, 법적으로 조정된 판례들을 알려줌
향장업체	아모레 퍼시픽	• 교환·환불 및 소비자 보상 기준을 홈페이지에 명확히 고시해 놓고 있음 − 상담전화가 오면 홈페이지의 고시 기준을 설명하고, 그 중 어디에 해당하는지 확인해 줌
의류업체	C사	• 1년 전부터 '현금 보상은 없다'는 걸 원칙으로 세웠음. − 대신 해당 지역의 매장 매니저가 고객 요청 시 몇 번이고 고객 자택을 방문해 사과하고, 사은품 정도를 덤으로 증정해주는 방식을 택하고 있음. 회사는 "돈으로 불만을 막으면 당장은 더 편할 수도 있지만 향후 블랙컨슈머들의 타깃이 된다고 판단했다"고 함

구분		대응 사례
전자제품 업체	D전자	• 서비스센터나 대리점을 방문한 고객이 업무에 지장을 줄 정도로 난동을 부릴 경우에는 경찰의 협조를 받음 – 제조물 책임법의 배상책임을 최대한 벗어나기 위해 "휴대전화를 난로나 전자레인지에 넣지마세요" 등의 자칫 황당해 보일 수 있는 경고문을 넣음
통신업체	E통신사	• 상담직원에게 폭언 및 욕설을 할 경우 처음엔 전화상으로 경고를 진행하고, 그다음 고객 주소지로 내용증명 발송, 그다음으로 고소·소발을 하는 3단계 프로세스 진행.
	F통신사	• 전화로 직원에게 협박이나 폭언, 성희롱 등을 하는 고객에게 1단계 경고조치, 2단계 관리자급이 삼진아웃제에 대해 설명, 그래도 변화 없을 경우 법적대응에 들어가는 삼진아웃제 도입

※ 출처 : 각종 보도자료에서 발췌, 작성

6. 금융업계 대응 현황

가. 블랙컨슈머와 금융업계

최근 금융소비자 문제가 다양하게 나타나면서 금융업계에서 부각되는 문제로는

- 금융사들도 본격적으로 소비자를 상대로 문제를 제기할 상황

- 금융사와 소비자간 건전한 분쟁 해결 기구 필요성

- 블랙컨슈머에 대한 올바른 인식과 합리적인 처리로 갈등 완화 방안 강구

– 사회적 합리적 합의를 통한 제도 및 정책 도입 추진 등이라 할 수 있다.

1) 내부 프로세스/지침 불구, 이미지 실추 우려해 내부적 해결

은행 등 대부분의 금융사들은 관련 법규에 따라 고객 불만 처리방법이 안내되어 있고, 내부 프로세스가 마련되어 있어 이에 따라 처리한다. 그러나 이미지 실추 우려해 내부적으로 조용히 해결하는 경우도 많다. 블랙컨슈머 상당수가 금감원 민원을 협박의 무기로 삼는다.

2) 전담자 대응체제

까다로운 고객 응대 시 시간 지체로 정작 상담을 필요로 하는 고객 응대가 늦어져, 일부 금융기관은 블랙컨슈머 전담반을 따로 두어 별도 관리하기도 하고, 민원이 잦은 소비자에게 상담 전화가 오면 '케어 프로그램'에 따라 응대하기도 한다.

• H카드 – 금융권 최초로 블랙컨슈머에 적극 대응하는 정책을 도입했음. 올해 초 "콜센터 직원에게 성희롱 발언이나 욕설을 하는 고객 전화에는 계속 응대할 필요가 없다"는 지침을 발표했음. 이런 발언을 한 고객들에게는 두 차례 경고 안내 음성을 틀고, 그래도 계속할 때에는 전화를 끊도록 함

• S카드 – 고객 폭언이 계속될 경우 자동응답시스템(ARS)으로 연결해 법적 대응을 할 수 있다고 경고함

나. 금융업계 대응 현황

1) 전화민원의 응대

민원사례
• 가입 시 안내받은 보험료와 자동이체 처리된 보험료가 상이하다며 전화를 걸어, 해당 내역을 확인하여 안내하자, "공부도 못하고 머리가 나쁘니 그런 일을 하고 있다." "대학도 못 갔을 것이다"라며 인신공격과 욕설을 함 • 상담전화를 건 후, 상담원에게 "목소리가 섹시하다. 아이를 잘 낳을 것 같다."는 등 업무와 무관한 성희롱 발언을 하며, 보험상담 내용에 대해서만 이야기하기를 요청하자 "나와 사귀면 상품 가입을 하겠다"며 성희롱을 함 • 보험가입 상담만 해도 사은품을 준다고 했는데, 아직 받지 못했다면서 지속적으로 상담센터에 민원전화를 하고, 이를 SNS에 올리고 신문사에도 제보하겠다며 협박함 • 지점에 내방 후, 투자손실에 대하여 강하게 항의하며, 고성을 지르고 막무가내로 대표이사와의 면담을 요청

1단계 : 정중한 어조로 중지 요청 및 고지 후 녹취 실시

2단계 : 법적 조치를 취할 수 있음을 안내 / 문제해결을 위해 최선의 방법으로 설명했음을 안내

3단계 : 상담업무 진행 불가함을 안내 후 상담 종료

관련 법률

- 정보통신망 이용촉진 및 정보보호 등에 관한 법률(제74조제1항제3호)

  누구든지 정보통신망을 통하여 공포심이나 불안감을 유발하는 부호 · 문언 · 음향 · 화상 또는 영상을 반복적으로 상대방에게 도달하도록 하는 내용의 정보로 공포심이나 불안감을 유발하는 부호 · 문언 · 음향 · 화상 또는 영상을 반복적으로 상대방에게 도달하게 한 자는 1년 이하의 징역 또는 1천만원 이하의 벌금에 처한다.

- 성폭력 범죄의 처벌 등에 관한 특례법(제13조(통신매체를 이용한 음란행위))

  자기 또는 다른 사람의 성적 욕망을 유발하거나 만족시킬 목적으로 전화, 우편, 컴퓨터, 그 밖의 통신매체를 통하여 성적 수치심이나 혐오감을 일으키는 말, 음향, 글, 그림, 영상 또는 물건을 상대방에게 도달하게 한 사람은 2년 이하의 징역 또는 2천만원 이하의 벌금에 처한다.

- 형법(제283조(협박))

  사람을 협박한 자는 3년 이하의 징역, 500만원 이하의 벌금, 구류 또는 과료에 처한다.

- 형법(제307조(명예훼손))

  ① 공연히 사실을 적시하여 사람의 명예를 훼손한 자는 2년 이하의 징역이나 금고 또는 500만원 이하의 벌금에 처한다.

  ② 공연히 허위의 사실을 적시하여 사람의 명예를 훼손한 자는 5년 이하의 징역, 10년 이하의 자격정지 또는 1천만원 이하의 벌금에 처한다.

- 형법(제324조(강요))

  폭행 또는 협박으로 사람의 권리행사를 방해하거나 의무 없는 일을 하게 한 자는 5년 이하의 징역 또는 3천만원 이하의 벌금에 처한다.

2) 내방민원의 응대

민원사례

- 지점에서 업무처리 응대 중, 눈이 잘 안 보인다며 창구 안으로 들어가 여직원의 등 뒤에서 모니터를 보겠다고 억지를 부려 상급자가 창구 밖에서 처리하셔야 한다고 안내하자, 욕설과 함께 모니터를 발로 차고 해당 상급자의 멱살을 잡고 주먹을 휘두름
- 피보험자 자살에 따른 보험금을 과도하게 요구하며, 계약대로만 지급 가능함을 안내하자 " 니 새끼도 죽어봐라"는 식의 폭언 및 욕설을 함
- 만취상태로 지점을 내방하여 주식이 폭락하였다며 직원에게 고성, 욕설을 하며 소란을 피움

- 약관상 면책사항에 대해 면담을 통해 안내하는 과정에서 계약자가 소지하고 온 흉기를 꺼내 보이며 밤길 조심하라는 등 협박을 하고, 이후에도 개인연락처로 지속적으로 협박성 문자메세지를 발송함
- 창구에 내방하여 직원에게 내 스타일이니 밖에서 한번 만나자, 신체 사이즈가 어떻게 되느냐? 며 업무와 무관한 성희롱 발언을 함
- 영업점에 내점하여 출금금액을 1원단위로 요청하여, 현재 1원짜리 화폐는 유통이 되지 않아 반올림하여 인출해드리겠다고 안내하자 "고객을 무시했다" "은행의 업무태만이다"라며 지속적으로 소란을 피움
- 업무처리 불만 소비자에 대해 사과를 하기 위하여 방문하였으나, 해당 소비자는 카드와 통장을 잘게 잘라 얼굴에 집어던지고, 본사 소비자보호 담당 부서가 찾아가자 해당 직원은 사과문 200장을 손으로 쓰고, 은행장은 사과문을 따로 작성하여 직인을 찍고 공증을 받아 보내라고 요구함

응대방안

1단계 : 정중한 어조로 중지 요청 및 업무규정에 대해 정확한 설명
2단계 : 상담이 종료될 수 있고, 법적 처벌을 받을 수 있음을 안내
3단계 : 주위에 도움요청(퇴거 조치 등) 및 추가 피해 대비

관련 법률

- 형법(제257조(상해))
  - 사람의 신체를 상해한 자는 7년 이하의 징역, 10년 이하의 자격정

지 또는 1천만원 이하의 벌금에 처한다.

- 형법(제260조(폭행))
  - 사람의 신체에 대하여 폭행을 가한 자는 2년 이하의 징역, 500만원 이하의 벌금, 구류 또는 과료에 처한다.

- 형법(제298조(강제추행))
  - 폭행 또는 협박으로 사람에 대하여 추행을 한 자는 10년 이하의 징역 또는 1천500만원 이하의 벌금에 처한다.

- 형법(제311조(모욕))
  - 공연히 사람을 모욕한 자는 1년 이하의 징역이나 금고 또는 200만원 이하의 벌금에 처한다.

- 형법(제314조(업무방해))
  - 위력으로써 사람의 업무를 방해한 자는 5년 이하의 징역 또는 1천500만원 이하의 벌금에 처한다.

3) 회사의 과실이 있는 경우의 응대

민원사례

- 펀드환매 과정에서 직원의 업무실수로 500원의 손해가 발생, 직원이

즉시 사과 후 손실금액을 배상하였으나, 해당 고객은 정신적 피해를 주장하며 손해금액의 200배에 달하는 손해배상금액을 요구함
- 사고 발생시 피보험자에게 피해자의 연락처를 알려주었는데, 피보험자가 피해자에게 안부전화를 하자, 보험사에서 개인정보를 유출시켰다며 500만원의 금전적인 보상을 요구

응대방안

1단계 : 정중한 어조로 중지 요청 및 업무규정에 대해 정확하게 설명
2단계 : 금전적 보상액에 대한 근거자료 제시 요청
3단계 : 분쟁조정절차 또는 소송 안내
4단계 : 상담 종료 안내

관련 법률

- 형법(제350조(공갈))
사람을 공갈하여 재물의 교부를 받거나 재산상의 이익을 취득한 자는 10년 이하의 징역 또는 2천만원 이하의 벌금에 처한다.

전문가들이 말하는 블랙컨슈머 상대 요령

① 신속하게 대응하면 문제를 줄일 수 있다.
② 적어도 다른 손님 앞에서는 과격한 언행을 삼간다.
③ 친절하되, 필요 이상으로 굽신거리지 않는다.
④ 보상을 할 때도 원칙적이 되라.

⑤ 나이 지긋한 어르신 등 제3자를 내세워라.

⑥ 시간적인 간격을 두거나 장소를 바꿔서 분위기를 전환한다.

⑦ 과격한 언행은 녹취하여 증거를 확보한다.

⑧ 인터넷에 유포하겠다는 협박에 흔들리지 마라.

7. 최근 금융권 동향

가. 금감원 및 금융권, 블랙컨슈머 방지책

금융당국은 블랙컨슈머들이 부당 이득을 취하기 위해 고의적으로 민원을 제기하는 등 금융소비자의 권리 및 지위를 악용하는 사례가 늘고 있어 구체적인 블랙컨슈머 현황과 그에 따라 더해지는 사회적 비용(금전적 보상, 기업가치 하락, 상품가격 상승 등)을 파악하기 위하여 '금융 블랙컨슈머로 인한 사회적 부담 완화를 위한 제도개선' 정책연구용역 등을 통해 방안을 찾고 있다.

금융당국은 블랙컨슈머 방지를 위한 가이드라인을 만들고, 금융권은 자체 개선안을 만들어 이중장치를 만들겠다고 하면서, '블랙컨슈머' 방지안도 함께 마련하겠다고 했다. 금융권별로 태스크포스(TF) 구성하여 '블랙컨슈머 표준 대응방안' 마련하기 위해 금감원, 업권별 협회 및 중앙회, 주요 금융회사, 외부 전문가 등이 참여하여 대책 마련에 대한 논의를 해오고 있다.

민원처리기준을 개선하여 블랙컨슈머를 원천 차단하겠다는 의견도 있다. 현재 동일 민원인이 동일한 내용으로 수십여 건의 민원을 제기하면 1건으로 카운트되지만, 내용을 조금씩 달리해가며 수십 건의 민원을 제기하면 모두 민원 건수로 카운트된다. 하지만 이것이 악성민원으로 판단될 경우 민원발생 건수에서 제외하겠다는 방침이다. 블랙컨슈머 사례를 협회 차원에서 수집하여 사례별 대응지침 등을 담은 가이드라인을 만들기로 하였으며, 금융소비자보호 부서 실무진들이 모여 민원 감축을 위한 대응방안도 마련하고 있다.

보험업계가 블랙컨슈머 문제에 민감한데 이는 보험에 대한 소비자들의 인식 때문이다. 즉, 본전 생각에 '보험금을 못 받으면 바보'라는 인식이 팽배해 있고 불황에 의한 생계형 보험범죄가 늘어나 업계가 어려움을 겪고 있다는 것이다.

이와 관련된 감독당국의 입장은 업무방해나 범죄행위를 저지르는 블랙컨슈머 규제는 지금도 이루어지고 있지만, 해당 문제는 장기적 관점으로 접근해야 하기 때문에 블랙컨슈머 관련 기준을 형성하는 것은 어렵다는 입장을 보이고 있다.

일부 악성고객들이 금융소비자 권리를 악용하여 사회적 비용이 증가하게 될 경우, 그에 따른 부담은 결국 선량한 일반 금융소비자들에게 전가될 수밖에 없다. 그러므로 금융사는 권리주장을 강하게 하는 소비자와 블랙컨슈머를 구별하여 각각의 대응방안에 대한 실행 지침을 두고 응대하여야 할 상황이다. 이제는 블랙컨슈머에 대해 내부적, 소극적

대응보다는 적극적 대응을 통해 선량한 소비자보호를 나서야 할 시점
이다.

금융회사	위원회	블랙컨슈머
악성 민원 감소 (불필요한 소모적 낭비 제거)	금융소비자 피해 구제로 자율해결의 순기능 실현	전문기관을 통한 민원 처리로 불필요한 시간적, 금전적 피해 방지
민원 응대인력 축소로 시간 및 경비 절감	금융소비자와 금융회사간 가교 역할	억울함 해소로 심리적 안정감 확보
고객 이미지 제고 및 충성고객 확보	대외 홍보 및 위상 제고	합리적 해결 기대
감독당국 민원 평가 제고 외부의 객관적 평가 기대	DB 확보 및 노하우 축적을 통해 정의, 사례 및 제도 정착 기여	정당한 피해보상 가능

도를 넘는 일부 악성민원인들로 인해 금융회사 및 금융감독원 민원
담당자들이 받는 육체적·정신적 피해는 심각한 수준이며, 상습적인
욕설, 폭언뿐 아니라 폭행·성희롱 사례까지 발생하고 있으나, 고객 응
대의 특수성으로 인해 제대로 된 방어조차 하지 못하고 있는 상황이다.
이에 금융감독원(2016.4.29)은 악성민원을 공정하게 선정하기 위하여
특별민원 심의위원회를 발족하였다. 위원회는 내부위원(4명) 외에 소비
자단체, 법조계, 학계 등 신망 있는 외부위원(6명)으로 구성되어 있다.

위원회에서는 악성민원과 관련한 주요 정책 수립, 위원회 운영규정 제·개정, 악성민원의 합리적 해결을 위한 대안제시 등의 역할을 함께 추진하고 있다.

또한 2016년 9월 개정, 시행된 '금융회사 감정노동자 보호법'은 성희롱이나 폭언, 협박 등으로 고통받는 금융회사 콜센터 및 창구에서 근무하는 감정노동자를 위해 상시 고충처리 기구를 설치하거나 전담 고충처리위원을 선임·위촉하는 것을 의무로 규정했다.

감정노동자보호법에 의하면, 은행·보험사·상호저축은행·증권사·카드사들은 악성 고객으로부터 감정노동자를 분리·교체하고, 직원 보호를 위한 법적조치 등을 의무화해야 한다. 이를 이행하지 않는 금융회사에게는 1천만 원 이하의 과태료가 부과된다.

산업안전보건법 제41조(고객의 폭언 등으로 인한 건강장해 예방조치)에서는 사업주에게 악성 민원에 대한 예방조치 의무를 부과하고 있으며, 고객의 폭언 등으로 인해 고객응대근로자에게 건강장해가 발생하거나 발생할 현저한 우려가 있는 경우 업무의 일시적 중단 또는 전환 등의 필요조치를 취해야 하며, 사업주는 고객응대근로자의 해당 요구를 이유로 해고나 그 밖에 불리한 처우를 해서는 안 된다고 규정하고 있다. 이를 위반 시에는 1년 이하의 징역 또는 1천만 원 이하의 벌금에 처한다. 실제로 은행업계와 신용카드업계에서는 반말과 폭언에 시달리고 있는 콜센터 상담원을 보호하기 위한 다양한 노력이 강화되고 있다.

〈 은행업계 대응책 〉

은행사	피해예방 대응책
N은행	• 서울시와 감정노동관련 업무협약 추진 • 월 단위로 교육계획을 수립하여 피해예방교육을 진행
S은행	• 콜센터 협력업체와 재계약 시, 필요한 평가항목에 직원 면담횟수, 심리치료, 피해예방 교육실시 현황을 포함 • 고객이 언어폭력을 가하면 1차 경고 후, 2차 자동응답(ARS)로 전환됨
K은행	• 직원만족센터를 운영하여 고객응대과정에서 발생할 수 있는 피해를 예방 • 심리상담과 감정노동법 상시교육을 실시
W은행	• 월 1회 민원현황 등을 통한 '케이스스터디'교육을 진행 • 반기별로 직원보호교육과 신상품 및 신서비스교육을 수시로 실시
K은행	• 산업안전보건법을 기반으로 감정노동자를 보호하기 위해 노력 • ARS에 폭언으로부터 직원을 보호한다는 메시지 삽입
J그룹	• 감정노동피해 예방교육 실시

〈 카드업계 대응책 〉

카드사	악성민원 대응 매뉴얼
K카드	• 성희롱이나 욕설을 하는 악성민원인에게 정상적인 상담진행이 안된다는 경고메시지를 구두로 한차례 말하고 안 되면 전화 끊도록 대응 • 심리상담사가 정기적으로 상담을 진행
L카드	• 사내고충처리를 위한 상담지원 역할을 하는 '그린컨설턴트'를 확대 운영 • 사내메신저, 전화상담, 직접면담 등을 통해 상시적으로 고객으로부터 폭언, 성희롱, 폭행 등의 문제행동 발생 시 상담 지원 • 매월 소통의 날을 열어 방문상담이나 커뮤니케이션 기회 마련

카드사	악성민원 대응 매뉴얼
S카드	• 2011년도부터 악성민원인으로부터 상담원을 보호하기 위한 다양한 케어프 로그램을 운영 • 2016년에는 고객응대 보호조치 규정을 신설–직원이 요청하는 경우 악성고 객으로부터 분리하거나 업무담당자를 교체하고, 심리치료 지원 및 법적 조 치를 지원
S'카드	• 조직 내 문제행동 소비자를 관리하고 상담 직원을 보호하는 컨트롤타워인 고객 보호팀 운영 • 블랙컨슈머가 상담 직원에게 악성 민원을 제기하는 순간부터 블랙컨슈머를 분리하는 시스템 작동, 직원지원프로그램(EAP)을 통해 상담 직원을 상시적 으로 보호
W카드	• EAP, 심리 치료 교육 프로그램 등을 시행할 예정 • 휴식 공간 설치 등 복리후생 확충 • 전문 외부강사 초빙해서 악성민원인에 대응하는 방법에 대해 교육 진행 • 같은 악성민원인과 연속으로 통화하지 않도록 하는 등 상담시스템을 업그레 이드
H카드	• 비상식적 민원 제기 고객에게는 이렇게 대응하자는 매뉴얼대로 처리 • EAP를 통해 어려움을 겪고 있는 직원이 일을 잘 할 수 있게 회사에서 지원 • 고충을 겪는 직원은 전문가가 5회차까지 심도 있는 면담 • 매월 한 번씩 공연관람 등 행사 진행
H'카드	• 성희롱이나 폭언을 하는 악성고객에게는 두세 차례 경고 후 상담을 중단 • 감정적인 소모를 많이 한 상담원은 바로 30분 동안 휴식 보장 • 그 고객에게 다시 연락이 오면 응대했던 상담원이 아닌 다른 전담상담원이 배치

506

나. 실제 금융사 블랙컨슈머 사례

사례 1

은행업무와 무관한 무리한 요구

– 지점 근무자 A씨는 업무 처리상 확인사항이 있어 한 여성고객과 전화 통화함

– 은행원 A씨와의 통화로 애인의 전화를 못 받아 연애가 파탄나게 되었다고 항의하며 배상을 요구함

사례 2

언어폭력 및 업무방해

– 적법한 대출실행에 대해 직원 처벌 또는 원상회복을 요구하며 이후 20회 이상 본점 방문(1회 면담 시, 2시간 이상 소요)

– 본점 로비에서 수차례 소란, 1일 100여 차례 이상 전화수신으로 인한 업무 방해로 법적 조치 취할 것임을 경고함

– 그 후에도 본점 로비에서 자살소동 등 업무방해 지속하여 법적 조치

다. 금전보상 및 배상요구 블랙컨슈머 대응 방안

1단계
- 당사 귀책 여부 판단
- 당사귀책: 진실된 사과 및 적정보상 협의 유도
- 과도한 요구: 규정 및 법규에 의거해 적법하게 처리

2단계
- 근거에 입각한 합리적인 범위 내에서 보상 처리
- 실손 범위를 넘는 무리한 요구는 정중하게 거절

3단계
- 정신적 피해보상 요구 시
- 귀책 有: 유관부서와 협의, 확정 전 자료제공 금지
- 귀책 無: 금융사차원에서 불가함을 정중하게 안내

라. 업무방해형 블랙컨슈머 대응 방안

1단계
- 가급적 경험이 많은 책임자 이상의 직원이 전담
- 상담이력 및 담당 직원을 CRM에 정확하게 기록
- 가급적 말을 아끼고, 민원 내용이 확대되지 않도록 주의

2단계
- 동일한 내용을 상당시간 반복하는 경우, 서면으로 제출요청
- 계속된 항의 시, 업무방해죄에 해당됨을 명확히 안내

3단계
- 계속된 소란 시, 신속하게 경찰 등 주변사람의 도움을 요청
- [장시간 통화를 끊지 않을 시] 업무방해죄로 법적 조치할 수 있음을 고지 후 통화를 종료

마. 블랙컨슈머 대응 매뉴얼

최근 금융소비자보호 추세를 악용하는 사례가 늘고 있으나, 이에 따른 자체적인 대응 매뉴얼은 정교하게 갖추어지지 않은 상황으로 각 유형에 맞는 대응 논리를 참고하여 블랙컨슈머의 행동에 효과적인 대응을 할 수 있도록 준비할 필요가 있다.

〈 블랙컨슈머 주요 유형과 대응 논리 〉

행위유형	행동 사례	대응 방향	법률관점	근거법률
고객의 욕설·폭언 등 모욕을 주는 행위	전화 인입 즉시 본인에게 즉시 전화를 걸어줄 것을 요청하는 고객으로 상담전화를 건 사유를 고객에게 물으면 바로 고성과 함께 욕설을 시작하며, 통화량이 많아 즉시 고객에게 회신이 되지 않는 경우 지속적으로 민원을 제기했다.	1단계 ▷정중한 어조로 중지 요청 / 사전 고지 후 녹음 실시 2단계 ▷ 법적 처벌을 받을 수 있으니 자제 부탁드립니다. 3단계 ▷ 상담 종료 고객님, 더 이상 고객님의 업무를 도와드릴 수가 없습니다. 죄송합니다. 고객님에 대한 상담업무는 종료하도록 하겠습니다. ※ (필요시) ARS 안내 실시	전화, 인터넷을 이용하여 상대방의 불안감 등을 조성하는 일정 행위를 반복 하는 행위는 정보통신망 이용 촉진 및 정보보호 등에 관한 법률에 의해 처벌 될 수 있다.	• 정보통신망 이용 촉진 및 정보보호 등에 관한 법률 제74조 제1항 제3호 공포심이나 불안감을 유발하는 부호·문언·음향·화상 또는 영상을 반복적으로 상대방에게 도달하게 한 자는 1년이하의 징역, 1,000만원 이하 벌금

행위유형	행동 사례	대응 방향	법률관점	근거법률
고객이 성적으로 희롱하는 행위	상담직원의 다소 미흡한 업무처리에 대해 사소한 꼬투리를 잡아 사과를 요구하여 민원인에게 사과를 했음에도 불구하고 수시로 전화해서 계속적으로 사과를 요구하였으며, "목소리가 내 스타일인데 밖에서 만나자"며 상담원 혼자서 민원인이 있는 곳으로 와서 직접 대면 사과할 것을 요구했다.	1단계 ▷ 정중한 어조로 중지 요청 / 사전 고지 후 녹음 실시 2단계 ▷ 법적 처벌을 받을 수 있으니 자제 부탁드립니다. 3단계 ▷ 상담 종료 고객님, 더 이상 고객님의 업무를 도와드릴 수가 없습니다. 죄송합니다. 고객님에 대한 상담업무는 종료하도록 하겠습니다. ※ (필요시) ARS 안내 실시	전화상 성적으로 희롱하는 행위는 성폭력 범죄의 처벌 등에 관한 특례법 제13조에 의해 처벌될 수 있다. 아울러, 대면하여 성적으로 추행하는 행위는 형법상 강제추행죄로 처벌 받을 수 있다	• 성폭력 범죄의 처벌 등에 관한 특례법 제13조(통신매체를 이용한 음란행위) 자기 또는 다른 사람의 성적 욕망을 유발하거나 만족시킬 목적으로 전화, 우편, 컴퓨터, 그 밖의 통신매체를 통하여 성적 수치심이나 혐오감을 일으키는 말, 음향, 글, 그림, 영상 또는 물건을 상대방에게 도달하게 한 사람은 2년 이하의 징역 또는 500만원 이하의 벌금 • 형법 제298조(강제추행) 폭행 또는 협박으로 사람에 대하여 추행을 한 자는 10년 이하의 징역 또는 1천500만원 이하의 벌금
	상담원에게 현혹되어 보험에 가입했으니, 무조건 원금을 반환해 달라면서 동일한 민원을 수 차례 반복해서	1단계 ▷ 정중한 어조로 중지 요청 2단계 ▷ 상담이 종료될 수 있으니 자제 부탁드립니다.	단순히 반복적인 민원을 제기한다고 해서 형사처벌을 하거나 손해배상을 할 수 있는 법률적 근거는 없으나,	• 형법 제283조 (협박) 사람을 협박한 자는 3년 이하의 징역, 500만원 이하의 벌금, 구류 또는 과료

○

510

행위유형	행동 사례	대응 방향	법률관점	근거법률
민원을 반복적으로 제기하는 행위	제기했으며, 급기야는 배우자와 형제들 이름으로 명의를 바꾸거나 내용을 조금씩 달리하며 계속적으로 민원을 제기했다.	3단계 ▷ 상담 종료 고객님, 더 이상 고객님의 업무를 도와드릴 수가 없습니다. 죄송합니다. 고객님에 대한 상담업무는 종료하도록 하겠습니다. ※ (필요시) ARS 안내 실시	협박을 동반하는 경우에는 형법상 협박죄, 강요죄나 공갈죄에 의해 처벌받을 수 있다.	• 제324조(강요) 폭행 또는 협박으로 사람의 권리행사를 방해하거나 의무없는 일을 하게 한 자는 5년 이하의 징역 또는 3천만원 이하의 벌금 • 제350조 (공갈) ① 사람을 공갈하여 재물의 교부를 받거나 재산상의 이익을 취득한 자는 10년 이하의 징역 또는 2천만원 이하의 벌금
사소한 사항으로 지속적으로 꼬투리를 잡으며 괴롭히는 행위	보험 가입시 제공한 사은품의 추가 요구에 대해 불가능함을 안내하자, 상담원의 목소리·말투·속도를 문제 삼으면서 본사로 민원을 제기하여 상품설명을 제대로 하지 않았다면서 상담원 교체, 책임자 통화요청, 정신적·시간적 보상을 요구했다.	1단계 ▷정중한 어조로 중지 요청 / 사전 고지 후 녹음 실시 2단계 ▷ 상담이 종료될 수 있으니 자제 부탁드립니다. 3단계 ▷ 상담 종료 고객님, 더 이상 고객님의 업무를 도와드릴 수가 없습니다. 죄송합니다. 고객님에 대한 상담업무는 종료하도록 하겠습니다. ※ (필요시) ARS 안내 실시	단순히 사소한 꼬투리를 잡는다고 해서 형사처벌을 하거나 손해배상을 청구할 수 있는 법률적 근거는 없으나, 협박을 동반하는 경우에는 형법상 협박죄, 강요죄나 공갈죄에 의해 처벌받을 수 있다.	• 형법 제283조 (협박) ①사람을 협박한 자는 3년 이하의 징역, 500만원 이하의 벌금, 구류 또는 과료 • 제324조 (강요) 폭행 또는 협박으로 사람의 권리행사를 방해하거나 의무없는 일을 하게 한 자는 5년 이하의 징역 또는 3천만원 이하의 벌금 • 제350조 (공갈)

행위유형	행동 사례	대응 방향	법률관점	근거법률
				① 사람을 공갈하여 재물의 교부를 받거나 재산상의 이익을 취득한 자는 10년 이하의 징역 또는 2천만원 이하의 벌금
규정 외의 건을 처리해 달라며 무리한 요구를 하는 행위	상담전화를 걸어 배우자의 신용카드 이용내역을 문의하여, 규정상 카드회원 본인이 아니면 이용내역을 확인하기 어렵다고 안내하자 배우자로서 확인할 수 있는 권리가 있다며 고성을 질렀다.	1단계 ▷정중한 어조로 중지 요청 / 사전 고지 후 녹음 실시 ▷업무규정에 대하여 정확하게 설명 2단계 ▷ 상담이 종료될 수 있으니 자제 부탁드립니다. 3단계 ▷ 상담 종료 고객님, 더 이상 고객님의 업무를 도와드릴 수가 없습니다. 죄송합니다. 고객님에 대한 상담업무는 종료하도록 하겠습니다. ※ (필요시) ARS 안내 실시	단순히 규정 외 처리를 무리하게 요구한다고 해서 형사처벌을 하거나 손해배상을 할 수 있는 법률적 근거는 없으나, 협박을 동반하는 경우에는 형법상 협박죄, 강요죄나 공갈죄에 의해 처벌받을 수 있다.	• 형법 제283조 (협박) ① 사람을 협박한 자는 3년 이하의 징역, 500만원 이하의 벌금, 구류 또는 과료 • 제324조 (강요) 폭행 또는 협박으로 사람의 권리행사를 방해하거나 의무없는 일을 하게 한 자는 5년 이하의 징역 또는 3천만원 이하의 벌금 • 제350조 (공갈) ① 사람을 공갈하여 재물의 교부를 받거나 재산상의 이익을 취득한 자는 10년 이하의 징역 또는 2천만원 이하의 벌금

행위유형	행동 사례	대응 방향	법률관점	근거법률
적정한 업무처리임에도 정부기관 등에 민원을 접수하겠다는 행위	카드번호가 변경된 회원이 기존에 자동이체 중이던 관리비요금의 자동이체 카드번호를 변경하지 않아 연체가 발생하였다며, 이로 인한 시간적, 정신적 피해보상금을 지급하지 않으면 금감원, 소비자원 등에 신고한다고 협박했다.	1단계 ▷정중한 어조로 공감대 형성 2단계 ▷ 문제해결을 위해 최선을 다하였으나 도움 드리지 못해 죄송합니다. 외부기관에 민원접수하셔도 동일한 처리방법으로 안내드릴 수밖에 없음을 알려드립니다. 3단계 ▷ 상담 종료 고객님, 더 이상 고객님의 업무를 도와드릴 수가 없습니다. 죄송합니다. 고객님에 대한 상담업무는 종료하도록 하겠습니다. ※ (필요시) ARS 안내 실시	▷소비자는 거래과정에서의 피해구제를 국가·지방자치단체 또는 소비자단체 등에 신청할 권리를 가지고 있으므로, 이와 같은 행위는 소비자의 당연한 권리를 행사하는 것으로서 위법하다고 볼 수는 없다. ▷ 다만, 소비자가 고의로 문제를 발생시켜 기업으로부터 보상을 받거나 아니면 단순히 기업을 괴롭히려는 의도하에 행정청 등에 허위의 사실을 신고하는 경우에는 형법상 무고죄 또는 경범죄처벌법에 따라 처벌될 수 있다.	• 형법 제156조 (무고) 타인으로 하여금 형사처분 또는 징계처분을 받게 할 목적으로 공무소 또는 공무원에 대하여 허위의 사실을 신고한 자는 10년 이하의 징역 또는 1천500만원 이하의 벌금 • 경범죄처벌법 제3조(경범죄의 종류) ③ 다음 각 호의 어느 하나에 해당하는 사람은 60만원 이하의 벌금, 구류 또는 과료의 형으로 처벌 2.(거짓신고) 있지 아니한 범죄나 재해 사실을 공무원에게 거짓으로 신고한 사람.
	보험가입 상담만 해도 사은품을 주기로 했는데, 사은품을 아직 받아 보지 못했다면서 지속적으로 고객상담센터에 전화를 하면서 이를 SNS에 올리고 언론사에 제보하겠다면서 협박했다.	1단계 ▷정중한 어조로 공감대 형성 2단계 ▷ 문제해결을 위해 최선을 다하였으나 도움 드리지 못해 죄송합니다. SNS에 게재되는 내용이 사실과 다르게 왜곡될 경우 법적으	개인미디어 또는 SNS 등 인터넷에 기업에 대한 부정적인 이야기를 전파하는 행위는 형법상 명예훼손죄 또는 정보통신망법에 의해 처벌받을 수 있다.	• 형법 제307조 (명예훼손) ① 공연히 사실을 적시하여 사람의 명예를 훼손한 자는 2년 이하의 징역이나 금고 또는 500만원 이하의 벌금 ② 공연히 허위의 사실을 적시하여

❍

행위유형	행동 사례	대응 방향	법률관점	근거법률
적정한 업무처리임에도 SNS에 게재를 주장하는 행위		로 대응할 수밖에 없음을 안내드립니다. 3단계 ▷ 상담 종료 고객님, 더 이상 고객님의 업무를 도와드릴 수가 없습니다. 죄송합니다. 고객님에 대한 상담업무는 종료하도록 하겠습니다. ※ (필요시) ARS 안내 실시		사람의 명예를 훼손한 자는 5년 이하의 징역, 10년 이하의 자격정지 또는 1천만원 이하의 벌금 • 정보통신망법 제70조 (벌칙) ① 사람을 비방할 목적으로 정보통신망을 통하여 공공연하게 사실을 드러내어 다른 사람의 명예를 훼손한 자는 3년 이하의 징역 또는 3천만원 이하의 벌금 ② 사람을 비방할 목적으로 정보통신망을 통하여 공공연하게 거짓의 사실을 드러내어 다른 사람의 명예를 훼손한 자는 7년 이하의 징역, 10년 이하의 자격정지 또는 5천만원 이하의 벌금 ③ 제1항과 제2항의 죄는 피해자가 구체적으로 밝힌 의사에 반하여 공소를 제기할 수 없음

●

514

행위유형	행동 사례	대응 방향	법률관점	근거법률
공개적으로 사과를 요구하는 행위	보험 해지 상담통화 시, ARS 대기시간이 너무 길어서 본인의 전화료, 시간, 정신적 스트레스에 대해 너무 많은 피해를 입었다며 이에 대한 재발방지 대책을 회사 홈페이지와 4대 일간지에 게시할 것을 요구했다.	1단계 ▷정중한 어조로 중지 요청 ▷업무규정에 대하여 정확하게 설명 2단계 ▷ 문제해결을 위해 최선을 다하였으나 도움드리지 못해 죄송합니다. 3단계 ▷ 상담 종료 고객님, 더 이상 고객님의 업무를 도와드릴 수가 없습니다. 죄송합니다. 고객님에 대한 상담업무는 종료하도록 하겠습니다. ※ (필요시) ARS 안내 실시	단순히 공개사과 등 무리한 요구를 한다고 해서 형사처벌을 하거나 손해배상을 할 수 있는 법률적 근거는 없으나, 협박을 동반하는 경우에는 형법상 협박죄, 강요죄나 공갈죄에 의해 처벌받을 수 있다. ▷ 또한, 문서제출이나 사과를 거부하는 데에 대해 법적 근거를 요구하는 경우도 있는데, 오히려 상대방에게 문서 제출이나 사과를 요구하는 행위 자체가 법적인 근거를 갖추어야 할 뿐 아니라, 법적으로 사과를 강제하는 규정은 헌법상 '양심의 자유'에 반하게 되므로, 현행법상 존재하지 않는다.	• 형법 제283조 (협박) ① 사람을 협박한 자는 3년 이하의 징역, 500만원 이하의 벌금, 구류 또는 과료 • 제324조 (강요) 폭행 또는 협박으로 사람의 권리행사를 방해하거나 의무없는 일을 하게 한 자는 5년 이하의 징역 또는 3천만원 이하의 벌금 • 제350조 (공갈) ① 사람을 공갈하여 재물의 교부를 받거나 재산상의 이익을 취득한 자는 10년 이하의 징역 또는 2천만원 이하의 벌금

Financial Consumer Protection

제 17 장
모바일 금융시대
민원예방

2017년 4월 K뱅크에 이어 7월 말 카카오뱅크가 영업을 시작하였다.
인터넷전문은행의 출현으로 본격적으로 금융업무도
온라인 쇼핑몰에서 상품 구입하듯 하는 시대가 열렸다는 점에서
새로운 의미를 부여할 수 있다.
물론 이런 업무가 기존은행에서도 있었지만,
편의성이나 비용 등의 측면에서 소비자의 관심을 끌기에는 한계가 있었다.

1. 인터넷전문은행의 메기 효과

인터넷전문은행의 돌풍은 새로운 서비스의 요구로부터 비롯되었다고 할 수 있다. 모바일이용의 금융편의성, 비대면서비스, 그리고 그로 인한 예금·적금·대출금리 경쟁력을 바탕으로 인터넷전문은행이 돌풍을 일으키자, 시중은행들도 예·적금금리는 높이고, 대출금리를 낮추는 등의 변화를 추구하게 되었다.

이러한 변화에 은행들은 인터넷전문은행이 신용대출만 취급하고, 담보대출은 취급하지 않는다는 상황을 이용하여 신용대출은 낮추고, 주담대이율을 높여 이익 목표를 맞춰가고 있다. 부동산대책 이후 카카오 대출이 두 배로 급증하는 등 인터넷전문은행이 은행의 경쟁금융사로서의 위치를 보여줬다는 점에서, 향후 인터넷전문은행이 주택담보 등과 같은 담보대출이나 기업대출 등을 취급하게 된다면 지금보다 더 큰 변화가 일어날 것으로 보인다.

그동안 은행들은 전자금융이라는 형태로 현재의 인터넷전문은행이 제공하는 업무를 진행해 왔다. 하지만 이는 구색 갖추기 형태로 선보인 것이었다고 할 수 있다. 적극적으로 소비자 관점의 모바일은행 시스템을 구축할 수 있음에도, 은행들은 소극적인 운영을 맞춰왔다고 해도 과언이 아니다. 은행 산업 자체가 불완전경쟁구조, 과점체제로 이루어졌기 때문에 은행간 시장 점유율을 각자 나눠 갖고, 관치금융 하에서 자신들의 이익 극대화만을 추구해 온 것을 부인할 수 없을 것이다. 또한 은행의 인터넷은행업무도 충분히 할 수 있는 능력이 있었지만 소극적으로 은행간 보조를 맞추면서, 금융소비자의 편익성이나 금융산업발전 관점에서 필요로 하는 변화를 회피해 왔다는 비판도 받았다.

2. 인터넷은행의 돌풍과 전망

2017년 4월 K뱅크에 이어 7월 말 카카오뱅크가 영업을 시작하였다. 카카오뱅크는 금융구조판을 크게 변화시킬 것이라는 기대와 예측에 부응하며, 일주일 만에 150만 명 이상의 소비자에게 신규계좌개설 서비스를 제공하였고, 은행권에도 큰 변화를 가져왔다.

가. 인터넷은행, 기존 은행의 인터넷 업무와 차이가 없다는데 왜?

점포 없이 인터넷과 ATM, 콜센터 등으로 기존은행에서 하는 금융서비스를 제공하는 은행을 인터넷전문은행이라고 한다. 쉽게 말해 인터넷으로 운영되는 새로운 형태의 은행이라고 할 수 있다. 국내에는 K뱅크와 카카오뱅크 두 개의 인터넷은행이 운영 중에 있다.

〈 인터넷은행 주요 규제 〉

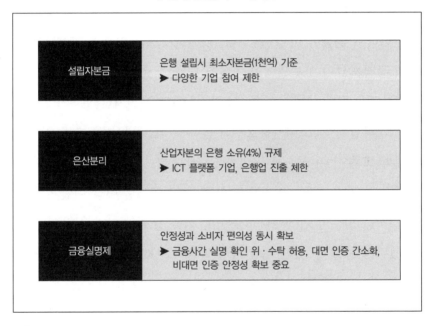

설립자본금	은행 설립시 최소자본금(1천억) 기준 ▶ 다양한 기업 참여 제한
은산분리	산업자본의 은행 소유(4%) 규제 ▶ ICT 플랫폼 기업, 은행업 진출 체한
금융실명제	안정성과 소비자 편의성 동시 확보 ▶ 금융사간 실명 확인 위·수탁 허용, 대면 인증 간소화, 비대면 인증 안정성 확보 중요

인터넷전문은행의 출현으로 본격적으로 금융업무도 온라인 쇼핑몰에서 상품 구입하듯 하는 시대가 열렸다는 점에서 새로운 의미를 부여할 수 있다. 물론 이런 업무가 기존은행에서도 있었지만, 편의성이나

비용 등의 측면에서 소비자의 관심을 끌기에는 한계가 있었다. 그동안 은행들이 구색 맞추기 혹은 고객이탈을 방지하는 서비스차원에서 인터넷업무를 제공한 것과 달리, 이번 인터넷전문은행은 비용이나 접근성 등의 차원에서 비교적 혁신적인 시스템을 통해 소비자의 요구를 반영하였고, 이를 기반으로 금융서비스를 제공하여 소비자들의 관심을 폭발시킨 것이라 볼 수 있다.

나. 인터넷전문은행의 실적은 어느 정도?

한마디로 돌풍이 아닐 수 없다. 카카오뱅크는 일주일 만에 150만 명의 통장개설, 1.2조 원의 마이너스 대출, 6,500억 원의 예·적금을 유치하였을 뿐만 아니라 은행이용을 위해 앱을 설치한 횟수가 232만 명을 돌파할 만큼 소비자들로부터 많은 관심을 받았다. 출범 일주일 만에 발생한 이 기록은 국내 대형금융지사 다음으로 은행앱 중 6위를 차지했다. 카카오뱅크의 기록은 기존은행들이 5년 이상 어렵게 달성한 실적을 일주일 만에 거둔 것이며, 이를 통해 얼마나 시장의 반응이 컸던가를 알 수 있다. 또한 4월에 출범한 K뱅크보다 5배 이상 빠른 속도로 고객을 확보했다는 점에서도 시장의 반응 강도를 알 수 있었다. 이렇게 시작부터 화려했던 카카오뱅크는 출범 1년 반 만에 손익분기점을 넘기고, 3년차에는 누적 400억원 이상의 순이익을 기록했다.

다. 단기간에 금융소비자들의 반응을 이끌어낸 조건

무엇보다 이제는 은행의 업무, 즉 금융업무도 쇼핑몰처럼 쉽게 하고

자 하는 욕구가 소비자에게 있다는 것을 이런 현상에서 볼 수 있다. 현재 모든 것이 인터넷으로 가능하다고 할 수 있지만 금융분야는 이러한 인터넷의 편리성을 상대적으로 활용하지 못한 측면이 있다고 할 수 있다. 이는 다른 분야보다 금융분야가 관치금융의 영향이 크게 지배한 측면도 작용했다고 보인다. 인터넷은행 출범을 계기로 금융도 인터넷의 편의성을 활용하게 되었으며, 일반상품처럼 인터넷, 특히 모바일 기기를 이용하여 금융상품을 소비할 수 있는 환경이 본격적으로 구축되었다고 해도 과언이 아니다.

라. 인터넷전문은행의 우려

2017년 7월 출범한 카카오뱅크의 경우, 폭발적인 시장의 반응에 서비스가 따라가지 못하면서 불만과 한계를 나타내기도 했었다. 가입자들의 폭발적인 대출요구에 일주일도 안 돼 대출심사를 강화하고 한도를 축소하는 등 엄격한 대출제도를 적용하는 현상이 나타난 것이나 대출상담시간의 제한 및 상담 신청을 해도 10명 중 1명 정도만 가능했던 점, 또한 카드발급도 한 달이나 소요되는 등 소비자의 요구에 대응하지 못하면서 불만이 커지기도 했다. 또한, 2021.3.25일부터 시행된 금융소비자보호법으로 인해 비대면화되었던 금융서비스가 소비자보호를 위한 조치를 위해 가입절차가 복잡해지고 대면서비스의 필요성이 높아질 것으로 보여지면서, 앞으로 소비자보호중심으로 규제가 계속 강화된다면 인터넷상만으로 대응하는데 어려움이 생길 것으로 우려된다.

통상 1금융권의 시중은행의 평균 연체율은 1%이하이고, 산업은행이나 수출입은행과 같은 특수은행의 경우는 3%의 연체율을 보인다. 인터넷전문은행의 연체율이 어느 정도 나타날지가 향후 인터넷전문은행의 대출 증가 속도에 영향을 미칠 것으로 보인다. 연체율이 높으면 당연히 대출증가에 대한 우려의 목소리가 커지겠지만, 장기적으로 보면 인터넷전문은행도 은행과 같은 건전성을 유지할 능력과 시스템을 갖출 것이라 예상한다.

또한 인터넷전문은행이 금융산업 특히 은행에 지속적으로 영향을 주며, 현재의 돌풍을 유지하기 위해서는 자본조달능력, 즉 은산분리라는 규제 완화와 은행들의 주택담보대출 등의 담보대출, 한정된 기업대출 업무를 얼마나 빨리 수행하게 되는지에 달려 있다고도 볼 수 있으며, 얼마나 혁신적인 핀테크에 의한 서비스를 제공하는지도 돌풍유지의 관건이라고 할 수 있다.

2018. 9. 20. 국회에서 통과된 인터넷전문은행법 개정안은 인터넷전문은행에 한하여 비금융주력자의 지분보유한도가 기존 4%(의결권 기준)에서 34%로 상향조정되고, 최저자본금도 시중은행 수준인 1,000억에서 250억으로 완화하는 등으로 기존 인터넷전문은행의 자본금 한도를 높일 수 있도록 규제 완화해 주었다. 자본금의 조달 한계로 영업에 타격을 받고 있는 인터넷전문은행의 어려움을 규제 완화 차원에서 감안한 조치라고 할 수 있다.

2020. 4. 29. 국회에서 통과된 개정안에서는 인터넷은행 대주주의

한도초과 지분보유 승인 요건에서 공정거래법 위반(벌금형 이상) 전력을 삭제하여 공정거래법을 위반한 내역이 있는 기업도 인터넷은행 대주주가 될 수 있도록 허용하기도 했다.

인터넷전문은행법 국회 통과 … 산업자본의 은행 지분보유한도 34% 확대

2018년 9월 20일 은산분리 규제를 완화하는 인터넷전문은행 설립 및 운영에 관한 특례법(이하 인터넷전문은행법)이 국회 본회의를 통과했다. 이 법이 국회 본회의를 통과함에 따라 카카오와 네이버, 넥슨 등 정보통신기술(ICT) 기업이 인터넷 은행의 대주주가 될 수 있는 길이 열렸다. 인터넷전문은행법의 핵심은 비(非)금융회사의 인터넷 은행 지분을 현행 최대 4%에서 34%로 대폭 확대하는 데 있다. ICT 관련 자산 비중이 50% 이상인 기업에는 예외적으로 34%의 지분 보유를 허용하는 내용도 시행령에 포함됐으며, 자산 10조 원 이상의 상호출자제한기업, 이른바 '재벌 대기업'은 완화 대상에서 제외됐다.

마. 향후 인터넷은행의 발전에 필요한 정책 및 성장 조건

그동안 인터넷전문은행이 제대로 선보이지 못한 것도 규제가 문제였다. 향후 제대로 인터넷전문은행이 발전하기 위해서는 크게 세 가지의 문제가 해결되어야 한다고 본다. 첫째, 금산분리라는 규제완화이다. 이는 금융회사의 경우 산업자본의 투자를 제한하는 것이기 때문에 대출 재원 조달에 한계가 있다. 이번 카카오뱅크도 이러한 투자한계 때문에 시장의 요구에 제대로 대응하지 못하는 이유라 할 수 있다.

둘째, 금융 규제완화이다. 예를 들어 주택담보대출 허용 등 영업의 규제를 얼마나 완화해주는 가도 중요하다. 셋째, 핀테크에 의한 혁신적인 금융서비스를 얼마나 인터넷전문은행에 접목시킬 수 있는지에 대한 능력이다. 고객별 맞춤형 서비스, 자산관리 서비스, 투자상품 등을 제대로 제시할 수 있어야 한다. 즉, 금융상품에 대한 혁신성이 앞으로의 성장에 중요한 조건으로 작용할 것으로 보인다.

인터넷은행법 2019년 1월 17일부터 발효…금융위 은행감독규정 개정

금융위원회는 2019년 1월 17일 인터넷전문은행의 주식을 10% 이상 취득할 수 있는 자(한도초과보유주주)의 구체적 요건 등을 규정하는 등 은행업감독규정을 개정했다고 밝혔다. 이에 앞서 1월 16일 금융당국에 따르면 산업자본의 은행 지분보유한도는 기존 4%(의결권 없이 10%)에서 혁신 정보통신기술(ICT) 기업에 한해 34%까지 늘어나게 된다. 또 한도(10%) 초과 보유 주주의 자격 요건 등 법에서 위임한 사항을 정하는 시행령은 2019년 1월 8일 국무회의를 통과했다. 이번 법안 발효로 1차 인터넷전문은행으로 출범한 카카오뱅크와 케이뱅크가 설립 의도에 맞춰 ICT주주를 최대주주로 전환하는 작업에 들어갈 것으로 예상되고 있다. 이번에 개정된 법안은 인터넷전문은행의 주식을 10% 초과해 보유할 수 있는 자의 자격 요건 가운데 재무건전성 요건 등을 규정하고 대주주에 대한 신용공여가 예외적으로 허용되는 경우로 대주주의 신규출현, 은행 대차대조표상 계정과목 변경 등의 내용을 담고 있다.

3. 핀테크의 새로운 인식

핀테크 산업은 국내 IT산업의 주요분야이다. 금융의 논리 혹은 금융 산업자본의 지배논리가 아니라 새로운 산업의 출연으로 인식해야 하며, IT와 금융의 국제경쟁력을 동시에 높이는 쌍끌이 산업이 바로 핀테크라는 인식의 변화도 나타날 것으로 예상된다. 그리고 이러한 인식의 변화에 따라 산업경쟁력 차원에서 규제완화와 정부 부처 간 융합적 정책 제시로 새로운 정책을 설계하고 집행할 것으로 보인다.

〈 핀테크 산업 〉

• **핀테크 주요 영역**

분류	주요 서비스	기존사업과의 관계 및 과제	비고
지급결제·송금	• 전자결제서비스(온라인 결제, 오프라인결제, 모바일결제, 전자지갑 등) • 모바일 송금, 해외송금	• 대부분 기존 서비스와 결합 • 결제 시스템의 간편, 편의성 부각 • 보안문제	• 기존 결제시스템의 퇴조
금융투자 플랫폼	• 크라우드 펀딩 – 기부·후원 – P2P 대출	• 새로운 금융 대안 • 선도기업의 모델	• 대체 금융 수단 • 다양화 서비스 기대 • 기존 금융의 분화
새로운 서비스	• 보안기술 (정보보안, 결제보안) • Big data 분석 • Blockchain 등 • 앱	• 창조적·파괴적 혁신 추구 • 획기적 효율성	• 보안기술신용 (자산) 평가 • 가상화폐와 정보저장

금융분야에서 최근 가장 큰 관심분야는 핀테크라 할 수 있다. 일반적으로 핀테크는 '금융(Fi- nance)'과 '기술(Technology)'의 합성어로 '금융-IT융합형 신산업'을 의미한다고 할 수 있으며, 지급결제, 지급중개, 정보관리 등 금융의 모든 영역을 IT가 혁신시키는 새로운 모바일 기반의 IT산업으로 핀테크 영역을 이해하고 구축할 필요가 있다.

기존 금융분야의 전자금융 서비스는 금융회사가 주도적으로 운영하고 IT부문은 보조의 역할을 해온 반면, 핀테크는 이와 반대로 IT기업이 주도적인 역할을 하고 기존 금융서비스를 흡수하는 것이라 할 수 있다. 현재의 전자금융이 금융회사의 '부가적 개선·혁신'의 역할로 존재하였다면, 핀테크는 기존 금융업의 인식과 영역을 뛰어 넘는 '혁신적 산업'으로 이해하고 판단해야 한다. 하지만 핀테크라는 말만 무성하지, 실질적 변화의 체감은 기대만큼 진전되지 않고 있는 것이 현재의 상황이다.

핀테크는 금융이 아닌, 산업의 관점을 기반으로 하여 정책방향이 설정되어야 한다. 핀테크를 금융으로 이해하다 보니 금융위가 나서서 금융규제 완화로 문제를 풀어가려 하고, 국회가 은행법을 개정해야 한다는 등의 과정으로 진행되면서, 핀테크는 아주 더딘 행보를 하고 있다고 할 수 있다. 경쟁국들의 핀테크 산업은 날갯짓을 하고 있는 상황인데 말이다.

핀테크, 은행의 변화

- **기존 금융의 해체와 새로운 모델**
  - 북유럽 국가: 최근 은행점포망의 급격한 감소

528

- 선진국가: 2025년까지 2013년 대비 30~50% 감소 전망
- 점포수익력 감소 → 직원수 동반 감소
- 은행은 '개인고객 부문의 자동화'
- CD기의 변화, 결제시스템의 혁신
- 점포의 기능

  거래 → 상담: 점진적 전환 예상

다시 말해, 핀테크는 모바일을 기반으로 한 IT기업이 금융을 융합시킨 신산업인데도, PC를 기반으로 한 전자금융의 확장으로 본다면 문제가 된다. 앞선 핀테크 선진국의 사례나 향후 국내산업의 발전 방향 측면에서 보더라도, IT적 접근이 무엇보다 중요하고 그런 방향으로 구도를 잡아야 한다. 최근 몇 년간 핀테크가 화두임에도 불구하고 은행법 등과 같은 기존의 규제의 벽에 막혀서 제대로 진행되지 못하고 있다는 부분은 개선될 필요가 있다.

P2P(Peer To Peer), 대출 이해

- 투자자와 대출자를 온라인으로 연결
- 시스템 운영자, P2P 대출정보 중개업자(P2P 업체) 대부업법 적용
- 비대면, 담보대출, 수수료, 투자자 책임 이해 필요
- 투자 한도의 제한 및 업체 신뢰 중요

4. 4차 산업혁명 시대의 금융소비자보호 방향

요즘 가장 큰 화두의 하나가 4차 산업혁명에 대한 언급일 것이다. 4차 산업혁명은 피할 수 없는 대세이고, 이미 시작되었다고 할 수 있다. 4차 산업혁명의 핵심 분야 중 하나가 핀테크로 부각되고 있다. 하지만 기존 규제, 관치 금융의 영향으로 논의만큼 크게 진전되지 않고 있다고 보인다. 따라서 이러한 흐름 속에서 국내의 후진적 금융권의 경쟁력을 새롭게 확보하기 위한 산업으로 핀테크를 인식하고, 핀테크 영역에서 국가경쟁력을 선점하려는 사회 전반적인 노력이 필요한 시점이다.

소비자 문제도 분명 다른 차원으로 나타날 것으로 예상된다. 지금의 소비자문제가 1차원적이었다면, 4차 산업혁명 시대는 산업 간, 기술 간 융합화로 인해 소비자문제가 과거와 전혀 다른 차원의 문제로 다가올 것이다. 따라서 소비자문제도 융합화 차원으로 새롭게 인식해야 한다. '테크노-컨슈머리즘(Techno-Consumerism)' 이라는 말이 나올 정도로 기술의 융합과 복합화로 인해 소비자문제 형태가 새로워지고 있다. 이제는 소비자의 문제에 대해 새롭게 접근해야 할 시점이다.

테크노-컨슈머리즘은 4차 산업혁명 과정에서 기술융합으로 출현되는 신제품의 등장으로 인한 문제를 해결하고, 개인의 유·무형의 행동이 예측 불가능하게 수집되거나 과도하게 활용되는 상황에서 소비자의 권익을 보호하기 위한 것이라고 할 수 있다. 소비자의 모든 것이 무차별적으로 노출 및 활용 당하는 상황에서 자신의 정보에 대한 권리를 갖는 것이 필요하다.

금융업계의 핀테크 도입이 산업과 국가 경쟁력 차원에서 당연히 적극적으로 도입될 필요가 있다는 것은 언급할 필요가 없다고 본다. 어찌 보면 방향은 당연한 것이다. 그럼에도 불구하고 핀테크의 도입으로 인한 시장 피해가 클 것이다(특히 금융소비자의 피해 발생 가능성이 높다)라는 논리의 정당성으로 인해 핀테크 산업이 제대로 진전되지 않는 것은 부인할 수 없는 현실이다.

그렇다면 새로운 핀테크의 진전과 소비자보호라는 것은 서로 상충되기만 하는 문제인가? 모바일 금융의 불완전 판매를 우려하여 모바일 영업을 규제하는 것은 올바른 방향이라고 볼 수 없다. 다시 말해, 소비자피해를 방지하기 위해서 모바일 규제가 불가피하다는 금융당국과 업계, 소비자의 인식에 새로운 변화가 시급하다.

핀테크는 소비자 피해문제를 우려하며 지연시킬 문제가 아닌, 소비자 피해문제와 업계의 발전, 국가 경쟁력 차원에서도 함께 살펴봐야 하는 2차 방정식과 같다. 1차적 차원에서 보면 풀어낼 수 없기 때문에 2차원 이상의 시야로 풀 수 있고, 그렇게 풀어야 하는 것이 당연하다. 핀테크로 인한 소비자문제를 해결하기 위해서는 문제에 새롭게 접근하고 해결책을 설계할 필요가 있다.

금융 플랫폼의 시작

1. Crowdfunding: Crowd + Funding

> ‒ 특정한 사업투자를 위한 불특정 투자자로부터 소규모 금액을 인
> 터넷을 통해 투자금을 조달하는 방식
> ‒ 단순 금전적 투자성격만이 아닌, 사회적, 경제적 가치 추구가 결
> 합된 새로운 자금조달 방식(높은 자금조달 효율성)
>
> 2. P2P 대출: Crowd + Funding 유형
> ‒ 대출을 받으려는 사람과 이들에게 돈을 빌려줄 사람을 온라인시
> 스템(인터넷)을 통해 연결해 주는 방식

비대면 영업의 불가피한 측면과 모바일 경제에 대응한 금융소비자 문제 접근에 있어서 새로운 설계를 제시할 필요가 있다. 핀테크에 의한 금융혁명에서 소비자문제는 지금의 문제보다 더 크게 부각·제기된다 는 측면에서 과거와 다른 접근이 중요하다. 이런 문제들에 대해 현재보 다 어떻게 사전적으로 잘 기획되고 실행되어야 하는지 고민을 할 필요 가 있다는 것이다. 적합한 고객에게 적절한 상품을, 적절한 규모로 권 유하고 제대로 이해시키는 관점에서의 비대면 모집·설계·실천을 어 떻게 제고시킬 것인가를 다뤄야 한다.

동네 호프집에서 친구와 맥주 한잔 하는 정도의 일상행동까지 모두 데이터화되고, 그 데이터가 바로 마케팅으로 활용되는 현상이 바로 지 금 일어나고 있다. 그리고 이러한 현상은 여기에서 그치지 않고, 개인 이 기억하고 행동하고 관계를 가진 모든 것들이 당사자가 인식하지 못

하는 사이에 기업에게 제공된다. 이 순간에도 기업은 소비자의 모든 행위를 마이닝(채굴)하고 이를 보관하며, ERP 등을 활용하여 이익으로 전환시키려는 전략을 실행하고 있다고 해도 과언이 아니다.

하지만, 이에 대한 대책은 아무것도 마련되어 있지 않다. 기술융합에 의한 4차 산업의 출현을 어쩔 수 없이 수용해야 하는 흐름 속에서 기술융합 속에서도 인간의 가치를 존중할 수 있는 소비자보호 철학의 재정립이 필요하다.

플랫폼 경제의 독점과 새로운 기술융합에 의한 소비자의 권익 침해를 이제는 방치해서는 안 될 상황이라 할 수 있다. 특히, 플랫폼 경제가 독점하는 정보의 공개적 운영과 개인정보보호를 어떻게 해결할 것인지에 대한 대책을 시급하게 마련해야 한다. 독점적 플랫폼 사업이 정보의 가공과 분석을 통해 개인 혹은 소수의 이익 수단으로 변질되고 마케팅으로 활용되며, 독점적 수익으로 이어지는 것을 더 이상 방치해서는 안 될 상황이다.

현재의 소비자문제, 4차 산업혁명 시대의 소비자문제가 무엇인지를 명확하게 파악하고, 이를 해결하기 위한 대책을 준비해야 할 것이다. 이런 대책 중의 하나가 정부와 소비자단체, 전문가들로 구성된 중립적이고 합리적이고 신뢰받는 기구를 통해 논의하는 것이라고 보며, 해당 기구의 적극적인 활동이 요구되는 중요한 시점이다.

금융분야 디지털 혁신 촉진을 위해 디지털금융 혁신 세부과제 수립·추진

금융위원회는 2021년 업무계획 내에 디지털금융혁신을 위한 세부과제를 수립하고 핀테크 활성화를 추진할 예정이다. 핀테크, 빅테크산업의 추진 여건을 개선하고 금융규제 샌드박스를 통해 혁신적인 서비스를 제공한다. 금융위 혁신금융서비스로 지정된 135건 중 72건이 실제 사업화되어 새롭고 혁신적인 금융서비스를 공급하고 있다. 또한, 금융위는 핀테크의 종합적·체계적 육성을 추진하기 위한 법적 기반을 마련하기 위해 (가칭)핀테크 육성 지원법의 제정을 추진 중이다.

〈 혁신금융서비스 실험 절차 〉

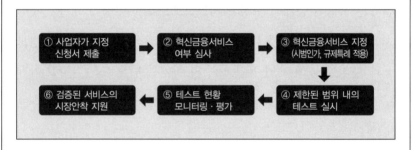

금융 전문가가 제시하는 소비자보호 사례와 이론

금융소비자보호

개정판 인쇄 2021년 5월 10일
개정판 발행 2021년 5월 20일

지은이   조남희
발행인   권윤삼
발행처   (주)연암사

등록번호   제2002-000484호
주소   서울시 마포구 월드컵로 165-4
전화   02-3142-7594
팩스   02-3142-9784

ISBN 979-11-5558-095-0   03320

연암사의 책은 독자가 만듭니다.
독자 여러분들의 소중한 의견을 기다립니다.
페이스북 facebook.com/yeonamsa
이메일 yeonamsa@gmail.com

Financial Consumer Protection